인간행동과 사회환경

저자 소개

■ **허창덕**
영남대학교 사회학과 교수

■ **정윤조**
영남대학교 사회학과 강의교수

■ **박정희**
영남대학교 사회학과 강의교수

■ **하기량**
영남대학교 사회학과 객원교수

■ **서정연**
영남대학교 사회학과 강의교수

■ **양혜진**
영남대학교 사회학과 강의교수

■ **김예경**
부산과학기술대학교 사회복지학과 교수

인간행동과 사회환경

초판 1쇄 2023년 9월 15일

지은이 허창덕, 정윤조, 박정희, 하기량, 서정연, 양혜진, 김예경
펴낸이 최외출
펴낸곳 영남대학교출판부

출판등록 1975년 9월 5일 경산 제16-1호
주소 경북 경산시 대학로 280
전화 053) 810 - 1801~3
FAX 053) 810 - 4722
홈페이지 book.yu.ac.kr

ISBN 978 - 89 - 7581 - 876 - 9 93300

인간행동과 사회환경

허창덕 · 정윤조 · 박정희
하기량 · 서정연 · 양혜진 · 김예경

영남대학교출판부

머리글

『인간행동과 사회환경』은 개인의 생애발달 과정과 개인을 둘러싼 사회환경과의 관계를 파악하여 사회복지를 실천하는 데 필수적으로 습득해야 할 기본지식을 담고 있다. 인간 개인의 특성 변인과 개인에게 영향을 주는 환경 변인들 및 이들 변인 간의 상호관계, 그리고 사회복지의 지향성이라고 할 수 있는 사회정의의 실현 방법이나 가치를 이해할 수 있는 내용으로 구성되어 있다. 따라서 이 책을 통해 독자들은 개인에 대한 이해와 더불어 사회적 환경의 중요성을 익히며 사회복지 현장에서 실천가로서 전문성을 보다 함양할 수 있다.

이 책은 크게 네 개의 분야로 구성되어 있다. 1부에서는 인간행동과 사회복지실천에 대한 기본 이해를 도모하는 데 목적을 두고 있으며, 인간행동과 사회환경과의 관계를 다루었다. 2부에서는 인간행동을 이해하는 데 필수적으로 습득해야 할 인간행동의 발달이론인 정신역동이론, 행동주의이론, 인지발달이론, 인본주의이론 등을 통해 인간의 행동발달이 어떻게 이루어지는지를 파악하고 사회복지에 적용해 보았다. 3부에서는 인간과 환경의 상호관계를 이해하고자 생태체계이론 및 사회체계의 주요 개념들을 제시하고 이를 바탕으로 생태체계학적 관점에서 사회복지를 실천함에 따른 유용성을 설명하였다. 나아가 인간을 둘러싼 중요한 사회체계임과 동시에 사회복지 실천의 대상인 가족, 집단, 조직, 지역사회, 문화의 특성을 제시하여 사회복지 실천과의 관련성에 대해 사회복지사들이 숙지해야 할 과업이나 특성 등을 이해하게 하였다. 4부에서는 전 생애발달의 관점을 바탕으로 생애주기별 인간의 성장과 발달을 다루었다. 인간의 발달을 연속적인 변화과정으로 보고 특정 발달과업을 성취하기 위해, 필요한 시기를 태내기, 영아기, 유아기, 아동기, 청소년기, 청년기, 중년기, 노년기로 구분하여 살펴보았다. 발달단계의 내부적 구분은 다양하지만, 각 이론가의 정의 및 사회의 통념, 법률적인 규정을 고려하여 8단계로 나누었다.

현대는 급격한 시대변화 속에서 물질만능주의와 더불어 가치 혼란 및 다양한 갈등을 겪고 있다. 날로 심각해지는 저출산 문제, 노인인구의 고령화 현상, 청소년들의 극단적 선택 등 많은 사회문제도 발생하고 있다. 이런 상황들이 사회복지에 부정적 영향을 미치고 있다. 이처럼 변모해 가는 사회환경에 맞추어 개인에 대한 다양한 지원으로 삶의 질을 높이기 위해 실천하는 학문이 바로 사회복지학이다. 이 가운데 인간행동과 사회환경은 인간이 처해 있는 사회환경을 고려하고 이해하는 학문이다. 저자들은 이러한 부분에 주목하였고 시대적 흐름에 따른 제도적인 문제, 법적 장치, 정책적 내용들을 다각도로 살펴보았다.

특히 각 장의 서두에는 preview 노트를 작성하게 하여 각 장의 중요한 의미를 인지하고 예습하게 함으로써 인간행동과 사회환경의 상호 관련성에 대해 깊이 있게 이해할 수 있게 하였다. 각 장이 끝나는 마지막 단원에는 review 노트를 두어 주요 내용을 정리하게 하였으며 보충 자료를 첨부하여 독자들이 자발적인 심화학습을 할 수 있도록 하는 등 다양한 구성으로 체계적으로 이해할 수 있도록 노력을 기울였다. 저자들은 앞으로 사회복지실천에서 새롭게 대두되는 사회적 이슈와 관련 이론들을 꾸준히 정리하여 수정하고 보완해 나갈 것이다.

마지막으로 부족한 시간임에도 불구하고 이 책의 출간을 위해 그동안 많은 고민을 함께 해준 집필위원들과 출판을 맡아주신 영남대학교 출판부 관계자들에게 깊은 감사의 마음을 전한다.

2023년 8월 저자 일동

차 례

제2부 인간행동과 주요이론

제4부 생애 주기별 인간의 성장과 발달

제1부

인간행동의 이해와 사회복지실천

제1부 인간행동의 이해와 사회복지실천

제1장 인간행동에 대한 이해

Preview

인간행동 | 성격 | 성격이론 | 인간발달 | 성숙 | 성장 | 학습 | 점성원리 | 생태체계 이론 | 발달단계 | 발달과업 | 사회환경 | 체계이론 | 상호작용 | 적용 | 환경 속의 인간 | 사회복지실천

제1장

인간행동에 대한 이해

인간행동은 단순히 자극에 대한 반응으로 해석하기는 어렵다. 왜냐하면 인간이라는 유기체는 동일한 상황과 사물을 보고도 다른 생각과 판단을 하기도 하며 전혀 다른 반응을 보이기 때문이다. 그러므로 인간의 행동을 이해하기 위해서는 단순히 인간의 신체적 움직임을 넘어 사고나 인지과정 등 정신적 행위까지 고려해야 한다. 따라서 인간행동을 이해하기 위해 첫째, 인간행동을 형성하는 생물학적·심리적·사회구조적·문화적 근원을 파악하여 인간행동의 개념을 이해한다. 둘째, 인간행동 이해의 중요성과 필요성을 살펴본다. 셋째, 인간행동을 이해하기 위한 접근법으로 성격, 인간발달, 성숙, 성장, 학습, 인간발달원리 등을 파악한다.

1. 인간행동의 개념

사회복지에서 말하는 인간행동이란 신체적, 정신적, 심리적, 사회적 측면을 모두 포괄하는 광의의 개념이다. 즉, 단순히 눈으로 관찰되는 신체적인 움직임만을 의미하는 것이 아니라 인간의 의식적·무의식적인 정신과 정서를 포괄하는 심리적 측면과 개인이 처한 상황적 측면까지를 모두 내포한 광범위한 개념이다. 이때 행동을 일으키는 동기는 자극이며, 자극은 개인의 욕구라 할 수 있다(이영미 외, 2023).

인간행동에 중요한 영향을 미치는 요인을 네 가지 근원(sources)으로 나누어 설명할 수 있다(Berger et al., 1982).

첫째, 인간행동은 생물학적 근원을 가진다. 기질, 기능, 타고난 선천적 특징이나 장애 유무와 같이 유전적·신체적 요인들이 행동의 일부를 결정짓는다. 즉, 인간행동의 일부가 이미 생물학적으로 동기화되어 있다.

둘째, 인간행동은 심리적 근원을 가진다. 어떻게 느끼고 생각하는가에 따라 같은 사건과 상황에 대한 개인의 반응과 행동은 달라질 수 있다.

셋째, 인간행동은 사회구조적 근원을 가진다. 경제, 종교, 정치, 교육 등과 같은 사회구조적 여건들은 인간이 상호작용하는 형태를 결정짓기도 하고 인간행동을 통제하거나 또는 가능하게 하는 역할을 한다.

넷째, 인간행동은 문화적 근원을 가진다. 문화란 여러 세대를 걸쳐 축적·보존되어 온 가치나 생활양식, 물질적 유산 등으로 사람들의 사고나 행동을 안내하거나 제한한다. 각 나라, 지역, 집단마다 서로 다른 문화는 그 문화에 속한 사람들의 행동양식을 결정짓는 중요한 요소가 된다.

위의 네 가지 근원은 서로 상호작용하며 인간행동에 영향을 미친다. 따라서 인간행동은 개인적 특성과 환경적 특성에 영향을 받은 결과물이다. 그러므로 사회복지관점에서도 인간행동을 분석할 때 다방면적인 측면을 고려하여 해석하는 것이 타당하다.

2. 인간행동 이해의 필요성

사회복지전문가들이 인간행동을 면밀히 파악하면 효과적인 사회복지를 실천할 수 있다. 사회복지사가 인간의 행동을 이해함으로써 경험할 수 있는 효율성의 내용은 다음과 같다(조흥식 외, 2011).

첫째, 인간관계를 보다 자연스럽고 편안하게 유지시키는 자원이 될 수 있다. 즉, 사회복지사와 클라이언트의 라포형성 과정에 긍정적인 영향을 미친다. 클라이언트의 행동, 성격, 습관 등을 이해하는 것에 도움이 되어 사회복지사의 역할을 활성화할 수 있는 다양한 정보와 자원을 동원할 수 있다.

둘째, 클라이언트가 사회구성원으로서 집단, 조직 등에 자발적으로 참여하도록 기여하며, 그들의 사회생활 만족도를 증대시키는 것에 도움을 줄 수 있다. 그 결과로 집단의 목표달성과 효율성을 극대화시킬 것을 기대한다. 다시 말해, 사회복지사가 인간행동을 이해함으로써 클라이언트가 집단과 조직의 주체라는 인식을 갖게 하여 개인의 만족도를 높이는 동시에 사회제도가 제 기능하도록 기여할 수 있다.

셋째, 사회복지제도 및 사회복지서비스 개혁의 효율성을 증대시키고 공동체의 복지 증진에 기여할 수 있다. 사회복지사는 실천 현장에서 복지정책의 효과성 혹은 비효과성을 즉각적으로 파악할 수 있다. 사회복지제도 실효성을 제대로 분석하기 위해 사회복지전문가들은 인간의 행동을 보다 잘 이해하는 것이 중요하다.

넷째, 인간문제를 미리 파악하여 사회문제나 개인문제에 의한 사회병리 현상을 사전에 예방할 수 있는 계기를 마련해 준다. 인간은 생애주기에 따른 각각의 발달과업이 주어지는데 이를 제대로 해결하지 못할 때 사회적으로 어려움을 처할 수 있으며 때로는 사회복지서비스가 필요한 경우가 발생한다. 그러므로 사회복지전문가는 클라이언트가 경험하게 될 위험성을 사전에 예방할 수 있도록 인간의 행동을 총체적으로 이해할 필요가 있다. 따라서 사회복지사가 인간의 행동을 이해한다는 것은 인간이란 무엇인지 이해하여 전문성을 강화하는 것이며 전문가로서 지녀야 할 올바른 가치를 함양하는 것이다.

3. 인간행동을 이해하기 위한 접근법

1) 인간 성격에 대한 접근법

인간의 성격을 이해하게 되면 인간행동의 원인을 설명할 수 있으며, 미래의 행동을 예측할 수 있다. 또한, 그 행동을 바람직한 형태로 변화 또는 통제할 수 있는 방안을 찾을 수 있게 된다. 그러므로 인간행동의 주된 결정 요인인 성격의 개념과 특성, 사회복지실천과의 연관성을 파악하는 것은 사회복지실천을 위해 중요하다.

(1) 성격의 개념

성격(personality)이란 개인으로서의 한 사람을 구별시켜주는 정신적·정서적·행동적 특성들의 복합체이다(Zastrow et al., 2001). 알포트(Allport, 1937)는 성격이란 '개인으로 하여금 세상에 나름대로 적응하게 만드는 인간에 내재된 정신적·신체적 체계들의 역동적 조직'이라고 하였다. 퍼빈(Pervin, 1996)은 '상황에 대한 일관된 반응 양식들을 설명해 주는 사람의 특징'이라고 정의하였다. 위의 내용을 살펴볼 때, 성격은 개인의 독특한 성질로서 사건이나 상황에 대해 반응하는 일관된 반응양식이라 할 수 있고, 인간행동의 상당부분이 바로 이 성격에 의해 결정된다고 볼 수 있다.

(2) 성격의 특성

성격은 선천적으로 타고난 것인지 후천적으로 습득되는 것인지에 대한 논란은 지속되고 있다. 인간은 생물학적인 존재인 동시에 사회적인 존재이기 때문에 유전적·생물학적 요인과 사회적·문화적 요인에 영향을 받아 성격을 형성해간다고 바라보는 것이 바람직하다. 이와 같이 형성된 성격은 일반적으로 다음과 같은 특성을 가지고 있다(권중돈 외, 2005).

첫째, 성격은 인간의 내적 속성이다. 직접 관찰될 수 없고 다만 행동을 관찰함으로써 간접적으로 측정할 수 있다.

둘째, 개인마다 고유한 성격을 가지고 있다. 개인과 타인을 구분지어 주는 개인적 속성으로 동일한 상황에 처해도 성격차이에 따라 사람들은 서로 다른 방식으로 반응할 수 있다.

셋째, 성격은 정신·신체적 체계들의 통합과정이다. 성격은 생물학적 기반과 환경의 영향을 받는 인지, 정서, 행동 등이 구성요소별로 기능하는 것이 아니라 전체적이고 통합적이며 조직적으로 기능하는 특성을 지닌 체계이다.

넷째, 성격에는 일관성이 있다. 성격은 피상적 수준에서는 변화하지만 그 이면에는 시간의 흐름에도 불구하고 변하지 않고 일관되게 안정성을 유지하는 성격의 핵심적 부분이 있다. 따라서 상황이 바뀌고 시간이 지나도 성격은 비교적 일관되고 안정된 특성을 보인다.

다섯째, 성격은 역동적이다. 정신분석이론에서는 원초아(id), 자아(ego), 초자아(superego) 등 세 가지 성격구조들 간의 끊임없는 정신에너지 교환으로 인하여 개인의 성격이 달라진다고 보고 있다.

(3) 성격이론과 사회복지실천

인간행동을 이해하기 위해 접근하는 방법은 거시적 방법과 미시적 방법이 있다. 거시적 방법은 인간이 환경과 어떤 영향을 주고 받는지를 중심으로 인간을 이해하려고 한다. 반면 미시적 방법은 인간 자체에 초점을 두고, 인간 유기체가 어떤 요인으로 구성되어 있고, 각 구성요소들의 기능과 요인들 간의 상호작용 등을 파악함으로써 인간을 이해한다. 그러므로 인간의 성격을 이해하는 것은 미시적 접근 방법에 해당된다(이종복 외, 2014).

따라서 미시적 접근 방법으로 인간의 성격을 이해하는 연구로는 정신역동이론, 행동주의이론, 인지발달이론, 인본주의이론 등이 있다. 이와 같은 성격이론들은 인간행동의 핵심 요인을 성격으로 파악하여, 성격이 어떻게 형성되고 무엇으로 구성되는지 등을 특징지어 인간의 행동을 설명하였다.

그러므로 사회복지전문가는 다양한 성격이론을 통해 인간행동을 깊이 이해함으로써 클라이언트의 욕구와 필요를 이해하고 적절한 사회복지서비스를 다각적인 측면에서 제공할 것을 기대할 수 있다.

2) 인간발달에 대한 접근법

인간은 수정되는 순간부터 사망에 이르기까지 정체되어 있는 것이 아니라 역동적인 변화를 거듭한다. 이러한 역동적인 변화를 설명해 줄 수 있는 개념이 발달(development)이다. 인간행동을 이해하기 위한 인간발달에 대한 접근법은 전 생애발달적 관점을 강조한다. 그러므로 인간발달의 개념과 특징, 발달단계와 발달과업, 사회복지실천과의 연관성을 이해하는 것은 사회복지사의 사회복지실천현장 활동에 유익하다고 여겨진다.

(1) 인간발달의 기본 개념

인간발달은 인간이 자라는 과정에서 나타나는 신체적·인지적·심리적·사회적 요인이 상호작용하여 수정에서 사망까지 전 생애에 걸쳐 일어나는 체계적인 변화이다. 뉴먼(Newman et al., 1987)에 의하면, 인간발달은 삶의 모든 단계에서 일어난다. 그리고 인간발달은 이전 단계의 발달을 기반으로 현재의 경험이 융합되어 이루어지므로 지속성과 변화를 보인다. 그러므로 인간발달이란 전체적인 인간 혹은 통합적인 인간 관점에서 이해해야 한다.

따라서 인간발달은 유전과 환경의 상호작용으로 이루어지는 인간의 총체적 변화이며 이러한 인간발달의 기초가 되는 개념에는 발달(development), 성숙(maturation), 성장(growth), 학습(learning)등이 있다.

발달(development)

발달이란 수정에서부터 사망에 이르기까지 전 생애에 걸쳐 일어나는 변화 양상이자 과정이며, 신체·인지·심리·사회 등 전인적 측면에서 일어나는 모든 변화를 의미한다(이영호 외, 2018). 발달에는 상승적 변화와 하강적 변화가 있다. 상승적 변화는 기능과 구조가 성장·발달해 가는 변화이다. 반면 하강적 변화는 기능과 구조가 위축되고 퇴행·약화되는 변화이다. 또한, 발달에는 양적인 변화와 질적인 변화가 모두 포함된다. 양적인 변화는 크기나 질량의 변화이다. 예컨대 키·몸무게·근력 증가와 지적 능력의 확장이나 어휘력 증가 등이 여기에 속한다. 질적인 변화는 본질, 구조 또는 조직상의 변화이다. 예를 들어, 유치·영구치, 2차 성징, 폐경 등이 있다. 그러므로 발달은 모든 영역의 변화를 포괄하며, 전 생애에 걸쳐 멈춤이 없는 것이 특징이다.

성장(growth)

인간은 태어날 때 이미 성장(growth)의 방향이나 내용이 어느 정도 정해진 설계도를 가지고 태어난다. 이렇게 유전인자에 설계된 대로 성장을 하다가 일정한 시기가 되면 성장을 멈추게 된다. 성장은 키·몸무게·근력의 증가와 같은 신체적 발달과 지적 능력의 확장이나 어휘력의 증가 같은 인지적 발달의 양적인 증가(상승적 변화)를 말한다. 이러한 신체의 증가, 근력증가, 인지의 확장 등은 환경적 영향에 따라 설계의 내용은 조금씩 달라질 수 있다(이영실 외, 2013). 이와 달리 발달은 성장과 퇴화를 모두 포괄하는 개념으로 죽을 때까지 연속적으로 진행된다는 점에서 차이가 있다.

성숙(maturation)

성숙은 유전적 요인에 의해 발달적 변화들이 통제되는 생물학적 과정으로 유전적 요인에 의해 출현되는 신체적·심리적 변화이다. 성숙은 부모로부터 받은 유전인자가 지니고 있는 정보에 따라 일어나는 변화이므로 후천적인 경험이나 훈련과 같은 외적 환경과는 관계없다.

반면 발달은 유전과 환경의 상호작용에 의해 진행되나 성숙은 유전적 요인에 의해 진행된다. 발달은 질적 변화와 양적 변화를 포괄하지만, 성숙은 기능이나 구조상의 변화에 국한되므로 주로 질적 변화를 의미한다.

학습(learning)

학습은 후천적인 환경이나 훈련, 교육, 연습 등의 경험을 통하여 행동이 변화하는 것을 말한다. 즉, 환경에 의해 개인이 내적으로 변화하는 것이다(이영호 외, 2018). 발달과 비교하면, 발달은 유전과 환경의 상호작용에 의해 진행되지만 학습은 후천적 환경에 의해 진행된다. 또한, 발달은 전인적인 모든 변화를 포괄하지만 학습은 주로 행동 변화를 지칭한다.

(2) 인간발달의 원리

인간의 특정적인 발달을 근거로 하여 그 과정을 세분화한 것을 인간발달단계라고 한다. 인간발달단계를 구분하는 용어와 연령은 학자마다 상이하게 표현되지만 전체적인 맥락은 대부분 태아기, 영아기, 유아기, 아동기, 청소년기, 청년기, 중년기, 노년기로 구분된다는 점에서 공통점이 발견된다. 이러한 인간발달단계는 규칙성과 보편성이 나타나는데, 여기에는 일정한 순서와 방향, 발달 간 상호연관성, 분화와 통합, 연속성, 유전과 환경의 상호작용, 개인차, 점성원리, 결정적 시기 등의 원리들이 포함된다(이영실 외, 2013).

일정한 순서와 방향

발달의 순서와 방향은 누구에게나 보편적이며 일정하다. 일정한 순서에 따라 발달이 진행되기 때문에 발달은 체계적이며 예측이 가능하다. 예를 들어, 특정한 나이가 되면 대략 몇 센티까지 키가 자라고 어느 정도의 사고까지 가능한지 가늠할 수 있다. 또한, 발달은 상부에서 하부로, 중심에서 말초로, 전체적인 활동에서 부분적인 특수활동으로, 단순한 것에서 복잡한 것으로 발달이 진행된다.

발달 간 상호연관성

신체, 인지, 정서, 사회성, 성격 등 전 발달 영역이 서로 긴밀하게 상호 관련되어 진행된다. 따라서 발달은 통합적이고 전인적인 차원에서 이해되어야 한다.

분화와 통합의 과정

인간발달은 분화와 통합의 과정을 거친다. 즉, 인간발달은 전체적인 측면에서부터 부분적인 측면으로 분화되어 가는 동시에 분화된 각 측면들이 통합되어 하나의 체계를 형성해 가는 방식으로 진행된다.

연속성

인간발달은 정체됨이 없이 전 생애를 통해 계속 일어난다. 다시 말해, 인생의 어느 한 순간도 발달이 중지되는 순간은 없다. 발달은 서서히 계속해서 진행되는 점진적이고 연속적인 변화과정이다.

유전과 환경의 상호작용

발달은 생물학적 요인인 유전과 환경적 요인 간의 상호작용을 통해 이루어진다. 어느 한 요인이 더 우세하다거나 더 중요한 것이 아니라 두 요인 간의 상호작용으로 진행된다.

개인차

발달은 보편적인 특성을 가지나 개인차도 존재한다. 개인에 따라 발달 속도와 시기, 정도에 차이가 있다. 개인차는 유전, 성별, 환경에 따라 다르게 나타날 수 있으며, 연령이 증가할수록 개인차가 커져 발달경향을 예측하기 어렵다. 또한, 발달의 속도도 발달단계에 따라 차이가 나타난다. 예를 들어, 신체성장은 영아기에 가장 빠른 속도로 진행되다가 유아기와 아동기에 점차 완화되고, 다시 사춘기에 접어들면서 급등한다.

점성원리

점성원리란 발달은 예정된 계획에 따라 순차적으로 진행된다는 것이다. 즉 인간은 유전적인 요인에 의존한 일련의 발달단계에 의해 인간발달이 지배되며, 이전 단계의 발달을 토대로 다음 단계의 발달이 이루어진다는 원리이다. 성장하는 모든 것은 기초안이 있으며, 발달의 모든 단계는 그 기초안에 따라 예정된 계획대로 전개된다.

결정적 시기

인간의 발달에는 특정 발달과업을 성취하기에 가장 용이한 최적의 시기가 있다. 이를 결정적 시기라 하며, 이 시기를 놓치면 해당 발달과업을 획득하는 데 효율성이 떨어진다. 만약 이 시기에 이루어야 할 발달과업이 이루어지지 못할 경우에는 성격이나 인간행동에 있어 결함이 나타나게 된다.

(3) 발달단계와 발달과업

발달단계는 발달과정에서 어떤 측면이 특히 더 발달되거나 특정 과제의 성취가 중요시되는 특정한 삶의 기간을 말한다. 발달단계의 연령 구분은 학자, 국가, 사회적 상황에 따라 상이하게 나타난다. 그리고 발단단계에 따라 혹은 개인차에 따라 발달내용이나 발달과업이 겹치기도 하지만 각 단계마다의 특징은 대부분 이전 단계 및 이후 단계와는 구분된다. 뿐만 아니라 한 단계에서 성취한 발달은 그 이후 모든 단계에 영향을 미친다.

발달과업이란 인간발달의 각 단계마다 성취해야 할 기술, 지식, 기능, 태도 등의 과업을 뜻한다. 발달과업은 연령에 따라 변화하며, 성취하기에 적합한 결정적 시기가 존재한다. 발달과업을 성취한다는 것은 신체적, 인지적, 심리적, 사회적 등 전 영역의 기술을 획득하는 것을 의미한다. 이는 신체적 성숙과 사회적 기대, 개인적 노력 등이 어우러져 획득할 수 있다. 발달과업은 사회에서 각 연령에 맞는 정상적인 발달이 어떤 것인지 알게 해준다. 각 발달과업의 성공 혹은 실패 경험은 이후 발달단계에 영향을 미치며, 한 단계에서의 성공적 과업 달성은 이후 단계의 과업 성취에 도움이 된다.

사회환경에 대한 이해

인간행동을 이해하기 위해 반드시 고려해야 하는 것은 사회환경에 대한 이해이다. 인간의 생존과 번영은 인간과 환경 간의 상호작용, 환경에 대한 인간의 적응 혹은 인간이 환경을 변화시키는 능력에 의해 결정되기 때문이다. 그러므로 사회환경을 이해한다는 것은 역동적이고 변화하는 인간을 이해한다는 것과 동일하다. 인간의 행동을 분석하고 이해하는 데 중요한 도구가 된다. 따라서 이 장에서는 다음의 내용을 살펴본다. 첫째, 사회환경에 대한 개념을 물리적 환경, 자연적 환경, 인위적 환경과 구분하여 살펴본다. 또한 미시체계, 중간체계, 거시체계로 구성된 사회환경에 대한 개념을 이해한다. 둘째, 사회환경 이해의 필요성과 의의를 살펴본다. 셋째, 초기 사회학, 체계이론, 생태체계이론에서 가지는 사회환경의 의미를 파악한다.

1. 사회환경의 개념

사회환경은 물리적 환경, 사회적 환경 그리고 인간의 상호작용까지 포괄하는 개념이다. 환경은 일반적으로 물리적 환경(physical environment)과 사회환경(social environment)으로 분류할 수 있다. 물리적 환경은 자연적 환경과 인위적 환경으로 구분된다. 자연적 환경은 기후와 지리적 조건 등이 있으며, 인위적 환경은 건축물, 대중매체, 교통체계 같은 자연환경 내에서 인간이 만들어 낸 구조나 대상물 등을 뜻한다. 반면, 사회환경은 미시체계(micro system), 중간체계(mezzo system), 거시체계(macro system)로 구성된다(Bronfenbrenner, 1979). 미시체계는 개인이 접촉하는 타인, 가족, 이웃, 집단이다. 중간체계는 조직, 지역, 사회 등이며, 거시체계는 국가, 문화 등이 포함된다. 그리고 이 체계들이 존재하게 된 조건과 상황 즉, 그 사회가 추구하는 사회성격, 문화구조, 사회제도와 전통 등을 포괄하게 된 배경까지 아울러서 사회환경이라고 할 수 있다.

개인을 둘러싸고 있는 사회환경은 인간의 삶과 행동에 직·간접적으로 영향을 미치며, 또한 인간으로부터 영향을 받기도 한다. 그리고 인간과 환경이 서로 영향을 주고받는 것처럼 물리적 환경과 사회환경도 상호 간의 영향을 미치는 하나의 통합체계로서의 속성을 가지고 있다.

한편, 인간은 환경을 자신의 상황에 맞게 능동적으로 수정하거나 변화시키기 위해 환경과 적극적으로 상호작용(interaction)하고 적응(adaptation)하기도 한다. 상호작용이란 인간이 환경 속에서 다른 사람들과 의사소통하고 관계 맺는 것을 뜻한다. 상호작용은 무엇인가를 전달하고 교환하는 것이기 때문에 활동적이며 역동적이다. 또한 상호작용에는 긍정적인 작용과 부정적인 작용이 존재한다. 적응은 주변 환경조건에 맞추어 조절하는 능력으로서의 변화를 의미한다. 개인이 효과적으로 기능하기 위해서는 새로운 조건과 환경에 따라 변화하고 조절해야 한다. 적응은 대개 노력이라는 형태의 에너지가 필요하며 사회복지사는 사람들이 가장 생산적으로 이러한 에너지를 사용하도록 돕는다. 적응은 개인과 환경 모두 포함하는 쌍방의 과정이라고 볼 수 있다(이영미 외, 2023).

요컨대, 역동적으로 변화하는 인간은 환경적 조건에 자신을 맞추기도 하지만 환경을 자신에게 맞게 수정하거나 변화시키기도 하는 능동적 주체이다. 이와 같이 그를 둘러싸고 있는 다양한 체계인 환경과의 상호작용은 인간행동에 크게 영향을 미치기 때문에 이러한 상호작용과 이에 수반되는 적응이라는 측면을 중시해야 한다.

그러므로 사회환경이란 인간이 환경의 요구에 효과적으로 순응하고 개인의 요구에 맞게 환경을 적절하게 변화시킬 수 있기때문에 인간과 환경을 분리하여 이해할 수 없다. 따라서 사회환경은 인간행동을 이해하기 위해 필수적인 개념이다.

2. 사회환경의 이해의 필요성

인간행동을 이해하기 위해 사회환경에 대해 조망하는 것은 중요하다. 그 이유는 인간의 생존과 번영은 환경의 요구에 얼마나 효과적으로 순응하며 개인의 욕구에 맞게 환경을 얼마나 잘 변화시킬 수 있는가에 의해 결정되기 때문이다. 사회복지전문가가 사회환경에 대해 이해해야 하는 이유를 구체적으로 살펴보면 다음과 같다(조흥식 외, 2011).

첫째, 사회환경을 이해한다는 것은 역동적으로 변화하는 인간을 이해하는 것이다. 인간은 역동적으로 변화하는 존재이다. 그러므로 인간은 주어진 사회환경의 조건에 자신을 맞추어 가지만 때로는 필요에 따라 환경을 자신에게 맞게 수정하거나 변화시키기도 하는 능동적인 주체가 된다. 인간과 사회환경은 서로 간의 상호 교류 및 영향을 미침으로써 존재하기 때문에 인간행동을 이해할 때 사회 맥락 속에서 파악해야 한다.

둘째, 사회환경은 인간의 행동에 지대하게 영향을 미치기 때문에 인간의 행동을 분석하고 이해하는 데 매우 중요한 도구가 된다. 개인이 가진 정서, 사회적 상황, 주요 이념과 그들이 가진 문제의 원인은 사회적 환경에 영향을 받은 결과물이다. 그러므로 인간을 이해하기 위해서는 그들을 둘러싼 체계, 환경 등을 살펴봐야 한다.

셋째, 사회환경은 인간 개인은 물론 그를 둘러싼 가족, 집단, 조직, 지역사회, 문화를 함께 이해하는 수단이 될 수 있다. 인간행동은 그 자체로 이해되는 것보다 인간을 둘러싼 사회환경인 가족, 집단, 조직, 지역사회, 문화 등에 관한 이해를 바탕으로 이루어지는 것이 바람직하기 때문이다.

넷째, 사회환경은 인간행동에 영향을 미친다는 점뿐만 아니라 사회복지사의 자원 동원과도 밀접한 관계를 맺고 있기 때문에 중요하다. 사회복지사는 클라이언트가 겪는 문제를 해결하거나 병리적 현상을 예방하기 위해 물적자원과 인적자원 등 다양한 자원을 인지해야 하고 적절하게 활용할 수 있어야 한다. 사회환경을 충분히 이해함으로써 필요시 알맞게 사용해야 한다.

이와 같이 사회복지설천에서 인간을 둘러싼 사회환경은 개인에게 미치는 영향이 지대하고 유용한 자원이 되기 때문에 매우 중요한 개념이다. 또한, 인간과 사회환경 양자간의 상호교환을 통하여 어떤 일이 진행되고 있는지에 관심을 가지는 것은 사회복지자원의 효율성을 드러내는데 상당히 의의를 가진다.

3. 사회환경을 이해하기 위한 접근법

인간행동을 이해할 때 필수적으로 고려해야 할 요소는 바로 사회환경을 이해하는 것이다. 인간의 생존과 번영은 환경과의 상호작용의 질, 즉 환경의 요구에 얼마나 효과적으로 순응하며 개인의 욕구에 맞게 환경을 얼마나 적절하게 잘 변화시킬 수 있는가에 결정되기 때문이다. 그러나 사회환경에 대한 관점은 학자마다 상이해서 사회복지전문가는 사회환경을 이해하기 위해 통합적 시각으로 접근할 필요가 있다.

그러므로 사회환경을 이해하기 위해 초기 사회학, 체계이론, 생태체계이론으로 접근할 필요가 있으며 이 세 가지 관점에 대한 내용은 다음과 같다(Jordon et al., 1995: Norlin et al., 1997: Shriver, 2001).

1) 초기 사회학에서의 사회환경

초기 사회학에서의 사회환경은 인간에 의해 구성된 집합체에 중점을 두었다. 특히 이 관점은 집합체가 독립적으로 존재하는 것으로 보았다. 19세기 초 사회학에서의 주요환경은 가족, 집단, 조직, 지역사회 등으로 보았으며 초기 사회학자들은 환경을 체계 수준을 보지 않고 다만 각 환경 속에서의 구성원 간 교류를 강조하였다. 따라서 오늘날 초기 사회학에서의 사회환경은 인간의 행동에 영향을 미치는 체계 간 상호작용을 이해하는 데는 한계가 있다.

2) 체계이론에서의 사회환경

체계이론은 모든 조직 수준에 체계이론의 관점을 적용한 것이다. 체계이론에 의하면, 모든 유기체는 환경과 끊임없이 상호작용하고 변화하며 서로 의존한다. 또한, 서로 영향을 주고 받으며 그 영향력은 체계 전체 혹은 구성된 요소 전체까지 이른다. 다시 말해, 체계의 어느 한 부분의 변화는 전체로서의 체계와 그 체계를 구성하는 요소 모두에 영향을 준다. 이 이론은 변화하는 체계의 능력에 관심을 두었다.

체계이론에서의 사회환경은 일반체계이론과 사회체계이론으로 나누어 볼 수 있다. 일반체계이론은 인간세계는 물론 전체적인 물리적 세계까지도 적용가능하다. 사회체계이론은 복잡하고 폭넓은 사회체계에 관심을 두고 개인, 가족, 집단, 조직, 지역사회, 문화 사이에서의 관계와 연결을 원조하며 다른 사회체계 내에서 유사점과 차이점을 발견하도록 원조한다. 그러나 사회체계관점은 환경에서 물리적 요소의 역할과 장소에 관해서는 비교적 명확하지 않다.

3) 생태체계이론에서의 사회환경

생태학이론은 체계이론과 결합하여 생태체계이론으로 발전하였다. 생태체계이론은 생태학이론에서 강조하는 자연환경의 영향과 체계이론에서 중점을 두고 있는 환경의 체계 수준이 통합된 개념이라고 할 수 있다. 그러므로 생태체계이론에서는 인간과 환경이 특정 문화와 역사적 맥락 속에서 상호 간에 끊임없이 영향을 주고 받는다는 관점에서 인간과 환경을 바라본다. 즉, 복잡한 인간과 환경 간의 불확정된 상호교류에 관심을 가진다.

생태체계이론을 주장하는 대부분의 학자들은 인간이 생활하고 성장하면서 환경에 적응하고 환경을 창조해 나가는 능력을 가졌다고 강조한다. 따라서 인간의 적응성과 유능성을 부각시키며 환경에 적응하는 개인의 능력에 초점을 둔다. 뿐만 아니라 체계의 모든 부분이 서로 상호의존하고 있다고 강조한다. 그러므로 이 이론은 개인을 포함한 사회조직들이 환경으로부터 받는 영향을 검증할 수 있는 틀을 제공하였다는데 의의를 가진다.

제3장

사회복지실천에서의 인간행동과 사회환경

사회복지정책과 사회복지서비스의 기본적인 대상은 인간이다. 그러므로 사회복지사는 인간이 가진 기본적인 욕구와 문제를 해결하여 사회구성원들의 행복과 안녕을 위해 사회적 책임감과 사명을 충실히 이행해야 한다. 따라서 사회복지전문가는 인간과 그를 둘러싼 환경을 이해하는 것은 필수적이다. 그러므로 이 장에서는 첫째, 사회복지학의 기본적인 인간관인 '환경 속의 인간'의 개념을 설명한다. 둘째, 인간행동의 이해를 위해 도움이 되는 성격이론과 전 생애 발달단계를 파악하여 사회복지실천과의 연관성을 살펴본다. 셋째, 생태체계이론, 사회체계이론, 가족, 집단, 조직, 지역사회, 문화 등의 주요 사회체계와 사회복지실천의 관련성을 인식한다. 마지막으로 인간행동과 사회환경이 사회복지실천현장에서 가지는 의의를 살펴봄으로써 사회복지사가 갖추어야 할 전문적인 지식의 중요성을 이해한다.

1. 환경 속의 인간

사회복지전문가는 인간행동과 사회환경에 대한 이해를 바탕으로 인간의 삶의 질 향상과 바람직한 사회조건을 형성할 수 있는 인간적이면서도 효과적인 사회서비스를 제공해야 한다는 사회적 책임과 사명을 충실히 이행해야 한다. 즉, 사회복지사는 전문 지식과 기술을 바탕으로 인간의 욕구를 충족하고 문제를 예방하고 해결함으로써 삶의 질을 높이는 것을 돕고 세상을 보다 정의롭고 공평한 세상으로 변화시키는 것을 사명으로 해야 한다.

그러므로 사회복지전문가로서의 사명을 감당하기 위해 인간 자체와 개인이 속한 환경, 그리고 양자 간의 관계를 명확하게 이해해야 한다. 즉, 환경 속의 인간(person in enviroment)에 대한 정확한 이해를 갖추는 것은 매우 중요하다.

인간은 환경을 상황에 따라 변화시키는 능동적인 주체이다. 이러한 특성을 지닌 인간은 환경과 적극적으로 상호작용 혹은 상호교환 하는 역동적인 존재이다. 이러한 인간과 환경 간의 특성으로 인해 사회복지전문가는 양자 간의 상호교환을 통하여 어떤 일이 진행되고 있는가에 이중적 초점(dual focus)를 둔다(권중돈, 2021).

한편, 인간과 환경 사이의 상호작용에 초점을 두는 환경 속의 인간이라는 관점은 사회복지이론의 기반 구축과 실천 현장의 기술 발전, 그리고 사회복지전문가의 정체성 확립에도 많은 기여를 하였다. 얀칠(Janchill, 1969)은 환경 속의 인간이란 관점이 사회복지전문직을 조직화하고 고유의 특성을 규정할 수 있게 해 주며, 사회복지전문직의 가치, 원조과정, 실천기술을 공고화하고 전문직의 목표를 성취하는 데 적합한 길을 열어주었다고 하였다.

그러나 학문적으로나 실천현장에서나 인간과 환경에 대한 균형적인 초점을 유지한다는 것은 어려운 일이다. 특히 오늘날까지도 어떤 이론도 인간과 사회환경의 상호작용을 온전히 이해할 수 있는 이론적 기틀을 제시해 주지 못하기 때문에 사회복지실천에서 이중적 초점의 균형을 유지한다는 것은 매우 어려운 일이다. 그러므로 어떤 사회복지전문가는 개인의 변화를 일으키는 데 더 많은 노력을 기울이고 또 다른 사회복전문가는 사회환경의 변화를 도모하는데 힘을 쓰고 있다.

다시 말해 이상적으로는 인간과 환경 간의 균형을 추구하지만 현실적으로는 인간 또는 환경 중의 하나에 초점을 두고 있어 현실과 이상 간의 괴리가 크다고 할 수 있다. 하지만 분명한 것은 사회복지전문가는 현실적인 한계와 어려움이 있겠지만 환경 속에 인간이라는 이중적 초점하에서 클라이언트의 욕구와 문제를 사정하고 원조하는 것을 지향해야 한다.

2. 인간행동과 사회복지실천

사회복지실천에서 인간행동은 클라이언트의 욕구와 문제를 파악할 수 있는 핵심이므로 인간행동을 이해하고 분석하는 것이 사회복지전문가에게는 가장 중요한 부분이다. 그렇다면 인간행동을 이해하기 위해서는 구체적으로 무엇을 살펴보아야 하는가?

첫째, 개인의 성격을 이해해야 한다. 왜냐하면, 인간행동은 주로 성격에 의해 결정되기 때문이다. 성격은 실제로 그 사람이 어떤 사람인가를 보여주며 인간 본성을 이해할 수 있는 기반을 제공한다. 또한, 성격을 이해함으로써 행동의 원인을 이해하고, 행동 변화 추이를 예측하므로 행동을 수정할 수 있는 방법을 모색할 수 있다. 따라서 인간행동의 이해와 개입을 위해서 다양한 성격이론을 이해할 필요가 있다.

인간성격을 이해하기 위해 도움이 되는 이론으로는 정신역동이론, 행동주의이론, 인지발달이론, 인본주의이론 등이 있다. 정신역동이론은 인간행동은 정신 내적 에너지의 역동에 기초해 설명하는 이론으로 프로이트, 에릭슨, 아들러, 융의 이론이 여기에 해당된다. 행동주의이론은 인간의 행동 변화에 관심을 두고 환경의 변화를 통해 행동을 수정할 수 있다는 관점을 가진다. 행동주의이론으로 파블로프, 스키너, 반두라 등 세 학자의 이론이 대표적이다. 인지발달이론은 아동의 인지가 발달해 가는 단계를 연구하여 인지수준에 따라 인간행동에 차이가 있음을 설명하였다. 피아제, 콜버그가 인지발달이론을 대표하는 학자이다. 마지막으로 인본주의이론은 인간행동을 파악하기 위해 인간의 정신, 행동, 인지 가운데 한 곳에 치우치지 않고 인간을 통합된 유기체로 보아야 한다고 강조한다. 인본주의이론에는 매슬로우, 로저스의 이론이 인간행동을 설명하는데 중요한 의의를 가진다.

둘째, 생애주기에 따른 인간발달을 이해해야 한다. 인간은 수정되는 순간부터 사망에 이르기까지 정체되어 있는 것이 아니라 역동적으로 변화를 거듭한다. 이러한 역동적인 변화를 설명해 줄 수 있는 이론이 인간발달이론이다.

인간발달이론에 대한 이해가 사회복지실천에 부여하는 의의는 다음의 몇 가지 내용과 같다. 인간발달이론은 인간의 전반적 생활주기를 이해할 수 있는 개념의 준거틀을 제공한다. 즉, 생애 발달단계별로 가지는 특성을 유형화하여 분류하였기 때문에 사회복지전문가가 다양한 연령층의 클라이언트를 이해할 수 있도록 기반을 제공한다. 또한, 각 발달단계에서는 그 시기에 성취해야 하는 발달과업이 제시된다. 따라서 클라이언트가 발달과업을 원활하게 수행할 수 있도록 제반 서비스를 제공하는데 도움이 된다. 그리고 결혼, 퇴직과 같은 생활전이(life transition)에 따른 변화와 안정성의 차원을 파악하게 한다. 또한, 각 단계의 발달내용에서 구성하는 신체적, 심리적, 사회적 요인들과 각 요소들 간의 관계를 이해하는데 도움이 된다. 뿐만 아니라 이전 발달단계의 결과가 다음 단계에 미치는 영향을 파악할 수 있고, 각 단계의 성공과 실패를 설명할 수 있도록 한다.

사회복지실천에서 인간성격과 인간발달에 대한 이해는 클라이언트의 욕구와 문제 대하여 정확하게 사정하고 대처할 수 있도록 하는 데 기여한다. 그리고 클라이언트의 지나친 염려를 줄일 수 있는데 유익하며, 잠재적인 사회문제 혹은 개인문제를 예방하거나 어려운 상황을 최소화하는데 도움을 준다.

3. 사회환경과 사회복지실천

환경 속의 인간을 강조하는 사회복지실천은 사회환경과 밀접한 연관성을 갖는다. 왜냐하면, 인간은 환경과 분리되어 존재할 수 없으며 환경은 개인의 성격, 발달, 행동, 욕구 등 인간이 가진 모든 측면에 강한 영향을 미치기 때문이다. 따라서 사회환경을 이해하는 것은 인간행동을 정확히 이해하고 효과적인 사회복지실천을 위해 필수적이다. 그러므로 사회복지전문가는 인간이 지닌 내부 체계뿐 아니라 외부 환경체계가 인간에게 미치는 영향 그리고 인간과 환경 사이의 상호작용에 대한 전문지식을 습득해야 한다.

요컨대, 인간을 보다 더 깊이 이해하고 사회복지실천 과정에서 전문성을 높이기 위해 생태체계이론과 주요 사회체계를 학습할 필요가 있다. 그러므로 생태체계이론 및 사회체계이론, 주요 사회체계에 대한 내용은 사회복지실천에서 다음과 같은 의의를 가진다.

첫째, 생태체계이론과 사회체계이론을 통해 인간을 보다 폭넓은 입장에서 이해할 수 있게 된다. 이 이론은 기본적으로 인간과 환경 사이의 긴밀한 상호교류와 상호의존 관계를 전제한다. 그러므로 생태체계이론은 문제현상을 파악할 때 인간 혹은 환경 등 어느 한 가지 관점에 치우치는 것을 지양한다. 따라서 문제나 욕구를 상황과 환경의 맥락에서 이해하고 관련 체계의 영향력을 인식함으로써 문제를 전체적으로 조망하게 한다.

또한, 인간행동을 이해하는데 있어서 다양한 관련 변인들 간의 상호작용을 파악할 수 있게 한다. 따라서 문제해결과정에서 단선적 사고에서 벗어나 여러 원인에서 행동이 일어난다는 관점을 제시함으로써 낙인효과를 줄일 수 있다.

둘째, 가족, 집단, 조직, 지역사회, 문화 등 주요 사회체계를 살펴봄으로 인간의 성장과 발달에 가장 영향력 있는 사회환경을 파악할 수 있다. 주요 사회체계는 각자의 특성과 기능을 가지고 있으며 이를 이해하면 각 체계들이 구성원들의 행동에 어떻게 영향을 미치는지를 명확하게 파악할 수 있다. 뿐만 아니라 환경 속의 인간의 관점을 유지하여 생활상의 문제는 전체적인 생활공간 속에서 이해될 수 있어 사회복지전문가는 클라이언트의 생활공간 어디든 개입할 준비를 갖추게 된다. 더 나아가 문제를 해결하기 위해 인간 개인보다 가족, 집단, 조직, 지역사회, 문화 등의 주요 사회체계를 클라이언트 대상으로 삼아 폭넓은 해결 방안을 제시할 수 있다.

4. 사회복지실천에서의 인간행동과 사회환경

사회복지란 인간이 만족스럽고 편리한 삶을 위해서 인간의 다양한 문제를 해결하여 행복을 추구하도록 도와주는 것이다. 이를 실제적으로 실행하여 개인이나 가족, 집단, 조직, 지역사회, 문화가 필요로 하는 사회적 기능을 회복하거나 향상시킨다. 또한, 이러한 목적을 달성하기 위해 적절한 사회적 조건을 만들어 나가도록 돕는 전문활동을 사회복지실천이라고 일컫는다.

사회복지는 실천을 중시한다. 그러나 아무리 실천을 강조한다 할지라도 이론과 지식의 뒷받침이 없는 실천은 오류의 발생 가능성을 높인다(조흥식 외, 2010). 따라서 사회복지 전문가는 사회복지실천을 효과적으로 실행하기 위하여 인간행동과 사회환경에 관한 다양한 이론과 지식을 활용해야 한다.

사회복지실천에서 인간행동과 사회환경이 가지는 의미는 다음의 내용과 같다.

첫째, 인간의 발달 시기와 관련된 욕구와 자원에 대한 이해가 가능하다. 따라서 클라이언트가 문제를 해결하고 상황에 적응하도록 도와준다.

둘째, 개인이 생활하는 사회체계에 대한 인간의 심리적, 사회적, 생태체계적 관점을 습득하여 사회복지 전문가로서의 역할을 효과적으로 수행하게 한다(Hepworth el at., 1997).

그러므로 사회복지사는 클라이언트 개인을 둘러싼 가족, 집단, 조직, 지역사회, 문화 등과 같은 사회환경의 움직임을 주도면밀하게 이해해야 한다.

셋째, 사회복지사의 전체 활동현상으로서 중요한 의미를 가진다. 사회복지전문가는 클라이언트, 클라이언트의 가족, 집단 관계는 물론 자신이 근무하고 있는 기관, 조직, 지역사회, 문화체계 안에서 활동하고 있기 때문에 이들 개인과 사회환경은 사회복지사의 주요 활동 현장이라고 할 수 있다. 그러므로 사회복지사는 인간행동과 사회환경이 클라이언트뿐 아니라 자신의 생각과 활동에도 영향을 미친다는 점을 직시해야 한다(이영호 외, 2018).

사회복지실천에서는 인간의 존엄성과 개별성을 이해하는 것이 중요한 가치이자 윤리이며 주요 목표는 클라이언트의 변화이다. 따라서 인간행동과 사회환경은 사회복지실천에서 사회복지사가 갖추어야 할 광범위한 지식 중 한가지로서 매우 특별한 의미를 가진다.

제2부

인간행동과 주요이론

제2부 인간행동과 주요이론

제1장 정신역동이론

리비도 | 자아방어기제 | 일차적 사고과정 | 쾌락원칙 | 자유연상 | 꿈의분석 | 원초아 | 자아 | 이차적 사고과정 | 현실원칙 | 초자아 | 양심 | 자아이상 | 의식 | 전의식 | 무의식 | 불안 | 현실적 불안 | 신경증적 불안 | 도덕적 불안 | 구강기 | 항문기 | 남근기 | 잠복기 | 생식기 | 열등감 | 보상 | 우월감의 추구 | 생활양식 | 사회적 관심 | 창조적 자아 | 가족구도 | 출생순위 | 가상적 목적론 | 성격발달 | 자아 | 자아정체감 | 점성원리 | 위기 | 심리사회발달단계 | 영아기 | 유아기 | 학령전기 | 아동기 | 청소년기 | 성인기 | 중·장년기 | 노년기 | 의식 | 자아 | 개인무의식 | 집단무의식 | 원형 | 페르소나 | 아니마 | 아니무스 | 그림자 | 자기 | 음영 | 무의식

Preview

정신역동이론

정신역동 이론은 프로이트의 정신분석 이론에서 출발하여 그의 제자인 아들러와 융, 자아의 중요성에 초점을 둔 에릭슨으로 연결되는 자아심리학과 설리반의 대인관계 이론까지를 폭넓게 포함한다. 이 이론은 프로이트의 정신분석을 필두로 하여 정신치료(psychotherapy)라는 직접적 접근의 실천체계의 토대가 되고 있으며 문학 및 예술의 배경으로서 기능하기도 한다. 이러한 이론들을 정신역동이론이라 하는 이유는 대부분 인간의 행동이 「정신 내의 운동과 상호작용」에 초점을 두기 때문이다. 이론에 따른 주요초점과 병리의 출발점은 서로 다르지만 대부분 정신이 행동을 어떻게 자극하는지, 정신과 행동이 개인의 사회환경과 어떻게 서로 영향을 주고받는지를 강조한다(Payne, 2001)는 점에서 모두 정신역동이론이라고 한다.

정신역동 이론은 19세기 말에 프로이트에 의해 창안된 당시에도 사회문화적으로 엄청난 파장을 일으킨 이론이지만, 오늘날에도 무의식에 대한 인식 등 인간이해의 폭을 넓히는 데 상당한 기여를 하고 있는 학문으로 평가받고 있다. 따라서 이 장에서는 프로이트의 정신분석이론, 아들러의 개인주의 심리이론, 에릭슨의 심리사회 발달이론, 융의 분석심리이론을 중심으로 정신역동 이론을 구성하고, 이를 통해 인간행동과 정신역동 이론 간의 연관성을 고찰하는 한편 사회복지실천과의 연관성을 검토해 보고자 한다.

1. 프로이트의 정신분석이론

1) 프로이트(Sigmund Freud, 1856~1939)의 생애

프로이트는 1856년 유태인 집안의 장남으로 태어나 4세 때 오스트리아 비엔나로 이주한 후 1939년 사망하기 전까지 대부분의 생애를 오스트리아에서 보낸 것으로 알려져 있다. 또한 어릴 적부터 재능이 뛰어나 어머니의 지지와 격려를 많이 받고 자랐으며 유태인으로서의 한계를 느끼던 1873년 프로이트는, 오스트리아 비엔나 의과대학에 진학하게 된다. 이후 신경과 의사가 되어 활동을 하던 중 스승 브로이어(Josef Breuer)의 영향으로 파리유학을 떠나 신경의학과 최면을 연구하게 된다. 이후 「꿈의해석」(1900)이라는 저서를 발표하며 점차 일반 대중과 세계 의료인들에게 명성이 높아지면서 정신분석학 이론의 기초를 형성하게 된다. 그러다가 프로이트는 제1차 세계대전을 겪으면서 영국으로 망명하여 정신병리학의 다양성을 깨닫게 되었고 이후 「정신분석학 입문」(1920), 「자아와 이드」(1923), 「신정신분석학 입문」(1933) 등 많은 저서를 남기게 된다. 창조적이고 생산적인 프로이트의 이론은 이후 신프로이트 학파라고 불리는 융, 아들러, 그리고 아버지의 뒤를 이어 후기 정신분석학자로 알려진 그의 막내딸 안나 프로이트(A, Freud)에 의해 더욱 발전되었다. 하지만 융과 아들러는 프로이트와 학문적 견해를 달리하면서 결별을 하게 된다.

프로이트는 인간을 비합리적이고 통제할 수 없는 무의식적 본능의 지배를 받는 존재로 보았으며(이무석, 2006), 인간의 기본 성격구조는 영·유아기에 어떤 경험을 하였는가에 따라 결정된다고 하였다. 이러한 성격구조는 성인이 되어서도 변하지 않는 불변적 존재라고 하여 현재보다는 과거를 중시하는 입장을 보였다. 그래서 개인의 쾌락원칙과 문명화된 사회 사이에는 많은 갈등이 존재한다는 점을 강조하였다(전병재, 1993). 인간의 모든 행동, 사고, 감정이 무의식적 동기를 지니고 있다고 보며 인간의 모든 정신활동은 바로 의식과 무의식, 원초아(id)와 초자아(superego) 사이에서 일어나는 갈등의 결과로 간주하였다. 이러한 특성 때문에 프로이트의 이론을 갈등심리학 또는 심층심리학이라고 부르는 이들도 있다(Arlow, 1979). 프로이트는 무의식 속에 잠재된 생각이나 욕망을 자유연상(free association)과 꿈의 해석, 아동기 경험, 가족관계 분석이라는 기법을 사용하여 분석하였고 인간행동을 이해하는 새로운 기법을 개척한 이론가로서 현재까지도 다양한 성격이론 및 기법에 많은 영향을 미치고 있다.

2) 프로이트(Sigmund Freud)의 인간관

프로이트는 인간본성에 대하여 기본적으로 결정론적 관점을 가지고 있다. 그에 따르면 인간의 행동은 비합리적인 힘, 무의식적인 동기, 그리고 생의 초기 약 5년간에 형성된 본능적 충동에 의해서 결정이 된다고 하였다. 프로이트는 초기의 성적 에너지를 리비도(libido)라고 불렀지만 후에는 모든 삶의 본능적 에너지를 리비도라 부름으로써 리비도라는 의미를 확장해 나갔다. 리비도는 인간의 성장, 발달, 창조성을 추구하며 성적 에너지를 포함하지만 그 이상 동기의 원천으로 이해되어야 한다. 프로이트는 즐거움을 포함한 모든 활동을 삶의 본능이라는 개념에 포함하며 삶의 목표는 고통을 피하고 쾌락을 얻는 것이라고 하였다. 그에 따르면 인간은 때로는 자신이나 타인을 죽이거나 해치려는 무의식적 소망을 행동으로 나타내기도 한다. 그래서 프로이트는 성적 충동이나 공격적 충동을 인간행동의 강력한 결정요인이라고 하였다(corey, 2010). 또한 프로이트는 인간의 정신 안에서 일어나는 것은 어떤 것이라도 우연히 일어나는 것은 없고 정신적 현상이나 심리적 경험이라는 것은 어떤 것이라도 거기에 반드시 어떤 원인이 있다는 것을 뜻한다(Dewald, 1998)는 정신결정론을 주장한다. 그래서 전혀 관계가 없고 우연히 일어난 것처럼 보이는 사건이라도 단지 그렇게 보일 뿐이지 실제로는 과거의 어떤 일과 연결되어 발생한다는 것이다(장수한 외, 2018).

프로이트는 또한 인간을 하나의 유기체로써 복잡한 에너지의 체계라고 보았다. 인간은 신체적 에너지와 심리적 에너지를 가지고 있으며, 생각하고 기억하고 사고하는 모든 행위는 심리적 에너지를 사용하게 된다. 이는 본능과 리비도(libido)에서 나온다고 보았다. 생명의 본능 에너지인 리비도는 생존하고 번식하려는 욕구를 의미하며 성적 에너지라고 볼 수 있으므로 인간은 성적 에너지에 의해 지배되는 존재이다. 인간이 가지고 있는 또 다른 본능은 죽음의 본능인데 이것은 공격성의 형태로 출현한다. 본능이 자리 잡고 있는 곳은 원초아인데 원초아의 욕구를 충족시키지 못하면 이것이 정신적 외상이 되어 무의식 속에 억압되어 있다가 후에 불안 등 문제행동으로 나타나게 된다. 이러한 견해는 인간을 과거의 경험 특히 초기경험에 의해 지배되는 수동적인 존재로 보는 것이며 과거를 돌이킬 수 없다는 점에서 비관론적이고 결정론적인 입장을 취한다고 볼 수 있다.

3) 주요 개념

프로이트는 인간의 성격을 설명하기 위해 원초아, 자아, 초자아 등의 개념을 제시하였으며 정신 수준과 관련된 무의식, 전의식, 의식의 개념과 함께 불안, 자아방어기제, 성적심리 발달단계인 구강기, 항문기, 남근기, 잠복기, 생식기로 나타내었다.

(1) 구조적 모형(structural model)의 성격이론

프로이트는 인간의 성격을 원초아(id), 자아(ego), 초자아(superego)의 가설적인 세 가지 구조로 구분하였다. 원초아는 생물학적 구성요소이고, 자아는 심리적 구성요소, 초자아는 사회적 구성요소이다. 전통적인 정신분석적 관점에서 성격의 역동은 심리적 에너지가 원초아, 자아, 초자아에 분배되는 방식으로 결정된다. 그러나 인간의 성격은 이 세 가지 구성요소가 각각 분리되어 작용하기보다는 기능적으로 하나의 전체로서 기능한다. 또한 정신분석적 상담이론의 기본가정은 인간을 결정론적 존재로 보고 인간의 행동은 기본적으로 무의식적 동기와 생물학적 욕구, 그리고 생후 약 5년간의 생활경험에 의해서 결정된다는 것이다. 프로이트의 성격구조의 구조적 모형을 그림으로 표현하면 다음과 같다(그림 2-1-1).

원초아(id)

원초아란 생물적인 측면이 강하고 본능적인 욕구를 충족시키려고 작용하는 요소이며 「쾌락의 원칙」을 따른다. 따라서 원초아는 성격의 생물학적·원초적·무의식적 측면으로 성격의 원래 체계이며 정신에너지의 원천으로 인간의 정신을 지배하는 본체인 동시에 생명 유지에 필수적인 생물학적 욕구인 배고픔, 목마름, 성, 수면 등이 해당한다. 원초아의 기능은 본능적 욕구충족을 위해 작용하며 매우 강력하고 강요적이라고 할 수 있다. 사고하지 않고 긴장, 고통의 회피, 해소를 기본으로 하는 쾌락의 원리(pleasure

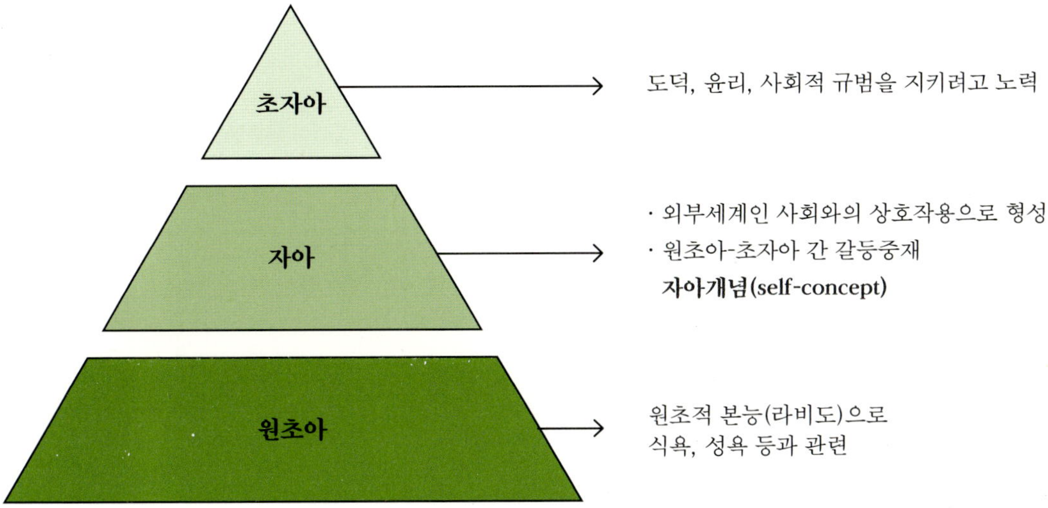

그림 2-1-1 프로이트의 성격구조의 구조적 모형

principle)에 또한 지배를 받게 된다. 이는 무의식적 동기에 의해 충동적으로 유발하기 때문에 비논리적이고, 도덕관념이 없고, 본능적 욕구만을 충족하며 대부분 인식되지 않으며 무의식적이다. 그래서 쾌락원리는 고통 회피와 즉각적 긴장 감소를 목적으로 하며 생각하지 않고 단지 요구하거나 행동한다.

원초아는 무의식적인 심적 에너지의 근원이며 자아와 초자아에 필요한 에너지도 이곳에서 제공된다. 객관적인 현실 세계와는 상관없이 주관적 경험의 내적 세계인 본능적 욕구나 충동만 나타내려고 한다. 식욕, 배설욕, 성욕, 수면욕 등 본능적 욕구를 즉각적으로 충족하기 위해 외부의 현실이나 도덕을 고려하지 않은 채 비논리적이고 맹목적으로 작용한다.

또한 원초아는 본능적 욕구를 충족하기 위해 반사작용과 일차과정이라고 하는 두 가지 방법을 사용하는데 이 두 기제는 눈 깜빡임이나 재채기와 같은 반사작용과 일차적 사고과정(primary process)을 나타낸다. 1차 과정은 자신의 기본적인 욕구를 만족시켜 준 적이 있는 대상을 떠올림으로써 긴장을 감소시키는 전논리적인 것이고 현실과 비현실의 구분이 없으며 유아기적인 것이다. 따라서 원초아는 비이성적이고 무의식적이며 이기적인 본능으로 태어날 때부터 존재하는데 아기가 젖을 찾는 행동과 같이 즉각적인 만족을 추구하는 행위이다. 그래서 유아는 성장함에 따라 배고픔에 대한 본능이 항상 즉각적으로 만족할 수 없다는 것을 경험하게 되고 이러한 경험을 통해 자아가 발달하게 된다. 원초아의 지배를 많이 받는 성인의 경우 충동적이고 비합리적이며 유치한 행동을 보일 가능성이 크며(최옥채 외, 2021) 사회의 윤리와 가치에 관심을 잘 보이지 않는다.

⊙ **일차적 사고과정** : 신체적 긴장을 경감시키는 데 필요한 대상의 기억 표상을 만드는 과정으로 예를 들어 목이 마를 때 물을 마시는 상상이나 꿈을 꾸는 것을 의미한다. 그러나 일시적 만족은 줄 수 있겠지만 근본적 긴장은 감소시킬 수 없으므로 자아의 이차적 사고과정이 필요하다.

⊙ **쾌락원칙** : 고통은 최소화하고 쾌락을 최대화하려는 속성으로 적당히 참지 못하고 즉각적인 만족을 구하려는 특성을 의미한다.

자아(ego)

자아는 생후 1~2세경에 출현하는데 현실이라는 외부세계와 접촉하면서 형성된다. 외부현실과 초자아의 제한을 고려하여 충동을 억제하고 현실원리에 따르도록 하는 것으로서 상당한 양의 긴장을 참을 수 있으며, 지능이 자리하는 곳으로서 이차적 사고과정(secondary process)을 담당한다. 즉 자아는 현실판단을 통해 본능적인 욕구를 충족시키는 가장 현실적인 해결방법을 찾아내려고 하며 성격을 지배하고 통제하고 조절하는 실행자다. 자아는 현실원리(reality principle)에 의해 지배되므로 현실적이고 논리적인 사고를 하며 욕구를 만족시키기 위해 행위에 대한 계획을 세운다. 원초아로부터 파생되어 발달해 온 자아는 원초아적인 에너지를 받아들이며 원초아로부터 독립적일 수가 없다. 이는 원초아적 욕구를 충족시키기 위하여 작용하지만 원초아의 맹목적인 충동을 견제하며 정신적 심상과 외부세계의 사물을 구분한다. 또한 자아는 원초아 다음으로 형성되는 성격 구조로서 외부세계를 통해 주로 의식과 전의식 수준에서 작용한다. 하지만 원초아와도 맞닿아 있기 때문에 무의식의 기능을 하는 특징도 있다. 자아의 목적은 원초아와의 욕구충족이기 때문에 원초아와의 욕구를 충족시켜 주려고 노력하지만, 현실적으로는 불가능하다. 왜냐하면 원초아가 원하는 대로 욕구를 충족하려고 하면 사회적인 처벌을 받기 때문이다. 그러기 때문에 자아는 현실원칙 즉 내적 욕망과 외부의 현실을 모두 고려하여 더욱 안전하게 욕구를 충족시키려는 원칙에 의해 움직이며 이차 과정을 통해 욕망을 충족시킨다.

그래서 자아는 원초아와 초자아 사이에서 갈등을 조절하는 기능을 한다. 현실과 환경을 고려하는 현실의 원칙을 따라 기능하며 현실을 이해하고 판단하며 미래에 대한 계획을 세우고 논리적인 사고를 한다. 또한 자아는 현실원리(reality principle)에 의해 지배되므로 현실적이고 논리적인 사고를 하며 이는 욕구를 만족시키기 위해 행위에 대한 계획을 세운다. 자아로부터 현실원칙에 의해 움직이는 주된 개념적 특징을 살펴보면 원초아의 욕구가 현실의 범위 내에서 충족될 수 있도록 욕구의 충족을 보유하고 만족을 지연시키는 능력이 있다는 것이다. 또는 원초아와 초자아를 조절하고 지배하며 외부세계와 상호작용을 하며 '성격의 집행자'라고 불리기도 한다.

⊙ **이차적 사고과정** : 현실적인 계획을 세울 때까지 만족을 지연하는 사고과정으로 예를 들어 목이 마르더라도 현실적으로 물을 구할 수 있을 때까지 기다린다는 것이다. 이 과정은 현실검증을 하는 것으로, 외부세계에서 일어나는 자극이나 지각을 분별하고 원초아(id)의 소망과 충동에서 일어나는 자극과 지각을 분별하는 능력을 의미한다.

⊙ **현실원칙** : 적절한 시기까지 긴장의 방출을 지연시켜 사회가 수용 가능한 형태로 만족을 얻는 능력을 의미한다.

초자아(superego)

초자아는 사회의 전통적 가치와 이상으로 구성되어 있으며 현실적인 것보다는 이상적인 것, 현실이나 쾌락을 추구하기보다는 완전을 추구하는 속성을 지닌다. 이 단계에서 아동은 부모의 도덕적 권위를 동화하여 자신의 내적인 권위로 변화시키게 된다. 즉 부모를 동일시하는 과정에서 초자아를 형성하게 된다는 것이기 때문에 아동의 초자아에는 부모의 실제 행동이 아니라 부모의 초자아가 반영되어 있다. 그렇다고 반드시 부모를 동일시해야 초자아가 형성되는 것은 아니며 학교 교사, 어린이집 교사 등과 같은 부성인물 또는 모성인물에 의해 형성되기도 한다. 초자아는 생후 3~4년이 되면서 발달되는 체계이며 사회규범과 행동기준이 내면화된 형태를 나타내기 때문에 도덕적 원리를 따르게 된다. 이것은 성격의 세 구조 중 가장 마지막에 발달하는 체계로서 성격에 있어 판사와 같은 부분이며 현실보다는 이상을 추구한다. 더불어 사회규범과 행동기준이 내면화한 형태로 자신의 행동이 윤리적으로 행위의 선함과 악함, 옳고 그름을 판단하게 해준다. 또한 초자아는 현실이 아닌 도덕적 목표와 이상을, 쾌락보다는 완전을 추구하며 선천적으로 타고난 것이 아니라 부모로부터 아이들에게 계승되는 그 사회의 전통적 가치나 이상을 나타낸다.

이는 부모나 사회의 도덕적 가치가 내면화된 것으로 프로이트는 양심과 자아이상이라는 두 가지 하위체계로 나누어 설명하였다. 양심은 부모로부터 받은 비난과 처벌로 형성되는 것으로 자신에 대한 비판적 평가나 도덕적 억압, 죄의식 등을 일으킨다. 자아이상은 주변으로부터 칭찬과 보상을 통해 목표와 포부를 갖게 해주며 이것을 달성한다면 자존심과 긍지를 느끼게 된다. 그래서 초자아는 인간성격의 도덕적 체계이며 현실의 쾌락보다 인내와 절약을 통해 미래의 이상과 완성을 추구하는 것으로 사회에서 공인된 도덕적 기준에 맞추어 행동하도록 하는 것이다. 그러므로 원초아의 충동을 억제하고 도덕적이고 규범적인 기준에 맞추어 안전하게 살도록 유도하기 때문에'도덕의 원칙'이라 한다. 또한 성격의 도덕, 양심의 부분으로 '인격의 사법부'라고 부르기도 한다. 이는 정신구조의 최고 단계로 부모세대나 주변으로부터 물려받은 사회적 가치와 도덕, 윤리나 양심의 영향을 받아 사회적 원리를 따르게 된다.

보충자료

원초아, 자아, 초자아와의 사례

〈사례〉 친구가 가지고 있는 시계가 너무 마음에 들어 훔치고 싶고, 우연히 걷다가 지갑이 떨어져 있는 것을 발견하게 된다.

원초아(id) - 원초아의 예시로는 친구가 가지고 있는 시계가 누구것이라도 상관없이 훔쳐버리고, 지갑은 보는 사람이 없으니 주워서 집에 가져 와 버리게 되며, 어떤 상황인지를 고려하지 않고, 그것을 가지고 얻는 것에만 관심을 기울인다.

자아(ego) - 자아의 예시로는 친구의 시계를 훔쳤을 때 어떤 문제가 발생하는지 먼저 살펴보고, 지갑을 주웠을 때는 누가 보는지 안보는지를 잘 확인하고 들키지 않게 하려고 방법을 생각한다. 그래서 즉각적인 충동은 억제하고, 행동에 옮기기 전에 먼저 현재 상황을 고려한다.

초자아(superego) - 초자아의 예시로는 친구의 물건을 훔치는 행위는 사회적으로 해서는 안 되는 것이고, 그것은 처벌을 받게 된다. 지갑을 주워서 간다는 것은 양심과 도덕적 윤리에 어긋나는 행위이므로 주운 지갑을 그 주인이 찾아가도록 그냥 두고 가든지 아니면 경찰서에 가져다 준다. 이는 타인과의 동일시를 통해 사회적 가치와 문화적 규범을 내면화하게 된다.

(2) 지형학적 모형(topographic model)의 정신의 수준

프로이트는 인간의 정신과정을 빙산에 비유하며 지형학적 모형을 통해 인간의 정신생활을 세 가지 단층 또는 수준으로 구분하였다. 인간의 행동을 이해하는 핵심인 무의식과 의식에 대한 개념이 프로이트의 가장 큰 공헌이며 프로이트는 눈에 보이지 않는 인간의 정신을 지도로 제시하여 가시화하였다. 물 위에 나타난 작은 부분을 '의식(consciousness)', 수면 밑에 가라앉아 있는 부분 중에서 의식과 경계하고 있는 부분을 '전의식(preconsciousness)', 외부로 전혀 드러나지 않고 잠겨 있는 부분이 '무의식(unconsciousness)'이다. 이 세 가지 수준은 인간의 감정과 사고, 행동을 결정하는 정신적 실체로서 성격 이해에 매우 중요한 요인으로 작용하며 이는 프로이트의 세 가지 마음의 수준으로 지형학적 모형을 구성한다.

의식은 전체 마음 가운데 얇은 표면에 불과하다. 빙산의 대부분이 수면 아래에 있는 것처럼, 마음의 대부분은 의식이라는 표면 아래에 있다. 전의식은 물 위와 아래를 오락가락하는 수면의 경계 부분에 해당하고 무의식은 물 아래 보이지 않는 부분이지만 인간의 사고와 행동을 전적으로 통제하는 정신세계이다. 이렇게 인간의 마음을 의식, 전의식, 무의식 세 가지 수준으로 구분하면서 마음의 다양한 현상들을 단순하고 명료한 일종의 지도로 개념화한 것을 프로이트는 지형학적 모형이라고 하였다. 이러한 마음의 세 가지 층은 객관적으로 구분되거나 절대적인 범주로 볼 수 없으며 정도의 범주로 보아야 한다. 인간의 생각은 의식과 전의식 수준에서는 쉽게 상호작용하며 의식과 전의식의 내용들은 무의식에 들어갈 수 있으며 한번 무의식에 포함된 내용은 의식화되기가 어렵다.

의식(consciousness)

의식(consciousness)은 말 그대로 우리가 의식할 수 있는 부분이다. 현재 느끼거나 알 수 있는 모든 경험과 감각이며 개인이 자각하고 있는 생각을 포함한다. 의식은 새로 생각이 계속 만들어지고 오래된 생각은 의식에서 물러나면서 전의식이나 무의식 속으로 들어가게 된다. 의식의 새로운 생각은 외부자극으로 대부분 생기게 되지만 일부는 전의식, 무의식 속에 잠재하던 것이 의식으로 나오는 경우도 있다. 의식은 지금 이 순간 본인이 자각하고 있는 마음의 작용을 말하는 것으로 경험과 사람의 생각, 지각, 심상, 기억 등을 인식하고 있다. 새로운 생각이 들어오면 의식의 내용은 계속 변화하며 아주 작은 일부분으로서 전체 정신에서 빙산의 일각에 불과하다. 하지만 프로이트는 개인이 인식할 수 있는 의식은 정신생활의 극히 일부분이라고 믿었기 때문에 이 관점에서 보면 의식은 일시적인 것이며 규칙적이라기보다는 예외적인 것이다. 또한 의식은 시간이 지나거나 주의가 분산되면 인식되었던 부분들이 전의식과 무의식으로 잠재되는 한계가 있는 정신 수준이다.

전의식(preconsciousness)

전의식(preconsciousness)은 의식과 무의식의 중간에서 마음의 통로이다. 어느 정도 쉽게 의식으로 가져올 수 있는 정신의 일부분이다. 전의식은 어느 순간에는 의식되지 않지만 조금만 주의를 집중하고 노력하면 쉽게 의식화될 수 있는 수준의 것으로서 친구의 연락처, 지난봄에 가족들과 함께 보았던 영화 등과 같은 것이다. 예를 들면 지난주에 맛있게 먹었던 음식, 친구가 입었던 옷 등의 내용은 관심이 사라지면서 전의식의 자료가 된다. 지금 이 순간의 의식 영역 안에 들어 있지 않은 어떤 생각, 감정, 공상, 관념, 기억, 경험 등을 포함한다. 또한 평소에는 의식하지 못하지만 어떤 계기로 인해 의식할 수 있다. 그래서 즉시 인식되지는 않지만 조금만 집중하고 노력하면 접근 가능한 영역이며 수면 바로 아래에 있는 빙산의 부분이라 할 수 있다. 파도가 출렁이면 수면 위 빙산의 부분이 수면 아래로 가라앉거나 수면 아래 빙산의 부분이 수면 위로 드러나는 것과 같이 현재 순간의 의식은 다음 순간에 전의식에 속하게 된다. 그리고 전의식은 의식과 무의식을 연결하는 중간 지점에 있으므로 정신세계에서 무의식 영역과 의식 영역을 연결해 주는 이용 가능한 경험과 기억들이 저장된 곳이다.

무의식(unconsciousness)

무의식은 프로이트가 가장 중요하게 생각한 인간행동의 결정원인이며 정신의 가장 깊은 수준에서 작동되어 의식할 수 없는 부분이다. 우리가 평소에는 전혀 인식하지 못하는 것이지만 마음속에서 일어나는 현상 중 많은 부분은 무의식에 속해 있다. 이러한 무의식 수준(unconscious level)은 의식하려고 노력하더라도 쉽게 자각하기 어려운 욕구, 충동, 소망, 동기 등을 말한다. 이는 수면 아래 자리하여 빙산의 대부분을 차지하는 것이라 할 수 있는데 의식이라는 수면위에 잘 떠오르지는 않지만 인간의 생각과 감정, 행동에 거대한 영향을 미친다는 점에서 중요한 의미를 지닌다. 그래서 프로이트는 인간의 정신과정인 성격을 빙산에 비유하여 설명하였다. 물 위에 떠 있는 아주 작은 부분이 의식이고, 파도에 의해 물 표면으로 나타나기도 하고 잠기기도 하는 부분이 전의식이라 하고, 물밑의 거대한 부분을 무의식이라고 하였다. 따라서 프로이트의 지형학적 모형인 의식, 전의식, 무의식을 그림으로 나타내면 다음과 같다(그림 2-1-2).

인간의 정신세계를 빙산에 비유

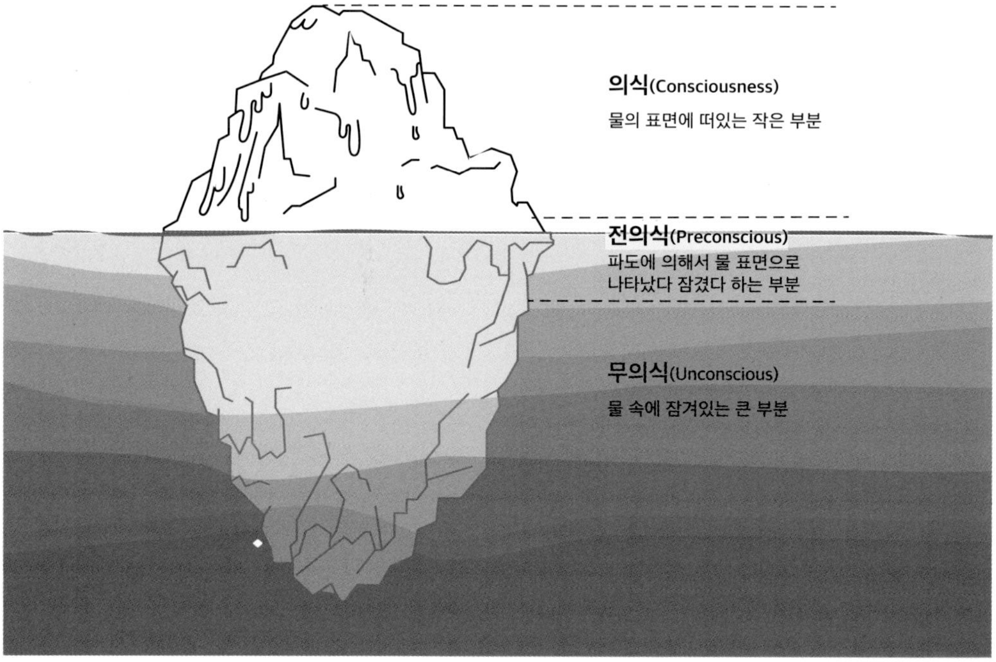

<성격의 구조>

그림 2-1-2 프로이트의 지형학적 모형

(3) 본능이론(Instinct theory)

프로이트의 충동이론으로도 알려진 본능이론(Instinct theory)은 인간의 행동이 삶의 본능(Eros, live instincts)과 죽음의 본능(Thanatos, death instincts)이라는 두 가지 기본 기능에 의해 움직인다고 하였다. 이것은 본능에 대한 생명력을 유지하고 성적 충동을 충족시키는 주요한 본능이다. 한편 즐거움과 쾌락 그리고 만족을 추구하는 모든 활동을 삶의 본능이라는 범주에 포함 시키며 이에 나타난 정신 에너지를 리비도(libido)라고 하였다. 이러한 리비도가 어떤 한 가지 대상이나 사람에 집중되어 나타나는 것을 '리비도의 집중'이라고 하는 반면 자기 자신이나 타인을 죽이거나 해치려는 무의식적 소망을 죽음의 본능이라고 보았다. 그래서 프로이트는 인간의 공격적 욕구는 바로 죽음의 본능에서 비롯된다고 하였다.

삶의 본능(Eros, live instincts)

삶의 본능(Eros, live instincts)은 생명을 유지하고 즐거움을 얻기 위한 본능이다. 이러한 삶의 본능은 인간의 생존을 위해 식욕, 성욕, 생물학적인 욕구 등을 충족시키는 데 기여를 한다. 이는 인간에게 쾌락을 주는 모든 행동이나 생각을 포함하고 있으며 성적 충동이나 욕구까지도 포함한다. 그래서 프로이트는 삶의 본능이 존재적 에너지인 리비도에 의해 주도된다고 하였다. 삶의 본능은 성적 충동과 연관이 되지만 단순히 성적인 측면만을 의미하지는 않는다. 이는 생명을 유지하고 본인의 욕구를 충족시키는 일반적인 원리로 작용한다. 또한 삶을 유지하는 동력은 식욕이나 갈증과 같은 개체를 보존하는 것과 관련된 행동들을 통제한다고 하였다. 그래서 프로이트는 이들의 존재를 지적하면서도, 이에 대한 부분은 자세하게 기술하지는 않았다.

죽음의 본능(Thanatos, death instincts)

죽음의 본능(Thanatos, death instincts)은 자기 파괴적인 성향이 있는 본능이다. 이는 죽음과 파괴에 대한 욕망을 포함하고 있으며 무의식적인 수준에서 작용하며 갈등, 고통, 파괴적 행동 등을 유발할 수도 있다. 프로이트는 죽음의 본능은 삶의 본능과 대립하는 원리로 작용하며 삶의 본능과 상반된 개념으로 설명하였다. 여기에서 죽음의 본능의 중요한 구성요소가 '공격성'이다. 개인의 죽음의 본능은 공격성으로 표출되어 자신이 아닌 타인이나 특정 대상을 죽이고자 하는 소망으로 파괴하고, 정복하고, 죽이도록 하는 것을 의미한다.

프로이트가 자신의 인생 후반에 제안했던 이러한 죽음의 본능은 그의 이론 중에서도 가장 비판을 받았던 개념이다. 그래서 죽음의 본능이라는 개념은 프로이트의 범성욕 이론과 나란히 이견이 많았고 오늘날에도 그다지 화제로 삼지 않고 있다. 하지만 공격과 살인이 반복되는 현실과 죽음의 충동에 사로잡힌 사람이 적지 않은 현재의 삶을 보면 전혀 황당한 생각이 아닐 수도 있다. 죽음의 힘이나 그와 관련된 에너지인 죽음의 본능은 삶의 힘과 정반대 되는 것으로 일반적으로 공격성의 사례를 제외하면 행동에서 직접적으로는 관찰할 수 없다. 그래서 프로이트는 공격성이 죽음의 힘을 외부로 다른 사람들에게 전위시킨 결과라고 믿었다. 죽음의 힘의 에너지가 공격적인 행동으로 감소하면 개인의 삶 또한 유지되는 것이라고 하였다.

(4) 불안(Anxiety)

불안(anxiety)은 정서의 긴장상태를 말하는 것으로, 주로 원초아의 본능적이고 무의식적인 욕구를 현실적으로 조절하려는 자아와의 충돌 시 갈등이 통제의 수준을 초과할 때 발생한다. 프로이트의 불안은 매우 중요한 개념으로 모든 신경증의 원인이며 무의식적 욕구가 의식 속으로 침투할 때 발생하는 두려움 등의 임박한 위험을 인식시키는 것으로 자아에 대한 경고의 의미이다. 또한 프로이트는 불안을 아직 분출되지 못한 성 본능의 결과로 보았으며 이것을 현실적 불안(reality anxiety)과 신경증적 불안(neurotic anxiety), 도덕적 불안(moral anxiety)의 세 가지 유형으로 구분하였다.

현실적 불안(reality anxiety)

현실적 불안(reality anxiety)은 실제 위험의 정도와 비례하지만 기본적으로 공포와 같다. 자아로 하여금 이를 회피하도록 경고하는 것이다. 이는 외부 현실적 불안요소가 제거되면 자연스럽게 감소하는 것으로 나타난다. 예를들어 건널목을 건너려고 하는데 차가 빠르게 달려온다면 인간은 불안을 느끼게 된다. 그래서 현실적 불안은 공포처럼 느껴지기 때문에 이러한 위험을 피하기 위해서는 현실적인 대처가 필요하다고 본다.

신경증적 불안(neurotic anxiety)

신경증적 불안(neurotic anxiety)은 원초아의 충동이 의식화될지도 모른다는 것으로 위협을 받고 이에 따라 생긴 정서반응을 말한다. 이는 원초아의 성적·공격적 본능을 자아가 조절할 수 없을 것이라는 두려움이 원인이 되며 원초아의 본능적 충동이 자아조절을 파괴하려는 위협이 있을 때 발생한다. 이럴 때 사람들은 대체로 통제력을 상실하거나 고통받는 것을 두려워한다. 이와같은 공포는 완전히 의식되지 않으며 원인을 알지 못한 채 불안을 경험할 수가 있다(Nye, 1981). 그래서 프로이트는 자아가 합리적이고 현실적인 방법으로 신경증적 불안을 해결하지 못하게 되면 자아 방어적 행동을 하게 되면서 신경증의 주요 원인으로 작용한다고 하였다.

도덕적 불안(moral anxiety)

도덕적 불안(moral anxiety)은 도덕이나 양심에 위배 되는 생각이나 행동에 대한 양심과 죄의식에 의해 생기는 불안이다. 도덕적 불안은 원초아와 초자아 간의 갈등에서 비롯되며 주로 개인의 양심에 따른 두려움으로 사회적 규범이나 도덕적 원칙과 가치관 등을 위배했을 때 경험하게 되는 불안이다. 도덕적 불안은 초자아가 발달하는 3~6세의 남근기가 되어야 가능하다. 그래서 신경증적 불안과 도덕적 불안은 개인 내 힘의 균형이 위협받을 때 생기므로 자아가 합리적이고 직접적인 방법으로 불안을 통제할 수 없을 때는 자신을 불안으로부터 보호하기 위하여 무의식적으로 방어기제를 사용한다.

(5) 자아방어기제(ego defense mechanism)

자아의 방어기제(defense mechanism)는 자아가 불안에 처하여 합리적인 방법으로 이것을 해결하지 못할 때 현실을 부정하거나 왜곡하면서 무의식적으로 불안을 제거하려는 심리 기제이다(Schultz et al., 1994). 즉 인간은 삶을 살아오면서 성적 충동, 공격적 충동, 적개심, 원한, 좌절감 등 여러 요인에서 오는 갈등을 경험하게 된다. 하지만 인간은 스스로 이러한 갈등을 통제할 수 없을 때가 많으므로 이때 경험할 수 있는 상처를 막고자 무의식적으로 자신을 속이고 회피하는 경향을 나타내 보인다. 이러한 사고 및 행위를 '자아방어기제'라고 한다.

자아방어기제는 병적인 것이 아닌 정상적인 행동으로 인간이 불안을 극복하고 자아가 불안에 압도되지 않도록 돕는 무의식 수준에서 일어나는 자아 기능의 한 측면이다. 이에 대한 적절한 사용은 적응을 도모하고 정신건강을 유지하는 데 도움을 주지만, 이를 과도하게 사용하게 되면 실제의 감정이나 충동을 인식하지 못하고, 현실을 정확하게 평가할 수 없으므로 정신건강 문제를 일으키게 된다. 자아가 갈등과 불안에 대응하고 대처할 때 활용하는 심리적 전략을 자기방어기제라고 한다면 이는 정신 내적 갈등의 원천을 무의식적으로 억압, 왜곡, 대체, 차단하며 대부분 한 가지 이상의 방어기제가 동시에 사용되는 경우가 많다. 이러한 자아방어 기제는 불안을 줄일 뿐만 아니라 긍정적인 사회적 결과를 가져오기도 하므로 긍정적인 자아상을 유지하고 사회적응을 도모하고 정신건강을 향상하기도 한다(김춘경 외, 2010).

결국, 자아는 이드로부터는 표현하고자 하는 압박을 받고 초자아와 현실 세계로부터는 비난이라는 압박을 받는다. 따라서 자아는 이드가 원하는 대로 직접 표현하게 하여 초자아와 사회로부터 비난을 받거나 아니면 아무것도 하지 않아 계속 불안을 느끼거나 방어기제를 사용한다. 여러 가지 방어기제

중 하나를 선택하는데 예를 들어 성적 욕구를 사회적으로 수용 가능한 형태인 운동으로 바꾸어 표현할 수도 있고 성적 욕구를 무의식 속으로 억압시킬 수도 있다.

〈표 2-1-1〉 자아방어기제

자아방어기제	개념과 예
억압 (repression)	• 자아가 고통스럽고 위협적인 충동, 감정, 소원, 환상, 기억 등을 무의식 속으로 추방시켜 의식화되는 것을 막아 주는 기제로 가장 보편적이고 일차적인 방어이며 갈등시 가장 많이 사용되며 신경증적 증상의 기초가 된다. • 예: 본인이 알람시계 소리를 듣지 못해 약속시간에 늦었으면서 그것을 아예 기억이 나지 않는다고 하는 것
반동형성 (reaction formation)	• 무의식적으로 받아들이기 어려운 생각, 욕구, 감정, 충동 등을 자신의 감정과 반대로 표현하는 것으로 원래의 생각이나 욕구 등을 의식하지 못하게 하는 기제이다. • 예: 좋아하는 사람이 있는데 일부러 반대로 더 괴롭히는 것
퇴행 (regression)	• 좌절을 당했을 때 발달의 일부를 상실하고 안정적이었던 과거로 돌아가 어린아이처럼 행동하는 것으로 실패나 좌절을 통해 불안한 상황에 놓일 때 갈등을 피하기 위해 이전 발달단계의 행동양식을 보이며 후퇴하는 기제를 말한다. • 예: 동생이 태어남으로 인해 부모님의 사랑이 동생에게 빼앗기게 되자 갑자기 어린아이가 되어 대소변을 못 가리게 되는 유아의 모습
동일시 (identification)	• 자신이 이상화하는 사람(부모, 친척, 유명인 등)의 행동, 태도, 속성을 자신의 것으로 취하는 것으로 주위의 중요한 인물들의 태도와 행동을 닮는 것을 말한다. 동일시는 초자아가 형성되는 발달과정에서 일어나는 것으로 방어기제로 볼 수 있는가에 대해 논란의 여지는 있다. • 예: 부모의 가장 싫다고 생각했던 점을 자신이 닮아 그대로 행동하는 것

자아방어기제	개념과 예
보상 (compensation)	• 실제이거나 상상 속에 존재하는 자신의 결점 혹은 약점을 감추기 위해 자신의 강점을 과하게 강조하는 것으로 심리적으로 어떤 약점이나 제한점이 있는 사람이 이를 보상받기 위하여 다른 어떤 것에 몰두하는 기제이다. • 예: 키 작은 사람이 키 큰 배우자를 찾는 경우 외모에 콤플렉스를 가진 여성이 지나치게 화장이나 옷에 신경을 쓰는 경우
합리화 (rationalization)	• 상처받은 자아를 설명하기 위해 무의식적으로 그럴듯하게 이유를 붙여 현실에 더이상 실망을 느끼지 않으려고 하는 것으로 의식하지 못하는 동기에서 나온 용납할 수 없는 충동이나 행동에 대해 그럴듯한 설명이나 이유를 대는 기제이다. • 예: 이솝우화의 여우와 신포도 이야기를 통해 포도 먹기를 단념하는 경우
전위 (displacement)	• 실제로 어떤 대상에 향했던 감정 그대로를 다른 대상에 표현하는 기제로 본능적 충동의 대상을 재조정해서 위협을 많이 주는 사람에게 덜 위협적인 대상으로 감정이 전환하게 하는 것이다. • 예: 부모에게 꾸중을 들은 아이가 동생에게 화를 내고 동생은 다시 장난감을 부수며 화풀이를 하는 경우
승화 (sublimation)	• 무의식적 충동, 갈등, 본능적 에너지를 사회적으로 허용되는 형태와 방법으로 전환하여 표출하는 것을 말한다. • 예: 예술을 통해 성적 욕망을 표현하는 것, 강한 공격성과 승부욕을 가진 사람이 운동선수가 되는 경우
부정 (denial)	• 자신의 외적현실에 너무 위협적이거나 불쾌한 요소가 있을 경우 이러한 요소가 있다는 사실 자체를 부정함으로써 일시적으로라도 불안을 감소시키려는 방어기제이다. • 예: 부모의 사망에 충격이 커서 사망했음에도 돌아가신 것이 아니라 잠시 어디 다니러 갔다고 믿는 경우
투사 (projection)	• 사람들이 스스로 받아들일 수 없는 충동이나 행동을 무의식적으로 다른 사람 탓으로 돌리는 방어기제로 용납할 수 없는 자기 내부의 문제나 결점이 자기 외부에 있는 것으로 생각하는 것 • 예: 자신이 화가 나 있는 것을 의식하지 못하고 상대방이 자신에게 화가 나 있다고 여기는 경우

자아방어기제	개념과 예
해리 (dissociation)	• 마음을 편하지 않게 하는 근원인 성격의 일부가 그 사람의 의식적 지배를 벗어나 마치 하나의 다른 독립된 성격인 것처럼 행동하는 기제로 수용하기 힘든 현실로 일시적으로 정신이 마비되거나 성격의 일부가 의식 수준을 벗어나는 것을 말한다. • 예: 이중인격자, 몽유병, 잠꼬대, 건망증 등
내면화 (introjection)	• 다른 사람의 가치나 기준을 자신의 것으로 수용하는 것으로 부모나 멘토 등 상대방에 대한 강한 감정을 직접적으로 표현하는 것을 피하기 위해 그 대상을 자신이 그대로 받아들이는 기제이다. • 예: 어머니를 미워하는 감정을 수용할 수 없기 때문에 자신을 미워하는 것으로 대치하는 경우
전환 (conversion)	• 심리적 갈등과 불안, 긴장이 지속적으로 작용해 감각기관, 수의근계(자신의 의지로 움직일 수 있는 근육)에 그 증상이 전환되어 나타나는 경우를 말한다. • 예: 큰 충격으로 실어증에 걸린 경우 긴장 및 불안감을 해소하기 위해 지나친 과식을 하게 되어 거식증에 걸리는 경우

4) 프로이트의 심리성적 발달단계

프로이트의 정신분석학 이론의 중요한 공헌 중의 하나는, 출생부터 성인기까지의 발달단계에 대한 기술이다. 프로이트의 발달단계인 성격이론은 발달을 이끄는 중요한 힘으로 성적 에너지인 리비도를 가정하였기 때문에 심리성적 발달단계라고 한다. 프로이트는 리비도가 신체의 어느 부위에서 만족을 얻느냐에 따라 성격발달의 단계를 구강기, 항문기, 남근기, 잠복기, 생식기의 5단계로 분류하였다.

프로이트는 생의 초기를 강조하였으며 그중에서도 남근기의 무의식적 경험이 성격발달의 기초가 된다고 하여 부모와의 초기경험을 매우 중요하게 생각하였다. 각 발달단계를 성공적으로 통과하려면 적당한 양의 만족을 각 단계에서 얻어야 하는데, 너무 많거나 적은 만족을 얻게 되면 그다음 단계로 진행하지 못하고 현재 단계에 고착이 된다. 정신분석이론에서는 사전에 결정된 단계가 전개됨에 따라 심리적 성숙이 이루어진다고 보았으며 유전적 요인과 생의 초기 6년간의 생활경험의 결과로 성격이 형성된다고 하였다. 프로이트의 심리 성적 발달단계를 살펴보면 다음 〈표 2-1-2〉와 같다.

〈표 2-1-2〉 프로이트의 심리성적 발달단계

단계	연령	주요 내용 및 특징	발달과업
구강기	출생~1세	리비도가 입에 집중, 욕구충족으로 인한 쾌감, 안정감을 느끼며 신뢰 및 애착 형성	만족감과 쾌감을 통해 대상에 대한 신뢰감 형성
항문기	18개월~3세	리비도의 자극이 항문에 집중, 적절한 배변훈련으로 자아 및 대상 관계 발달	권위자의 통제 수용과 협상
남근기	3~6세	리비도의 자극이 생식기에 집중, 오이디푸스·엘렉트라 콤플렉스를 경험, 초자아 발달	성적 정체감 습득, 초자아의 발달
잠복기	6~12세	일시적 성적활동 잠재, 에너지가 신체활동 및 또래와의 우정 등에 집중, 자아와 초자아 발달	사회화, 또래 집단과의 교류
생식기	12세 이상~	신체적·정신적 성숙, 부모로부터의 독립이 중요	자립과 독립, 사랑의 추구

(1) 구강기(Oral Stage : 출생~1세)

생후 1년까지는 리비도가 주로 입술 및 혀로 집중되어 있으므로 이 단계를 구강기라고 부른다. 이 시기의 유아는 전적으로 타인에게 의존하며 구강은 배고픔과 쾌감을 만족시키는 신체 일부가 된다. 구강기 동안에는 활동이 입 주위에 집중이 되며 무엇보다 빨거나 무는 등의 행동에 상당한 시간을 소비한다. 이러한 구강기는 이유와 함께 끝나며 구강기에서 유아가 적당히 만족하였을 때 리비도는 항문 주변으로 이동하게 되지만 과도하거나 불충분한 자극이 주어졌을 때는 구강기적 성격을 형성하게 된다. 구강기적 성격은 다시 구강 수동적인 성격과 구강 공격적인 성격으로 나뉘는데 구강 수동적인 성격은 낙관적이며 의존적이고 남에게 잘 속는다는 특징을 가지게 된다. 반면에 구강 공격적인 성격은 논쟁적이며 비꼬기를 잘하고 타인을 이용하거나 지배하려는 성격이 된다.

이 시기 유아는 그동안 기본적으로 지향하는 것과 유쾌한 것은 받아들이고 불쾌한 것은 버리게 된다. 구강기 욕구가 과다하게 좌절당하는 사람은 비관론자가 되지만 구강기적 욕구가 만족된 사람은 낙관적으로 되는 경향이 있다. 이 시기에 고착된 성인이 심리적 갈등에 처하게 되면 퇴행하여 음식에 집착하거나 사물을 물어뜯거나 구강기적 쾌감을 위해 지나친 흡연이나 음주에 몰두하는 경향이 있다. 또한 구강기의 주요 과업은 분리와 개별화, 대상관계의 형성이라고 할 수 있다(조홍식 외, 2016). 프로이트는 이 구강기 영역이 일생 리비도의 초점으로 남아 있게 된다고 보았으며 성인들에게서 나타나는 손톱 물어뜯기, 껌씹기, 흡연, 과식 등을 그 예로 볼 수 있다(권중돈, 2014).

(2) 항문기(Anal Stage : 18개월~3세)

18개월에서 3세 사이인 항문기는 쾌감과 리비도 만족의 주 근원이 변을 보유하고 배설하는 것에 유래한다. 항문기라고 부르는 이 시기의 유아는 계속해서 부모의 요구에 직면하고 대상을 다루고 환경을 탐색하면서 욕구좌절을 경험하고 배변 통제를 요구받는다. 배변훈련이 시작되면 유아는 원칙에 대한 최초의 경험을 하게 된다. 부모의 배변훈련이 너무 엄격하게 되면 유아는 부적절한 때와 장소에서 배변을 봄으로써 자신의 분노를 표현하려 한다. 이러한 행동은 잔인함, 부적절한 분노의 표현, 극단적인 무질서 등과 같은 성인기 성격의 기초가 될 수도 있는데 이를 항문기 공격적성격이라 부른다.

반면 부모가 배변할 때마다 자녀를 칭찬하게 되면 자녀는 배변행동을 지나치게 중요한 것으로 생각할 수 있다. 이러한 관심은 지나치게 질서정연함, 탐욕, 인색함, 고집 등과 같은 고착행동으로 나타나게 되는데, 이를 항문기 보유적성격이라고 한다(Corey, 2010). 이 시기에 고착된 항문기의 폭발적 성격으로는 물건을 낭비하고 자신을 지저분하게 함으로써 반항하는 것으로 나타난다. 부모가 정한 규율에 지나치게 동조하여 발달된 성격은 항문기의 강박적 성격으로 깨끗하고 질서정연하며 늘 정돈하고 싶은 욕구에 집착한다. 이 시기에 고착된 사람들은 반동형성의 방어기제를 많이 사용하여 배변훈련을 시키는 부모와 권위적 인물에게 분노를 느끼기도 하지만 분노 대신에 철저한 복종을 표한다.

(3) 남근기(Phallic Stage : 3세~6세)

3세에서 6세까지인 남근기는 리비도가 성기에 집중된다. 이 시기에 유아는 자신의 성기를 관찰하고 남녀 간의 성적인 차이와 생식기의 유무도 알아가며 출생과 성에 관한 질문을 하기도 한다. 또한 성적감각과 쾌감을 느끼기도 하지만 이는 성인의 성적 감각과는 차이가 있다. 이 시기의 유아들이 부모의 성행위를 목격했을 경우 아버지가 어머니를 공격하는 것으로 느끼기도 한다(김서영, 2010: 강기정 외, 2015). 프로이트는 이 단계에서 아이와 부모 간에 발생하는 관계를 남아에게는 오이디푸스 콤플렉스(Oedipus complex)를 갖는 시기라고 하며 여아에게는 엘렉트라 콤플렉스(Electra complex)를 갖는 시기라고 하였다(최옥채 외, 2021).

오이디푸스 콤플렉스는 남아가 엄마의 사랑을 독차지하고자 하는 과정에서 무의식적인 성적욕망과 애착을 느끼고 갈등하면서 아버지를 자신의 경쟁자로 생각한다는 것이다. 엘렉트라 콤플렉스는 여아가 아버지를 이성적으로 사랑하면서 어머니에 대해 경쟁의식을 느끼고 증오하는 심리상태를 말한다. 이 시기의 여아는 아버지의 남근이 자신에게는 없다는 것을 깨닫고 남근을 선망하게 된다. 동시에 자신에게 남근을 주지 않는 어머니를 원망하지만 시간이 지나 자연스럽게 어머니에 대한 애정을 되찾고 어머니의 여성성과 자신을 동일시하는 초자아가 형성되며 성적특성을 닮아가기 시작한다. 이 시기 유아의 성적충동에 대한 부모의 과잉 통제는 죄책감을 느끼게 하거나 유아적 양심의 발달로 낮은 자존감이나 자기 비난 등의 심한 갈등을 경험하게 할 수 있다. 이 시기에 고착된 남성인 경우 대부분 경솔하며 과장되며 야심적이며 항상 남자다움을 나타내려고 한다. 반면 이 시기에 고착된 여성의 경우는 난잡하고 유혹적이며 경박한 기질을 가지거나 자기주장이 강하여 남성을 능가하고자 하는 노력을 한다(신기원 외, 2022).

보충자료

오이디푸스 유래에 대한 신화적 이야기

오이디푸스가 태어나기 전 아버지인 라이오스에게 어머니 이오카스테와의 사이에 낳은 아들에게 죽임을 당할 것이라는 신탁이 내려졌다. 실수로 아들을 낳게 된 라이오스는 신탁이 현실로 이루어질 것을 두려워하여 어린 오이디푸스의 발목에 못을 박아 산에 버렸다. 그런데 어느 날 길을 지나던 농부가 버려진 아이를 데려다가 자식이 없던 폴리보스 왕에게 바치게 된다. 폴리보스는 친자식처럼 길렀고 이름을 오이디푸스라 짓게 된다. 오이디푸스는 '퉁퉁 부어 오른 발 또는 부르튼 발'이라는 의미로, 버려진 아이가 발목에 못이 박힌 채 퉁퉁 부어 있었기에 붙여진 이름이다. 델포이의 신탁을 받은 것을 알게 된 오이디푸스는 장차 자신이 아버지를 죽이고 자신의 어머니와 결혼할 것이라는 신탁을 듣고는 그 운명을 피하고자 테베로 떠난다. 테베로 가던 중 어느 날 좁은 길목에서 한 노인과 부딪혀 서로 먼저 비키기를 원하다가 시비가 붙어 결국 오이디푸스는 그 노인을 지팡이로 때려 죽이고 만다. 후에 신탁대로 자기가 죽인 그 노인이 아버지라는 것을 알고 또 자기와 결혼한 사람이 자기를 낳아 준 어머니 이오카스테라는 사실 또한 깨닫게 된다. 그리고 이 사실을 알게 된 오이디푸스의 어머니 이오카스테는 수치스러움에 도망치고 자결을 한다. 이후 오이디푸스는 자신의 두 눈을 찌르고 뽑아 버리며 스스로 실명을 시킨 뒤 테베를 떠나 방황을 하다가 삶을 마치게 된다. 그래서 프로이트는 아버지를 경쟁 상대로 어머니와 결혼을 하고 싶어 하는 남아의 욕구를「오이디푸스 콤플렉스」라고 정의를 하였다.

엘렉트라 유래에 대한 신화적 이야기

그리스의 영웅 아가멤논과 클리타임네스트라의 딸인 엘렉트라는 오레스테스의 누나이다. 트로이아 전쟁을 승리로 이끈 그리스의 총사령관인 아가멤논이 귀국하던 날 그는 부인 클리타임네스트라와 그녀의 정부이자 사촌동생이었던 아이기스토스에게 죽임을 당한다. 졸지에 아버지를 잃고 어머니와 원수가 된 엘렉트라는 그 후 7년 동안이나 어머니와 계부 아이기스토스로부터 끊임없는 학대를 받는다. 엘렉트라는 억울하게 죽은 아버지의 원수를 갚을 수 있는 유일한 희망은 머나먼 타국을 떠도는 동생 오레스테스뿐이었다. 마침내 두 오누이는 극적으로 다시 만나 복수에 성공한다. 엘렉트라가 혼자서 어머니와 그녀의 정부 아이기스토스를 죽이기로 결심하는데서 시작하여, 유랑하던 오레스테스가 친구와 함께 귀국길에 올라 변장한 모습으로 궁정으로 잠입한 뒤 누나와 함께 거사를 완수하게 된다. 그래서 정신분석학에서는 딸이 아버지를 사랑하기 위해서 사랑의 적인 어머니를 미워하고 없어지기를 원한다는 마음의 기전에 대해서「엘렉트라 콤플렉스라」는 이름을 붙이게 되었다.

(4) 잠복기(Latency Stage : 6세~12세)

잠복기는 6세부터 사춘기 이전까지 성적수면 상태에 속하는 시기이다. 6세부터 사춘기에 접어들 때까지 리비도는 승화되어 성적인 수면 상태로 이 시기 아동은 성적 관심보다는 지적 관심이나 운동에 대한 열의 등을 나타낸다. 부모에 대한 동일시가 강력해지고 그로인해 초자아가 발달하는 시기이다. 프로이트는 잠복기에 일어나는 과정에 대해서는 별로 언급하지 않았으며 이 시기의 리비도는 무의식 속에 억압되고 그전 단계의 성적 압력이 통합되면서 심리적으로 평온한 시기라고 하였다. 잠복기의 아이들에게는 변화가 잘 없는 듯하지만 성적인 부분에서는 다음 단계의 준비를 하고, 사회화가 일어나서 아이들은 자신의 주변을 넘어서는 보다 큰 세계에 관심을 두게 된다. 이 시기 아동의 성적 충동은 우정, 운동, 취미 등을 통해 승화를 시킨다. 또한 과도한 성적 억압을 하게 되면 이 시기 아이들은 성에 대한 수치심, 도덕적 반동형성, 혐오감에 빠질 수 있다. 이 시기에 고착이 되면 성인이 되어서도 정상적인 친밀감을 느끼지 못하게 된다(엄태완, 2022).

(5) 생식기(Genital Stage : 12세 이상~)

생식기는 12세 이상의 사춘기에 속하는 청소년기가 이에 해당한다. 생식기는 사춘기가 되어 현실적으로 수행할 신체적·생리적 능력을 갖추게 되는 시기이다. 새로이 분출된 성 에너지는 동성의 사람에게로 향하다가 점차로 이성에 관한 관심이 증폭되어 성욕의 발산을 지향하는 특성이 있다. 이 시기의 아동들은 신체적 성장과 더불어 호르몬의 변화를 보이는 청소년기로 변화에 따라 오랫동안 휴면에 있었던 리비도가 성기에 집중되면서 이성에 관한 관심과 함께 성행위를 추구하기 시작한다. 이들은 성인의 책임을 갖기 시작하며, 부모의 영향력에서 벗어나고 가족 이외의 타인에게 관심을 보이고 친밀한 관계를 형성하는 능력을 발달시킨다. 생식기 이전 시기가 자기애에 머물러 있는 시기라면 잠복기에 들어서면서 서서히 외부세계의 사물에 관한 관심이 시작되고 생식기에는 자기애에서 벗어나 이타적 행동과 타인에게 관심을 두게 된다. 생식기의 청소년은 이상적인 생식기적 성격발달을 위해서 근면을 배워야 하고 즉각적인 만족을 지연시키면서 책임감도 배워야 한다. 하지만 아동기 초기에 경험한 심각한 외상으로 인해 성적 에너지의 고착이 있으면 생식기에 적응하기 어렵다(이인정 외, 2004).

Review

2. 아들러의 개인심리이론

1) 아들러(Alfred Adler, 1870~1937)의 생애

헝가리계 유태인으로 정신의학자였던 알프레드 아들러는 1870년 오스트리아 비엔나에서 5남 2녀 중 셋째로 태어나 1937년 스코틀랜드 에버딘에서 사망하였다. 아들러는 2살 때 동생이 태어나면서 응석받이의 역할을 빼앗기는 경험을 하며 어린 시절을 스스로 불행했다고 회상하였다. 신체적으로 병약하던 그는 건강한 형제들에게 열등감을 느끼고, 5살 때 심한 폐렴에 걸려 죽을 고비를 넘긴 뒤 의사가 되기로 결심하여 비엔나 의과대학에서 의학을 공부한 후 1895년 의사가 되었다. 아들러는 프로이트와 같이 인생 초기 5년 동안의 경험이 삶을 결정한다고 보았지만 지나치게 생물학적이고 결정론적인 프로이트 이론의 관점을 비판하고 인간을 전체적인 관점에서 보려고 한 학자였다. 프로이트와 더불어 1902년부터 1911년까지 활동을 함께 하였으나, 지나치게 성적리비도에 의해 신경증이 형성된다는 프로이트의 이론적 입장과 대립하면서 1911년 그의 정신분석학회를 떠나 '자유정신분석학회'를 창설한다. 이후 1912년에는 '자유정신분석학회'학회 명칭을 '개인심리학(individual psychology)'으로 변경을 한다.

아들러는 신프로이트 학파중의 한 이론가로서 프로이트가 인간의 성격이 생물학적 기원을 가진 무의식적인 원초적 본능에 의해 결정된다고 보았다면, 아들러는 사회적 요인과 가족적 요인이 개인의 성격 형성에 더욱 영향을 미친다고 하였다. 아들러는 이를 중시하여 인간행동이 사회적 힘에 의해 동기화된다는 사회목적론적 관점을 취한다고 하였다. 또한 아들러는 정신분석이론의 핵심개념인 성 충동을 우월추구로 대체하고 성격형성에 있어 사회적 영향을 더욱 중요시하였다. 이런 점에서 아들러는 인간의 사회적 관심을 강조하였으며 「인간의 모든 행동은 목적에 있다」고 주장하였다. 아들러는 모든 사람이 보다 나은 생활양식을 개발하고 잘못된 생활양식을 긍정적인 관점으로 바꾸면서 사회적 관심을 발달시켜야 건강한 삶을 살 수 있다고 하였다. 그래서 개인심리학을 창시한 아들러는 후기 프로이트 이론가로 분류되지만 인본주의 또는 현상학적 이론의 선구자로 불리기도 한다.

2) 아들러(Alfred Adler)의 인간관

아들러는 인간의 본성을 생물학적·결정론적 관점에서 해석하는 것과는 달리 사회심리적·비결정론적 인간관을 중심으로 삼는다. 아들러는 자신의 이론을 '개인심리학'이라 명명했는데 이것은 인간을 전체적으로 보는 견해이다. 인간이 단순히 유전형질이나 환경에 의해 결정되는 것이 아니라 선천적으로 사회적 요구를 가지고 있으며 이에 의해 움직이는 사회적 존재로 보았다. 그리고 인간은 유일하고 단일한 존재로 그 자체가 모순이 없고 통합된 창조적인 체계로 정의하면서 인간을 총체적·사회적 및 목표지향적·인본주의적 입장에서 조명하였다. 아들러의 개인심리학에 있어서 중요한 가정들을 정리해보면 다음과 같다.

① 인간은 목표지향적인 존재라는 점이다. 인간은 통일된 유기체로 단일하고 분화할 수 없는 전인(全人, whole being)이며 그 자체가 모순이 없는 실체이다. 즉 모든 인간의 모든 행동은 목적성을 가지고 있다.

② 인간행동의 가장 기본적인 목적은 열등감을 극복하려는 것이다. 아들러는 열등감을 극복하고 완전성을 추구하는 동기는 선천적인 것이라고 보았다. 이에 따르면 인간은 6세 무렵에 완전한 존재로 여겨지는 가상적인 자기상을 만들어 삶의 목표로 추구하게 되며 이러한 삶의 목표는 열등감을 극복하고 자신을 성장시키는 동기의 원천이 된다.

③ 개인심리학은 현실에 주관된 인식을 강조하며 무의식보다 의식을 중시한다. 인간은 유전과 환경에 의해 영향을 받는 모든 경험을 개인적이고 주관적인 방식으로 해석하는 창조적인 힘을 지니고 있다. 또한 인간은 창조적인 존재로서 자신의 삶을 결정할 수 있을 뿐만 아니라 자신만의 고유하고 독특한 삶의 방식을 개발한다. 그리고 인간은 환경에 단순히 반응하는 존재가 아니라 환경의 의미를 해석해 주체적으로 받아들이는 존재이다(김춘경 외, 2010).

④ 인간에게 있어 모든 문제는 근본적인 사회적 문제이다. 개인심리학은 인간이 사회적인 존재라는 점을 강조하며 자기의 선택과 운명에 책임지는 존재로서 삶의 희생물

이 아니라 자신의 주관적인 지각과 경험에 따라 행동하고 결정한다. 아들러는 타인 또는 사회와의 연결감 속에서 타인의 행복을 위해 기여하려는 사회적 관심을 정신건강의 핵심요인으로 설명하였다.

⑤ 인간은 통합적으로 움직이는 존재이다. 개인의 삶은 목표를 추구하기 위해서 신체, 정서, 지각, 사고를 포함하는 성격 전체의 움직임으로 본다. 그래서 개인은 이러한 목표를 향해 일관성 있게 나아가는 통합적인 전체로 이해되어야 하며 인간의 행동은 예외 없이 사회관계 속에서 일어나며 본성은 사회관계의 이해를 통해서만 파악될 수 있다(권석만, 2012).

3) 주요 개념

(1) 열등감과 보상(Inferiority feeling and Compensation)

아들러는「인간이 된다는 것은 자신이 열등하다는 것을 인식하는 것이다」라고 할 정도로 열등감을 중요시하고 긍정적으로 강조하였다. 인간이 누구나 열등감을 가지고 있다는 것은, 현재 나은 상태인 완전성을 실현하기 위해 노력하는 존재이기 때문이고 사회적 존재로서 다른 사람들과 비교하여 자신을 비교 평가하기 때문이다(노안영 외, 2011). 이는 모든 인간의 성장과 발달은 상상에 의한 것이든, 사실에 입각한 것이든, 열등감을 극복하려는 시도에서 나온다고 보았다. 인간이 열등하다고 자각하는 것은 결코 약점이나 비정상이 아니고 모든 사람에게 공통으로 존재하는 특성이다. 이와 더불어 모든 사람은 자기완성을 위해 자신이 느끼는 열등감을 극복해야 한다고 강조하였다. 또한 열등감은 객관적인 것이 아니라 주관적 열등감으로, 선천적 혹은 후천적으로 약하다고 느끼거나 기능의 저조함을 느끼면서 개인이 잘 적응하지 못하거나 문제해결에 어려움을 느낄 때, 보다 안정을 추구하는 과정에서 생겨나는 것이다.

아들러는 인간의 열등감은 무엇을 추구하는 데 동기가 되며 누구에게나 존재하고 자기완성, 성숙, 잠재력의 실현 등에 필수요인으로 보았다. 한편 개인이 열등감을 극복하고 완성에 도달하기 위해 우월추구를 하면 건설적 생활양식을 갖게 되어 건강한 삶을 유지한다고 본다. 이러한 사람들은 열등감을 지배하여 신체적 약점이나 결함을 학습이나 훈련을 통하여 보상하려고 노력하게 된다. 보상은 열등감을 극복하여 더 나아지려고 부족한 것을 채우려 하는 인간의 정신적이고 신체적인 시도로 열등감을 긍정적으로 해결하려는 과정에서 잠재력을 끌어내는 건전한 자극이고 반응이다. 그래서 병적 열등감에 이르는 환경을 아들러는 신체기관의 결함, 과잉보호, 방임으로 제안(Adler, 1958)하였다. 이에 대해 아들러는 다음과 같이 병적 열등감에 빠지기 쉬운 자녀 양육 환경을 세 가지로 설명하였다.

첫째, 신체적으로 병약하거나 허약하여 나타나는 신체적인 열등감이다. 자신의 신체가 불완전하다고 생각할 경우 속으로 능력이나 기술을 제한하여 열등감을 경험하게 된다. 하지만 대부분 사람은 열등감을 극복하고 자기완성을 위해 노력한다.

둘째, 과잉보호를 받아서 나타나는 응석받이형 열등감이다. 이는 자녀를 지나치게 의존적으로 양육함으로써 어려움과 좌절에 대처하는 방법을 배우지 못해 나타나는 현상이다. 이들은 일상에서 모든 관심을 자신에게 향하고 있으므로 다른 사람과 공동체를 위한 협동의 필요성을 인식하지 못한다.

셋째, 거부되거나 방임으로 인한 열등감이다. 이런 유형들은 신뢰할 수 있는 세상을 접해보지 않았기에 타인과 협력하고 사랑을 통해 서로 애정과 존경을 받을 수 있다는 사실을 알지 못한다. 이와 반대로 과잉보상으로 인해 병적 우월감을 가진 사람은 과장되고, 건방지고, 거만하고, 이기주의적이고, 풍자적이며, 남을 업신여김으로써 자신이 권위 있는 존재라는 인상을 남기려고 한다.

(2) 우월감의 추구(Striving for Superiority)

인간은 태어난 이후 평생 우월감을 추구하려고 노력한다. 열등감을 보상하려는 욕구를 해결하기 위한 과정에서 자신의 잠재력을 발휘하며 나아가 자기를 완성하기 위해 혹은 자아를 실현하기 위해 노력한다. 아들러는 이러한 인간의 우월성 추구 경향을 선천적 기본동기라 하였다. 모두가 공통으로 가지고 있고 출생 시에는 잠재력으로 존재하다가 5세 정도에 자신의 목표가 생기기 시작하면서 실현된다. 우월성 추구의 경향은 개인적 수준만이 아니라 사회적 수준에서도 나타나며 부정적인 경향을 취할 수도 긍정적인 경향을 취할 수도 있다. 그래서 완성을 위한 에너지가 상당히 투입된다고 볼 수 있다.

인간생활의 궁극적 목적에 대한 아들러의 이론은 공격적이 되는 것에서 강력하게 하는 것, 우월하게 하는 것이라는 순서로 바뀌어 갔다. 아들러는 초기에 인간행동의 동기를 공격성 즉 방해물을 극복하기 위한 역동적 힘이라고 하였다. 그래서 아들러는 우월에 대한 추구가 인간 생활의 기초라고 결론을 내리고 있다. 모든 사람은 위대한 향상의 동기인 마이너스(-)에서 플러스(+)로, 아래에서 위로, 미완성에서 완성으로 나아가는 동기를 공유하고 있다. 또한 우월이나 완성을 향한 추구의 동기는 선천적으로 타고나며(Adler, 1964), 우월에 대한 추구는 인간을 더 높은 단계로 발달시킬 수 있는 긍정적 경향도 있지만 부정적 경향도 있을 수 있다. 이러한 부정적 경향은 신경증 환자에게서 많이 나타난다. 자기애나 과장이 심한 경우 주로 이기적 목표로 나타난다. 반면 긍정적 경향은 더 나은 삶을 향한 노력으로 사회적 관심이나 타인의 안녕과 밀접하게 연관되어 있다. 이처럼 아들러의 이론은 프로이트와 달리 개인과 사회가 근본적으로 조화를 이루어 나간다고 전제를 하고 있다.

(3) 생활양식(Life Style)

아들러는 생활양식이 인생 초기인 4세에서 5세에 확립이 되며 불완전한 생활양식을 가지고 있거나 잘못된 목표를 지니고 있을 때 정신병리가 발생한다고 하였다. 이후에는 큰 변화가 일어나지 않고 기본구조에서 수정되거나 확대된다고 하였다. 그러므로 생애 초기의 가족 내 경험이 무엇보다 중요하다. 생활양식은 자신과 세상에 대한 관점, 개인적 목표 추구의 독특한 행동이나 습관으로 개인의 실존을 특징적이게 만드는「삶에 대한 개인의 기본적 지향」이다. 똑같은 생활양식을 발전시키는 사람은 없으며 개인은 각자에게 의미 있는 목표를 추구하며 독특한 생활양식을 가진다. 개인의 생활양식은 열등감과 이를 보상하려는 노력으로 형성되며 가족과 형제 관계에서의 경험으로부터 영향을 받는다. 모든 사람은 나름대로 열등감을 극복하기 위한 독특한 노력을 한다. 예를 들어, 무서운 호랑이 우리 앞에서 똑같이 열등감을 느낀 아이가 있다 해도 무서워서 어머니 등 뒤로 숨는 아이가 있는 반면 호랑이와 맞서 노려보며 하나도 무섭지 않다고 하는 아이도 있다. 이처럼 열등감을 극복하는 노력을 아들러는 생활양식(Life Style)이라 하였다. 이러한 생활양식은 자라 온 가정에서의 습관, 여가생활, 일상생활, 직업생활, 교우관계 등의 모든 영역에서 활동과 일관된 양상을 보인다. 이것을 아들러의 성격구조라고 한다. 한편 아들러는 인간의 사회적 관심 수준과 활동수준에 따라 생활양식을 유형화하여 지배형, 획득형, 회피형, 사회적으로 유용한 유형으로 구분하였다. 이때 사회적 관심은 타인에 대한 감정이입으로 개인의 이익보다는 사회발전을 위해 다른 사람과 협력하는 것을 말하며 활동수준은 생활과업과 문제를 해결하려는 개인의 움직임으로 그 에너지의 수준을 의미한다(권중돈, 2014).

아들러 이론의 생활양식을 살펴보면 지배형은 독단적이고 공격적이며 활동적이지만 사회 인식이나 관심이 거의 없다. 획득형은 기생적인 방법으로 외부세계와 관계를 맺으며, 다른 사람에게 의존하여 대부분의 욕구를 충족하는 생활유형이다. 회피형은 사회적 관심도 적고 어떤 형식으로든 인생에 참여하려는 활동도 거의 하지 않는다. 그래서 사회적으로 유용한 사람들은 사회적 관심과 인생과업을 성취하기 위한 활동수준이 높아서 자신과 타인의 욕구를 동시에 충족하는 한편, 인생과업을 완수하기 위해 기꺼이 다른 사람과 협동한다.

(4) 사회적 관심(Social interest)

사회적 관심이란 다른 사람에게 이타심을 가지고 사회 전체의 발전을 위해 자신이 공헌하려고 하는 성향을 의미한다(김필진, 2007). 아들러는 사회적 관심(Social interest)은 선천적으로 타고나는 것이지만 출생 이후의 양육과정과 학습을 통해 개인마다 다르게 발달한다고 하였다. 최초의 양육자가 보이는 사회적 관심을 통해 이타심을 배우고 사회적 관심을 발달시킨다고 하였으며 인간은 사회의 이익을 위해 개인적 이익을 포기하는 선천적·사회적 본능을 가진다고 하였다. 즉 개인은 이상적인 공동사회의 목표를 달성할 수 있도록 사회에 기여하려고 한다는 것이다.

아들러는 본질적으로 인간은 사회적 동물이므로 사회적 관심은 타고나는 것이고 인간은 사회의 이익을 위해서 개인이 이익을 포기하는 선천적·사회적 본능을 가지고 있다고 믿었다. 이러한 선천적·사회적 관심은 부모의 양육과 가정교육 그리고 학교 교육을 통해 지속해서 개발될 수 있으므로 교육의 중요성 또한 강조된다. 특히 초기모자 관계에서 사회적 관심에 대한 선천적 잠재성이 개발될 중요한 기회가 제공된다. 아들러는 프로이트와 달리 인간이 성적 충동보다 사회적 충동으로 주로 동기화된다고 주장하면서 사회적 관심이란 각 개인이 이상적 공동사회의 목표를 달성하고자 사회에 공헌하려는 성향을 의미한다고 하였다(Adler, 1964).

(5) 창조적 자아(Creative Self)

창조적 자아는 인간이 스스로 자신을 만든다는 데에서 유래한다. 인간은 누구나 그들 자신의 생활양식이나 생활목표를 창조하며 사회적 관심을 발달시키는데 기여한다.

그래서 창조력은 지각, 기억, 상상, 공상, 꿈에도 영향을 미치며 인간을 자유롭게 만든다. 창조적 자아는 개인심리이론 중에서 가장 잘 정리된 개념으로 이해되고 있다. 이는 생활목표를 관조하는 능력이며 목표에 맞는 선택과 결정을 행하는 능력을 말하기도 한다(이형득, 1992).

아들러는 인간을 경험에 의해 결정된 존재가 아닌 각자가 스스로 자신의 삶을 만들어가는 삶의 창조자로 보았다. 즉 인간은 스스로 자신의 삶을 만들어가며 자신에게 적합하게 환경을 창조하는 존재이다. 이러한 창조적 자아에 의해 인간은 자신에게 주어진 유전적인 조건과 환경, 경험 등에 대하여 자신의 관점으로 해석하며 그러한 관점과 방법으로 자신의 생활양식을 만들어간다. 아들러는 창조적 자아를 통해 자신의 유전적 조건과 환경, 경험에 대해 주관적으로 해석하고 이를 토대로 자신의 생활양식을 만들어간다고 하였다. 인간은 어려운 상황에 처하면 자신에게 적합한 환경으로 만들어가며 극복할 수 있다고 하였다. 따라서 개인심리이론에서 창조적 자아는 인간에게 생의 의미를 중요한 원리로도 간주한다.

(6) 가족구도와 출생순위(Family Constellation & Order of Birth)

가족구도는 생활양식의 중요한 결정요인으로 성장기 아동의 사회적 환경을 이룬다. 아동에게 가장 중요한 것의 하나는 가족구도 내에서의 그의 위치이다. 아들러는 유아기의 성격발달에서 가족 구성원 사이의 관계와 분위기 등이 매우 중요한 역할을 한다고 하였다. 가족의 크기, 출생순위, 형제자매의 성별, 형제자매간 나이 차이, 가족 간의 심리적 거리 등으로 파악을 하며 특히 자녀의 태어난 순서를 중시하였으며 출생순위에 따른 독특한 성격을 가진다고 하였다.

출생순위와 가족 내 위치에 대한 해석은 어른이 되었을 때 세상과 상호작용하는 방식에 큰 영향을 미친다. 아동기에 타인과 관계하는 독특한 스타일을 배워서 익히게 되며 성인이 되었을 때도 그 상호작용 양식을 답습한다. 무엇보다 아들러는 어린 시절의 가족경험과 출생순위가 개인의 성격형성에 미치는 중대한 영향에 주목하고 있다. 출생순위가 개인의 행동양식에 미치는 영향력을 강조하였으나 그것이 결정적인 것은 아니다. 다만 가족 내의 형제서열에 따라 아이가 겪을 수 있는 특별한 경험의 가능성을 제시하고 있다. 아들러가 제시한 출생순위에 따른 성격의 특징은 다음 〈표 2-2-1〉과 같다.

〈표 2-2-1〉 출생순위에 따른 성격특징

출생순위	성격의 특징
첫째 아이	첫째 아이는 태어났을 때 혼자라는 독특한 위치로 인해 사랑과 관심을 독차지하게 된다. 이러한 상황은 동생이 태어나면서 바뀌게 된다. 부모의 관심과 사랑을 받으며 안전한 생활을 하다가 동생이 태어남으로 인해 부모로부터 독차지해 오던 사랑과 관심을 빼앗기게 된다. 이러한 형상을 폐위된 왕의 모습으로 비유하며 마음의 상처를 갖는다. 그 결과 스스로 고립해서 적응해 나가며 다른 사람의 애정이나 인정을 얻고자 하는 욕구에 초연해지며 혼자 생존해 가는 전략을 습득해 간다. 따라서 일반적으로 다른 성인들과 좋은 관계를 맺으며 타인의 기대에 잘 순응하고, 사회적인 책임을 잘 감당하는 특징을 보인다. 동생의 출현으로 아무런 준비가 없던 첫째 아이는 신경증, 알코올중독, 범죄 또는 성적 이탈자의 부정적인 경우로 나타나기도 한다. 하지만 긍정적인 측면으로는 혼자서 살아가는 방법을 터득하고 한때 지배했던 자신의 왕국을 잃어 비리기도 했지만 첫째는 성장 후에도 권력과 권위의 중요성을 다른 출생순위의 형제들보다 잘 이해하며 사회적 유용형이 될 가능성이 크며 또는 지배형이 될 가능성이 크다.
둘째 아이	둘째 아이는 태어나면서부터 앞의 형제자매로부터 속도 조정자를 가지게 된다. 그들의 장점을 능가하기 위해 자극과 도전을 받는다. 따라서 경쟁심이 강하고 야망을 가진 성격이 되고 이들의 생활양식은 항상 앞의 형제보다 낫다는 것을 증명하기 위해 노력하게 되므로 경쟁 지향적이다. 첫째로부터 자극을 받기 때문에 신체적으로 언어적으로 발달이 빠르며 성공지향적 성격이 된다. 이러한 이유로 첫째보다 훨씬 빠른 발전을 보이기도 하며 대단한 야망을 품은 성격으로 첫째와 다른 영역으로 능력을 개발시켜 인정받으려 하는 경향이 있다. 첫째 아이가 실패한 것을 성취함으로써 부모의 애정을 받기 위해 노력하며 이러한 과정에서 첫째 아이와 반대되는 성격을 발달시키게 된다.
중간 아이	중간 아이는 자신의 능력에 대해 확신을 하지 못한 채 무력감을 느끼며 다른 형제자매들에게 의존적인 태도를 보인다. 그렇지만 친구를 사귀거나 사회적 관계를 맺는 일에서 강점을 보일 수 있으며 갈등이 많은 가족에서는 갈등조정자나 평화유지군의 역할을 한다. 위아래로 형제자매를 두고 있어 압박감을 느끼며 따라 잡히지 않으려고 애쓰는 한편 앞서가기 위해서도 노력한다.

출생순위	성격의 특징
막내 아이	막내 아이는 많은 관심과 사랑을 받으며 부모로부터 과잉보호가 될 가능성이 크다. 동생에게 자리를 빼앗기는 충격적인 경험 없이 대체로 응석받이로 키워진다. 모두가 자기보다 크고 힘이 세다고 생각하여 의존적이고 독립심이 부족하며 강한 열등감을 경험한다. 반면 이것이 위의 형제들을 능가하려는 강한 동기유발이 되기도 한다.
독자	독자는 자신이 항상 중심이 되고 관심의 초점이 되어야 한다는 비현실적인 기대를 한다. 특권의식이나 자기애적 성향을 많이 가지며 소심하고 의존적이다. 가정에서는 지극히 정상이지만 학교에 들어가거나, 관심을 다른 사람들과 나누어야 할 상황에 처하게 되면 사회적 관심이 부족한 모습을 드러내는 경우도 있다. 또한 독자는 경쟁할 형제가 없으므로 응석받이가 되기 쉬우며 어른들을 잘 대하는 방법을 안다. 이러한 생활양식으로 인해 의존성과 자기 중심성이 현저하게 발달한다.

(7) 가상적 목적론(Ficitional Finalism)

아들러는 인간의 모든 행위에는 목적이 있다고 보았다. 인간은 현재를 바탕으로 미래지향적인 삶의 목적을 향해 노력하는 존재라는 것이다. 하지만 아들러는 개인이 추구하는 궁극적인 목표는 현실에서 결코 검증되거나 확인될 수 없는 가상적인 목적이라고 보았다. 또한 인간은 현실적으로 전혀 실현 불가능한 많은 가상적인 생각에 따라서 살아간다고 하였다(김춘경, 2006). 아들러는 인간을 목적론적 관점에서 이해하고 있으며 예를 들어 어떤 사람은 열심히 일하고 조금만 운이 따르면 못할 일이 없다는 신념으로 이 세상을 살아갈 수 있다. 이러한 신념은 실제가 아니라 허구인 것이다. 왜냐하면 열심히 일하지만 아무것도 성취하지 못한 사람이 수없이 많기 때문이다. 인생을 살아가는데 영향을 주는 여러 가지 가상적 신념의 예를 들면, '정직이 최상의 정책이다', '모든 인간은 평등하게 태어났다' 등이다. 그래서 사람들은 어떤 생각이 사실은 현실적으로 아무런 근거가 없는데도 마치 진실인 것처럼 믿고 행동하며 살아간다.

사람들은 진실에 의해서가 아니라 진실이라고 믿는 것에 의해 동기 유발된다는 이론이다. 그래서 아들러의 궁극적인 목적은 현실에서 결코 검증되거나 확인될 수 없는 가상의 목표라고 하였다. 어떤 사람이 선하게 살면 하늘에서 복을 받을 것이라는 믿음이 있다면 이것은 그의 일상생활에 영향을 미친다. 그러나 신에 대한 믿음은 과학적으로 증명할 수 없으므로 허구로 생각할 수 있다. 이와같은 허구는 현실보다 효과적으로 사람을 움직인다. 따라서 우리의 행동은 가상적 목표에 대한 지각으로 결정되며 이러한 목표는 미래에 대한 현재의 지각으로 결정된다.

〈표 2-2-2〉 프로이트와 아들러의 이론 비교

프로이트 이론	아들러 이론
객관적 이론 소개	주관적 이론 소개
생리학적 기초	사회심리학 기초
인과관계 강조	목적론 강조
환원적	전체적
개인연구는 내부성격이 중심	환경과 상호작용하며 환경을 통해 움직이는 사회적 존재(상호적으로 이해)
내부성격의 조화가 정신치료의 이상적 목표	개인 확장, 자아실현, 사회적 관심의 고양이 목표
인간은 근본이 나쁨	인간은 좋지도 나쁘지도 않음
인간은 그의 본능적인 삶과 문화 사이의 희생물	인간은 선택자로서 외적·내적 환경을 만들 수 있음
오이디푸스 상황과 해결 강조	가족 구도 강조
모든 사람은 경쟁자	다른 사람들은 우리 인생의 협조자, 협력자
여성의 열등감은 남성을 부러워하기 때문에 생김	문화환경 내에서 낮게 평가되기에 여성이 열등감을 느낌
신경증은 성적 원인이며 문명에 지불하는 대가	신경증은 왜곡된 지각의 산물로 배움의 실패이고 결핍에 대한 대가 지불

4) 성격발달

아들러는 인간은 스스로 자신의 성격을 만들어 내는 능력이 있으며 유전과 환경의 산물 이상으로 환경에 반응 및 영향을 미치고, 환경이 그들에게 반응하도록 만드는 창조적 존재로 보고 있다. 이는 성격발달에 미치는 유전과 환경의 영향은 인정하였지만 주로 개인적 주관성에 의해 결정된다고 보았다. 예를 들어 아동의 객관적 출생순위보다는 출생순위에 대한 주관적 지각이 성격형성에 더 중요하다고 본다. 사회적 관심은 어머니의 행동이 지니는 객관적인 내용보다는 아동이 어머니의 행동을 어떻게 해석하느냐에 따라 근본적으로 다르게 발달한다. 이러한 인간발달에 대한 아들러의 주관성 가정은 가상적 최종목표 개념에 뚜렷하게 나타나는데 실제로 가상적 목표는 현재 체험되는 주관적인 가상의 최종목표인 것이다(Adler, 1931). 이러한 점에서 볼 때 아들러의 개인심리 이론에서는 인간의 발달과 생활양식은 개인의 유일한 주관적 목표 중심으로 형성된다고 본다. 유아기와 아동기에 주관적으로 경험한 열등감은 미래지향적인 가상적 목표를 성취하기 위한 우월추구의 동기로 작용하게 되며 이러한 우월추구의 과정에서 긴장을 경험한다고 할지라도 인간은 이를 극복하고 성장하려는 노력을 멈추지 않는다. 따라서 개인심리이론에서는 외적인 환경적 자극에 대해 단순히 반응함으로써 발달이 이루어지는 것이 아니라 개인의 자기 발생적이고 미래지향적인 노력의 결과로 발달이 이루어진다고 규정하고 있다.

보충자료

알프레드 아들러의 열등감에 대한 명언들

♠ 행복해지려면 미움받을 용기도 있어야 한다.

♠ 누구에게나 열등감은 있다. 이는 어떤 환경에 처해 있는지와는 큰 관련이 없다.

♠ 우월감은 열등감을 가진 사람이 스스로 겪고 있는 어려움으로부터 탈출하기 위해 사용하는 여러방법 중 하나이다.

♠ 인간의 가장 놀라운 특성의 한가지는 마이너스를 플러스로 바꾸는 힘이다.

♠ 자신에게 주어진 어려움을 극복할 수 있다는 사실을 아는 사람은 참고 기다릴 줄 안다.

♠ 지는 것을 두려워하면 거의 대부분의 상황에서 질 수 밖에 없다.

♠ 인생이 힘든게 아니라 자신이 인생을 힘들게 만드는 것이다.

♠ 건전한 열등감은 타인과 비교해서 생기는 것이 아니라 이상적인 나와 비교해서 생기는 것이다.

♠ 집중하지 못하는 사람은 없다. 다만 다른 것에 항상 집중하고 있을 뿐이다.

♠ 인간의 고민은 전부 인간관계에서 비롯된 고민이다.

♠ 돈은 사회문제를 회피하는 도구가 될 수 있다.

♠ 모든 감정과 행동에는 보다 근본적인 이유가 있다.

♠ 자신을 바꿀 수 있는 사람은 자신밖에 없다.

♠ 분노는 종종 타인이나 상황을 지배하기 위해 꺼내 드는 장치다.

♠ 열등감이 클수록 권력에 대한 욕망은 강해지고, 감정적 기복도 심해진다.

♠ 습관적으로 화를 내는 사람은 상대를 빠른시간 안에 굴복시키려는 의도를 가지고 있다.

3. 에릭슨의 심리사회이론

1) 에릭슨(Erik Homburger Erikson, 1902~1994)의 생애

에릭슨은 1902년 독일의 프랑크푸르트에서 유태인계의 어머니와 덴마크인 아버지 사이에서 태어났다. 에릭슨이 태어나기 몇 달 전 부모님의 이혼으로 에릭슨의 어머니가 임신 중인 채 독일로 가서 출산했다. 에릭슨이 3살 때 어머니가 재혼을 하였기 때문에 생부를 닮았던 에릭슨은 유태 소년들 사이에서 이방인이라는 놀림을 당하며 자랐다. 그의 성장배경은 후에 그가 자아정체감 연구에 관심을 가지게 된 요인이 되었다. 고교 졸업 후에는 부모로부터 진학을 권유받았지만 따르지 않고 유럽 등 각지를 돌며 방황하는 유예기를 거치기도 했다.

1927년 에릭슨은 프로이트의 막내딸인 안나 프로이트와 함께 아동의 정신분석에 관해 훈련을 받고 연구를 하였으며 학교에서 아동교사로 활동하기도 하였다. 또한 프로이트의 정신분석에 많은 영향을 받았던 학자로 알려진 에릭슨은 신프로이트 학파라고도 불린다. 그는 문화, 사회, 역사적 상황이 인간발달에 많은 영향을 미친다는 것을 강조하며 심리사회적 위기와 극복의 결과를 설명하였다. 그의 이론에서는 주로 자아의 성장, 자아의 기능이 강조되어 있다. 에릭슨의 이론에는 인간의 자아정체감을 발전시키는 과정에 중점을 두어 노년기까지를 포함하여 총 8단계의 심리사회적 발달을 제시하였다. 또한 에릭슨은 정식 학위를 받은 적은 없지만 하버드 대학에서 교수로 역임했으며, 1994년 사망할 때까지 하버드 대학에서 연구생활을 하였다. 에릭슨은 프로이트가 생식기까지만 제시한 발달단계 5단계에서 3단계가 더 많은 8단계로 전 생애 발달을 제시하고 이 단계들이 다른 문화권에서는 어떻게 전개되는지를 보여주는 '아동기와 사회(1950)' 그리고 정신분석적인 통찰을 역사적 자료에 연결하게 한 '젊은 청년 루터(1958)', '간디의 진리(1969)'라는 저서를 남겼다.

2) 에릭슨(Erik Homburger Erikson)의 인간관

인간의 무의식 지배를 받는 존재로 보았던 프로이트와 달리 에릭슨은 인간의 자아에 특별한 관심을 두었고 자아는 인간의 감정, 사고, 행동의 전반을 통제하고 집행하는 주체라고 보았다. 자아와 자아정체성은 에릭슨 이론의 핵심이다. 그는 아동기의 성격과 행동발달에 관심이 많았지만 프로이트와 달리 성격발달은 전 생애를 통해 8단계의 점진적인 과정을 거쳐 일어난다고 보았다. 발달의 순서와 생물학적 성숙의 연계성을 인정했으며 각 발달의 단계마다 경험하게 되는 위기 과정을 인류 보편적이라고 하였다. 그의 이론의 가장 중요한 전제 중 하나는 '인간의 성격발달은 충동과 같은 내부적인 요인뿐 아니라 사회문화적인 영향을 받는다'는 것이다. 프로이트가 일차적 양육자로 부모의 영향만 언급하였다면 에릭슨은 나아가 부모를 넘어서 또래 친구들, 선생님, 형제자매, 교회나 학교와 같은 공동체의 영향력에 대해 주목을 했다. 이는 '환경속의 인간(person in enviroment)'이라는 사회복지 실천의 기본이 되는 생태학적 관점과도 일맥상통한다. 이러한 성격발달을 개인과 사회적 환경의 상호작용으로 이루어진다고 보았기 때문에 그의 이론을 사회심리학적 이론이라고 한다.

에릭슨은 프로이트가 심리성적인 에너지 즉 리비도를 강조한 것과는 달리 사회심리학적 환경의 중요성을 강조하였고, 프로이트처럼 초기 경험의 중요성이나 부모의 역할을 강조하였다. 초자아보다는 자아의 발달에 따른 자아정체감 형성의 중요성을 강조하였다. 에릭슨은 인간이 발달하면서 부딪치는 문제를 어떻게 극복해가는가, 또한 초기의 좌절이 어떻게 성장 후의 적응에 영향을 미치는가를 이해하는 것이 무엇보다 중요하다고 강조하였다. 그러면서 에릭슨은 초기경험의 불가역성을 강조하는 프로이트에 비해 초기 발달단계에 필연적으로 지장을 주는 것은 아니라고 설명하였다. 그래서 보다 유연하고 낙관주의적 인간관을 보였으며 인간의 천성이 선하다는 견해를 나타내었다.

3) 주요 개념

(1) 자아

에릭슨의 자아는 개인이 환경에 성공적으로 적응하는데 필수적인 기본적 기능을 수행하는 성격의 일부분이라고 하였다. 이러한 기능은 타고난 것으로서 성숙과 신체·심리·사회적 요인 간의 상호작용을 통하여 발달한다고 하였다. 이는 타인과의 동일시나 학습, 발달과업의 성취, 문제해결, 스트레스 및 위기에 대처하는 과정에서 지속적으로 발달하게 된다. 자아는 자율적으로 기능하지만 성격의 일부분이므로 내적욕구와 충동 그리고 내면화된 타인의 특성과 기대, 규범, 가치와 관련지어 이해하여야 한다. 자아는 개인과 환경 간의 관계를 중재할 뿐 아니라 성격의 다양한 요인 사이의 내적 갈등을 중재하고 불안과 갈등에서 보호할 수 있는 방어기제를 사용하며 성공적인 대처능력을 고양하거나 방해하는 조건을 제공해 준다.

에릭슨에게 있어 자아는 환경의 영향력을 행사하는데 초점을 두고 있다. 그래서 자아가 환경을 지배하고자 하는 자아통제(ego mastery)가 에릭슨의 주요개념이라고 할 수 있다(Green & Ephross, 1991). 또한 에릭슨은 자아의 사회와의 상호작용을 강조하였으며 자아는 인간이 사회 속에서 적극적인 자세로 자신만의 자율성을 가지고 활동을 조절하는 것을 말한다. 하지만 자아는 개인의 집합적 과거가 자아로 작용하며 에릭슨이 프로이트의 입장에 비판을 가하면서 자아에 관심을 두게 된 것은 그의 견해에 대한 전적인 부정이 아니라, 인간의 성격발달에 있어서 자아의 환경 또는 사회와의 관계를 성격형성에 있어서 중요한 요소로 고려하고 있다는 것이다. 그래서 프로이트와 에릭슨의 성격발달 이론의 특성을 다음 〈표 2-3-1〉과 같이 비교 설명하였다.

〈표 2-3-1〉 프로이트와 에릭슨의 성격발달 이론의 특성 비교

프로이트	에릭슨
• 상당히 폐쇄체계에 근거한다	• 상당히 개방체계에 근거한다
• 강력한 성적·공격적 충동에 의해 추진된다	• 약간의 성적 충동과 사회적 충동에 의해 추진된다
• 이드가 지배적이다	• 자아가 지배적이다
• 불안과 무의식적 욕구에 의해 위협을 받는다	• 사회적 상호작용에 근거한다
• 충동과 사회적 기대의 모순 때문에 갈등한다	• 역사적·인종적 집단에 대한 결속력으로 강화된다
• 충동은 통제권 밖에 있다	• 자아통제력과 사회적 지지에 의해 형성된다 • 사회에 기여할 수 있는 건강한 사회인을 준비시키고자 한다

프로이트	에릭슨
• 초기 아동기에 형성이 되어 초기 성인기에 절정에 이른다	• 전 생애를 걸쳐서 형성된다
	• 다음 세대에 사회적 질서의 원리를 전달한다

(2) 자아정체감

에릭슨은 정체감의 형성을 전 생애를 통해 발달한다고 보고 정체감을 심리사회적 정체감(psychosocial identity)과 개별적 정체감(individual identity)으로 나누어 생각하였다. 심리사회적 정체감이란 개인이 속하고 있는 집단에 대한 구속감 내지는 일체감을 말한다. 개별적 정체감이란 개인이 어떤 집단에 속해 있지만 그 집단 속에서 타인과는 독립되고 고유한 존재로서 갖게 되는 정체의식으로 이것은 다시 개인정체감(personal identity)과 자아정체감(ego identity)으로 구분할 수 있다. 에릭슨의 핵심적 개념인 자아정체감을 포함하여 주요 개념들은 8단계의 심리사회적 발달에 포함되어 있다.

(3) 점성원리

에릭슨의 인간발달단계는 점성원리를 따른다고 보았다. 점성원리라는 용어는 Epi와 Genesis을 합성한 말(Epigenesis)로 인간발달이 유전적인 요인에 의존한 일련의 단계에 의해 지배되며 '이전 단계의 발달을 토대로 다음 단계의 발달이 이루어진다'는 원리이다(Goldstein, 1984). 에릭슨은 이러한 점성원리에 따라서 인생 주기의 각 단계는 우세하게 출현하는 최적의 시간이 있다고 보았으며 모든 단계가 계획대로 전개될 때 완전히 기능하는 성격이 형성된다고 하였다.

점성원리는 인간발달이 유전적 요인에 근거하여 일련의 단계를 거친다는 논리이다. 이러한 점성원리에 의하면 인간의 발달은 생물학적으로 타고난 원래의 기본계획이 존재하며 이러한 기본구조 아래에서 적절한 시기에 각 부분들의 발달이 이루어진다고 본다. 인간의 성격발달에서 사회·문화적인 요인은 생물학적이고 정신분석이론에서처럼 원초아에서 파생되는 것이 아니라 유전적으로 타고나는 것으로 그 자체의 독립적인 발달과정이 있다고 보았다.

(4) 위기

에릭슨은 인간발달은 전 생애에 걸쳐서 8단계로 지속이 되며 생리적 성숙을 하는 과정에서 동시에 심리적 위기를 수반한다고 하였다. 이러한 위기는 부정적인 것이 아니라 인생의 전환점이 되며 개인의 발달과정에서 겪는 어려움을 극복할 수 있는 생존의 원천이라고 할 수 있다. 에릭슨은 인간발달 단계마다 사회적 관계 속에서 해결되어야 할 발달과업이 있으며 이러한 위기를 해결하는 방식에 따라 긍정적 또는 부정적인 행동패턴이 결정된다고 하였다.

에릭슨은 인간의 발달이 전 생애에 걸쳐 일어나며 각 단계별로 개인이 직면하는 위기의 발달과업이 있고 성격은 그 위기를 해결한 결과에 따라 자아의 질이 달라지면서 나타난다고 하였다. 위기는 각각의 발달단계에서 개인에게 사회가 부과된 생리적 성숙과 사회적 요구로부터 발생한 인생의 전환점을 의미하며 또한 심리적 요구이다. 이러한 위기는 새로운 기회이며 인간의 잠재능력의 방향 전환기가 될 수도 있지만 위기를 성공적으로 해결하지 못하고 사회관계로 소외되면 자아정체감에 혼란이 발생한다. 에릭슨은 인생주기의 사회적 발달과제에 대해 위기가 오지만 반드시 그 단계에서 해결되어야 하는 것은 아니라고 하였다. 그래서 에릭슨은 한 개인의 특징적인 행동양식은 이러한 과제 또는 위기가 궁극적으로 어떻게 해결되는가에 의해 결정된다고 주장을 하였다.

4) 에릭슨의 심리사회적 발달단계

에릭슨은 사회적 맥락을 강조함으로써 프로이트의 심리성적 발달단계 5가지를 확장하여 심리사회적 발달 8단계를 제안하였다. 8단계에서는 적응 대 부적응 방식과 각 단계에서 해당되는 연령과 해당시기에 획득되는 주요 덕목을 제시하고 있다.

- ▶ 인간의 발달은 평생동안 지속이 된다.
- ▶ 각 발달의 단계에는 달성해야 할 발달과업이 있다.
- ▶ 발달은 점성적 원리에 의해 일어난다.
- ▶ 심리사회적 발달의 각 단계는 위기가 있다.
- ▶ 각 단계에서 자아는 적절하거나 부적절한 적응방법을 통합해야 한다.

▶ 심리사회적 발달단계는 개인의 기본적 강점이 발달할 기회를 제공한다.

▶ 심리사회적 발달은 모든 인류에게 일어나는 보편적 현상이지만 각 단계에서 해결하는 방식에서의 문화적 차이는 존재한다. 에릭슨의 심리사회적 발달의 8단계 내용을 살펴보면 다음 〈표 2-3-2〉와 같다(권중돈 외, 2005: 노안영 외, 2011: 최옥채 외, 2021: Liebert et al., 1998).

〈표 2-3-2〉 에릭슨의 심리사회적 발달 8단계

단계	시기 및 연령	심리사회적 위기	기본적 쟁점	주요사건	주요관계	주요 병리	심리성적 발달단계
1	영아기 (출생~2세)	신뢰감 대 불신감	희망	스스로 먹기	어머니	철퇴	구강기
2	유아기 (2세~4세)	자율성 대 수치/의심	의지	스스로 용변보기	부모	강박	항문기
3	학령전기 (4세~6세)	솔선성 대 죄의식	목적	운동	핵가족	억제	남근기
4	아동기 (6세~12세)	근면성 대 열등감	유능성	취학	이웃, 학교	비활성	잠복기
5	청소년기 (12세~22세)	자아정체감 대 역할혼란	성실	또래관계	또래 집단	거절	생식기
6	성인기 (22세~34세)	친밀감 대 고립감	사랑	애정관계	우정, 애정경쟁, 협동	배타성	
7	중·장년기 (35세~65세)	생산성 대 침체	보호	부모역할과 창조	직장, 확대가족	거부	
8	노년기 (65세~사망)	자아통합 대 절망	지혜	인생회고와 수용	인류, 동족	경멸	

(1) 1단계(영아기, 신뢰감 대 불신감)

이 단계는 신뢰감 대 불신감(basic vs. mistrust)으로 심리사회적 첫 번째 단계로 기본적이라는 위기로 출생 후 약 18개월까지의 시기인 구강기에 해당한다. 이 시기에 부모로부터 적절한 보살핌을 받아 기본적인 욕구가 충족된 유아는 자신과 주변에 대해 신뢰감을 형성하고 어머니와 떨어져 있어도 불안이나 분노를 표현하지 않고 자신의 욕구가 즉시 만족 되지 않더라도 보채지 않고 기다릴 수 있다. 하지만 욕구좌절로 인해 부정적인 경험이 많은 유아는 근원적인 불신감이 생긴다. 불신감은 일생을 통해 지속이 되며 다음 단계의 성격발달에 직접적인 영향을 미치게 된다. 이렇게 불신감을 형성한 유아는 자신에 대한 신뢰감을 형성하지 못하고 사회적 관계에서 신뢰감을 형성하는 데 어려움을 겪게 된다.

에릭슨은 신뢰감의 중요성을 말하면서도 불신도 경험해야 한다고 한다. 즉 건강한 성장을 위해서는 이 둘의 적절한 비율이 필요하다. 이 비율에 있어 신뢰감을 더 많이 획득한 유아가 자아 형성에 더 유리하다고 본다. 이러한 위기를 잘 극복하게 되면 자아는 희망이라는 특성을 얻게 되지만 위기를 적절히 극복하지 못하면 사회적 관계의 위축이 나타나 나머지 생애 동안 낮은 자존감이나 우울증을 보이게 된다.

(2) 2단계(유아기, 자율성 대 수치/의심)

이 단계는 자율성 대 수치/의심으로 2세에서 4세까지 지속이 되며 심리성적 발달단계는 항문기에 해당한다. 이 단계는 신경계의 발달로 괄약근을 수의적으로 조절할 수 있어 변을 배설하거나 보유하는 것이 가능해진다. 이 시기의 기본 양식인 보유 혹은 배설은 전반적으로 다른 행동에서도 나타난다. 어른들에게 다정하게 안기다가 갑자기 밀쳐낸다든지 물건에 집착하다가도 내동댕이치는 행동으로 나타나기도 한다. 이 시기의 유아는 신체적 및 생리적 성숙으로 최초로 대소변 가리기와 자기통제가 가능하게 되므로 부모의 규제를 받기도 하고 또는 스스로 실행해 보는 과정에서 실패에 부딪히게 된다. 이와 같은 성공과 실패의 양극적 위기를 극복함으로써 유아는 자기통제에 기본적인 자신감을 느끼게 되어 자율성이 형성된다. 과도한 외부통제로 인해 위기를 잘 극복하지 못했을 경우, 유아는 통제능력을 상실하게 되고 그로 인해 스스로 수치심과 회의에 빠져들게 된다. 이러한 자율성 대 수치 및 의심 간 위기의 극복양상은 자기 통제력의 기초가 된다.

(3) 3단계(학령전기, 솔선성 대 죄의식)

이 단계는 학령전기의 단계로 4세에서 6세까지 지속이 되며 프로이트의 남근기에 해당하는 단계이다. 이 단계의 아동은 성적 호기심, 성기의 관심, 성적인 문제에 대한 과잉 관심이 생기는 시기이므로 유아가 주도하는 행동은 때때로 외부세계의 간섭과 통제를 받게 된다. 이 단계의 아동은 운동 및 정신적 능력을 충분히 개발한 상태이다. 아동은 더 많은 일을 주도적으로 하려는 솔선성을 보인다. 하지만 에릭슨은 이 단계에서 아이는 성적 관심보다는 놀이와 자신이 선택한 활동에 더 많은 관심을 가진다고 보았다. 아동은 신체적인 놀이와 부모나 다른 역할을 가상한 정신적인 놀이를 통해 솔선성을 발달시키며, 이 과정에서 아동의 죄의식은 부모가 아이 스스로 그 일을 완수하도록 기회를 주고 참을성이 부족할 때 나타난다. 어느 정도의 죄의식은 사회화 과정에서 필수적이지만 아이들의 주도적 활동을 위축시킬 수 있다. 따라서 아동의 솔선성은 부모의 반응에 영향을 많이 받으며 부모가 자녀의 호기심을 인식하고 스스로 활동을 하도록 격려한다면 솔선성은 강화된다.

(4) 4단계(아동기, 근면성 대 열등감)

이 단계는 아동기에 해당하는 근면성 대 열등감으로 6세에서 12세까지인 4단계의 잠복기에 해당한다. 이 시기는 자아성장의 결정적인 시기로서 근면성 대 열등감의 위기를 극복하기 위한 인지적 및 사회적 기술을 요구하게 된다. 아동들은 학교에서 부과하는 여러 과제에 꾸준히 주의를 기울이고 성실히 작업에 임하는 과정에서 근면성을 획득하게 되며, 학교에서나 가정에서 자신에게 주어진 일에 적절한 성취를 느끼지 못하면 열등감에 빠져들게 된다. 이 단계의 과업을 성공적으로 넘긴 아동은 사회환경에 적극적인 영향력을 발휘할 수 있는 자신감과 능력의 자질을 갖추게 된다. 반면 이 시기의 과업을 성공적으로 달성하지 못하면 열등감이 형성되어 계속해서 실패를 경험할 수 있는 위기가 오게 된다. 이 단계는 부모 이외에도 학교 교사의 역할이 아동의 근면성을 성취하는 데 크게 영향을 미치게 된다.

(5) 5단계(청소년기, 자아정체감 대 역할혼란)

이 단계는 5단계인 청소년기로 12세에서 20세가 해당이 되는 심리성적 발달단계 의 생식기에 해당한다. 이 단계는 자아정체감 대 역할혼란을 경험하게 된다. 아동기에서 성인기로 옮겨가는 청소년기인 이 시기 주요 발달과업은 누구인지를 탐구하고 자신의 정체성을 형성하는 시기이다. 그리고 자아정체감(ego identity)은 자신에 대한 자각인 동시에 자기의 위치, 능력, 역할 및 책임에 대한 분명한 인식을 말한다. 이 시기 청소년들은 자기 자신에 대한 의문의 해답 또는 내가 누구인지를 찾아가려고 애를 쓰지만 해답이 쉽게 얻어지지 않으므로 고민을 하고 방황을 하게 된다. 그래서 이 상황이 길어지면 정체감 혼란이 오게 된다는 것이다. 그렇지만 이 단계에서의 발달위기를 성공적으로 잘 극복하게 되면 성실하고 충성심을 유지할 수 있는 능력이 형성되는 반면 정체감 혼란은 주요한 발달단계에서 동일시의 가장 위험하고 바람직하지 못한 측면의 축적된 결과(Newman et al., 1987)라고 할 수 있다. 또한 자아정체감 대 역할혼란 단계에서의 심한 갈등은 거절 및 생소한 역할과 가치를 거부하는 자아특질을 낳게 된다.

(6) 6단계(성인기, 친밀감 대 고립감)

이 단계는 성인기에 해당하는 친밀감 대 고립감으로 22세에서 34세까지이다. 에릭슨 이론의 특징 중의 하나는 성인기 단계를 구분하였다는 점이다. 이러한 특징은 정신분석이론과 차이를 두며 인간은 전 생애 동안 계속 발달한다는 점에서 그 차이를 분명히 하고 있다. 이 단계의 친밀감 대 고립감은 20세 이후 성인부터 34세까지를 가정하여 성과 사회를 통하여 친밀감이 형성되는 시기이다. 이 시기 가장 중요한 과업은 친밀감이며 이는 성적 사랑을 통해 확고해진다고 본다. 에릭슨에게 친밀감은 성적인 것 이상의 우정, 인류애적인 사랑을 모두 포함한다.

에릭슨은 친밀감을 어떤 관계 속에서 자신을 설정하는 능력이라고 말하고 타인과의 관계를 맺기 위해서는 개인의 정체성이 형성되어야 한다고 하였다. 이 단계의 위기를 만족스럽게 극복하지 못하게 되면 고립감이 발생하게 되고 고립이 되면 자신은 다른 사람과의 친밀한 관계가 오히려 자신의 정체감 형성을 방해한다고 보고 있다. 이는 친밀한 대인관계를 회피하며 융통성 없는 삶을 살게 된다. 또한 다른 사람과 가까운 접촉을 피하며 자신의 자아를 위협한다고 느끼는 사람들을 공격하거나 거부하게 된다. 따라서 이들은 친밀감보다 고립감을 더 선호하는 경향이 있고 반사회적 및 정신병리적 성격 등으로 인하여 남을 조정하거나 착취하며 양심의 가책도 느끼지 못하게 된다. 반면 이 단계의 갈등을 성공적으로 해결하면 다른 사람을 사랑하는 능력이 생기게 된다.

(7) 7단계(중·장년기, 생산성 대 침체)

이 단계는 35세에서 65세까지인 7단계로 생산성 대 침체로 중·장년기가 포함된다. 생산성이란 다음 세대를 이끌어 주고 돌봐 주려는 일반적인 관심으로 출산, 양육, 자손의 성취에 관한 개인의 만족을 예로 들 수 있다. 침체란 타인에게 거짓된 친밀성을 갖고 자기에게만 탐닉하는 것으로 자기만을 우선으로 보호하는 것을 말한다. 이 시기의 심리사회적 위기를 잘 극복하면 자아는 타인을 돌보는 능력인 배려라는 것을 획득하게 되고 그렇지 못하면 타인에게 타인의 욕구를 무시하게 되어 타인을 거부하거나 권위주의자가 되며 생산적 기능을 다 하지 못하고 자신의 욕구만 추구하게 된다. 또한 충분한 관심을 표현하지 못하는 거절을 경험하게 된다. 사실상 일부 젊은 부모들은 이 단계를 발달시킬 능력 부족으로 인해 고통을 겪는다. 이 단계에서 성공한 사람은 배려라는 것을 알게 되지만 심리적 무관심의 생산성 확립에 실패한 사람은 개인적 욕구나 안위를 주된 관심으로 여겨 자아도취 상태에 빠지게 된다. 그러므로 이 단계의 실패는 이기주의를 낳게 되는 결과를 초래한다.

(8) 8단계(노년기, 자아통합 대 절망)

이 단계는 심리사회적 마지막 단계 노년기인 8단계로, 65세 이상 사망까지 자아통합 대 절망이 해당한다. 인간은 노년기가 되면 신체적·사회적 상실에 대처하여야 한다. 즉 체력과 건강을 잃게 되고, 퇴직으로 인한 삶의 상실, 배우자와 친구들을 점차 잃어가고 자신도 죽음에 직면하게 된다. 젊었을 때처럼 활동할 수 없다는 사실을 인식하면서 자아통합(ego integrity)이라는 과업에 직면하게 된다.

자아통합이란 자신의 삶을 되돌아보면서 자신의 인생을 수용하고 갈등, 실패, 실망 따위를 성공, 기쁨, 보람 따위와 함께 전체의 삶 속에 포함하는 것이다. 이것이 이루어져야 죽음을 두려움 없이 맞이할 수 있다. 하지만 자아통합 달성에 실패하면 늦었다는 느낌이 들면서 지나온 삶을 후회하고 절망하게 된다. 이러한 절망을 감추기 위해 다른 사람의 잘못과 말썽을 참지 못하고 사소한 일에도 쉽게 혐오를 느끼는데 사실 이러한 혐오는 스스로에 대한 경멸의 의미이다. 이 시기의 심리사회적 위기를 잘 극복하면, 자아는 삶에 대한 적극적 관심 및 지혜의 특질을 얻게 되지만 위기를 잘 극복하지 못하면 나약함과 자신에 대한 경멸을 경험한다. 이 시기에는 신체적, 정신적, 노화를 자연스럽게 받아들이고, 주변인의 죽음이나 필연적으로 겪어야 하는 발달상의 자연스러운 변화로 긍정적인 수용의 자세가 무엇보다 필요하다(조형숙 외, 2015).

보충자료

에릭슨의 심리 성격이론 관점에서 본 영화 「Good Will Huting」

명석한 머리를 가진 '윌'은 천재적인 재능에도 불구하고 어린 시절의 상처들로 세상에 마음의 문을 닫고 살아가는 문제아다. 불운한 그의 성장 과정은 그의 마음을 닫게 했고 철저한 피해의식 속에서 살았다. 그러던 중 윌의 재능을 알아본 MIT의 수학과 교수는 폭행죄로 실형에 처할 수도 있는 윌을 구하기 위해 심리학교수 '숀'에게 그의 상담을 부탁하게 된다. 그렇게 시작된 윌과 숀의 만남은 윌의 거친 언행으로 시작부터 쉽지 않았는데 숀과의 상담에서 깊은 내면의 아픔을 드러내며 윌은 치유를 하게 된다. 또한 깊은 마음의 상처, 버림받은 것에 대한 두려움과 이에 대한 방어기제를 어루만지고, 따뜻하게 감싸주면서 대인간에 상호작용을 배울 수 있도록 내면의 아픔을 풀어가는 과정을 에릭슨의 심리 성격이론의 관점에서 분석해 본다.

Review

Review

4. 융의 분석심리이론

1) 융(Carl G. Jung, 1875~1961)의 생애

융은 분석심리학을 확립한 분석심리학자로서 1875년 스위스에서 태어나 1961년 85세의 나이로 사망하기까지 자신의 체험에 근거해 지속적으로 무의식과 상징에 대해 탐구하면서 분석심리학에 몰두하였다. 어린시절부터 내성적이었던 융은 나무로 만든 인형이 그에게 유일한 친구였다. 또한 신경증적 발작으로 인해 간간이 학교를 휴학해야 했던 융은 이 시기를 평상시 보고 싶었던 책을 보는 행복한 시간으로 즐겼다. 하지만 아버지가 자신의 신경증을 심각하게 걱정하는 모습을 보면서 현실성을 가지게 되자 곧 증상이 사라지기도 했다. 이것이 그가 신경증을 이해하는 근거가 되었다.

강한 성격과 다양한 관심에도 불구하고 전통적인 교육을 받은 융은 의과대학에 들어가 내과를 전공하였지만 그의 독립성과 독특한 사고방식과는 잘 맞지 않았다. 그래서 정신과학으로 돌려 취리 병원에 자리를 잡은 후 정신분열병 연구의 선구자인 오이겐 블로일러(Eugen Bleuler)의 지도로 일을 하게 된다. 심리학 분야에서 그의 이론은 꿈과 환상 등 다소 신비로운 개념이 포함되어 있어 난해하다는 평가를 받고 있지만 인간의 기질적 우세에 따른 유형론을 제시한 것은 공적으로 인정받고 있다. 또한 스위스에서 태어난 융은 1907년부터 프로이트와 교류하였으며 1911년에는 프로이트의 후원으로 국제정신분석 회장이 되기도 하였다. 하지만 정신분석, 무의식, 리비도에 대한 해석 및 프로이트의 '범성설'에 반발하면서 그와 달리하게 된다. 이러한 학문적 견해 차이와 갈등은 결국 1914년 프로이트와의 결별로 이어지고 1924년 프로이트의 정신분석학회를 탈퇴하게 된다. 어렸을 때부터 상당히 내성적이었던 융은 아동기에도 많은 시간을 꿈의 의미와 그가 경험했던 초자연적인 환상에 빠져 지내게 되며 그의 분석심리학과 프로이트의 정신분석학의 공통점은 무의식의 세계를 강조하였다는 점이다. 이는 인간의 발달과 성장은 내면의 무의식적인 것을 의식화시키는 과정을 통해 가능하다는 관점에서도 유사하다.

2) 융(Carl G. Jung)의 인간관

분석심리학에서 인간의 정신은 의식과 무의식이 하나로 통합해서 완성된 것이기 때문에 의식과 무의식은 서로 대립하기보다는 보완하는 상태에서 인간의 모든 생각과 감정, 행동을 포함하고 있다. 따라서 인간의 정신은 대립과 분열 상태에 있던 각 요소들이 계속 통합과정을 거쳐 전체적으로 독특하고 고유한 존재로 변화되는 개성화 과정이며, 자기완성과 실현을 강조하고 있다. 융은 인간의 무의식에는 태초의 보편적인 인간의 경험으로부터 시작해서 개인의 과거와 현재의 경험이 모두 포함되어 있다고 하였다. 그러므로 인간의 정신구조는 개인의 전체적인 경험으로 구성되어 있으며 신체적 구조와 같이 종족적으로 유전된다고 하였다.

3) 융의 성격의 구조 및 주요 개념

융이 제시하는 성격의 핵심은 전체성으로 인간의 성격 전체를 융은 영혼이라고 불렀다. 영혼은 모든 사고, 감정, 행동, 의식, 무의식을 포함한다. 인간은 여러 부분의 집합이 아니라 하나의 통합적 전체이다. 인간은 전체성을 가지고 태어나 분화와 통합을 반복하며 전체성을 발현해 나간다. 융의 이론에서 성격의 구조는 자아와 콤플렉스 그리고 원형들로 볼 수 있다. 다시 말하면 의식에는 자아가 존재하고 개인 무의식에는 그림자와 여러 콤플렉스가 있다는 것이다. 집단 무의식에는 자기를 비롯하여 아니마와 아니무스, 그리고 그림자 등의 다양한 원형이 존재하는데 이들이 한 개인의 성격을 이루게 되는 구성요소가 되는 것이다. 결국 융의 분석심리학은 집단 무의식을 중심으로 확립되었다고 볼 수 있다. 융이 제시한 인간의 마음인 심리구조는 다음 그림 2-4-1과 같다.

(1) 의식과 자아

의식은 각 개인이 직접 인식할 수 있는 정신의 부분을 말하는 것으로 개인의 의식이 분화되어 가는 과정에서 자아가 생겨난다. 의식이란 무의식에서 분화되어 나온 산물이며 인간 정신의 극히 작은 일부에 지나지 않는다. 자아는 나에 대한 마음의 의식이라 할 수 있으며 지각과 기억, 생각, 감정 등으로 구성된다. 따라서 자아는 인간의 심리적

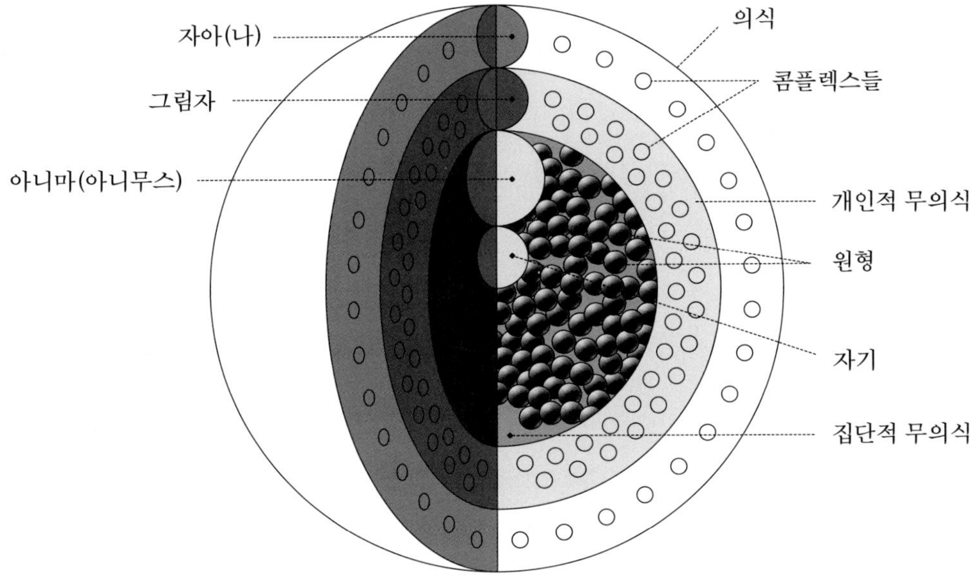

그림 2-4-1. 융의 이론의 성격의 구조

기능에 의해 선택적으로 의식되며 개인의 의식이 타인으로부터 분리되면서 개성화가 이루어진다. 융이 지적하고 있는 자아는 중심이고 의식의 영역밖에 볼 수 없으며 의식의 범위를 벗어나지 못하기 때문에 자아와 의식을 동일시하여 '자아'라고 한다. 자아의 중요한 작용으로는 사람들에게 자기에게 주어진 환경에 적응하게 하고, 성격발달의 주체가 되며 무의식 속에 있는 콤플렉스와 여러 원형들이 나타날 수 있도록 무대 역할을 한다. 융은 자아의 원형이 중년기가 되어야 비로소 외부로 드러나게 된다고 하였다.

(2) 개인무의식

개인무의식은 자아에게 인정받지 못한 경험으로서 너무나 약하기 때문에 의식에 도달하지 못하거나 머물러 있지 못하는 경험을 말한다. 개인무의식은 콤플렉스를 중심으로 모여 있다. 또한 인간의 의식 속에는 존재하지 않지만, 의식영역으로 불러들일 수 있는 저장소로 과거의 경험으로 구성되어 있다. 그래서 삶 속에서 억압했던 모든 감정과 성향이 담겨 있는 것이다. 개인 무의식은 무의식의 표면에 위치하며 프로이트가 언급한 전의식의 내용도 포함된다. 이것은 한사람이 세상에 살아가는 동안 겪은 체험 내용 가운데 잊어버리거나 억압해 버린 것이다. 그리고 현실 세계의 도덕관이나 가치관 때문에 현실에 어울리지 않아 억압된 여러 가지 내용으로 반드시 성적인 것에만 국한되지 않는다. 개인무의식은 특수한 생활체험과 관련되고 개인의 성격상의 특성을 이루고 있다. 그 가운데 개인무의식의 흥미 있고 중요한 특징은 여러 내용이 뭉치고 떼를 지어서 한 그룹을 이루는 경우가 있다는 점이다.

(3) 집단무의식과 원형

집단무의식은 모든 인류에게 공통으로 유전되어 태어날 때부터 이미 가지고 나오는 무의식 층을 말한다. 즉 집단무의식은 인류 역사를 통해 조상으로부터 물려받은 개인의 지각과 정서, 행동에 영향을 주는 정서적 소인이 유전된 것이다. 이는 개인의 정신이 공통으로 가지고 있는 하부구조를 말한다. 또한 개인적 경험이나 특성과는 관계없이 누구에게나 발견되는 보편적인 내용으로 조상이나 종족 전체의 경험, 생각, 감정과 관련된 사고, 공포, 원시적 성향을 의미한다. 이외에도 꿈, 예술 등을 통해서도 표현되며 인간의 행동에 많은 영향을 미치고 있으며 매우 깊은 성격 구조에 있는 융의 집단무의식을 중요한 개념으로 간주하고 있다.

한편 원형은 모든 인간에게 보편적으로 나타나는 인간 정신의 가장 보편적이고 근원적인 행동유형이자 이미지 또는 형상을 말한다. 표상이 불가능한 무의식적이고 선험적인 이미지를 의미하지만 시간, 공간 또는 문화, 인종의 차이와 관계없이 모든 인간에게 보편적으로 존재한다. 한마디로 원형은 내용을 지니지 않고 단지 형태만을 지닌 심리적 반응양식이다. 원형은 한 사람 한 사람에게 따로 생긴다기보다는 문화와 세대에 그리고 그 안에 존재하며 타고난 것이기 때문에 문화와 세대를 통해 전달된다. 원형에는 의식과 무의식 모두가 포함되며 그 시작을 알 수 없으며 이미 형성되어 있는 것으로 인간 내면 깊은 곳의 무의식적 경향과 열망이 표현된 꿈이나 신화, 예술, 환상 등을 통해 발견할 수 있다. 예를 들어 인류가 사랑과 증오, 탄생과 죽음, 남성과 여성에 대해 느끼고 생각하고 행동해 온 모든 것들이 침전된 것이 바로 원형이다. 원형과 본능은 떼어놓고 생각할 수 없는 집단무의식을 형성하는 요소들이지만 차이점은 있다.

인간의 행동과 인격을 형상화하는 대표적인 원형으로는 페르소나, 아니마, 아니무스, 자기, 음영(그림자)등이 있다. 융은 인간의 집단무의식을 직접 의식화할 수는 없지만 인류 역사의 산물인 신화, 민속, 예술 등이 지닌 주제를 통해 관찰될 수 있다고 하였다.

페르소나(Persona)

페르소나는 라틴어로 가면이라는 뜻으로 고대 그리스의 연극에서 배우들이 쓰던 가면으로 개인이 다른 사람에게 자신을 드러내는 방식을 의미한다. 개인은 부모로서, 친구로서, 직장인으로서 자신을 드러내는 방식을 말한다. 이것은 사회의 인습과 전통적인 요구 및 자신의 원형 요구에 따라 채택한 공적인 얼굴이다. 페르소나는 진정한 참모습의 인간이 아닌 있는 그대로의 자기를 숨기는 가면이다. 페르소나를 중요하게 여기면 진짜 자신으로부터 유리되어 형식적이고 피상적으로 살아갈 뿐만아니라 진짜 자기를 잊고 거짓 자기로 살아갈 가능성이 많다. 이는 사회적 가면을 쓰고 살게 된다는 것을 의미한다. 다시 말해 페르소나는 우리가 외부세계로 보여주는 우리 자신이 이상화된 부분이고 집합적 영혼의 얼굴이다. 그래서 가면이나 보호적 표면은 우리의 문제점과 슬픔을 감추지만 사회 속에서 우리가 잘 기능하도록 하고 다른 사람들과 잘 어울리도록 하며 우리의 일상적인 욕구와 활동을 추구할 수 있게 한다.

아니마와 아니무스(Anima & Animus)

융은 모든 인간은 생물학적으로 양성의 특질을 가지고 있다고 하였다. 그러므로 남성의 무의식 내부에는 여성적 성격이 있고, 여성의 무의식 내부에는 남성적 성격이 자리 잡고 있다. 아니마는 남성 정신의 여성적 측면인 심리요소이다. 인간의 내면에는 자신의 성과 반대의 성을 나타내는 무의식적인 구조를 가정하여 남성에게 있는 여성적 요소를 '아니마'라고 한다. 반면 여성 안의 남성적인 심리요소를 '아니무스'라 한다. 아니마와 아니무스는 우리가 맺는 관계 특히 다른 성과의 관계에 많은 영향을 미친다. 페르소나가 외부로 드러난 모습이라면 아니마와 아니무스는 무의식 속에 지닌 이성의 속성을 말한다. 남녀 간에는 유전적인 성차가 있으며 게다가 사회화의 압력이 여성은 여성적 측면을 남성은 남성적 측면을 더욱 발달시키도록 요구하므로 이러한 성차는 더욱 커지게 된다. 그래서 아니마·아니무스는 인간 내면의 이미지를 나타내며 이것에 의해 여성과 남성이 서로를 이해하고 이성 간의 원만한 인간관계를 형성할 수 있는 것이다.

음영(그림자, Shadow)

음영의 원형은 인간성격의 기본적인 본능들로 이루어진다. 음영은 개인무의식 속에는 모르는 또 다른 자신이 존재하고 있어 자신의 모습과 전혀 다른 모순된 행동을 하게 만든다. 자아의 이면에 자신도 모르는 자신의 분신을 의미하는 것으로 음영은 자아와 반대되는 개념이라고 할 수 있다. 인간이 사회생활을 무리 없이 하기 위해서는 음영에 포함된 동물적 본성을 자제해야 하므로 페르소나를 발달시키게 된다. 하지만 음영은 본능의 근원일 뿐 아니라 자발성, 창의력, 통찰력 등 완전한 인간성에 필수적인 요소의 원천이기도 하다. 또한 인간에게는 개인의 무의식 속에 존재하는 자아와 상충하는 의식하기 싫은 자신의 부정적인 측면이 있다. 이때 그 내용이 사회적으로 수용된다면 자아가 되고, 그렇지 않으면 음영과 관련된다.

음영은 대부분 어두운 면, 부정적인 면을 나타내는 원형이라 할 수 있지만 자발성이나 창의성, 통찰력 등과도 관련되기 때문에 음영을 너무 억압하면 본성이 희생될 수 있다. 보다 활력이 넘치는 삶을 위해서는 자신의 음영에 대한 통찰이 필요하며 자아와 음영의 적절한 조화가 필요하다. 따라서 자아와 음영이 조화를 이루면 그 사람은 생기와 활력이 넘치게 된다. 격투기를 보면서 좋아하는 심리나, 사람들이 싸우는 것을 구경하는 것, 사고가 난 상황을 차에서 내려 구경하는 것 등의 심리에는 이러한 음영(그림자)의 특성이 있다고 할 수 있다.

자기(Self)

자기는 집단 무의식 속에 존재하는 핵심적 원형으로서 모든 의식과 무의식의 주인이며 모든 콤플렉스의 원형을 끌어들여 성격을 조화시키고 통일시키며 안정성을 유지하는 원형이다. 자아는 '일상적인 나', '경험적인 나'를 의미하지만 자기는 '본래적인 나', '선험적인 나'를 의미한다. 자기는 의식과 무의식 사이의 균형을 유지하고 모든 부분을 통일하고 일체성을 부여하기 때문에 성격의 통일성과 안정성을 제공한다. 이는 인간행동의 동기를 유발하며 인생의 완성을 추구하도록 한다. 자기는 인간에게 자신이 되게 하는 것이 바로 자기 원형의 기능이라고 함으로써 자기는 모든 것을 포괄하는 힘이 있다. 융은 인생에서 정신적 삶의 목표는 자기실현을 달성하는데 있다고 하였다.

(4) 무의식과 콤플렉스

융은 자신의 심리학을 「콤플렉스 심리학(complex psychology)」이라고 부를 만큼 콤플렉스는 분석심리학의 주요 개념이라고 정의하고 있다. 자신이 개발한 '단어연상검사'를 통해 어떤 사람은 자극어에 반응하기 위해 긴 연상시간이 필요하거나 공통반응이라고 볼 수 없는 연상을 하는 것을 발견하였다. 융은 의식의 질서를 일시적으로 또는 장기적으로 교란하거나 사고의 흐름을 방해하는 정서적으로 강조된 심리적 내용이 무의식 내에 존재하고 있음을 알게 된다. 이것을 열등감과는 다른 의미로 콤플렉스(복합체)라고 하였다. 콤플렉스는 이성에게서 벗어나 있는 무의식의 산물로 의식적 통제에서 벗어나 이상적인 언행을 방해한다. 또한 건전한 판단을 교란하는 감정, 사고, 기억이 조작된 무리이다. 이러한 콤플렉스의 현상을 융은 '무의식적 자율성'이라고 하였다. 이는 인간의 무의식 속에 있는 특정 감정으로 이루어진 관념 덩어리, 행동적 충동을 의미하며, 자립적이고 강한 추진력을 가지고 있어 우리의 생각과 행동을 매우 강력하게 지배한다. 콤플렉스는 개인 무의식에 많은 기억이 쌓여가는 과정에서 생겨나는 것으로 반드시 열등감과 관련되어 있다고 볼 수는 없다. 콤플렉스는 인간의 희로애락 모두와 관련되어 영감이나 충동의 근원으로도 작용한다. 이것을 외모나 성격 등의 콤플렉스를 예를 들지만 융은 콤플렉스를 의식화하는 것이 인격성숙의 과제라고 하였다.

(5) 개성화

개성화는 많은 경험을 통해 자신에 대한 의식을 증가시키며 자아를 고도화 한다. 융은 인간의 이상적 발달은 더욱 강하고 구조화가 잘 된 자아라고 하였으며 개인의 의식이 타인으로부터 분화되어 가는 과정을 「개성화」라고 하였다. 한마디로 개성화란 고유한 자기 자신이 되는 과정을 말한다. 개성화된 인간의 특징은 최고 수준의 자기인식과 자기수용, 자아통합, 자기표현 그리고 보편적 성격을 갖게 된다. 이와 함께 개성화된 인간은 심리적으로 성숙하고 건강하며 온전한 인간성에 도달할 수 있게 된다. 따라서 융의 개성화란 완전함이 아니라 온전해지는 것임을 말한다.

(6) 내향성과 외향성

융은 자아 성향 즉 태도와 정신기능을 근거로 성격의 유형을 외향성과 내향성으로 분류하였다. 자아 성향이란 삶에 대한 일반적인 태도로서 자아가 갖는 에너지의 방향이다. 외향성이란 자아가 외부세상에 지향하는 방향이 능동적인 경우를 말한다. 따라서 외향성과 내향성은 태어날 때부터 결정되며 인간에게는 누구나 이 두 가지의 태도가 성격 안에 함께 있다. 하지만 보통 하나가 우세하여 의식되는 반면 하나는 무의식 속에 있게 된다. 즉 어느 한쪽의 상대적 우세가 그 유형을 결정하는 것이다. 이러한 융의 성격유형론을 기반으로 후에 마이어스와 브릭스(Myers-Briggs)는 융의 태도와 기능을 추가하고, 생활양식 차원인 판단과정(judgement)과 인식과정(perception)을 추가하여 총 16가지의 성격유형으로 나누었다.

융의 심리적 태도와 기능을 조합하여 구성한 심리적 유형은 MBTI(Myers-Briggs Type Indicator)의 기초가 되었다. 성격측정 도구인 MBTI(Myers-Briggs Type Indicator) 검사는 저마다 다르지만 어떤 공통된 특징에 따라 묶을 수 있다는 전제를 가지고 네 가지 척도에 근거하여 총 16가지의 성격유형으로 나눈 것이다(김정택 외, 1991). MBTI의 네 가지 선호경향과 선호지표의 대표적 표현들을 그림으로 나타내면 다음 그림 2-4-2와 그림 2-4-3과 같다.

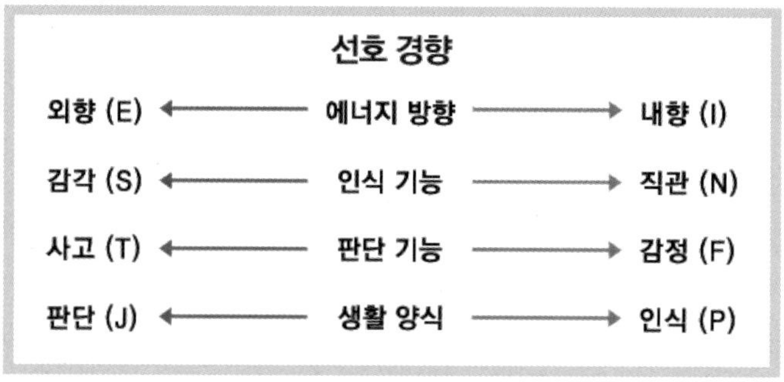

그림 2-4-2 MBTI 네 가지 선호경향

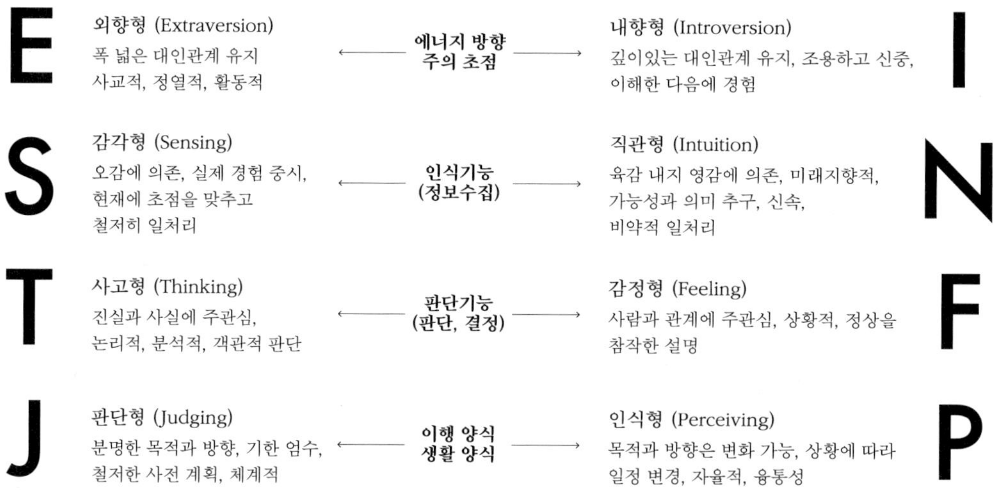

그림 2-4-3 MBTI 네 가지 선호지표의 대표적 표현들

4) 발달단계

① 성인 초기는 외적으로 팽창하는 시기이며 자아발달과 외부세계에 대처하는 역량이 발휘되는 시기이다.

② 40세 이후는 좀 더 자신의 내면에 초점을 두는 시기로 완전성의 상징인 자기 이미지의 만남이 이루어진다.

③ 중년기 이후는 여성의 남성성과 남성의 여성성이 나타나는 시기이며 중년 부부의 갈등이 나타나기도 한다.

④ 노년기에는 죽음 앞에서 내세관을 가지며 생의 본질을 이해하려는 시기이다.

사회복지사가 자신과 클라이언트를 이해하기 위해 활용하는 MBTI(Myers-Briggs Type Indicator)는 융의 심리적 유형에 근거하여 만들어졌으며 융의 8가지 심리적 유형은 다음 〈표 2-4-1〉과 같다(이부영, 2001).

〈표 2-4-1〉 융의 심리적 유형

유 형	내 용
외향적 사고 유형	이들은 세계를 탐구하는데 전력투구하는 형으로 자연현상의 이해, 자연법칙의 발견 등에 관심을 보이며 감정적 측면을 억압하므로 다른 사람에게 인간미가 없고 냉혹하며 오만하게 보일 수도 있고 과학자가 표본이라고 한다
내향적 사고 유형	내면적 세계에 대한 관심이 많지만 극단적일 때 이들의 내적 탐구는 현실성이 없게 되며, 이런 유형의 사람들은 완고하고 거만하게 보일 수 있고 철학자가 표본이라고 한다
외향적 감정 유형	사고보다는 감정을 우선시하는 유형으로 이 유형은 상황에 따라 빠르게 변하고 다른 사람에게 강한 애착을 보이기도 하지만, 변덕이 심하고 과시적 기분파로 보이기도 한다
내향적 감정 유형	자신의 감정을 잘 표현하지 않으며 말수가 적고 우울해 보이기도 하며 어떨 때는 침착하고 자신 있는 인상을 주기도 하지만, 접근하기 어렵고 독창적이고 깊은 감정이 감추어져 있다
외향적 감각 유형	현실적이고 실제적인 사실들을 파악하는데 관심을 보이며, 이 유형은 현실을 신중하게 생각하지 않고 있는 그대로 받아들이는 유형이다. 극단적인 쾌락주의나 삶을 진지하게 받아들이지 못하는 사람이 될 수도 있다

유 형	내 용
내향적 감각 유형	외부세계와는 거리를 두고 자신의 정신적 감각에 몰두하는 유형으로 이런 유형은 수동적이며 다른 사람에게 자신을 이해시키는데 어려움을 보인다. 어떤 때는 자제력이 있는 것 같지만 이는 외부세계에 무관심한 것으로 보인다
외향적 직관 유형	외부의 객관적 상황에서 새로운 사실을 파악하고자 하며 여기저기 관심이 많다. 흥미있는 일에만 관심을 가지고 장기간 끈기 있게 일을 하지 못하고 신뢰를 얻기가 어렵다
내향적 직관 유형	이 유형의 표본은 예술가들이며 이런 유형의 사람들은 자신의 직관에 따라 새로운 가능성을 찾지만, 다른 사람에게는 현실감이 부족하거나 이해할 수 없는 사람으로 보인다

5) 프로이트와 융의 이론의 차이점

융의 이론은 현대 심리학뿐만 아니라 정신의학, 철학, 종교학 등을 비롯한 다양한 학문 분야의 발전에 이바지하였다. 하지만 개념이 너무 어려워 이해하기가 쉽지 않으며 프로이트 이론과 마찬가지로 환자의 치료과정에서 나타난 경험적 자료를 바탕으로 한 것이기 때문에 과학적인 검증이 어렵다. 프로이트의 무의식을 더욱 심화하고 확대한 이 이론은 프로이트의 이론에 기반을 두었고 프로이트와는 다른 학문적 견해를 가지고 있다는 점에서 그에 대한 차이점을 이해할 필요가 있다.

〈표 2-4-2〉 프로이트와 융의 이론의 차이점

구 분	프로이트의 정신분석이론	융의 분석적 심리이론
리비도	성의 역할 강조	성의 역할을 최소화하고 리비도를 특정한 충동과 결부시키지 말고 보편적인 정신적 에너지로 볼 것을 제안
무의식의 이해	무의식을 전의식, 무의식으로 파악	무의식을 개인무의식, 집단무의식으로 구분. 프로이트의 무의식은 개인무의식으로 간주

구 분	프로이트의 정신분석이론	융의 분석적 심리이론
인간관	무의식적인 동기, 생애 초기 5년간 전개된 인간의 성적 충동, 공격적 충동이 인간행동의 강력한 결정요인임	의식과 무의식을 통합하는 개별화 과정을 통해 인간의 총체성이 이루어지며 개인적이고 사회문화적 원형이 갖는 힘의 상호작용을 중시
발달단계	청소년기에서 5단계 성격발달 단계를 제시, 어린시절 경험이 무의식에 남아 평생을 좌우한다는 결정론적 관점	노년기까지 4단계 성격발달 단계를 제시. 성격발달이 후천적 변화라고 봄
주요개념	의식, 전의식, 무의식, 원초아, 자아, 초자아, 불안, 심리성적 발달단계	자아, 콤플렉스, 집단무의식, 페르소나

Review

제2부 인간행동과 주요이론

제2장 행동주의이론

Preview

조건화 | 무조건 자극 | 무조건 반응 | 중립 자극 | 조건 자극 | 조건 반응 | 반응행동 | 조작행동 | 강화 | 처벌 | 일반화 | 변별 | 변별자극 | 소거 | 자발적 회복 | 강화계획 | 행동조성 | 행동수정 | 자기강화 | 관찰학습 | 자기효능감 | 자기규제

행동주의이론

행동주의이론에서는 인간행동은 학습의 산물이며 학습을 통해 행동의 수정이 가능하다고 가정한다. 관찰 가능한 인간의 외현적인 행동에 초점을 두고 외부 환경의 변화에 의해 새로운 행동이 학습되는 원리를 제시한다. 파블로프는 선행 자극을 통해 새로운 행동이 학습된다고 주장하였고 스키너는 행동에 뒤따르는 결과를 통해 새로운 행동이 학습된다고 주장하였다. 파블로프와 스키너가 환경에 의해 학습되는 인간이라는 수동적 인간관을 공유하는 반면에 반두라는 환경에 의해 결정되기보다는 환경과의 상호작용 속에서 스스로 학습할 수 있다는 능동적 인간관을 보인다. 반두라는 인간행동이 단순한 환경 자극에 대한 반응이 아니라 관찰을 통한 학습이라 주장하였다. 이 장에서는 파블로프의 고전적 조건화, 스키너의 조작적 조건화, 반두라의 대리적 조건화를 중심으로 행동주의이론을 살펴보고 새로운 행동의 학습원리가 어떻게 다른지 그 차이를 알아보고자 한다.

1. 파블로프의 고전적 조건화

1) 파블로프(Pavlov, 1849-1936)의 생애

파블로프는 1849년 러시아의 랴잔(Ryazan)에서 태어나 1879년 상트페테르부르크

(Saint Petersburg) 국립대학교에서 화학 및 생리학을 전공하고 이후 임피리얼 의학 아카데미에 진학하여 의사면허를 취득하였다(Stig Lundqvist, 1998). 1890년 임피리얼 의학 아카데미의 생리학 교수로 임명된 파블로프는 동물을 대상으로 외과적인 실험을 진행하였고 1890년부터 1930년까지 소화의 분비활성에 관한 연구에 몰두하였다. 이때 '조건반사'라는 개념을 개의 실험을 통해 입증하였고 고전적 조건화의 기틀을 마련하였다. 인간의 행동을 신경계와 연관 짓는 선구적인 연구를 수행하면서 조건반사에 대한 법칙을 공식화하고 뇌신경계통과 소화계통이 연결되어 있음을 보여준 파블로프는 그 연구업적을 인정받아 1904년 노벨 생리의학상을 수상하였다. 파블로프는 1930년 이후 자신의 법칙들을 인간의 정신이상을 설명하고 적용하는데 전념하였고 이는 정신병 환자를 치료하기 위한 효과적인 환경을 마련하는 데 기초가 되었다. 실험을 과학적 진리를 발견하는 유일한 힘으로 여긴 파블로프는 사망 일주일 전까지 실험실에서 열정적인 연구를 진행할 정도로 자신에게 엄격하고 성실하고 학구적인 사람이었다. 그리고 실험주의자였다. 파블로프의 업적은 행동의 과학적 분석에 기초를 제공했고 심리학에서 행동주의를 다루게 된 계기가 되었다.

2) 고전적 조건화의 원리

고전적 조건화는 러시아의 생리학자인 파블로프(Pavlov)에 의해 우연히 발견되었다. 동물을 대상으로 소화의 분비 활성에 관한 연구를 시작한 파블로프는 먹이에 대한 반응으로 개의 타액 분비를 관찰하다 개가 앞에 놓인 먹이에 반응하여 침을 흘리는 것이 아니라 먹이를 가져다주는 실험자의 발소리에 반응하여 침을 흘린다는 사실을 알아냈고 이를 토대로 고전적 조건화 실험을 통해 자극과 자극의 결합을 통해 새로운 행동을 유발할 수 있음을 증명해 냈다.

'파블로프의 개' 실험으로 유명한 고전적 조건화 실험은 개가 중립 자극인 종소리에 반응하도록 조건화되는 과정을 관찰한 것으로 실험을 통해 원래의 반응과 관계가 없는 중립 자극이 무조건 자극과 연합하여 반복적으로 제시되면 중립 자극은 조건 자극으로 변화되고 이에 무조건 자극에 의해서 선천적으로 유발되는 무조건 반응이 아니라 조건

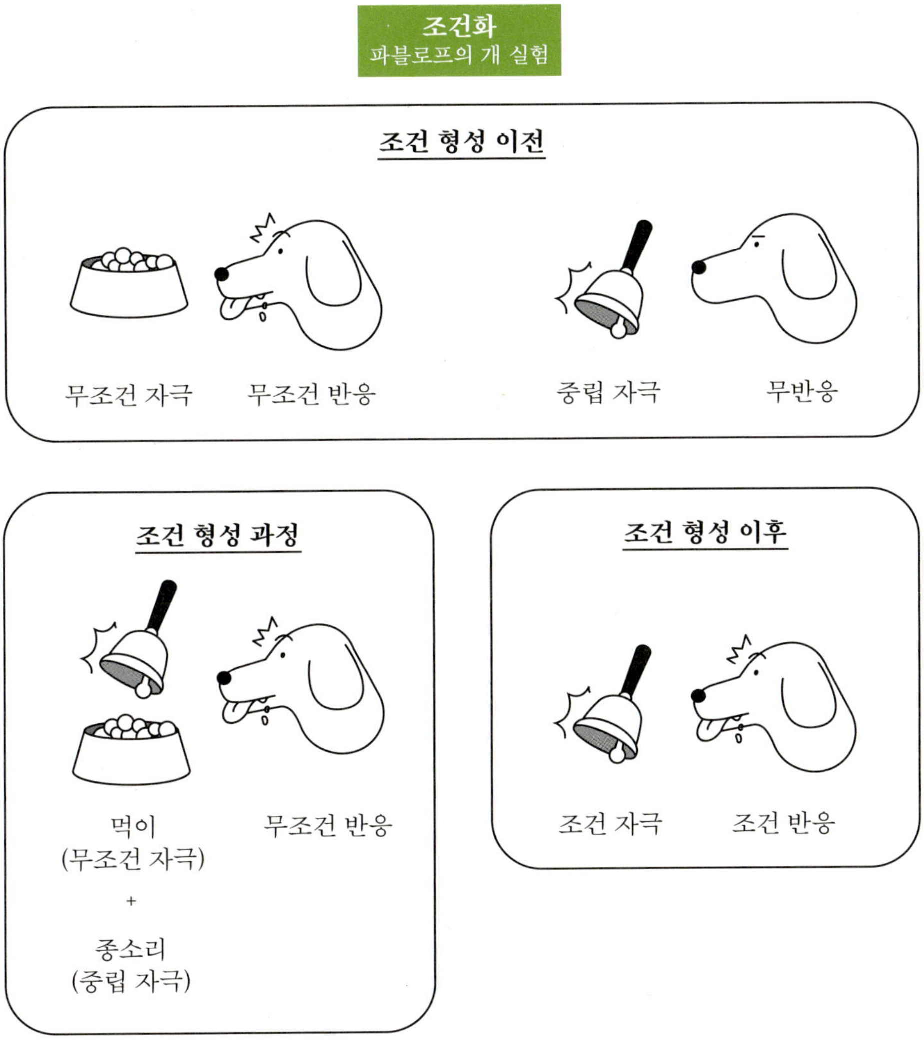

그림 2-2-1 파블로프의 고전적 조건화 사례

반응을 일으킨다는 고전적 조건화의 원리를 설명했다.

파블로프의 실험에 따르면 개에게 먹이를 주면 침을 흘리게 되는데 개에게 먹이를 줄 때 종소리를 울리고 먹이를 주는 과정을 몇 차례 반복하면 나중에는 먹이 없이 종소리만 들려주어도 개가 침을 흘리기 시작했다. 이러한 과정을 고전적 조건화라 하며 여기서 먹이는 무조건 자극, 침은 무조건 반응, 종소리는 중립 자극이라 할 수 있다. 반응과 관계없는 중립 자극을 무조건 자극과 연합시켜 반복적으로 제시하게 되면 중립 자

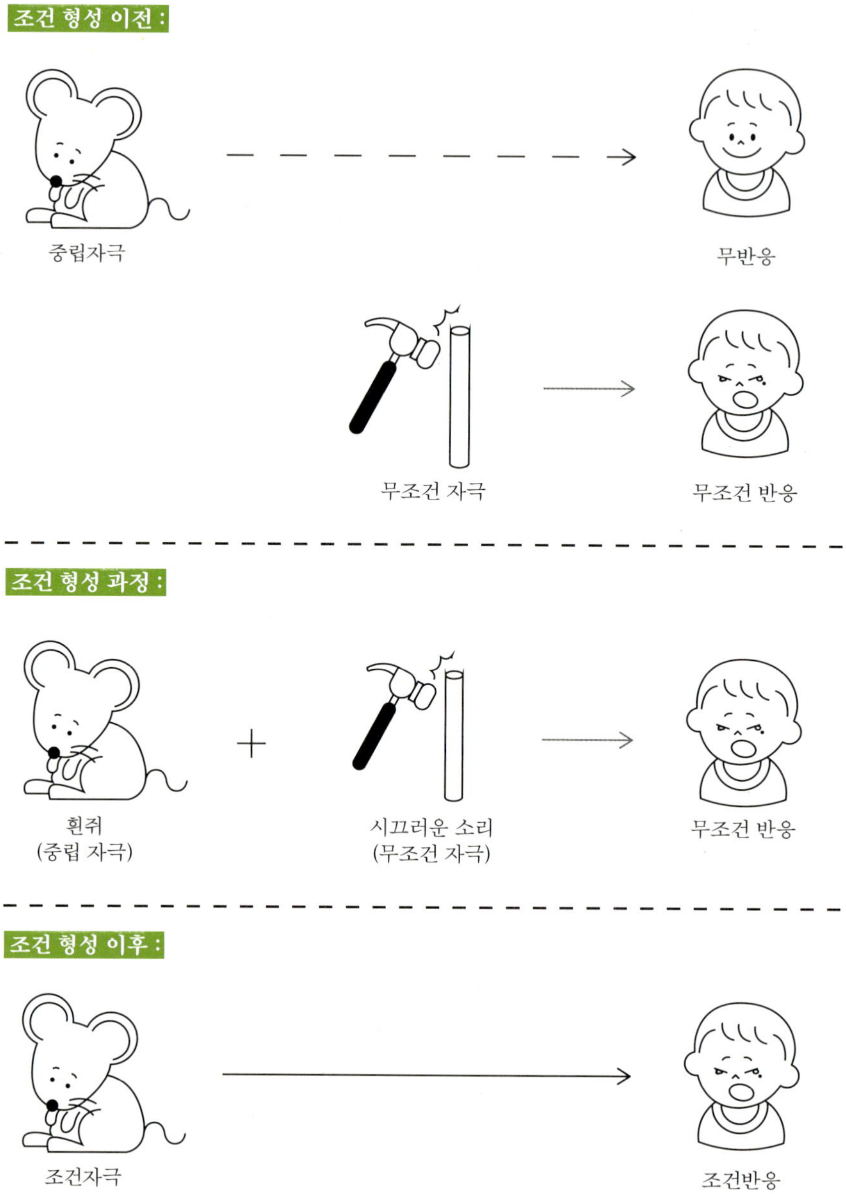

그림 2-2-2 왓슨과 레이너의 고전적 조건화 사례

극인 종소리는 조건 자극으로 변하게 되고 이때 흘리는 침은 조건 반응이 된다.

고전적 조건화를 위해서는 무조건 자극에 대해 무조건 반응이 나타나야 하고 무조건 반응을 일으키는 무조건 자극은 또 다른 자극인 중립 자극과 연합되어 제시되어야 한다(Carver et al., 2004). 파블로프의 실험 역시 개가 먹이를 볼 때 침을 흘리는 것은 배우지 않아도 되는 것이라는 생각에서 출발했고 학습이 필요하지 않은 자극(무조건 자극)과 반응(무조건 반응) 사이에 다른 자극(중립 자극)을 제시하여 자극과 자극 사이의 연관성을 만들어 새로운 자극(중립 자극 → 조건 자극)에 대해 동일한 반응(무조건 반응 → 조건 반응)을 가져오도록 조건화할 수 있다는 것을 발견하였다(Pavlov, 1928). 중립 자극이 조건 자극으로 변화되어 조건 반응이 유발되는 것이 고전적 조건화의 원리이며 이때 조건 반응은 선행 자극을 통해 유발된 새로운 행동이며 학습된 반응이다.

고전적 조건화가 인간에게도 적용된다는 것을 보여준 사례가 바로 왓슨(Watson)과 레이너(Rayner)의 '리틀 앨버트' 실험이다. 왓슨과 레이너는 아이에게 선천적으로 타고난 기질은 없다고 보았으며 아이의 정서반응은 자극과 반응의 연관성을 학습한 결과임을 증명하기 위한 관찰을 하였다.

인간의 정서가 고전적 조건화에 의해 형성될 수 있음을 보여주기 위한 '리틀 앨버트' 실험에 따르면 흰쥐에 대한 공포감을 드러내지 않는 앨버트(Albert)라는 아기가 갑작스럽고 시끄러운 소리에 울음을 터뜨린다는 것을 알게 되었고 앨버트가 생후 11개월이 되었을 때 흰쥐를 보여주면서 동시에 큰 소리를 들려주는 과정을 몇 차례 반복하니 나중에는 흰쥐만 보여주어도 울음을 터뜨리게 되었다(Watson et al., 1920). 여기서 큰소리는 무조건 자극, 울음은 무조건 반응, 흰쥐는 중립 자극이고 중립 자극인 흰쥐가 무조건 자극인 큰소리와 연합되어 조건화된 결과 조건 자극으로 변화되어 조건 반응을 일으키도록 한 것이다. 즉 인간행동은 자극들이 연합되어 조건화된 결과임을 확인하였다. 고전적 조건화 원리를 토대로 왓슨은 인간의 성장과 발달에 있어 환경의 중요성을 강조하였고 인간은 성장 과정에서 끊임없이 자극에 대한 반응을 발달시켜간다고 보았다.

3) 고전적 조건화의 주요 개념

(1) 고전적 조건화의 기본요소

무조건 자극(Unconditioned Stimulus: UCS)

조건화(학습)되지 않아도 선천적으로 자연스러운 반응을 유발하는 자극으로 파블로프 실험에서의 먹이, 왓슨 실험에서의 큰소리, 무릎에 타격을 가하는 것 등이 여기에 해당한다.

무조건 반응(Unconditioned Response: UCR)

조건화(학습)되지 않아도 무조건 자극에 대해 선천적으로 자연스럽게 나타나는 반응으로 파블로프 실험에서의 개가 흘리는 침, 왓슨 실험에서의 울음, 무릎에 타격을 가했을 때 나타나는 근육 수축 등이 여기에 해당한다.

중립 자극(Neutral Stimulus: NS)

특정한 반응을 유발하지 않는 자극으로 파블로프 실험에서의 종소리, 왓슨 실험에서의 흰쥐 등이 여기에 해당한다.

조건 자극(Conditioned Stimulus: CS)

원래는 중립 자극이었으나 무조건 자극과 반복적으로 연합한 결과 무조건 자극이 없이도 조건반사를 유발하는 조건화(학습)된 자극을 의미한다. 파블로프 실험에서의 종소리, 왓슨 실험에서의 흰쥐 등이 조건화가 형성되면 중립 자극에서 조건 자극으로 변화하는 것이다.

조건 반응(Conditioned Response: CR)

조건 자극에 대해 나타나는 조건화(학습)된 반응으로 파블로프 실험에서 먹이 없이 종소리만으로도 흘리는 침, 왓슨 실험에서 큰소리 없이 흰쥐만으로도 터뜨리는 울음 등이 여기에 해당한다.

(2) 일반화

일반화(generalization)는 특정 상황에서 나타났던 행동이 비슷한 상황에서도 연속적으로 나타난다는 것으로 조건화가 형성되면 조건 자극과 유사한 자극에도 조건 반응이 유발된다는 것을 의미한다. 예를 들어 조건화를 통해 특정 향수에 대한 설레임이 학습되면 특정 향수를 사용하는 낯선 사람에게 설레임을 느끼게 된다는 것이다. 이때 향수라는 자극이 낯선 사람에게까지 일반화된 것이다. 혹은 성폭행 피해자가 가해자와 비슷한 인상착의의 다른 사람에게 수치심이나 분노를 느끼는 경우도 일반화에 해당한다. 실제로 왓슨의 실험에서 조건화가 형성된 이후 앨버트가 흰쥐 외에도 쥐와 유사한 특성을 가지는 물체에 대해 공포증을 앓게 되었음을 발견했다(Watson et al., 1920). 이처럼 일반화는 조건화(학습)되지 않은 상황에서의 인간행동을 이해할 수 있게 해준다.

(3) 변별

변별(discrimination)이란 일반화와 반대되는 개념으로 조건화가 형성되는 초기에는 조건 자극과 유사한 자극에도 조건 반응이 나타나지만 점차 변별력이 생겨 다양한 자극에 대해 적절히 구별된 반응을 보이는 것을 의미한다. 예를 들어 치과 병원에서 사용되는 드릴 소리에 공포심이 조건화되면 처음에는 일반적인 드릴 소리에도 공포심을 느끼지만 드릴의 종류에 대한 변별이 생기면 일반적인 드릴에 대해 더 이상 공포심을 느끼지 않게 되는 것이다. 실제로 파블로프는 또 다른 실험에서 개에게 먹이를 줄 때 빛나는 원을 함께 보여주고 먹이를 주는 과정을 반복하여 조건화를 형성했다. 이후 개에게 먹이를 줄 때 원을 보여주고 먹이를 주는 것과 타원을 보여주고 먹이를 주지 않는 것을 무작위로 제시했다. 처음에는 원과 타원 모두에 침(일반화)을 흘렸으나 지속적으로 무작위 제시를 반복한 결과 개는 원과 타원을 구별하여 타원에는 침을 흘리지 않게 되었음(변별)을 확인했다(김옥주, 1992). 인간은 일상에서 다양한 환경 자극에 끊임없이 노출되는데 이러한 변별을 통해 유사한 자극들에 대해 일반화하지 않고 차별화된 반응을 보이고 환경에 조화롭게 대처할 수 있게 되는 것이다.

(4) 소거

조건화가 형성되었다고 해서 해당 반응이 영원히 지속되는 것은 아니다. 무조건 자극-중립 자극 연합이 확립된 후 무조건 자극 없이 조건 자극만 반복적으로 제시된다면 조건 자극에 대한 조건 반응이 점차 약하게 나타나거나 나타나지 않게 되는데 이를 소거(extinction)라 한다. 예를 들어 실연의 상처를 안긴 헤어진 연인과 직장 동료로 다시 만나 함께 일하다 보니 처음에는 아픔이 되새겨졌으나 점차 무덤덤해지는 것을 느끼게 되는 것이다. 만약 파블로프의 실험에서 종소리가 조건 자극이 되었으나 이후에 먹이 없이 종소리만 반복해서 제시되면 결국 그 효과가 줄어들게 되어 조건 반응이 나타나지 않게 되는 것이다(최옥채 외, 2021). 즉 소거를 통해 특정 행동의 빈도를 줄일 수 있고 조건화된 행동에 변화를 가져올 수 있다. 이는 공포증 개입에 활용되어 체계적 둔감법이라는 행동수정 기법을 발달시키게 되었다.

(5) 자발적 회복

일시적으로 소거가 나타난다고 해도 무조건 자극을 다시 제시하면 소거된 반응이 다시 나타나게 되는데 이를 자발적 회복(spontaneous recovery)이라 한다. 이러한 자발적 회복이 나타난 이후에 원래의 자극 연합(무조건 자극과 조건 자극)을 반복해서 다시 제시한다면 조건 반응은 원래의 강도로 나타난다. 이를 재조건화(reconditioning)라고 하며 처음 자극 연합을 통해 조건화되던 상황보다 더 빨리 조건 반응이 나타나게 된다(이종복 외, 2007). 파블로프의 실험에서 조건화된 개에게 종소리만 들려주고 먹이를 주지 않는다면 종소리만으로 침을 흘리는 행동이 점차 사라지게 되고 이렇게 소거된 이후 다시 종소리를 들려주고 먹이를 준다면 이전보다 빠르게 종소리만 듣고 침을 흘리게 된다. 한편 자발적 회복은 또다시 소거 절차를 반복하면 금세 다시 사라지게 된다.

보충자료

어두운 길을 두려워하나요?
특정 생각이나 감정을 특정 노래와 연관 시키나요?
레몬, 단지 그림만으로도 신맛이 떠오르나요?
어떤 사람에게서 특정 향기가 떠오르나요?

선천적일까? 조건화된 것일까?

Review

2. 스키너의 조작적 조건화

1) 스키너(Skinner, 1904-1990)의 생애

스키너는 1904년 미국의 펜실베이니아(Pennsylvania)에서 태어나 작가가 되고 싶어 1922년 영문학 전공으로 해밀턴(Hamilton) 대학교에 입학하였으나 졸업 후 왓슨(Watson)의 행동주의와 파블로프의 업적에 대해 자극을 받아 문학에서 심리학으로 진로를 전환하였다(Ryckman, 2004). 1928년 하버드(Harvard) 대학교 대학원에 진학하여 심리학을 전공해 1931년 박사학위를 취득하였고 이후 연구원으로 하버드에 남아 '스키너의 상자'로 알려진 자신이 고안한 장치를 가지고 학습에 관한 실험을 하였다. 1936년부터는 미네소타(Minnesota) 대학에서 강의를 하며 1938년 『The Behavior of Organisms(유기체의 행동)』을 집필하였고 행동의 실험분석에 대한 독창적인 연구로 그는 행동주의 학파의 선구자적 위치를 구축하였다. 1945년부터 인디애나(Indiana) 대학교, 1948년부터 하버드(Harvard) 대학교의 심리학과 교수로 재직하며 연구와 이론 정립에 힘썼다. 문학에 대한 관심을 버리지 않은 스키너는 행동주의 이론을 바탕으로 유토피아적인 사회를 그린 『Walden Two(월든 투)』라는 소설을 1948년 저술하기도 하였다. 1953년에는 『Science and Human Behavior(과학과 인간행동)』를 출판하였는데 이 연구가 행동치료와 응용행동분석의 토대가 되었다. 그리고 1974년 『About Behaviorism(행동주의에 관하여)』을 출간하였다. 스키너는 20세기의 가장 영향력 있는 심리학자 중 한 명으로 심리학 분야에서 많은 상을 수상하였고 1974년 70세의 나이로 은퇴하였지만 사망할 때까지 연구에 참여하고 집필하였다.

2) 스키너 이론의 기본 관점

(1) 인간관

스키너(Skinner)는 인간의 행동이 내적 동기보다 외적 자극에 의해 동기화된다고 보았다. 스키너의 경우 인간은 보상과 처벌을 따르는 기계적인 존재이고 모든 인간의 행동은 법칙적으로 결정된다는 기계론적 환경결정론을 따랐다. 때문에 자율적 인간관을 부정하고 인간의 자기결정과 자유가능성을 배제하였다. 즉 인간은 목적을 가지고 자유의지로 행동하는 존재가 아니라 외부 환경에 의해 행동을 습득한다고 보았다. 스키너는 인간행동에 대해 과학적으로 접근하였고 인간의 행동에는 일정한 법칙이 있으므로 예측가능하고 통제할 수 있다고 주장하였다. 이러한 과학적 법칙에 따라 객관적으로 관찰 가능한 외적 자극과 반응의 관계로 인간행동을 설명하고자 하였다.

따라서 스키너는 인간행동을 설명하기 위해 인간의 내면세계를 연구하거나 논의하는 것은 불필요하다고 보았고 환경이 아닌 개인의 동기, 욕구, 갈등, 감정 등은 인간행동을 이해하고 설명하는데 도움을 주지 못 한다고 보았다. 이러한 맥락에서 스키너는 인간행동에 대한 생물학적·유전적 설명을 거부하였다. 생물학적·유전적인 요인이 인간의 행동에 미치는 영향을 완전히 부정하는 것은 아니지만 이는 인간이 어찌할 수 없는 일이므로 이를 강조하는 것은 무의미하다고 보았다(Hjelle et al., 1992). 즉 인간의 행동을 이해하기 위해서는 개인에게 영향을 미치는 환경과 그 환경에 의해 나타나는 반응 사이의 일정한 법칙성을 발견하는 것이 중요하다고 보았다.

(2) 성격 및 행동발달에 대한 관점

스키너에게 있어 인간의 성격은 개인이 지니고 있는 행동유형의 집합이며, 한 개인의 행동과 그 행동에 따른 강화 간의 관계 유형이다. '자극-반응'이라는 학습원칙은 누구에게나 동일하게 적용되지만 자극이 되는 환경적 조건이 개인의 생물학적·유전적 요인과 결합하여 개인의 행동유형을 형성한다고 보았기 때문에 인간의 행동유형은 각기 다르다고 보았다. 즉 강화된 행동은 습관이 되고 이 습관이 성격의 일부가 된다고 보았으며 이때 강화된 행동은 일반화와 변별이 적절하게 발달한 결과로 성격을 형성한다고 보았다.

(3) 인간행동에 대한 기본가정

스키너는 인간행동은 환경적 자극에 의해 동기화되고 특정 행동 뒤에 따르는 강화와 처벌에 의해 인간의 행동이 결정된다고 보았다. 인간의 행동은 특정 행동 이전에 일어나는 사건인 선행사건과 특정 행동에 뒤이어 일어나는 사건인 결과에 의해 결정된

그림 2-2-3 ABC 패러다임

다고 본다. 즉 선행사건(Antecedents: A)에 대해 취하는 특정 행동(Behavior: B)에 대한 결과(Consequences: C)로 뒤따르는 강화나 처벌에 의해 그 특정 행동이 다시 일어나거나 일어나지 않는데 영향을 받는다는 것이다. 이러한 인간행동에 대한 기본가정을 ABC 패러다임이라고 하며 인간의 행동을 증가시키거나 감소시키는 원리는 그 행동에 뒤따르는 결과에 있다는 것을 보여준다(서혜석 외, 2009).

3) 조작적 조건화의 원리

(1) 반응행동과 조작행동

스키너는 조건 자극이 조건 반응을 유발한다는 고전적 조건화를 인정하면서도 인간 행동이 단순히 선행 자극에 대해 조건화된 반사적 반응만은 아니라고 생각했다. 오히려 인간의 중요하고 복잡한 행동의 대부분은 그 행동을 했을 때 나타난 결과에 따라 선택된 반응으로 이해했다(Schultz et al., 1994). 이에 스키너는 인간의 행동을 반응행동과 조작행동으로 분류하여 사용하였다.

반응행동(respondent behavior)은 자극에 대한 자동적인 반응으로 스키너는 파블로프의 고전적 조건화는 이러한 반응행동의 조건화에 국한된다고 보았다. 반응행동은 이미 알려진 자극에 의해 유발되는 자동적 반응으로 침을 흘리는 행동이나 무릎 반사 등이 여기에 속하며 자극이 반응행동보다 먼저 나타나게 된다.

조작행동(operant behavior)은 자극으로 인해 자동적으로 유발된 반응행동과 달리 스스로 선택하여 취하는 행동이다. 조작행동은 조작적 조건화에 의해 습득된 행동을 의미하며 스스로 행동을 일으키고 행동이 일어난 후의 결과에 초점을 두고 유기체가 원하는 결과를 얻기 위해 자발적으로 선택한 행동이다. 예를 들어 아이가 엘리베이터에서 이웃을 만났을 때(선행사건) 이웃에게 인사를 하자(행동) 부모가 칭찬해 주었더니(결과) 아이는 다음에도 이웃을 만났을 때 공손히 먼저 인사를 한다는 것이다. 이때 아이가 공손하게 먼저 인사를 건네게 된 것은 부모의 칭찬으로 학습된 행동이라 할 수 있으며 자기도 모르게 자동적으로 인사를 한 것이 아니라 의식적으로 인사하는 것을 선택했다. 이러한 행동이 조작행동에 해당한다.

(2) 조작적 조건화의 개념

스키너는 인간의 행동은 그 행동의 결과에 따라 변화한다고 보고 인간행동이 학습의 산물이며 학습을 통해 수정 가능하다고 보았다. 파블로프의 고전적 조건화는 행동보다 먼저 제시되는 조건에 초점을 두고 반응행동의 조건화 원리를 설명했다면 스키너의 조작적 조건화는 행동이 일어난 후의 결과에 초점을 두고 조작행동의 조건화 원리를 설명했다.

인간의 행동이 그 행동에 뒤따르는 결과에 따라 증가하기도 하고 감소하기도 하는 것으로 보고 특정 행동의 발생비율을 증가시키거나 감소시키는 것을 조작적 조건화라 한다. 학습되는 인간에 초점을 두고 특정 행동의 결과가 유익하다면 그 행동이 재현될 가능성이 높아지고 고통스럽거나 도움이 되지 않는다면 그 행동이 재현될 가능성은 낮아지는 것이다. 즉 조작적 조건화는 행동의 반응 비율에 영향을 미치도록 하는 절차이다.

스키너는 자신의 이론을 증명하기 위해 '스키너 상자'라고 이름 붙인 작은 실험실 장치를 만들어 실험하였다. 스키너 상자는 외부 환경으로부터 유기체를 격리시키는 작은 상자로 실험 변수와 동물의 종류에 따라 디자인이 달라지는데 일반적으로 한쪽에 지렛대가 있어 이 지렛대를 누르면 먹이가 공급되거나 차단된다. 이 외에도 바닥에 전류가 통하도록 되어 있거나 조명, 소리 등과 같은 변수가 포함되기도 한다. 이 역시 지렛대를 누르면 공급되거나 차단된다. 스키너 상자는 유기체가 다른 자극을 경험하지 못하도록 엄격히 통제된 환경에서 유기체의 행동을 연구하기 위한 실험 도구이다(Boulay, 2019).

스키너 상자

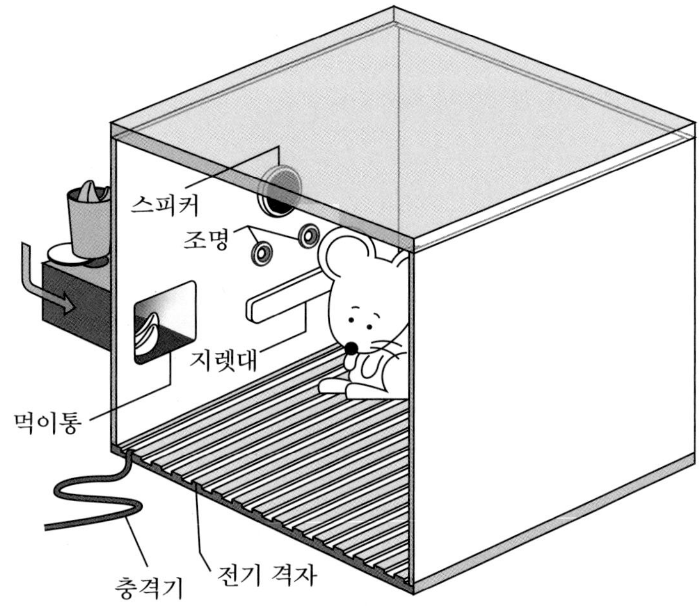

그림 2-2-4 스키너 상자

스키너는 스키너 상자를 활용해 보상과 처벌에 따른 행동의 반응 비율에 대해 실험하였고 이 실험을 통해 유기체가 환경에 스스로 작용함으로써 원하는 결과를 생성해 내는 조작을 발견했다. 스키너의 실험에 따르면 배고픈 쥐가 상자 안을 돌아다니다 우연히 지렛대를 누르게 되고 그 결과로 먹이를 보상받게 되면 시간이 지남에 따라 지렛대를 더욱 자주 누르게 된다. 반대로 배고픈 쥐가 상자 안을 돌아다니다 우연히 지렛대를 누르게 되었을 때 그 결과로 바닥에 전류가 흘러 충격이 가해지는 처벌을 받게 되면 쥐는 지렛대를 점차 누르지 않게 된다. 이러한 과정을 조작적 조건화라 한다. 반응에 대한 결과가 긍정적이면 그 행동은 빈번해지고 반응에 대한 결과가 부정적이면 그 행동은 점차 감소하다 사라지게 된다. 이때의 반응은 조작행동이 되고 조작적 조건화에 의해 학습된 반응이다.

인간은 환경 속에서 스스로 반응양식을 습득하고 동일한 조건에서 강화된 행동은 반복되지만 강화되지 않거나 처벌받은 행동은 반복되지 않거나 소거되는 경향을 보이게 된다. 이를 조작적 조건화라 한다. 고전적 조건화에서 반응행동의 발생 원인이 행동 이전의 자극이라면 조작적 조건화에서는 행동 이후의 강화물이 조작행동의 발생 원인이 된다. 또한 고전적 조건화에서 행동의 근거가 무의식적 반응이라면 조작적 조건화에서는 의식적인 통제가 행동의 근거가 된다(이근홍, 2019).

4) 조작적 조건화의 주요 개념

(1) 조작적 조건화의 기본요소

강화

스키너의 조작적 조건화의 핵심 원리는 강화(reinforcement)이다. 특정 행동을 했을 때 뒤따르는 결과가 그 행동의 빈도를 증가시키는 것을 강화라 한다. 강화에는 정적 강화와 부적 강화가 있으며 두 가지 강화 모두 반응의 빈도를 증가시킨다. 정적 강화는 유쾌한 자극을 제시함으로써 반응의 빈도를 증대시키는 것이고 부적 강화는 불쾌한 자극을 제거함으로써 반응의 빈도를 증대시키는 것이다. 예를 들어 스키너의 실험에서 배고픈 쥐가 지렛대를 누르는 행동을 했을 때 먹이를 공급하는 것으로 쥐가 지렛대를 누르는 행동이 강화되는데 이것이 정적 강화이다. 한편 스키너의 실험에서 스키너 상자 바닥에 전류가 흐르도록 한 뒤 쥐가 지렛대를 누르는 행동을 했을 때 전류를 차단하는 것으로 쥐가 지렛대를 누르는 행동이 강화되는데 이것이 부적 강화이다(이근홍, 2019).

정적 강화는 특정 행동에 대해 보상을 주는 것이고 부적 강화는 특정 행동을 통해 불쾌한 자극으로부터 회피할 수 있게 한다(이종복 외, 2007). 정적 강화를 위해 사용되는 보상을 강화물이라고 하는데 강화물에는 1차적 강화물과 2차적 강화물이 있다. 1차적 강화물이란 생물학적 욕구를 만족시키는 것과 같이 사회적 학습 없이도 그 자체로 강화의 힘을 갖는 강화물이다. 음식, 물, 잠 등과 같이 따로 배우지 않아도 태어날 때부터 그 자체로 좋은 것임을 알고 있는 것들이 1차적 강화물이다. 2차적 강화물이란 1차적 강화물과 연합하여 학습되거나 조건화된 강화물이다. 미소, 칭찬, 돈 등과 같이 태어날 때는 몰랐지만 사회적 경험을 통해 좋은 것임을 알게 된 것들이 2차적 강화물이다(Hayes et al., 1980).

처벌

강화와는 반대로 특정 행동을 했을 때 뒤따르는 결과가 그 행동의 빈도를 감소시키는 것을 처벌(punishment)이라 한다. 처벌에는 정적 처벌과 부적 처벌이 있으며 두 가지 처벌 모두 반응의 빈도를 감소시킨다. 정적 처벌은 불쾌한 자극을 제시함으로써 반응의 빈도를 감소시키는 것이고 부적 처벌은 유쾌한 자극을 제거함으로써 반응의 빈도를 감소시키는 것이다. 예를 들어 스키너의 실험에서 쥐가 지렛대를 누르는 행동을 했을 때 바닥에 전류가 흐르게 하는 것으로 쥐가 지렛대를 누르는 행동이 감소되는데 이것이 정적 처벌이다. 한편 스키너의 실험에서 스키너 상자에 일정한 간격으로 먹이를 공급하도록 한 다음 쥐가 지렛대를 누르는 행동을 했을 때 먹이 공급을 차단하는 것으로 쥐가 지렛대를 누르는 행동이 감소되는데 이것이 부적 처벌이다.

강화와 처벌에 있어 특정 행동에 뒤따르는 결과로 먹이 또는 전류와 같은 동일한 자극을 사용하더라도 강화는 유쾌한 자극을 제시하거나 불쾌한 자극을 제거하는 방식으로 행동을 증대시키고 처벌은 불쾌한 자극을 제시하거나 유쾌한 자극을 제거하는 방식으로 행동을 감소시킨다(Skinner, 1974). 처벌은 행동을 통제하는데 효과를 보이지만 지속적인 효과를 보기 어렵고 원치 않았던 부작용을 초래할 수 있다. 즉각적이고 일관성 있는 처벌은 잘못된 행동을 억제할 수 있으나 적절하고 바람직한 행동을 학습시키지는 못하고 처벌이 다른 자극과 연합되거나 모방 학습, 심지어 강화로 전환되어 바람직하지 못한 효과가 나타날 수 있다(박희숙 외, 2014). 이에 스키너는 강화를 최대화하고 처벌은 최소화하여 행동을 조절해야 한다고 보았다.

소거

조작적 조건화를 통해 강화된 행동은 강화물이 더 이상 뒤따르지 않는다면 점차 그 행동의 빈도가 줄어들거나 사라지게 되는 경향이 있다. 조건화된 행동이 사라지는 소거를 위해 '더 이상 강화하지 않는 전략'을 사용한다. 조건화에 사용된 강화물이 무엇인지 파악한 뒤 강화된 행동을 했을 때 더 이상 강화물이 뒤따르지 않도록 차단하는 것으로 그 행동을 소거한다(생각의 마을, 2019). 스키너의 실험에서 먹이 공급을 통해 쥐가 지렛대를 누르는 행동이 강화되는데 이렇게 조건화된 이후 쥐가 지렛대를 누르는 행동을 해도 더 이상 먹이가 공급되지 않으면 쥐는 점차 지렛대를 누르는 행동을 하지 않게 되는 것이다. 특정 행동의 빈도를 줄이는 방법으로 사용된다는 점은 처벌과 같지만 그 방법에 있어서는 차이가 있다. 처벌이 불쾌한 자극의 제시 또는 유쾌한 자극의 제거로 행동의 빈도를 감소시킨다면 소거는 강화를 중단함으로써 특정 행동의 빈도를 감소시키고 궁극적으로는 행동의 발생을 억제한다.

〈표 2-2-1〉 강화, 처벌, 소거의 비교

조작적 조건화 요소	적용 방법	행동의 발생
정적 강화	- 유쾌한 자극 제시 사례1. 안전벨트를 착용할 때(행동) 간식을 주면(결과) 안전벨트를 잘 착용하게 된다. 사례2. 동생을 잘 돌봤을 때(행동) 칭찬을 받으면(결과) 동생을 더 자주 돌보게 된다.	행동의 증가
부적 강화	- 불쾌한 자극 제거 사례1. 안전벨트를 착용할 때(행동) 시끄럽게 울리던 경고음이 멈춘다면(결과) 안전벨트를 잘 착용하게 된다. 사례2. 동생을 잘 돌봤을 때(행동) 반 청소를 면제해주면(결과) 동생을 더 자주 돌보게 된다.	행동의 증가
정적 처벌	- 불쾌한 자극 제시 사례1. 안전벨트를 착용하지 않았을 때(행동) 경고음이 시끄럽게 울린다면(결과) 안전벨트를 착용하지 않는 행동이 줄어들게 된다. 사례2. 동생과 싸웠을 때(행동) 야단을 맞으면(결과) 동생과 싸우는 행위를 줄이게 된다.	행동의 감소
부적 처벌	- 유쾌한 자극 제거 사례1. 안전벨트를 착용하지 않았을 때(행동) 간식을 압수하면(결과) 안전벨트를 착용하지 않는 행동이 줄어들게 된다. 사례2. 동생과 싸웠을 때(행동) 용돈을 압수하면(결과) 동생과 싸우는 행위를 줄이게 된다.	행동의 감소

조작적 조건화 요소	적용 방법	행동의 발생
소거	- 강화물 차단 사례1. 아이가 부모의 주의를 끌기 위해 투정 부리는 행동에 대해 무관심한 반응을 보이면 점차 투정 부리는 행동이 약화 되고 결국 투정 부리는 행동을 하지 않게 된다. 사례2. 넘어졌을 때 스스로 일어나지 않고 큰소리로 우는 아이에게 넘어졌을 때 일으켜주는 반응을 하지 않으면 결국 울음을 멈추고 혼자서 일어나게 된다.	행동의 억제

(2) 일반화와 변별, 변별자극

일반화

조작적 조건화를 통해 강화된 행동에 대해서도 일반화, 변별, 소거 등이 나타난다. 조작적 조건화를 통해 행동을 학습하게 되면 학습된 상황과 유사한 상황에서도 강화된 행동을 하기도 하고 학습된 상황에서 강화된 행동과 유사한 다른 행동을 하기도 하는데 이를 일반화라 한다. 즉 강화된 행위가 여타의 유사한 상황으로 확장되는 것이다. 이러한 일반화는 특정 자극이나 상황에서 강화된 행동이 유사한 다른 자극이나 상황에서도 하게 되는 자극 일반화와 특정 자극이나 상황에서 강화된 행동뿐만 아니라 유사한 다른 행동도 하게 되는 반응 일반화로 나눠진다(서혜석 외, 2009).

변별

일반화와 반대로 조작적 조건화를 통해 학습된 반응이 선택적으로 나타나기도 하는데 이를 변별이라 한다. 즉 강화된 행위가 학습된 상황과 유사한 조건일 때만 나타나는 것이다. 스키너는 인간이 살아가기 위해 일반화의 능력도 중요하지만 다양한 상황에 대한 변별 능력 역시 중요하다고 여겼고 강화된 행동에 대한 일반화와 변별의 결과로 성격이 발달한다고 보았다(Hjelle et al., 1992).

변별자극

변별자극(discriminative stimulus)은 특정 행동을 했을 때 보상이 이루어질 것인지 아닌지를 판단하게 해주는 단서가 되는 자극을 의미한다. 예를 들어 스키너의 실험에서 상자 안의 쥐가 지렛대를 누르는 행동에 대한 보상으로 먹이를 공급받는다고 할 때 상자 안에 불빛이라는 변수를 추가한다. 불이 켜져 있을 때 쥐가 지렛대를 누르는 행동을 하면 그 보상으로 먹이를 공급하고 불이 켜져 있지 않을 때 쥐가 지렛대를 누르는 행동을 하면 보상을 하지 않는다. 이 과정이 반복되면 결국 쥐는 불이 켜져 있을 때만 지렛대를 누르는 행동을 하게 된다(홍숙기, 2003). 이때 불빛은 변별자극이 되고 쥐는 불빛 여부에 따라 행동을 달리하게 된다. 불빛은 행동에 대한 보상 여부를 변별하게 해주는 단서가 되고 동일한 행동을 하더라도 변별자극을 통해 결과가 달라질 것을 예상할 수 있다. 즉 강화를 받을 수 있는 특정 상황에 대한 단서가 되는 변별자극을 통해 변별을 보이게 되는 것이다. 이처럼 변별자극 자체가 행동을 완전히 통제할 수 있는 것은 아니지만 변별자극을 통해 결과를 예측하게 하여 어떤 행동을 하는 것이 유리한지 판단할 수 있도록 한다.

〈표 2-2-2〉 일반화, 변별, 변별자극의 사례

개념	사례
자극 일반화	(자극의 확장) 할아버지에게 존댓말을 쓰고 칭찬받은 아이가 할머니나 다른 어른에게도 존댓말을 쓰게 되었다.
반응 일반화	(행동의 확장) 엄마의 심부름을 수행하고 칭찬받은 아이가 엄마의 설거지나 청소 등을 도와드리게 되었다.
변별	(자극에 따른 선택적 반응) 아빠의 차를 타도록 강화된 아이가 낯선 아저씨의 차는 타지 않는다.
변별자극	(변별의 신호) 엄마의 찡그린 표정이 처벌을 예상하게 하는 변별자극이라면 장난감을 망가뜨린 후 엄마의 표정을 살피게 된다. 이때 엄마가 찡그린 표정을 짓는다면 그 행동의 결과가 처벌임을 예측하게 된다.

(3) 강화계획

강화계획(reinforcement schedules)은 강화를 위해 사용되는 강화물을 어떤 방식으로 제시할지에 관한 계획을 말한다. 강화계획은 간격과 비율에 따라 연속적 강화계획과 간헐적 강화계획으로 구분된다. 연속적 강화계획은 행동이 나타날 때마다 일정하게 강화물을 제시하는 것으로 특정 행동을 빨리 나타나게 하고 강화하는 데 유용하다. 하지만 일상생활에서 매번 일정하게 강화물을 제시하는 것에는 어려움이 따르기 때문에 실용적이지 못 하다. 대부분의 인간행동은 간헐적으로 강화된다고 할 수 있는데 간헐적 강화계획은 행동에 대해 간헐적으로 강화물을 제시하는 것이다. 연속적 강화계획에 비해 빠른 효과를 나타내기는 어렵지만 연속적 강화계획으로 강화된 행동보다 소거가 어렵다. 이에 행동을 학습시키는 초기에는 연속적 강화계획이 효과적이나 특정 시점에 가서는 간헐적 강화계획으로 바꾸는 것이 효과적이다(최옥채 외, 2021). 간헐적 강화계획은 간격과 비율을 근거로 다음과 같은 네 가지의 종류가 있다(Skinner, 1974). 여기서 간격은 반응 시간을 기준으로 강화를 제시하는 것을 말하고 비율은 반응 횟수나 양을 기준으로 강화를 제시하는 것을 말한다.

고정간격 강화계획

미리 정해둔 시간 간격에 맞추어 일정 시간이 지나면 강화하는 것을 고정간격 강화계획이라 한다. 직장인의 월급, 용돈 등과 같이 행동의 횟수나 양과는 관계없이 일정한 시간 간격마다 강화물이 제시된다. 고정간격 강화계획에 의해 조건화되면 강화물을 받은 직후에는 반응이 별로 없다가 다음 강화물이 제시되는 시간에 임박했을 때 반응이 극대화되는 패턴을 보인다. 예를 들어 직장인의 근무 태도에 있어 월급날이나 휴일에 임박했을 때 가장 의욕이 넘치는 경우를 들 수 있다.

가변간격 강화계획

가변간격 강화계획은 반응 시간을 기준으로 강화를 하지만 강화물을 제시하는 시간 간격에 어느 정도 편차를 두는 것이다. 강화물을 제시하는 평균 시간 간격은 일정하지만 각 강화물을 제시하는 시간 간격은 일정하지 않다. 예를 들어 하루 3번 간식을 주지만 하루 중 무작위로 3번의 간식을 제공하는 경우를 들 수 있다. 가변간격 강화계획의 경우 언제 강화물이 제시될지 예측하기 어렵기 때문에 조건화되면 강화물이 제시된 후에도 반응이 지속되는 경향이 있으며 비교적 안정된 반응률을 나타낸다.

고정비율 강화계획

미리 정해둔 반응의 횟수나 양을 기준으로 일정 행동이 일어난 후에 강화하는 것을 고정비율 강화계획이라 한다. 성과급, 쿠폰 등과 같이 얼마나 시간이 지났는지와 관계없이 얼마만큼의 행동을 했는지에 따라 강화물이 제시된다. 이 경우 반응이 많을수록 더 많은 보상을 받기 때문에 반응률이 높아지는 경향이 있으나 장기간에 걸쳐 적용하는 경우 유기체가 지치는 일이 생길 수 있다.

가변비율 강화계획

가변비율 강화계획은 반응의 횟수나 양을 기준으로 강화를 하지만 강화물을 제시하는 반응의 횟수나 양에는 어느 정도 편차를 두는 것이다. 강화물을 제시할 반응의 평균 횟수나 양은 정해져 있으나 실제 강화물을 제시할 때는 반응 확률에 근거해 평균치 내에서 무작위로 다양하게 강화한다. 예를 들어 자녀가 대략 10권의 책을 읽으면 놀이터에서 놀게 하겠다고 계획한 뒤 처음에는 8권째, 다음에는 11권째, 그다음에는 10권째에 놀이터에서 놀게 해주는 경우를 들 수 있다. 가변비율 강화계획에 의해 조건화되면 언제 강화물이 제시될지, 다음 강화가 언제 일어날지 예측하기 어려워 반응률이 높고 소거도 느리게 나타난다.

강화계획에 따라 반응률에 차이가 있는데 반응률이란 더 이상 강화를 하지 않아도 학습된 행동이 소거 없이 얼마만큼 지속되느냐에 대한 정도를 나타낸다. 네 가지의 강화계획 가운데 가변비율 강화계획이 가장 높은 반응률을 나타내고 다음으로 고정비율 강화계획, 가변간격 강화계획, 고정간격 강화계획의 순으로 높은 반응률을 보인다.

(4) 행동조성

인간행동의 대부분은 여러 하위 단계의 행동을 점진적으로 학습한 결과이다. 행동을 학습할 때 하위 단계의 행동을 순서대로 강화하여 최종적으로 목표 행동을 학습할 수 있도록 하는 방법이 행동조성(shaping)이다. 인간의 행동이 바람직한 행동에 가까워질 때까지 강화를 통해 점진적으로 행동을 조성한다(Engler, 1991). 이를 행동에 대한 점진적 접근이라고도 하는데 복잡한 행동이나 기술을 학습시키는 데 유용한 방법이다. 조작적 조건화를 위해 의도한 반응이 나타났을 때 강화를 하지만 의도한 반응이 한 번에 나타나거나 학습되기는 쉽지 않다. 이를 위해 형성하고자 하는 행동을 하위 단계의 행동으로 세분화하여 목표 행동에 도달할 때까지 유사한 행동에 대해 연속해서 차별적으로 강화하는 과정이 필요하다.

예를 들어 아이가 말하기를 배울 때 처음에는 옹알이만 하여도 강화를 받는다. 그러다 단어와 비슷한 발음을 해야 강화를 받고 나중에는 정확한 발음을 했을 때만 강화를 받는다. 아이에게 말하는 법을 학습시키기 위해 말하기에 대한 점진적 접근인 행동조성이 이루어진 것이다.

(5) 행동수정

행동수정(behavior modification)은 조작적 조건화의 원리를 활용하여 특정 반응의 비율을 변화시켜 행동에 변화를 주는 기술이다. 행동수정에서는 사회적으로 바람직하지 않은 개인의 문제행동을 대상으로 하며 정적 강화, 부적 강화, 소거, 변별, 홍수법, 체계적 둔감법, 토근경제 등 다양한 기법을 사용하여 문제행동을 수정한다(Engler, 1991).

체계적 둔감법

체계적 둔감법(systematic desensitization)은 고전적 조건화에 의해 조건화된 불안이나 공포를 역조건화하여 특정 자극에 대한 불안이나 공포를 제거(고전적 조건화의 원리에 기초한 소거)하는 행동수정 기법이다. 불안이나 공포를 일으키는 자극의 강도를 점진적으로 높인 단계를 만든 후 두려운 자극에 체계적으로 노출시킨다. 단계적으로 자극에 느끼는 불안이나 공포를 극복하게 하는 것으로 학습된 불안이나 공포로부터 벗어나게 된다.

홍수법

홍수법(flooding)은 불안이나 공포를 일으키는 자극을 갑자기 많이 일시에 제시하여 불안이나 공포를 소멸하는 행동수정 기법이다. 홍수법에 따르면 클라이언트가 두려운 자극에 노출되었을 때 자극으로부터 도피할 수 없는데 동시에 아무런 혐오적 사건도 일어나지 않는다면 해당 자극에 대한 반응이 소거될 것이라 가정한다. 두려운 자극을 점진적으로 노출시키는 체계적 둔감법과 달리 홍수법에서는 두려운 자극에 단번에 직접 노출시키는 방법이다.

토큰경제

토큰경제(token economy)는 바람직한 행동을 했을 때 보상으로 상징적인 강화물을 주고 일정하게 모였을 때 긍정적인 실제 강화물과 교환하는 것으로 행동을 수정하는 기법이다. 조작적 조건화의 원리에 기초한 방법으로 여기서 상징적인 강화물은 스티커, 포인트, 마일리지 등과 같은 것으로 토큰이라 한다. 토큰이 일정 수준으로 모이면 자신에게 만족을 가져다주는 욕구를 충족시키는 데 사용한다. 이를 통해 바람직한 행동은 강화할 수 있다.

타임아웃

타임아웃(time-out)은 개인의 문제행동을 약화 또는 제거하기 위한 방법으로 바람직하지 않은 행동을 했을 때 그 결과로 정적 강화의 기회를 차단하는 행동수정 기법이다. 일종의 소거 전략으로 타임아웃 상태에 있는 개인은 일정 시간 동안 정적 강화를 받을 수 없게 되고 이를 통해 부적응적 행동을 감소 또는 제거할 수 있다.

5) 스키너 이론에 대한 평가

스키너의 이론은 사회복지실천의 초점을 정신 내적 갈등으로부터 외현적인 행동으로 이동시켜 인간의 발달에서 환경이 얼마나 중요한지 인식시켰다. 또한 과학적 실험 연구를 통하여 인간의 행동이 환경과의 상호작용에서 개인의 선택 과정에 의해 형성됨을 증명하였고 다양한 행동수정 기법을 제시함으로써 실용적인 가치와 효과성을 입증하였다. 이처럼 스키너의 이론은 행동주의이론의 범위를 넓히는데 기여하고 현재까지 다양한 분야에서 활용되고 있다. 하지만 이러한 스키너의 이론은 몇 가지 측면에서 비판을 받고 있다(최옥채 외, 2021).

첫째, 인간행동에 대한 환경의 결정력을 지나치게 강조하여 인간의 발달에 영향을 주는 인간의 의지, 동기, 욕구, 감정 등 다양하고 복잡한 요인을 고려하지 못하였다. 인간행동을 환경적인 요인만으로 설명할 수 없음에도 인간의 내적·정신적 특성을 배제하였다.

둘째, 인간을 조작이 가능한 대상으로 취급하여 인간의 자유와 존엄성을 무시하였다. 행동에 뒤따르는 결과를 통해 인간의 행동이 조건화된다는 것은 자율적인 인간의 성격, 목적, 의도 등을 부정하는 것이었다. 특히 동물을 대상으로 실험한 결과를 그대로 인간에게 적용하고 있으나 인간과 동물이 동일할 수 없으며 이는 인본주의 입장에서

비인간적이라는 비판을 받고 있다.

셋째, 인간의 모든 행동이 조작을 통해 변화할 수 있다는 주장은 인간을 지나치게 단순화, 객관화, 과학화하는 것이다. 스키너는 인간의 행동은 법칙성을 갖고 있어 예측 가능하며 통제될 수 있다고 보았으며 겉으로 드러난 관찰 가능한 행동에 초점을 두었다. 하지만 스키너의 접근으로는 관찰되지 않은 과정을 추론하기 어렵고 예상치 못 한 자극이 일어나거나 과거의 자극과 예상치 못 한 결합이 이루어지는 경우 어떠한 행동이 나타날지 예측하기 어렵다. 철저하게 통제된 실험실 환경과 인간의 생활환경에는 차이가 있어 스키너의 이론으로 인간행동의 개인차, 독특성, 복합성 등을 설명하기에는 한계가 있다.

보충자료

스키너 상자, 스키너의 딸에 대한 도시전설

1945년 스키너(Skinner)는 '에어 크립(Air-Crib)'이라는 유아용 침대를 발명했다. 에어 크립은 벽이 있는 금속 침대와 탈착식 안전유리로 만들어진 유아용 침대로 적정 온도의 유지, 간편한 청소 등을 장점으로 규칙적인 수유와 수면을 유도할 수 있도록 하고 유아를 위해 건강한 환경을 조성하도록 설계되었다.

스키너가 살던 미네소타는 혹독한 추위로 인해 아이를 따뜻하게 유지하는 것이 양육의 최우선 과제였다. 대부분의 부모들은 추위로부터 아이를 보호하기 위해 많은 옷과 담요로 아이를 감싸는 방법을 택했고 이 방법은 아이의 자유로운 움직임을 억제할 뿐만아니라 아이가 쉽게 땀을 흘리게 하여 많은 세탁물과 잦은 목욕으로 부모의 노동을 가중시켰다. 스키너는 자신이 발명한 에어 크립이 이러한 부모의 양육 부담을 덜고 아이들의 발달에 긍정적인 영향을 미칠 것으로 기대했다.

하지만 에어 크립은 상용화되지 못 했다. 왜 일까?

이 당시 에어 크립에 대한 대중들의 시선은 결코 긍정적이지 않았다. 새 유아용 침대에 대한 기사를 실은 저널의 기사 제목은 "Baby in a Box"였고 실제 기사에 첨부된 이미지도 스키너의 딸인 데보라가 침대에 갇힌 듯한 모습이었다. 이는 대중들에게 동물실험을 위해 사용한 실험실의 '스키너 상자'를 떠올리게 하였다. 이러한 에어 크립에 대한 부정적 시선은 스키너의 딸 데보라(Deborah)에 대한 소문으로 이어졌다.

실제 스키너는 둘째 데보라를 에어 크립에서 2년 동안 양육하였는데 소문에 따르면 데보라가 에어 크립에서 어린 시절을 보낸 탓에 미쳐버렸고 학대로 아버지를 고소하고 자살했다는 것이다. 하지만 이 소문은 거짓이다.

소문과 달리 데보라는 건강하게 성장하였고 어린 시절에 대해 긍정적으로 기억하고 있었다. 에어 크립에 대해서도 갇혀 지낸 것이 아니라 수시로 밖으로 나와 먹고 놀이하며 아무런 문제가 없었다고 전했다. 실제 스키너가 의도한 것은 아니지만 에어 크립은 영아 돌연사 증후군의 위험을 줄이는 데 기여하기도 하였다.

스키너의 딸, 데보라에 대한 소문은 어쩌면 시대를 앞서간 과학 기술에 대한 우려로 인한 도시전설이 아닐까?

Review

3. 반두라의 대리적 조건화

1) 반두라(Bandura, 1925-2021)의 생애

반두라는 1925년 캐나다의 앨버타(Alberta)에서 태어나 1949년 브리티시 컬럼비아(British Columbia) 대학교에서 심리학을 전공하고 아이오와(Iowa) 대학교에서 박사 학위를 취득했다(Cherry, 2023.03.20.). 이 시기에 사회학습이론에 관심을 둔 반두라는 임상심리학에 대한 관심에서 행동수정이론, 관찰학습, 자기효능감 등에 관한 연구로 차츰 관심을 옮겨갔다. 사회학습이론의 창시자로 불리는 1953년부터 스탠퍼드(Stanford) 대학교에서 교수로 지내면서 뛰어난 학문적인 업적을 남겼다. 당시 스키너의 행동주의가 지배적인 시기였으나 반두라는 실험을 통해 관찰과 모방에 의한 학습 과정을 규명하고 인간행동을 이해하기 위한 사회인지적 접근의 개발에 열중하였다. 1961년 반두라는 '보보인형 실험'을 통해 행동주의에 치우쳐 단순화되고 제한적이던 심리학계에 파장을 몰고 왔다. 이후 1977년 『Social Learning Theory(사회학습이론)』을 출간하였는데 여기에서 사회학습 분야의 이론적, 실험적 연구를 통합하고자 하였다. 반두라는 1974년에 미국심리학회의 회장으로 선출되었고 1981년에는 서부심리학회 회장을 역임하였다. 심리학의 여러 분야에 독보적인 공헌을 해온 반두라는 2021년 95세의 나이로 사망하였다.

2) 반두라 이론의 기본 관점

(1) 인간관

반두라(Bandura)는 사회학습이론가로 인간의 행동이 단지 환경에 의해 결정된다고 보기보다 다른 사람의 행동을 관찰하고 모방한 결과로 형성된다고 보았다(Bandura, 1977). 반두라의 경우 인간은 환경의 영향을 받기도 하지만 자신의 환경을 산출하는 주체이기도 하다고 보고 인간행동은 개인, 행동 그리고 환경 간 상호작용의 산물이라 보는 상호결정론에 입각하여 인간의 본성을 설명하였다. 반두라는 인간의 인지적 능력을 인정하

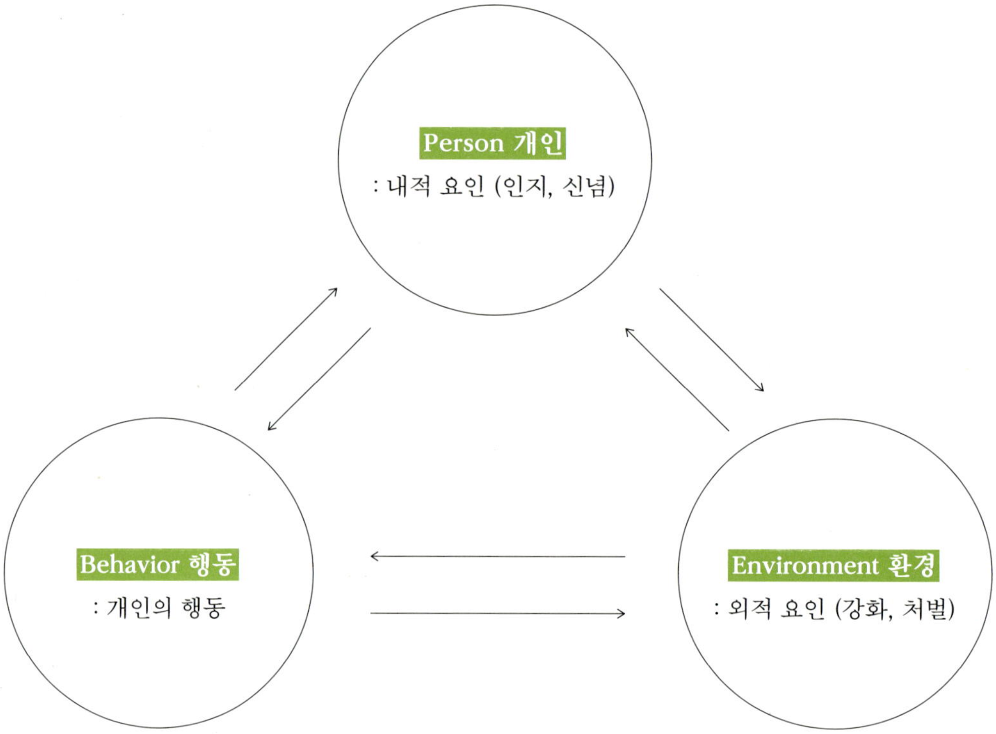

그림 2-2-5 반두라의 상호결정론

고 이를 통해 사고하고 합리적인 행동을 계획할 수 있는 존재로 여겼다. 때문에 인간이 객관적 자극에 반응할 때 내면의 인지적 요소가 관여하는 주관성을 동시에 드러낸다고 보았다. 인간이 환경으로부터 영향을 받지만 자기강화나 관찰학습을 통해 자신의 행동을 스스로 규제할 수 있다고 하였다.

(2) 인간행동에 대한 기본가정

반두라는 직접적인 경험을 통해 배우지 않아도 간접적인 경험을 통해 행동을 학습하는 것이 가능하다고 보았다. 강화나 처벌을 통해 행동이 학습된다는 행동주의자들의 의견에 동의했지만 스키너의 조작적 조건화와는 달리 대리적 조건화(학습)가 가능하다고 보고 타인의 행동, 태도 및 정서적 반응을 관찰하는 것으로 행동을 학습하는 것이 가능함을 강조하였다.

그림 2-2-6 인지 개입과정

반두라는 외적 환경 요인과 내적 인지 요인이 인간의 학습과 행동에 상호영향을 미친다고 보았다(Bandura, 1977). 이러한 상호결정론에 따라 인지적 요인이 행동을 학습하는 데 어떻게 관여하는지에 초점을 두었다. 반두라는 스키너와는 달리 인간이 능동적으로 정보를 처리할 수 있으며 행동과 그 결과 간의 관계에 대해 사고할 수 있다고 믿었다. 즉 인지 과정이 작동하지 않는 한 관찰을 통한 학습은 이루어지지 않는다고 보았고 내적 인지 요인이 환경으로부터 행동을 학습하는 과정에 개입하여 새로운 반응의 획득 여부를 결정한다고 주장하였다.

인간의 성격 역시 다른 사람의 행동을 관찰하고 모방하는 사회적 학습을 통해 획득한 행동이 습관이 되고 이 습관이 축적되어 성격을 형성한다고 보았다. 또한 대부분의 인간행동이 자기강화에 의해 결정되고 인간의 성격발달에 자기효능감이 영향을 미친다고 하였다. 즉 인간행동은 외부 환경의 강화와 처벌에 의해 결정되는 것이 아니라 스스로 정한 내적 표준에 의해 조정된다고 보았다((Bandura et al., 1964).

스키너의 이론이 관찰 가능한 외적 자극과 행동만을 연구했다면 반두라는 개인의 내면과 행동을 과학적으로 연구하였다. 스키너가 특정 행동에 뒤따르는 결과인 강화와 처벌이라는 자극을 통해 반응(행동)이 학습된다고 보았다면 반두라는 반응(행동)은 직접적인 자극보다는 관찰을 통해 환경으로부터 학습된다고 보았고 새로운 행동을 학습할 때는 간접적인 자극이라 할 수 있는 관찰과 반응 사이에 인지 개입이 일어난다고 보았다.

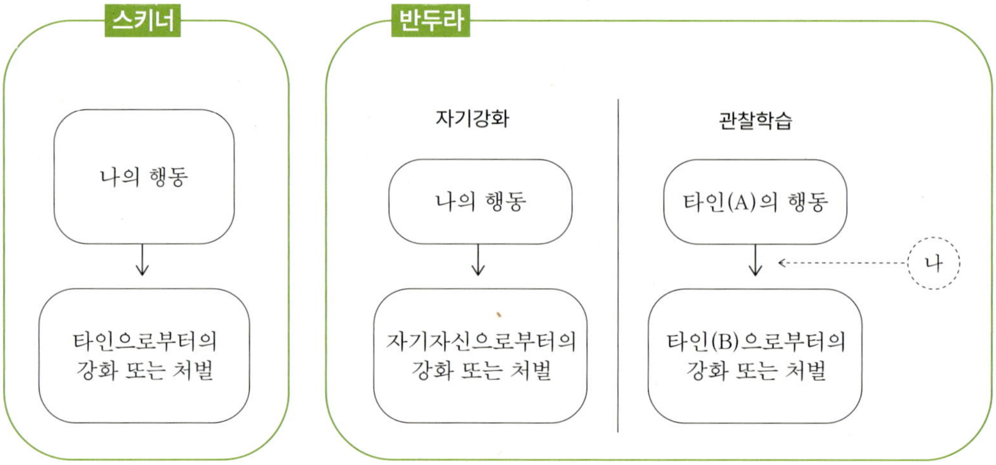

그림 2-2-7 스키너와 반두라의 학습원리 비교

3) 대리적 조건화의 원리

반두라는 스키너가 제시한 조건화 외에도 한 개인이 사회적 맥락에서 스스로 학습하는 방식이 있다고 하였고 자기강화와 관찰학습 이 두 가지 방법을 들었다(생각의마을, 2019).

(1) 자기강화

반두라는 인간의 행동이 전적으로 외적 환경 요인에 의해서만 좌우되는 것은 아니며 인간에게는 감정, 사고, 행동을 통제할 수 있는 자기 반응 능력이 있어 자기강화를 할 수 있고 실제로 다수의 인간행동이 자기강화에 의해 규제된다고 보았다.

자기강화(self-reinforcement)는 스스로 자신의 행동에 대한 기대와 표준을 정해놓고 이러한 내적 평가기준에 근거해 자기 자신에게 보상 또는 처벌을 제시함으로써 행동을 개선하거나 유지하는 과정이다. 이때의 보상과 처벌은 스스로 통제할 수 있는 수준이며 자기강화의 내적 평가기준은 학습을 통해 획득한다. 예를 들어 어떤 대학생이 해당 학기의 성적을 전 과목 A학점이라는 목표를 두고 그 보상으로 배낭여행을 가도록 계획하는 것이다.

반두라는 자신의 행동에 대한 타인으로부터의 직접적인 강화나 처벌이 없이도 관찰을 통해 학습된 자기강화의 기준에 따라 스스로 자기 자신에게 강화나 처벌을 제시하는 것으로 자신이 원하는 보다 나은 표준적 행동에 이를 수 있도록 행동을 개선할 수 있다고 보았다. 또한 이러한 내적 평가기준과 자기강화에 의해 자기효능감이 형성된다고 보았다(Bandura, 1982).

(2) 관찰학습

반두라는 인간이 직접 시행착오를 겪으면서 외적 자극에 대한 반응을 학습하지 않아도 간접적인 경험을 통해 행동을 학습하는 것이 가능하다고 보았다. 즉 인간행동은 직접적인 강화 없이 관찰을 통해 학습된다는 것이며 이를 관찰학습(observational learning) 다른 말로 대리적 조건화이라 하였다.

반두라에 따르면 인간행동은 타인의 행동을 관찰하고 모방한 결과이다. 그리고 이때의 모방은 무작정 행동을 따라서 하는 것이 아니라 내적 인지를 포함한 모방이며 인지적 과정을 통해 관찰학습이 이루어진다고 하였다. 즉 관찰학습의 과정에는 인지적 요소가 개입되는 것이다.

인간의 인지 능력은 지식을 획득하고 조직하고 사용하는 것을 의미한다. 인간은 다양한 모델을 통해 행동을 학습하는데 수많은 모델 가운데 선택과 종합을 통해 새로운 행동을 생성할 때 인지 능력은 중요한 역할을 한다. 인지 능력으로 인해 인간은 사고하고 계획할 수 있고 타인의 행동과 그 결과를 관찰하는 것으로 자신의 행동에 대한 결과를 예상하는 것이 가능하게 된다. 이를 대리강화(vicarious reinforcement)라 하는데 이러한 대리강화가 관찰학습에 있어 인지적 과정에 해당하는 것이다.

관찰학습은 적극적인 판단과 이해의 과정으로 상황과 행동에 대한 상징적 사고를 의미하는 인지적 과정을 거쳐 자신의 행동을 생성하게 된다. 즉 인간의 행동은 대리적 조건화를 통해 학습되고 인간이 실제로 어떤 행동을 하기에 앞서 행동을 교정하는 것을 가능하게 한다(Bandura, 1977).

(3) 관찰학습의 단계

관찰학습은 다른 사람의 행동을 관찰함으로써 이루어지고 관찰된 행동은 인지적 과정을 거친 모방을 통해 학습된다. 모델이란 관찰하고 모방하는 행동을 예를 제공하는

데 수많은 모델 가운데 일부에 주의를 기울이고 그 행동을 기억한다. 그리고 나중에 관찰한 행동을 모방했을 때 원하는 결과를 얻는다면 앞으로도 그 행동을 수행하게 되는 것이다. 반두라는 관찰학습을 다음과 같은 네 가지의 단계로 설명하였다(Bandura, 1977).

1단계: 주의집중 단계

관찰학습의 첫 단계는 주의집중 단계(attentional process)이다. 모델의 행동과 그 결과에 주의를 기울이고 관찰을 통해 모델을 정확하게 지각하는 단계이다. 이때 무수한 관찰 대상 가운데 어떤 것을 선택적으로 지각하고 습득할지 결정한다. 모델의 행동에서 중요한 측면을 선택적으로 지각하고 뚜렷한 특징을 변별한다.

2단계: 보존 단계

관찰학습의 두 번째 단계는 보존 단계(retention process)로 관찰한 모델의 행동을 기억하여 장기간 보존하는 단계이다. 대부분의 사회적 학습은 즉각적이지 않으므로 관찰자는 나중에 모방할 수 있도록 행동에 대한 기억을 형성해두는 것이 중요하다.

반두라는 모델의 행동을 기억하는 수단으로 언어나 기호 등의 상징적인 형태로 부호화할 것을 제시하였다. 이를 심상적 표상체계와 언어적 표상체계라 하는데 심상적 표상체계로 부호화하는 것은 관찰한 행동을 심상(이미지)로 전환해 기억하는 것이고 언어적 표상체계로 부호화하는 것은 관찰한 행동을 언어의 형태로 전환해 기억하는 것이다. 이러한 부호화는 다음에 행동을 수행하고자 할 때 적절한 실마리를 얻게 되는 것이다.

3단계: 운동재생 단계

관찰학습의 세 번째 단계는 운동재생 단계(motor reproduction process)로 부호화된 상징적 표상을 행동으로 전환하는 단계이다. 관찰된 행동을 기억해내도 올바르게 수행하지 못 할 수 있다. 기억을 행동으로 전환하기 위해서는 반복된 실천과 피드백을 통한 교정이 필요하고 이를 통해 언제든 되풀이할 수 있는 반응 패턴으로 행동을 구성한다.

4단계: 동기화 단계

관찰학습의 마지막 단계는 동기화 단계(motivational process)이다. 인간은 모델의 행동을 관찰하고 기억하고 능숙하게 수행할 수 있는 능력을 갖추더라도 그 행동이 부정적으로 인식된다면 그 행동을 밖으로 드러내지 않게 된다. 모델에게 주어졌던 강화가 자신에게 제시되지 않는다면 행동의 동기가 약화 될 것이고 기대했던 강화가 주어진다면 행동의 동기가 증가하게 된다. 동기화 단계는 관찰과 모방을 통해 획득한 행동을 앞으로도 수행할 것인지에 대한 동기를 갖는 단계로 정적 강화가 주어지면 모방 행동에 대한 관찰학습은 빠르게 행동으로 전환된다.

〈표 2-2-3〉 관찰학습의 사례

단계	사례
1단계 주의집중	아이는 친구가 학교 화단에 떨어진 쓰레기를 주워 선생님께 칭찬을 듣는 것을 보았다. 자신도 선생님께 칭찬을 듣고 싶어 친구와 선생님 사이에 일어난 일을 주의 깊게 관찰한다.
2단계 기억보존	아이는 학교 화단에 떨어진 쓰레기가 보일 때까지 관찰한 행동을 기억해 둔다. '쓰레기가 보이면 화단을 깨끗이 해야지! 하고 떨어진 쓰레기를 줍는 거야'와 같은 언어적 표상으로 그리고 관찰했던 장면을 이미지로 전환해 기억해둔다.
3단계 운동재생	학교 화단에 떨어진 쓰레기를 발견했다. 아이는 그동안 부호화해서 기억해둔 대로 행동을 피드백한다. '화단을 깨끗이 해야지'라고 말하며 떨어진 쓰레기를 줍는다.
4단계 동기화	친구가 선생님께 칭찬을 들은 것처럼 칭찬을 받는다면 아이는 다음에도 이 행동을 수행하겠지만 예상했던 강화를 받지 못 했다면 동기가 약화되어 행동으로 전환되지 않게 된다.

4) 대리적 조건화의 주요 개념

(1) 자기효능감

필요한 행동을 성공적으로 수행할 수 있다는 개인의 신념을 자기효능감(self-efficacy)이라 한다. 성공적으로 행동을 수행할 수 있다는 믿음으로 자기효능감은 스스로에 대한 확신이다. 대부분의 사람들은 자기효능감을 근거로 행동을 결정하는데 자기효능감이 높은 사람은 상황을 바꿀 수 있는 잠재력을 가지고 있으며 능동적으로 새로운 상황을 추구해간다. 반면에 자기효능감이 낮은 사람은 환경 속에서 무력감을 느끼고 쉽게 포기하는 경향을 보이며 결과적으로 행동의 실패 가능성을 높게 나타낸다. 반두라는 내적 표준을 달성하고 유지하는 것으로 자기효능감을 향상 시킬 수 있다고 보았다(Bandura, 1982). 자기효능감의 원천으로는 직접적 성취 경험, 사회적 모델이 제공하는 대리적 성취 경험, 언어적 설득(피드백)과 격려, 운동이나 스트레스 감소 등을 통한 심리사회적 능력의 촉진을 들 수 있다.

(2) 자기규제

자기규제(self-regulation)란 스스로 행동을 계획하고 통제할 수 있는 능력을 토대로 자신의 행동에 영향력을 행사하는 것을 말한다. 인간은 자기강화의 역속적인 과정을 통해 자기규제를 할 수 있으며 환경으로부터 학습된 기준에 의해 영향을 받고 규제받는다. 인간은 자신의 내적 기준이나 타인의 외적 기준을 맞추려고 노력한다. 기준에 도달하면 강화로 보상하지만 그렇지 못할 때는 좌절이나 죄책감과 같은 부담을 안고 처벌한다. 즉 인간은 환경으로부터 학습된 내적 표준에 따라 보다 나은 표준적 행동에 이를 수 있도록 행동을 개선하기도 하고 내적 표준을 조정한다(Schultz et al., 1994). 자기규제는 자기평가적 반응과 관련이 있으며 이처럼 자기규제를 할 수 있는 바탕은 바로 인간의 인지능력이라 할 수 있다.

5) 반두라 이론에 대한 평가

반두라의 이론은 사회복지실천에 중요한 영향을 미쳤다. 인간의 행동발달에 관찰학습이 얼마나 중요한지 자각하게 했고 이로 인해 사회복지실천 개입에서 클라이언트의 문제행동을 수정하기 위해 관찰과 모방을 활용하게 되었다. 또한 사회적 환경이 인간에게 얼마나 큰 영향을 미치는지에 대해 다시 한번 인식시켰다. 개인, 행동, 환경 간의 상호작용 결과가 인간의 행동이라고 보는 상호결정론적 관점은 환경 속의 인간이라는 관점을 견지하는 사회복지실천의 사정과 개입에도 중요한 지식을 제공하였다.

초기 행동주의 학습이론들은 실험이나 연구의 대상이 동물이나 특정인에 초점을 두고 있어 설명이 다소 제한적이라는 지적이 있었으나 반두라의 경우 자기강화나 자기효능감과 같은 인지적 요인을 중요하게 강조하는 것으로 행동주의 학습이론을 보다 정교하게 확대하였다. 인간의 행동을 설명함에 있어 고전적 조건화와 조작적 조건화의 이론에서 다루는 자극과 반응의 관계에 국한되지 않고 인지적 과정을 통한 환경과의 관계를 고려했다. 외적 환경요인과 자기효능감과 같은 내적 요인이 끊임없이 상호작용한 결과가 인간의 행동임을 주장하여 사회복지실천 현장에서도 중요한 개념으로 활용되고 있다. 이러한 학문적 공헌에도 불구하고 반두라의 이론은 몇 가지 측면에서 비판을 받고 있다(Pervin et al., 2005).

첫째, 인간의 단순한 행동을 학습하는 데는 관찰학습이 유용하지만 다양하고 복잡한 기능을 필요로 하는 인간행동의 경우 대리적 조건화로 어떻게 설명할 것인가에는 한계가 있다. 또한 인간행동의 발달에 있어 연령에 따른 학습과 관련된 인지 수준의 차이를 고려하지 않았다.

둘째, 내적 요인과 인지적 과정에 대해 다루고 있으나 외적 환경 요인과의 상호작용에 초점을 두고 있어 인간의 내적이고 자발적인 측면을 과소평가한다는 비판이 따른다. 인간행동의 발달에 외적 강화가 중요한 역할을 하지만 그러한 강화 없이도 내적인 사고, 감정, 동기, 욕구 등을 통해 자발적으로 발달할 수 있다는 것이다.

보충자료

자기효능감은 어떻게 측정하나요?

1. 만약 내가 충분한 노력을 하면 나는 항상 문제를 해결할 수 있다.
2. 어떤 어려움에도 불구하고 나는 항상 나의 목표를 달성한다.
3. 나에게 있어 목표를 따르고 달성하는 것은 쉽다.
4. 어떤 상황에서도 나는 자신감이 있다.
5. 나의 능력으로 인해 나는 어떠한 예상하지 못한 상황에서도 무엇을 해야 할지를 안다.
6. 만약 내가 노력을 한다면, 나는 나의 문제를 해결할 수 있다.
7. 나는 어려움에 부딪히더라도 항상 평정을 유지한다.
8. 어떤 문제에 처해도 나는 여러 가지 해결 방법을 가지고 있다.
9. 어떠한 문제에 부딪혀도 나는 해결 방법을 찾아낸다.

10. 나는 어떤 상황이든지 그것을 다룰 수 있다.

자기효능감 척도(GSE)는 Jerusalem과 Schwarzer에 의해 개발된 것으로 1점(전혀 그렇지 않다)에서 4점(매우 그렇다)까지의 4점 리커트 척로 평가된 10개의 항목으로 구성되어 평균 점수가 높을수록 자기효능감 수준이 높아지는 것으로 해석한다.

Review

제2부 인간행동과 주요이론

제3장 인지발달 이론과 사회복지

인지발달 단계 | 도식 | 적응과정 | 동화 | 조절 | 평형상태 | 평형화 과정 | 조직화 | 감각운동기 | 전조작기 | 구체적 조작기 | 형식적 조작기 | 타율적 도덕성 | 자율적 도덕성 |도덕성 발달이론 | 하인츠 이야기 | 전 인습적 수준 | 인습적 수준 | 후 인습적 수준

Preview

인지발달 이론과 사회복지

피아제(Jean Piaget)에 의해 수립된 인지발달 이론(cognitive development)은 인간이 두뇌구조 변화와 경험에 의한 환경과의 상호작용에서 세상에 대한 느낌, 적응이 변화되는 것을 발견하였으며 인간 스스로 능동적인 인지구조를 형성해 나간다고 보았다. 여기에 피아제 이론을 보다 세분화하고 체계적으로 발전시킨 콜버그(Lawrence Kohlberg)는 도덕성 발달이론(moral development theory)을 통해 '도덕적 딜레마 상황에 따라 행동하는 도덕성 발달이 인지구조 발달에 따라 달라진다'는 것을 주장하였다. 이 장에서는 피아제의 인지발달 이론과 콜버그의 도덕성 발달이론에 대해 자세히 살펴보고자 한다.

1. 피아제의 인지발달 이론

1) 피아제(Jean Piaget, 1896-1980)의 생애

1896년 피아제는 스위스의 뇌샤텔(Neuchatel)에서 중세 학자인 아버지와 지성적인 어머니 사이에서 태어나 엄격한 가정교육을 받으며 성장했다. 피아제는 11세에 공원에서 참새떼 중 흰색변종인 『Albino』에 대해 신기하게 여겨 연구한 결과를 과학 논문에 싣기도 하고 15세 때에는 연체동물에 대한 관심이 많아 『연체동물에 관한 연구』를 유명한 동물 관련 학술지에 발표할 만큼 천재적인 과학자의 면모를 보였다. 1918년 피아제는 뇌샤텔 대학교에서 생물학으로 박사학위를 어린 나이인 21세에 취득하였다. 이후 취리히 대학교에서 철학 논문을 출판하면서 정신분석학에 관심을 갖게 되면서 아동의 정신구조 발생과 변화 연구에 몰두하게 되었다.

1920년 피아제는 아동심리학과 정신분석을 연구하던 중 아동용 지능검사를 만들면서 '같은 연령 아동의 오답은 같다'라는 독특한 특성을 주목하여 아동들의 사고가 성인의 사고와는 전혀 다른 방식으로 사고함을 알게 되었다. 이후 아동의 사고에 대한 관찰을 위해 아동의 개방적 면담을 고안, 성인의 선입견 없는 수학적·과학적 개념들로 아동을 이해하는 연구를 하고자 하였다.

1925년 피아제는 첫 자녀인 재클린 출생을 계기로 본격적 연구가 시작되었고 아동들의 독특한 사고체제를 알아보기 위해 자신의 세 아이를 직접 관찰하면서 실증적으로 아동을 이해하고자 노력하였다. 이후 피아제는 아동의 언어, 판단, 세계관, 도덕관 등의 연구와 아동의 행동관찰과 개념형성에 관한 연구가 활발하게 이루어졌으며 1980년, 84세를 일기로 천재적인 그의 삶을 마감하였다. 대표적인 저서로 『아동의 언어와 사고』(1923), 『아동의 판단과 추리』(1924), 『아동 지능의 탄생』(1948), 『아동의 공간개념』(1956), 『아동과 현실』(1973) 등이 있고 150여 편의 논문이 있다.

2) 주요 개념

피아제는 연체동물이 환경의 변화에 따라 유기체의 변화를 가져오듯이, 인간의 두뇌도 환경과 상호작용을 통해 사물과 상태를 이해하기 위해 인지구조를 변화시킬 수 있다고 하였다. 그는 인간이 신체적 성숙과정과 인지의 발달 단계를 유전적 속성에 기인하기도 하지만, 인간의 인지는 환경에 반응하는 단순한 수동적 존재가 아닌 환경과의 상호작용을 통하여 변화하고 발달시킬 수 있는 능동적 역할을 한다고 강조하였다. 하여 인지이론은 인간이 외부세계를 이해하고 파악하는 바탕인 인지적 구조가 형성되는 과정을 설명한다. 여기서 인식이란 경험을 조직화하고 의미를 부여하는 과정으로 말한 것을 해석하고, 문제를 해결하고, 정보를 종합하고, 복잡한 과제를 분석하는 포괄적인 인지적 활동임을 알 수 있다.

피아제는 환경이 적절한 지지를 제공하면 인간의 인지구조도 체계적인 방식으로 발달한다고 설명하였다. 이러한 피아제의 인지발달을 이해하기 위해 도식, 적응, 평형화, 조직화 등과 같은 기본적 개념들에 대하여 구체적으로 설명하면 다음과 같다.

(1) 도식(schema)

피아제는 『아동심리학』(1969)에서 도식의 의미를 '형태'라는 어원에서 사용하였다. 이는 일반적인 사물, 사건, 사실에 대한 윤곽이나 개념을 말하게 되는데 인간이 주변 환경의 모든 것을 이해하고 인지하는데 사용하는 각자의 틀을 의미한다. 신생아의 반사행동을 보더라도 외부환경에 대처하기 위해 반사적으로 행동하고 반복적으로 움직인다. 그러한 행동과 경험을 통해서 환경에 대한 도식이 만들어지고 인지구조가 형성되는 것이다. 예를 들어, 신생아의 빨기 반사는 젖을 빨기 시작하면서 반복적인 신체활동으로 이어지고 배가 고프거나 고프지 않아도 입으로 빨게 되는 하나의 빨기 도식화를 형성해 나간다. 그렇게 신생아는 보기, 잡기, 물기 등과 같이 하나씩 도식을 만들게 되고 행동도 다양하게 나타나기 시작한다.

도식은 인간이 환경에 적응하는데 필요한 인지구조로 조직화가 되므로 도식을 인지적 조직화의 기초단위라고 볼 수 있다(박희숙 외, 2022). 이러한 도식은 연령이 증가하면서 환경과 상호작용 속에서 많은 경험을 하게 되고, 경험에 따른 많은 다양한 도식의 형성이 인지구조를 발달시킨다. 인간과 주위의 환경 속에서 도식이 변화한다는 것은 인간의 발달을 의미한다고 할 수 있다.

(2) 적응과정(adaptation process)

인간은 성장하면서 지속적으로 환경적 자극에 새롭게 노출된다. 새로운 환경과 경험을 통해서 인간은 사물과 현상에 동화되기도 하고 조절하기도 한다. 인간이 생존을 위해 주위환경과 조화를 이루는 과정을 적응이라 하며 이는 동화와 조절에의해 이루어지므로 다음에서 살펴보기로 한다.

동화(assimilation)

동화는 자신에게 이미 생성된 도식에 맞게 새로운 대상과 사물을 그대로 받아들이는 인지 과정이다. 인간이 음식을 먹으면 자연히 소화되는 것처럼 어떠한 사물에 대한 인식을 자신의 도식에 맞게 이해하려는 행동이 동화이다. 예를 들어, 영유아가 네발로 걸어가는 동물은 '개'라고 인지하고 있을 때, 대부분 네발의 동물을 보면 '개'라고 이해하게 됨을 의미한다. 이때의 동화는 개인의 도식이나 인지구조에서 양적 확대와 관련이 된다.

조절(accommodation)

조절은 자신이 이미 가지고 있는 도식과 새로운 환경의 이해가 맞지 않을 때 그 새로운 환경에 대한 도식을 다시 수정하면서 이해하려고 하는 인지 과정이다. 즉, 새로운 외부환경을 받아들이기 어려울 때, 기존의 도식과 인지구조를 새로운 환경에 알맞게 스스로 변화시키는 과정을 조절이라 하겠다. 위의 예와 같이 유아의 네발로 걷는 '개'의 도식과 인지구조에서 네발로 걷기는 하나 소리가 '멍멍'과 '음메~~'의 차이를 알게 된다면, 기존의 네발로 걷는 동물의 도식을 변형시켜 네발로 걸으며 '음메~'라고 울면 이것은 '소'라는 동물인 새로운 도식을 만들게 되고 인지하게 된다. 아이가 손이 작아 물건을 잡기에 어려움을 알게 되면 그 물건을 잡기 쉽게 다른 방법을 생각해 내는 것과 같은 의미이다.

이와같이, 인간이 성장하면서 환경에 적응하는 과정 안에 동화와 조절을 경험하게 되고 이러한 경험은 인지구조의 발달에서 분리될 수 없음을 의미한다(송명자, 1996). 피아제는 이러한 동화와 조절과정을 통하여 인지가 점차 발달한다고 보았다. 여기서 조절은 기존의 도식을 수정함으로써 인지구조를 재조직화하는 것이므로 인지구조의 질적 변화와 관련된다.

(3) 평형화(equilibrium)

평형화는 동화와 조절을 통해 인간 자신과 환경 간의 균형상태를 이루는 것으로 인지발달의 핵심 기능이다. 인간의 심리구조는 안정되고 일관성 있는 균형적 상태인 평형을 이루려고 하는 경향이 있다. 자신의 기존 구조를 통해 이해하기 힘든 새로운 상황이 발생하면, 평형화를 위해 기존의 구조를 수정하고 새로운 상황에 맞는 인지구조를 발달시켜 적응하게 된다. 그러므로 새로운 환경에 대한 인지적 평형을 더 높은 수준으로 발달시키게 된다. 인간은 환경과의 상호작용을 통해서 항상 균형을 추구하면서 발전해 나간다.

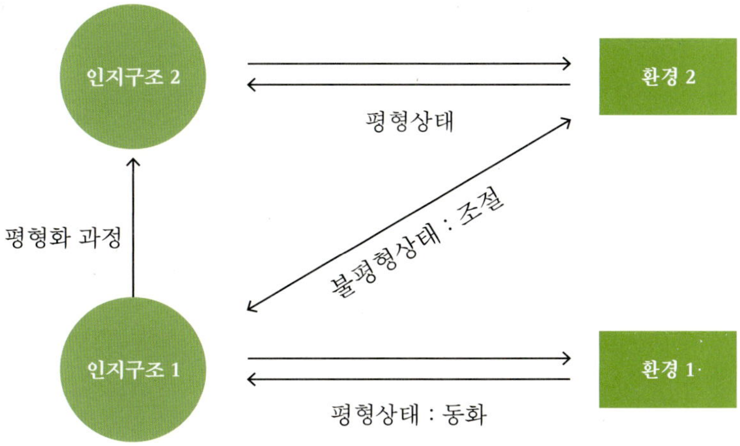

출처: 박희숙 외(2022: 재인용)
그림 2-3-1 인지구조의 적응과 평형화 과정

피아제는 인간의 인지발달이 동화와 조절이라는 적응과정을 통하여 내면적인 평형이 이루어지면서 가능하다는 것이다. 이러한 평형은 새로운 사태에 접할 때 균형이 깨지게 되며, 따라서 평형상태를 다시 회복하기 위해 적응과정이 되풀이됨으로써 보다높은 수준의 인지발달이 이루어지게 된다고 하였다. 한편 동화와 조절이 이루어지는 과정은 모든 연령과 인지발달 단계에서 동일하며, 평형은 모든 연령단계에서의 인지발달을 설명해 줄 수 있는 보편적인 원리가 된다. 인지발달의 원리인 평형의 확립이 인간의 인지체계와 외부환경 사이에서 조화로운 관계를 모색하고 더 안정된 평형이 확립되는 것으로 보았다.

(4) 조직화(organization)

조직화는 습득한 두 가지 이상의 분리된 구조를 인지구조 속에서 체계화하는 것으로, 비슷한 도식은 서로 통합하고 확장해 나가는 것을 말한다. 예를 들면, 영아가 어떤 물체를 보는 것과 물체를 잡는 행동은 서로 분리된 각각의 인지구조라 하겠다. 시간이 지나면서 물체를 보는 것과 잡는 행동을 통합하여 쳐다보면서 잡을 수 있는 행동이 일종의 조직화 행동이다. 이러한 조직화는 분리된 구조나 체계를 응집력 있는 고차원의 체계나 구조로 통합시키려는 선천적인 경향성이라 하겠다.

3) 발달단계

피아제는 인지능력의 발달은 타고난 유전적 기질과 환경과의 상호작용으로 인한 단계적 발달이며, 발달단계의 순서는 변하지 않는다고 하였다. 비록 각 단계를 지나는 속도는 개인마다 차이가 있을 수 있지만, 순서는 불변한다고 하였다. 인지발달 단계는 감각운동기, 전조작기, 구체적 조작기, 형식적 조작기의 4단계로 구분된다.

(1) 감각운동기(sensorimotor period)

감각 운동은 0세에서 2세까지의 유아가 출생 직후부터 나타나는 단순한 반사반응과 초기 유아적 언어를 사용하는 상징적 사고가 시작되는 단계에 해당한다. 유아는 보고 듣고 만지는 등의 감각과 신체적 운동으로 세상을 이해하게 되는데, 이때의 행동 양식은 오로지 과거의 경험과 미래의 계획이 아닌 감각 운동에 기초하여 경험하게 된다. 빨기, 사물 만지기, 쥐기 등의 반복적인 반사운동을 시작하고 감각운동기의 특징으로 대상영속성과 목적 지향적 행동을 볼 수 있다. 감각 운동단계는 다음 6단계를 거치게 된다.

1단계: 반사 활동기(출생~1개월)

영아의 빨기, 쥐기, 때리기, 차기, 반사 미소와 같은 반사적 행동에만 의존하여 외부 환경과 접촉하고 대처하는 단계이다. 영아의 최초 감각 운동 도식으로 간주 되는 빨기 반사, 잡기 반사와 같은 반응은 외부세계를 구분하지 못하고 반사 도식을 반복하면서 환경에 적응하기 위한 행동으로 간주 된다.

2단계: 1차 순환반응(1~4개월)

이 단계의 영아는 우연히 어떤 행동을 하여 흥미로운 결과를 얻었을 때 이러한 행동을 반복하게 된다. 영아가 물건을 빨다가 물건이 떨어지면 다시 그 물건을 집어서 빨게 되는 반복적인 순환반응을 하려고 한다. 이때, 영아는 최초의 도식과 새로운 도식을 연합하고 영아 스스로 발견한 자신의 신체에 탐구하고 이해하는 과정을 갖는다.

3단계: 2차 순환반응(4~8개월)

이때의 영아는 최초로 자신의 환경 내에 있는 사물과 상황에 관심을 가지기 시작하는 단계이다. 우연히 눈앞의 딸랑이를 건들다가 소리와 행동에 흥미를 느끼고 다시 반복적으로 딸랑이를 건들기 시작하는 경우를 뜻한다. 영아의 이러한 순환반응은 특별한 목적을 가지는 것은 아니며 우연히 환경의 사물에 대한 반응을 만들어 가는 단계라 하겠다. 이때, 영아는 대상영속성(숨긴 물건을 기억했다가 찾으려는 행위)의 개념을 가지게 되고 자신의 행동과 결과를 예측할 수 있다.

4단계: 2차 도식의 협응(8~12개월)

이 단계의 영아는 특정한 목적의식이 있으며 목적을 달성하기 위해 여러 가지 도식을 새로운 상황에 사용하게 된다. 이때의 행동은 의도적이고 목적적임을 알 수 있다. 예를 들면, 엄마를 다른 곳으로 데려가기 위해 엄마의 옷을 잡아당겨서 데리고 가는 행동과 베개 밑에 있는 장난감을 잡으려고 베개를 치워서 장난감을 줍는 행동 등이다. 여기서 영아의 대상영속성이 어느 정도 획득된다. 여기에 타인의 얼굴 표정, 타인의 신체 움직임을 모방도 할 수 있게 된다.

5단계: 3차 순환반응(12~18개월)

영아는 목표 도달을 위한 행동에서 목표가 도달되지 못함을 느끼고 새로운 전략을 세우기도 한다. 새로운 행동이 어떤 결과를 가져오는지 알아보기 위해서 다양하게 반복적으로 실험하는 시기라 하겠다. 새로운 환경에 대해서 여러 가지 도식을 발달시켜 사물을 탐색, 파악하기 시작하며 스스로 학습하기 시작한다. 이러한 일련의 행동은 감각 운동 차원에서 이루어지며, 사고를 통한 내면화되지 못하는 점에서 인지발달에 한계가 있다. 예를 들자면, 높은 곳에 물건을 내리는 것에 실패하면 의자를 가져다가 놓고 물건을 내리거나, 손가락으로 탁자를 톡톡 치거나 발로 차기도 하는 행동이 여기에 속한다.

6단계: 사고의 시작(18~24개월)

이 시기의 영아는 문제를 해결하기 위해 실재의 물체나 상징, 이미지까지 조합하고 조정하여 사고한 후에 행동하는 통찰기이다. 몸으로 행동하는 대신 마음속으로 행동의 결과를 예측하는 사고 후 행동의 시기이다. 미리 지켜본 행동을 머릿속에 기억했다가 시간이 지난 후 떠올려 행동으로 옮기므로 시행착오 없이 문제를 해결해 나갈 수 있다. 어떤 대상이 눈앞에 있지 않아도 그 대상이 존재한다는 것을 인지할 수 있는 대상영속성이 완성되는 단계이다.

(2) 전(前)조작기(pri-operational period)

전조작기는 2~7세경의 유아에게 해당하는 단계이다. 이 시기의 유아는 사물에 대해 상징적 표상을 사용하며, 상징적 표상의 대표가 언어가 되고 언어를 사용하게 되면서 사물이나 사건을 기억하고 표현하는 능력이 가능해진다. 그러나 지각에 의한 직접적 경험으로 사건, 사물을 이해하지만, 조작능력에 한계가 있어서 변형된 경험을 논리적으로 환원시키지는 못한다. 이 단계는 2~4세까지 전 개념적 사고단계와 4~7세까지의 직관적 사고단계로 나누어진다.

전 개념적 사고단계(preconceptual thinking stage)

2~4세까지 시기의 유아는 도식이 내적으로 표상되는 전환기로 마음속으로 사물의 이미지를 만들 수 있으므로 모방, 상징화, 상징 놀이, 언어기술 등이 가능하게 된다. 사물을 만지지 않아도 과거에 있었거나 미래에 일어나기를 원하는 사건을 표현할 수 있다. 개념발달을 위해서 여러 가지 언어활동과 신체활동에 참여하는 시기이다.

직관적 사고단계(intuitive thinking stage)

5~7세까지의 단계로 유아는 직관으로 사물을 파악한다. 여러 사물과 사건을 표상하기 위해 많은 개념을 형성하지만, 사물과 사건 등 여러 측면의 내재 된 규칙이나 조직을 동시에 이해하지는 못한다. 즉, 크기, 모양, 색깔과 같은 한 가지 두드러진 속성에 근거하여 대상을 이해하려는 사고 특성을 말한다.

전조작기의 유아에게 나타나는 인지유형의 특징을 다음 다섯가지로 설명한다.

첫째, 자기중심적 사고: 전조작기의 유아는 타인의 생각, 관점, 감정 등이 자신과 동일하다고 생각하고 자신이 보는 세상을 모든 사람이 같이 본다고 생각하는 것을 말한다. 자신의 왼손을 마주 보는 상대의 오른손과 같은 손으로 착각하기도 하고 자신의 이

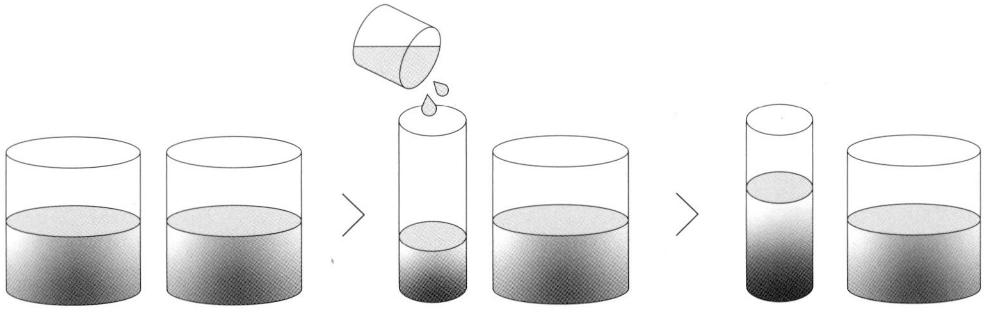

그림 2-3-2 양의 보존개념 실험

야기를 상대가 이해하는지는 생각 않고 본인 이야기만 전달하려고 한다.

둘째, 직관적 사고: 사물의 크기, 모양, 색깔 등 한가지 속성에만 근거하여 대상을 이해하려고 하는 사고를 말한다. 예를 들면, 동그란 컵 속 물의 양을 길쭉한 컵으로 옮기면 모양은 달라도 물의 양은 같다는 것을 알지 못한다. 눈에 보이는 모양만을 보고 판단하며 또한, 여러 개의 막대기를 크기 순서대로 나열하기 어렵다.

셋째, 상징적 사고: 전조작기 유아는 자신이 가지고 있는 표상들을 그림이나 언어 등의 형태로 표현한다. 가장 대표적인 예가 가상놀이로 소꿉놀이, 병원 놀이, 상상 놀이 등이 있다. 자신의 내면속에 표상된 상징을 실제 상황에서 상징화하여 놀게 되는데, 인형을 실제 아기라고 상징하며 놀이하는 경우이다.

넷째, 물활론적 사고: 생명이 없는 모든 물체에 생명을 부여하게 되는 것을 말한다. 인형의 팔이나 다리가 부서지면 실제 다쳐서 아프다고 느끼게 되고 그림을 그릴 때 자동차의 눈과 입을 그리는 예가 여기에 속한다.

다섯째, 타율적 도덕성: 유아는 성인들에 의해 부여된 규칙에 절대적으로 복종한다. 규칙은 고정되고 변할 수 없다고 생각한다. 그래서 유아는 잘못을 저지르면 벌을 받아야 한다고 생각하고 그 잘못이 실수인지 아닌지는 중요하지 않고 나타난 결과에만 치중하게 된다.

(3) 구체적 조작기(concrete operational period)

구체적 조작기는 7세에서 11세까지 아동에서 볼 수 있다. 이 단계의 아동은 논리적 사고가 가능하지만 직접 경험을 통한 사물과 사건에 대해서만 조작적이고 논리가 가능하게 된다. 전조작기의 특성인 자기중심적 사고가 극복되어 타인의 감정, 시각, 상황을 자신의 관점이 아닌 타인의 관점으로 사고할 수 있게 된다. 그리고 피아제의 보존개념 실험에서 알 수 있듯이 전조작기에서 모양이 다른 컵 속으로 따른 물의 양이 구체적 조작기에서는 모양이 달라도 물의 양은 같다는 것을 인지할 수 있다. 이러한 보존개념 획득으로 아동은 컵 속의 물 상태를 다시 되돌려 원상복귀 할 수 있다는 '가역성', 높이의 감소가 폭이라는 차원으로 보상되는 '보상성' 어떤 방법으로든 가감하지 않으면 양은 동일하다는 '동일성'도 같이 습득하게 된다.

또한 이 단계의 아동은 크기가 다른 종류의 막대기에 대해 크기를 비교할 수 있어 크기 순서대로 나열할 수 있으며 특정 속성이나 특징을 기준으로 사물을 서로 잘 어울리게 배열할 수 있는 서열화를 할 수 있다. 전조작기의 타율적 도덕성이 서로 동의하에 변할 수도 있는 자율적 도덕성을 습득하게 된다. 예를 들어 물을 마시기 전에 컵이 미끄러져 컵을 깨는 행동에서 고의가 아님을 알게 되고 미안함은 느끼지만 크게 잘못하지 않은 것을 알게 된다.

(4) 형식적 조작기(formal operation period)

형식적 조작기는 12세 이후 지속되는 단계로 피아제 인지발달의 마지막 단계이다. 이 단계에서는 자신의 지각이나 경험보다는 논리적 원리의 사고를 하게 되며, 추상적 사고가 가능하므로 경험과 상관없이 가설을 세우고 과학적 사고를 할 수 있다. 또한, 이 시기의 사고는 조합적 사고와 연역적 사고가 가능하여 문제해결의 능력을 보여준다. A는 B보다 빨리 달린다. C는 A보다 빨리 달리지 못한다. 누가 가장 달리기를 잘하나? 라고 물으면 아동들은 직접 보지 않아도 추론을 통해 답을 알아낼 수 있게 된다.

이러한 형식적 사고는 이질적 성원으로 구성된 동년배 집단에 참여할 때 더욱 촉진되는 것으로 나타났다. 또한, 교과과정을 통한 학습이 형식적 사고의 발달을 촉진하는 것으로 나타났다. 그리고 이 단계에서는 다양한 사회적 경험을 통해 자아 중심성이 감소하고, 학교나 단체생활을 통해 다른 사람을 배려할 수 있는 사회적 인지가 발달한다. 따라서 자기성찰이나 자기개발을 할 수 있게 된다(Looft, 1971).

〈표 2-3-1〉 피아제의 인지발달 단계

발달 단계	연령	주요 내용
감각운동기	출생~2세	신체접촉에 대한 반사·운동능력, 경험을 통한 환경 이해, 대상영속성 발달, 목적 지향적 행동을 나타낸다.
전조작기	2~7세	언어능력의 발달, 사물이나 사건들의 내적 표상 능력발달, 자기중심적 사고, 직관적 사고, 상징적 사고, 물활론적 사고와 타율적 도덕성을 갖는다.
구체적 조작기	7~12세	논리적 사고 발달, 보존개념 확립, 탈중심적 사고, 자율적 사고의 특성을 갖는다.
형식적 조작기	12세이후	새로운 상황에 따라 추상적, 가설적 사고가 가능하며 사회적 경험을 통해 사회적 인지가 발달한다.

4) 인지발달 이론과 사회복지실천

피아제의 인지발달 이론은 아동이 주어진 환경을 그대로 습득하는 것이 아닌 자신의 경험, 사고의 발달과정에서 환경과의 상호작용을 통한 인지체계를 능동적으로 조절할 수 있다는 것에 중요한 의의가 있다. 즉, 인간과 환경의 상호작용 관계에 초점을 둔다는 것은 사회복지실천과도 중요한 의미를 부여한다고 하겠다. 특히, 성인과 다른 사고를 한다는 아동의 체계적 인지발달은 아동 이해 부분에서 많은 도움을 주었으며 아동의 심리적 발달 구조와 변화가 아동 행동에 영향을 준다는 것을 사회복지실천 과정에서도 중요함을 강조한다.

그러나 피아제 이론의 중요성과 영향에도 불구하고 몇 가지 한계점을 가지는데 첫째, 모든 인간의 사회적·정서적 성장과 발달이 고정된 과정을 거친다는 부분은 문화적 차이를 고려하지 못하고 과도하게 결론적인 시각이라는 점이다. 둘째, 인지발달 단계 중 전조작기와 구체적 조작기에서 연령에 따른 인지발달 개념의 타당성이 명확하게 입증되지 않았으며, 청소년기 단계까지의 인지발달 단계는 최근 인지발달 단계에서 신체적 성숙이 이루어진 이후에도 지속적으로 발달, 성장할 수 있다는 점의 한계를 보여준다(이준우 외, 2021).

그럼에도 불구하고, 피아제의 인지발달 이론은 아동의 수학적·과학적 발달의 이해와 인지발달, 정서발달, 사회적 발달이 분리될 수 없음을 간과할 때 사회복지실천에 중요한 틀을 제시한다고 할 수 있다. 아동의 인지발달 단계는 개개의 단락이 구분되는 것이 아니라 지속적인 과정임을 알아야 한다. 각 단계의 발달이 충분히 이루어질 수 있도록 환경을 제공해야 하며, 적절한 시기의 교육이 단계별로 잘 수행되어야 한다는 것이다. 또한 아동의 인지발달 단계가 개인별 차이를 보일 수 있다는 관점에서 사회복지실천 과정은 아동을 바라볼 때, 그 아동의 인지 시점이 중요하고 이해를 해야 하며 그 시점에서 문제접근을 시도해 아동의 학습 발달을 잘 이끌어 나가야 할 것이다.

Review

2. 콜버그의 도덕성발달이론

1) 콜버그(Lawrence Kohlberg, 1927-1987)의 생애

콜버그는 1927년 뉴욕주의 브롱스빌(Bronxville)에서 태어나 미국 명문 사립고를 졸업한 후 홀로코스트(나치의 유태인 학살)에 대한 사회적 정의를 실천하기 위해 이스라엘에 갔다. 그는 사회적 정의를 위한 행동으로 이스라엘 난민 돕기 운동을 하였고 2년 동안 감금 생활을 하게 된다. 이러한 콜버그의 경험은 후에 도덕성 발달 이론의 기초가 될 수 있었다.

1948년 시카고 대학교 박사과정 중 피아제의 인지 발달 이론에 영향을 받게 되고 도덕성 발달에 관심을 갖게 되었다. 도덕적 딜레마에 대한 응답자의 도덕적 추론을 '왜 그렇게 판단하였는가'를 묻고 그 이유를 기록하여 도덕성을 연구하였다. 콜버그는 시카고대학에서 1968년까지 재직, 이후 하버드 대학교에서 교수로 재직하면서 학문적 연구에 매진하게 되지만 1987년 자살로 그의 생을 마감하게 된다. 대표적인 저서로 『도덕성 발달의 의미와 측정』(1976), 『도덕성 발달의 철학』(1981), 등이 있다.

2) 주요 개념

콜버그는 피아제의 도덕성 발달 단계를 체계적으로 발전시켜 대상을 청소년기와 성인기까지 확장하였다. 아동의 도덕성 발달 단계가 단계를 거쳐서 발전한다는 것에 동의하면서 콜버그는 30년 동안 도덕성 단계를 더욱 세분화하는 연구에 몰입하였다. 콜버그는 다음과 같은 '하인즈(Heinz)의 이야기'를 연령 별로 제시하면서 '이러한 상황에서 어떻게 할 것인가?'

'그렇게 생각하거나 판단하게 된 이유는 무엇인가?'를 물으면서 응답자의 결과보다도 그렇게 생각하는 도덕적 사고구조에 중점을 두고 분석하였다.

하인츠는 죽어가는 아내를 살리기위해 필요한 약을 구하고자 한다. 그 약을 발견한 약제사는 그 약으로 돈을 벌고자 한다. 약의 원료는 200달러밖에 되지 않는데 이 약제사는 한 알에 2000달러를 달라고 한다. 하인츠가 구한 돈은 1000달러밖에 되지 않는다. 약제사에게 찾아가 사정하며 나중에 돈을 갚겠다고 사정하지만, 약제사는 안된다고 거절하였다. 결국, 하인츠는 약방문을 부수고 들어가 약을 훔쳤다.

콜버그는 이러한 도덕적 딜레마에 대해서 '옳다''옳지 않다'의 도덕성 판단 결과에 초점을 두지 않고 개인이 도덕적 판단 결과를 내리게 된 사고의 틀, 추리양상에 관심을 두고 오랫동안 연구를 하였다. 그리하여 도덕성 발달 단계도 개인의 인지발달 수준에 따라 단계가 결정된다는 것을 알게 되었다. 즉, 인지발달의 낮은 단계에서부터 높은 단계로 순차적 발달이 이루어지듯 도덕성 발달도 단계별 발달이 이루어짐을 알게 되었다.

3) 발달단계

콜버그는 가상적인 도덕성 딜레마 연구에서 아동의 판단 결과에 '어떻게 판단하는가'를 구분하여 전 인습적 수준, 인습적 수준, 후 인습적 수준인 3가지 수준과 더 자세하게 6단계로 나누었다.

(1) 전 인습적 수준 (pre-conventional level)

주로 9세 이전의 아동에 해당되는 전 인습적 수준은 규칙이 개인의 내재화 속에서 영향을 받는 것이 아닌 외부의 영향에 의해 이루어지는 것으로 본다.

1단계: 처벌과 복종지향

아동은 주위에서 주어지는 규칙에 무조건적으로 따르는 경향을 보이며 규칙을 어기는 행위는 벌이 동반됨을 알고 있다. 그래서 규칙을 어기면서 받게 되는 처벌이 무서워서 복종을 해야된다고 생각한다. 행위의 옳고 그름의 판단 기준이 벌을 받는가 아닌가로 판단하기 때문이다. 이 시기의 아동은 훔치는 행위가 벌을 받는다고 판단하므로 하인츠의 행동이 나쁘다고 판단하게 된다. 아동은 처벌을 피할 수 있거나 힘 있는 사람에게 무조건 복종하는 것이 도덕적 가치가 있다고 생각한다.

2단계: 상대적 쾌락주의

이 시기의 아동은 보상을 받기 위해서 규칙에 동조하며 자신과 타인을 만족시키려는 도구로서 도덕적 행동을 정의한다(신종우 외, 2010). 규칙이 하나로 절대적인 것이 아니라 각자의 입장에서 보게 되면 규칙도 다를 수 있다는 것을 인지하게 된다. 하인츠의 입장에서는 아내가 아프기 때문에 약을 훔칠 수 있다고 판단하고 약제사의 입장에서는 도둑질은 나쁘다고 판단할 수 있다는 것이다. 즉 어느 입장에서 보느냐에 따라 결과는 달라질 수 있게 된다.

(2) 인습적 수준(conventional level)

주로 10세 이상의 아동이 속하는 인습적 수준은 가족, 사회, 국가의 규범, 관습, 질서를 지키려는 행동을하는 단계이다. 힘 있는 권위적 타인에게서 칭찬도 획득하고 사회질서를 유지하는 것이 도덕성이라 생각한다. 또한, 타인의 입장을 배려할 수 있다.

3단계: 착한 소년·소녀 지향

도덕성을 사회질서와 타인의 인정에 있다고 느끼는 시기이다. 타인을 기쁘게 해주고 타인을 즐겁게 하는 것이 옳다고 생각하므로 하인츠의 아내를 살리기 위한 행동은 착한 행동이고 약값을 올리는 약제사를 무자비한 악당으로 생각하여 감옥에 보내야 한다고 판단한다.

이 시기의 도덕성 판단 여부는 물리적인 힘보다는 개인의 심리적 인정 여부에 있으며 착한 사람이 타인에게 인정받을 수 있다고 생각한다.

4단계: 법과 사회질서

사회질서에 대해 광범위하게 사고하게 되는 시기이다. 규칙과 규범은 사회질서를 위해 고정되어 있으므로 사회가 정한 규칙과 규범은 지켜야 하는 것이 도덕적이고 선한 행동이라 생각한다. 아내를 살리기 위한 하인츠의 상황이 이해는 되지만 법을 어기게 된 하인츠의 행동은 처벌을 받는 것이 옳다고 생각한다. 그만큼 사회질서를 위한 법은 중요하다고 판단하기 때문이다.

(3) 후 인습적 수준(Post-conventional level)

후 인습적 수준은 도덕적 가치와 원리가 사회의 집단과 권리를 행사하는 사람과 무관하게 규정짓게 된다. 법으로 규정짓는 정의가 항상 옳지는 않다는 것을 알게 되며 보편타당한 원리에 의한 정의를 도덕적 가치로 판단하게 된다.

5단계: 민주적 법률

법이란 사회 공동체로서 개인과 사회 모두에게 정의롭고 민주적 법률과 질서에 따라 행동하는 것을 도덕적 가치로 정의하며, 국가나 사회 공동체가 정한 법률을 잘 지켜야 하지만 사람들이 원하지 않는 법률은 새로 재정비할 수 있다고 판단한다. '악법도 법이다'라는 말은 있지만, 사람들의 욕구 충족과 행복에 반하는 법률과 규범은 시대와 문화에 맞게 변해야 한다고 생각한다. 하인츠의 아내가 살 권리는 있지만, 남편의 도둑질 행위는 올바른 행위라고 볼 수는 없다고 하는 단계이다.

6단계: 보편적 원리

이 시기는 가장 높은 단계로서 나라의 법, 사회적 규범에 앞서 개인의 보편적 윤리를 따르는 것을 의미한다. 개인 자신이 가지는 양심, 인간의 존엄성, 공정성, 보편성 등이 사회적으로 맺은 계약을 초월하는 단계이다. 하인츠가 도둑질하는 권리가 법적으로 타당한 것은 아니지만 아내를 살리려는 행위가 법적 권리보다 우위의 것인 도덕적 권리라고 간주한다. 도둑질에 대한 법적 옳고 그름보다 인간 생명이라는 보편적 원리가 더 우위라고 보는 것이다. 이 도덕적 수준 단계에 오르는 사람은 드물다. 예수, 간디, 위대한 성인과 같은 인물이 여기에 속한다고 볼 수 있다.

4) 도덕성 발달이론과 사회복지실천

콜버그의 이론은 인간 도덕성 발달 단계의 대표적 이론으로서 인간의 도덕적 판단 결과보다도 도덕적 판단 과정의 논리에 더 중요성을 두었다. 수많은 사회적 상황에서 인간의 연령 별 자유 판단과 도덕성의 변화 가능성을 증명하는 중요한 이론으로 도덕 발달 분야에 큰 영향을 끼치고 있다. 이러한 개념은 인간과 사회의 상호작용에서 일어나는 많은 사건을 다루어야 하는 사회복지사에게는 가치판단의 기준이 되는 중요한 이론이라 하겠다.

도덕적 가치를 추구하는 사회복지실천은 다양한 사건과 상황 속의 클라이언트 문제를 개인의 상황에 맞게 접근해야 하고, 클라이언트의 문제점을 돕는 기준에서는 도덕성 원리의 일반성과 보편성은 늘 유지해야 한다. 특히 윤리적 딜레마 상황과 같이 깊이 있는 생각을 해야 할 때는 클라이언트와 사회복지사에게 이론의 원리 기준은 더없이 중요해진다. 그럼에도 불구하고 콜버그의 도덕성 발달이론의 몇 가지 비판적 입장을 살펴보면 다음과 같다.

첫째, 콜버그의 도덕성 발달 단계의 순서는 변하지 않는다고 하였으나, 개인의 상황에 따라 한 가지 단계라도 그냥 넘어가거나 빠질 수도 있다는 문제가 제기된다.

둘째, 콜버그의 도덕성 발달 단계는 한 단계에서 다음 단계로 자발적으로 넘어간다고 하였으나, 도덕성 발달은 사회라는 환경 속에서 교육을 받고 자라는 인간의 사회화를 무시한다는 제기를 받는다.

셋째, 서로 다른 문화권에서 성장한 개인들을 상대로 한 연구이기 때문에 이론의 보편성을 주장하지만, 서양 문화권과 동양 문화권의 차이에 대한 상황에서 이론의 보편성은 무리가 있다는 비판이 제기된다.

넷째, 도덕적 추리에 대해 낮은 단계의 사람보다 높은 단계의 사람이 도덕적 행위는 더 높다고 하였으나, 도덕적 사고의 추리와 행위와의 관계에대한 연구가 미흡하고 남성이 여성보다 도덕성 발달 수준이 높다는 것에 비판을 받고 있다.

Review

제2부 인간행동과 주요이론

제4장 인본주의 이론

현상학적 장 | 자아 | 내담자중심치료 | 완전히 기능하는사람 | 긍정적 관심 | 무조건적인 긍정적 관심 | 자아실현 경향 | 가치의 조건 | 치료자의 세가지 태도 | 자아실현 | 욕구위계이론 | 결핍동기 | 성장동기 | 생존적 경향 | 실현적 경향 | 생리적 욕구 | 안전 욕구 | 애정과 소속의 욕구 | 존경의 욕구 | 자아실현 욕구

Preview

인본주의 이론

인본주의는 정신분석적 입장과 행동주의적 입장을 비판하면서 긍정적 인간관에 근거하여 새롭게 대두된'제3의 심리학'이라고 불린다. 인본주의 심리학자의 관점에서 보면, 정신분석적 입장은 인간을 근본적으로 성적인 욕구 및 무의식적 동기에 의해 움직이는 부정적인 존재로 보지만, 행동주의적 입장은 인간이 환경에 의해 조작되는 피동적인 존재로 본다. 이처럼 인간의 자유의지와 존엄성을 무시하는 부정적 인간관에 근거한 기존의 심리학 이론을 비판하면서 등장한 인본주의 이론은, 인간이 근본적인 자기실현을 추구하는 성장지향적 존재라고 하였다. 이러한 긍정적 인간관이 정식분석적 입장 및 행동주의적 입장과 차별되는 인본주의 심리학의 가장 큰 특징이라 할 수 있다. 이에 대표적인 학자가 매슬로우(Maslow)와 로저스(Rogers)이다(권석만, 2003).

1. 로저스의 현상학 이론

1) 로저스(Carl R. Rogers, 1902-1987)의 생애

로저스는 미국 일리노이주 오크 파크(Oak Park)에서 6명의 자녀 중 네 번째로 태어났다. 그의 부모는 근본주의 기독

교적 견해를 가졌으며 도덕적 행동, 정서표현의 억제, 그리고 열심히 일하는 것의 미덕을 강조하였다. 로저스는 수줍음이 있었지만 매우 총명한 소년으로 자라났다. 그는 과학을 특히 좋아했고, 13살 경에 생물학과 농업에 대한 지역 전문가로 평판이 나있었다. 아이러니컬하게, 로저스의 가족은 조금도 따뜻하거나 애정적이지 않았다. 즉 그가 발달시킨 내담자중심치료의 주요 특성인 감정을 개방적으로 표현하는 것은 허락되지 않았다. 그 결과, 그의 다른 형제 2명처럼 로저스는 15세 때 위궤양을 앓았다. 로저스는 1919년에 농업을 공부하기 위해 부모의 모교인 위스콘신 대학에 입학하였다. 그는 처음에는 진로를 농업분야로 정할 계획이었지만, 곧 농업에서 도전할 만한 흥미를 발견하지 못했다. 그는 종교에 관한 공부를 하기로 결정했다. 그는 1924년에 부인 헬렌(Helen)과 함께 위스콘신 대학을 졸업하고 나서 목사로서의 진로를 준비하기 위해 뉴욕에 있는 유니온 신학교에 입학하였다. 로저스는 신학교를 다니면서 길 건너 있는 콜롬비아 대학에서 심리학 강의를 들으면서 새로운 관점을 갖게 되었다. 신학의 진로는 로저스에게 사람들을 도울 수 있는 기회를 보장했지만, 그의 이러한 믿음은 점점 약해졌다. 로저스는 그 당시의 상황을 "단지 목사로서의 전문직을 유지하기 위해, 믿음을 고백하는 것은 끔찍한 일일 것이다. 나는 사고의 자유를 제한받지 않는 분야를 찾기를 원했다"고 술회했다. 그는 신학을 포기하고 심리학을 공부하기 위해 콜롬비아 대학 대학원 과정에 등록했다(이희세 외, 2015).

로저스는 29살인 1931년에 콜럼비아 대학에서 박사학위를 받은 후 뉴욕주 로체스터에 있는 아동생활지도 클리닉에서 일을 하였다. 그는 여기서 비행 및 장애아동을 진단하고 치료하면서 대부분의 시간을 보냈다. 1940년 오하이오 주립대학교 임상심리학 교수가 되면서 비지시적 상담을 발전시켰고, 1945년에는 시카고 대학교로 옮겨 상담센터를 설립하여 내담자 중심적 치료를 발전시켰다. 1957년 그는 다시 모교인 위스콘신 대학교로 옮겨서 심리학 및 정신과 교수로 1963년까지 재직하면서 정신분열증 환자에 대한 상담을 적용하였다. 1968년에는 인간연구센터를 창설하여 참만남집단, 대인관계 등에 초점을 두고 활동하였으며 인간중심 상담으로 실천교육과 인종 간의 긴장완화와 세계평화를 위해 노력하였다. 1987년 2월, 86세에 생을 마감하였다. 주요 저서로는 〈상담과 심리요법〉, 〈내담자 중심 요법〉 등이 있다.

2) 로저스의 인간관

로저스는 인간마다 현실을 각기 달리 지각하고 주관적인 경험이 행동을 지배한다고 생각했다. 즉, 사람이 외부현실보다는 오히려 내부적인 경험에 의해 이끌어진다는 것이다. 로저스는 오랜 임상경험을 바탕으로 하여 인간은 기본적으로 자유로우며 자신의 행동에 책임을 지고, 유목적적이며, 합리적이고 건설적인 방향으로 지속적으로 성장해 나가는 미래지향적 존재라고 보고 있다. 따라서 이러한 선천적 잠재력을 발휘할 수 있는 조건들이 적절히 갖추어진다면 인간은 무한한 성장과 발전이 가능하다고 결론지었다. 이러한 로저스의 인간관을 자세히 살펴보면, 자유, 합리성 그리고 자아실현의 경향이 서로 연결되어 있다. 로저스는 인간의 삶은 자신이 통제할 수 없는 어떤 힘에 의해 조종당하는 피동적 삶이 아니라 각 개인이 자유로운 능동적 선택의 결과라고 보았다.

모든 인간은 자신의 과거와 현재 생활상태를 정확히 인식할 수 있기 때문에 자신의 삶과 미래를 능동적으로 선택할 수 있다. 즉, 인간은 선천적으로 타고난 성장가능성을 실현하는 과정에서 자신의 인생목표와 행동방향을 스스로 결정하고 이러한 결정에 따르는 책임을 수용하는 자유로운 존재로 규정하고 있다. 인간 본성에 대한 강한 자유론적 관점과 아울러 로저스는 인간을 합리적인 존재로 규정한다. 이러한 인간의 합리성은 자아실현의 경향이 강해지고 인간이 더욱 자유로워질 때 강하게 표출된다. 로저스는 모든 인간이 자신의 내부에 자기이해, 자기개념과 기본적 태도의 변화 및 자기 지향적 행동을 위한 거대한 자원을 갖고 있다고 하였다. 이러한 선천적 능력의 표현이 바로 자아실현 경향이다. 로저스는 자아실현 경향을 자기충족, 성숙의 방향을 지향하는 모든 동기를 포함하는 각 개인의 진보적인 추진력이라고 규정하였다. 로저스는 이러한 자아실현의 경향을 성취하기 위하여 인간은 항상 노력하고 도전하고 어려움을 극복함으로써 진정한 한 개인이 되어간다고 보고 있다. 그러나 로저스는 이러한 자아실현을 완전히 최종적인 것으로 간주하지 않았으며, 인간은 항상 발전하고 성장할 수 있는 창조성이 있으며, 또 그럴 수 있는 가능성이 무한이 잠재되어 있다고 본다. 인간은 각자가 타고난 청사진을 갖고 있으며, 그들의 잠재력을 달성하려는 타고난 자성능력이 있어 어떤 역경에서도 금방 회복할 수 있다고 믿었다(이영호 외, 2018).

3) 주요 개념

(1) 현상학적 장(phenomenal field)

현상학(phenomenal)은 각 개인에게 '현상이 나타나는 방식'과 개인이 그 현상을 어떻게 '경험하고 느끼는지'에 관심을 두고 있다. 로저스는 이 현상학적 관점을 근거로 하고 있으며 인간은 각 개인의 주관적이고 사적인 경험의 세계에서 존재한다고 보았다. 현상학적 관점으로 인간을 이해한다는 것은 행동에 대한 주관적 경험을 강조한다는 의미이다. 모든 인간은 고유하고 독특한 성격을 가지고 각자가 다른 사람을 살아간다고 보고 있다. 어느 특정한 사건을 똑같이 경험하더라도 모든 사람들은 자신이 가지고 있는 사고의 틀에 의해 각자가 다르게 반응한다. 인간은 어떤 새로운 사실이나 정보를 취할 때 자신의 개인화된 방식으로 해석하고 행동한다. 따라서 로저스의 '현상학적 장'은 특정한 순간에 개인이 지각하고 경험하는 모든 것을 의미하며, 주관적 경험 혹은 개인에 의해 구성된 현실을 의미한다(Rogers, 1980). 개인의 모든 반응은 자기가 체험하고 지각하는 대로의 현상학적 장에 근거하고 있다. 여기서 현재 행동에 영향을 미치는 것은 프로이트가 강조하는 과거 경험 속의 사실이 아니라 과거 경험에 대한 현재의 해석이다. 어떤 사람의 행동의 의미를 완전히 이해하기 위해서는 그 사람이 현실을 어떻게 체험하고 있는지를 알아야 한다. 왜냐하면 누구나 자신의 지각을 근거로 현실을 구성하기 때문이다(이인정 외, 2004).

(2) 자기(self)

로저스의 독특한 이론체계 중 또 다른 중요한 구성개념이 자아(self)다. 처음 로저스는 '자아'라는 개념이 쓸모없고 의미 없는 용어라는 생각을 했었다고 한다. 그러나 자아라는 개념이 클라이언트의 경험에서 매우 중요한 요소임을 인식하게 되었다. 자아라는 것이 고정된 실체가 아니라, 유동적이고 변화하며, 어떤 주어진 순간의 특정한 실체라고 결론을 내리게 되었다. 자기나 자아로 혼용해서 사용하고 있다. 자기는 자신에 대해 가지고 있는 조직적이고 지속적인 인식을 말한다.

자기개념은 현재 자기가 어떤 사람인가? 자신을 어떻게 생각하고 있는지에 대한 이론적 구성개념이다. 즉 자신의 자아상인데'현재의 나'라는 존재의 인식과 '내가 할 수 있는 것'이라는 기능의 인식을 포함하는 것이다(Rogers, 1980). 로저스는 자기를 현실적 자기(real self)와 이상적 자기(ideal self)의 두 가지로 구분하였다. 현실적 자기는 현재의 자기를 있는 그대로 바라보는 방식을 말하며, 이상적 자기는 자신이 되고 싶어 하는 모습이라고 할 수 있다. 로저스는 현실적 자기와 이상적 자기의 괴리가 큰 개인은 사회에 건강하게 적응할 수 없다고 본다. 어떤 경우에는 사회적으로 성공한 사람이라고 인정되는 개인도 현실적 자기와 이상적 자기의 차이로 인하여 불만, 고통, 불안을 경험할 수 있다.

자기는 인생 초기에는 존재하지 않다가 분화의 과정을 통해 출현한다. 유아는 처음엔 자기 자신을 독특하고 특별한 실체로 인식하지 못하나 부모나, 형제, 친척, 친구 등 주위에 의미 있는 타자들과 상호작용하면서 자기라고 할 수 있는 것이 형성되고 발전된다. 자기개념이 개인의 선천적인 잠재력과 조화를 이루기 위해서 중요한 조건은 아동에게 무조건적 긍정적 관심을 보여주는 것이다(엄태완, 2022).

(3) 자아실현경향(self actualization tendency)

로저스는 자아실현의 경향(self actualization tendency)을 유일하고도 기본적인 인간의 동기라고 하였다. 모든 인간은 성장과 자기 증진을 위하여 끊임없이 노력하며, 고통이나 성장 방해요인에 직면하여 극복할 수 있는 성장지향적 유기체라고 보고 있다. 특히 이러한 자기실현 동기는 성장과 퇴행 중 어느 하나를 선택해야 하는 상황에 처하게 되면 더욱 강하게 작용한다. 그러나 현실지각이 왜곡되어 있거나 자아분화의 수준이 낮은 개인의 경우에는 퇴행적 동기가 더 강하게 작용하여 유아적 수준의 행동을 나타내는 경우도 있다. 로저스는 인간이 퇴행적 동기를 지니고 있긴 하지만 그보다는 성장지향적 동기, 즉, 자기실현 욕구가 기본적인 행동동기라고 보았다. 그리고 진정한 자아실현은 개인적인 노력이 없으면 이루어질 수 없는 것으로 부단한 노력과 인내, 고통을 수반하게 된다(이영호 외, 2018).

로저스는 유기체적 평가과정(organismic valuating process)을 통해 인간이 자아실현의 경향에 얼마나 공헌했느냐에 따라 모든 생활의 경험들이 평가된다고 보고 있다. 인간이 태어나면서 신생아는 무엇이 좋게 느껴지고, 무엇이 그렇지 않는지를 구별할 줄 안다. 유아는 이것을 의식적으로가 아니라 유기체의 본능으로 아는 것이다. 자아실현의 경향에 이바지하는 경험들은 바람직한 것으로 평가되고 긍정적 가치가 부여되는 반면에, 자아실현을 방해하는 경험들은 바람직하지 못한 것으로 평가되고 부정적인 가치가 부여된다. 이러한 인식이 바람직한 경험을 반복적으로 추구하게 되는 원동력이 된다(Schultz et al, 1994). 성격의 관점에서 자아실현의 경향이 중요한 것은 자아실현이 인간의 자기충족, 성숙, 향상 등과 같은 진보적인 추진력을 포함하고 있다는 것이다. 자아실현의 경향을 통해 인간은 더욱 자기 충족적이 되고, 창조적이며 자율적으로 기능할 수 있게 되며, 자신을 좀 더 능력 있는 사람으로 될 수 있도록 한다. 그러므로 인간은 근본적으로 활동적이며 자아실현의 경향을 가지고 있다(이근홍, 2019).

4) 성격발달(personality development)

로저스는 실제로 체계적인 성격 발달단계에 대한 이론을 갖고 있지 않았으며, 이에 관한 장기간의 연구나 부모-자녀 상호작용 등에 관한 연구를 하지 않았다. 기본적으로 로저스는 성장의 힘은 모든 개인들 안에 존재한다고 믿었다. 자아는 현상학적 장에서 분리된 부분이고, 점차적으로 복잡하게 성장한다. 자아가 출현할 때 개인은 긍정적 존중에 대한 욕구를 발달시킨다. 만약 타인들에 의한 긍정적 존중에 대한 욕구가 자신의 감정에 맞추어지는 것보다 더 중요하게 되면 개인은 다양한 경험들을 의식 밖으로 내보내게 되고 부조화의 상태에 빠지게 된다.

근본적으로 로저스에 대한 주요 발달적 관심은 아이가 자아실현을 위한 조화의 상태에서 자유스럽게 성장했느냐 아니면 아이가 방어적이 되거나 부조화의 상태에서 기능하느냐이다. 자아의 건강한 발달은 부모들이 아이의 특정 행동을 용납하지 않을 때도 아이가 충분히 경험하고 그 자체를 수용할 때 이루어진다. 또한, 부모도 아이의 특정 행동을 용납하지 않을 뿐이지 아이의 전부를 거부하지 않는 분위기에서 아이는 건강하게 발달한다(Pervin et al., 2005).

(1) 긍정적 관심에 대한 욕구(positive regard)

모든 사람은 태어나면서부터 긍정적 관심을 받고 싶어 하는 욕구를 선천적으로 타고난다고 보았다. 긍정적 관심(positive regard)이란 수용, 존중, 온정, 사랑과 같은 형태로 나타나는 긍정적인 사회적 피드백이라고 할 수 있다. 로저스는 긍정적 관심은 개인의 건강한 발달과 사회에서의 대인관계를 형성하는데 필수적인 요인이라고 보았다. 긍정적 관심에 대한 욕구는 타인뿐만 아니라 자기 자신에 의해서도 충족될 수 있다(정 은, 2010).

로저스는 어린 유아는 자신의 내부에서 지각되는 자기 경험과 외부의 타인에 대한 경험을 구별하기 시작하면서 자기 존재에 대한 인식이 발달한다고 하였다. 자기는 조직적이고 일관성 있는 개념으로, 자기는 개인의 경험 세계로부터 분화된 것으로서 자신에 대하여 의식적으로 지각한 것과 자신이 소중히 여기는 가치를 포함한다. 아동은 자기에 대한 인식이 생기면서, 타인으로부터 긍정적인 존중을 받고 싶은 욕구도 함께 발달하게 되는데, 자기는 현재의 모습을 반영하는 현실자기(real self)와 긍정적인 존중을 받기를 추구하는 이상적 자기(idea self)를 설명한다. 이상적 자기는 다른 사람으로부터 긍정적으로 평가받기 위한 가치의 조건을 반영한다(장수한 외, 2018).

(2) 가치의 조건(conditions of worth)

로저스의 성격형성을 이해하는데 중요한 개념이 가치의 조건화(conditions of worth)라고 얘기하였다.

가치의 조건이란 자신과는 무관하게 타인을 통해 부여받은 가치로 자기의 가치를 형성하는 것을 말한다. 로저스는"경험은 나에게 최고의 권위이다"라고 말한 것처럼 우리 각자는 경험을 통해 가치를 형성하는 것이 중요하다. 그러나 연약한 존재로서 아동은 그에게 가장 영향력 있는 부모의 양육 태도에 따라 가치의 조건화를 형성한다. 대부분 성인들은 아동들에게 조건적인 긍정적 관심을 보이는데, 예로'부모가 바라는 사람이 되면, 나는 너를 사랑하고 인정할 것이다'라는 표현이다. 이러한 조건적인 긍정적 관심을 조건적 가치 부여라고 한다. 이것은 아동이 타인의 기대에 따라 행동함으로써 칭찬받고, 주의를 끌며, 인정이나 또 다른 형태의 보상을 받는 상황을 의미한다.

아동에게 부과된 가치의 조건은 아동이 완전히 기능하는 사람이 되어 가는데 결정적인 영향을 준다. 이것은 아동이 현재의 자기나 앞으로 되고자 하는 자기를 찾고 그렇게 되고자 노력하기보다는 타인이 세운 기준에 맞추려고 하기 때문이다. 아동은 인간으로서 자기 가치와 자기 자신을 남이 인정하고 지지해 준 그의 행동, 사고 느낌 등을 토대로 평가한다. 그러나 가치의 조건은 우리가 활용할 수 있는 이전의 경험을 무시하게 되며, 사람들의 행동을 제한하고 현실을 왜곡하게 한다. 아동이 조건적인 긍정적 관심을 얻기 위하여 다른 측면들을 무시한다면 자신의 잠재력과의 접촉이 단절되며, 자기 소외를 경험하게 되며, 건전한 성장과 발달은 방해를 받게된다. 그러므로 가치의 조건과는 무관하게 무조건적인 긍정적인 관심을 주거나 받는 것이 필요하다(Hjelle et al, 1992).

로저스는 이러한 무조건적인 긍정적 관심을 주고받을 때 개인으로 하여금 완전히 기능하는 사람으로 진보하게 만들어, 자아구조가 더욱 심화되어 간다고 보았다.

(3) 무조건적인 긍정적 관심(unconditional positive regard)

로저스는 건강한 성격의 발달을 위한 중요한 요건에 대해서 무조건적인 긍정적 관심(unconditional positive regard)에 대해 얘기하였다. 이는 아동이 어떻게 행동하든간에 어머니가 사랑과 애정을 기울일 때 발달한다. 어머니가 보여준 조건적인 긍정적 관심이 아이에게 내면화되었던 것처럼, 자유롭게 주어진 사랑과 애정, 그리고 표현하는 태도도 아이에게 내면화된 규범과 기준이 된다.

무조건적인 긍정적 관심이란 아동의 모든 행동에 속박이 전혀 없어야 한다는 것은 아니다. 즉 아이가 아무런 훈계도 받지 않고 무엇이나 원하는 대로 허용한다는 의미는 아니다. 로저스는 아동이 사랑과 애정을 받을 조건을 세우지 않으면서도 어머니가 어떤 행동을 훈계할 수 있다고 확신한다고 믿었다. 이러한 것은 아이가 어떤 행동을 했을 때 죄의식과 무가치함을 느끼지 않으면서 자기의 행동이 바람직하지 못함을 받아들이는 분위기 속에서 이루어진다. 이런 분위기에서 어린이에게 가치의 조건을 세우기 위해 그다지 훈계적일 필요는 없다.

무조건적인 긍정적 관심을 받으며 성장한 아이들은 조건부적 가치감이 발달하지 않을 것이다. 그들은 어떤 상황하에서도 자기들의 가치를 느낄 것이며 가치감에 조건이 없는 한 방어적 행동을 할 필요가 없다. 이러한 사람에게는 어떤 경험도 위협적인 것이 아니므로 완전하고 자유롭게 삶에 참여할 수가 있다. 자아는 자기가 표현할 수 있는 생각과 감정을 모두 포함하고 있기 때문에 넓고 깊다. 또한 새로운 모든 경험에 대해 개방적이며 융통성이 있다.

이 사람은 자아실현을 하고, 자기 잠재력 모두를 개발하기에 전적으로 자유롭다. 그리고 일단 자아실현 과정이 진행되면 인간은 충분이 기능하는 사람이 된다는 궁극적 목표를 향해 계속 전진할 수 있는 것이다(이혜성 역, 1982).

보충자료

무조건적인 긍정적 관심 이야기

인도의 어느 한 마을에 젊고 용모가 수려한 수도자가 마을 사람들에게 성자로 존경을 받으며 살고 있었다. 그런데 그 마을에 한 처녀가 임신을 했는데, 아이의 아버지가 누군지를 캐묻는 부모에게 수도자가 아이의 아버지라고 거짓말을 했다. 마을 사람들은 암자에 가서 아기를 수행자에게 던져주었다.

"이 애는 당신 아들이다. 그러니 당신이 그 책임을 져라."

그러자 수도자는 단지 이렇게 대답했다.

"그런가? 이 아기가 내 아들인가?'

수도자는 아기를 받아서 동네를 다니며 젖을 동냥하였지만, 냉대를 받기 일쑤였다.

어느 날 그 처녀의 집에 당도했다. 아기의 울음소리를 듣자 처녀는 가슴이 찢어지는 것 같았다. **"나는 죄인이지만 아기는 죄가 없다. 그대는 아기에게 젖을 줄 수 있다."**

수도자가 이렇게 말하자, 참다못한 처녀가 부모에게 사실을 고백했다. 이 사실을 알게 된 마을 사람들은 수도자에게 엎드려 용서를 구하면서 이렇게 말했다.

"왜 아니라고 말하지 않았습니까? 아기는 당신의 아들이 아닙니다."

그러자 수도자는 이렇게 대답했다.

"그런가? 이 아기가 내 아들이 아닌가?"

수도자는 모든 비난과 칭찬을 그대로 다 받아들였다. 특히, 비난을 받을 때 자신의 결백을 밝히기 위해 애쓰지 않았다 처녀의 극단적인 행동이 예견되었기 때문이다. 단지 처녀에게 그 상황을 이길 힘이 생길 때까지 기다려 준 것이다. 수도자의 무조건적 긍정적 관심이 처녀와 마을 사람들의 태도를 바꾸게 하였다.

5) 훌륭한 삶을 영위하는 성격:완전하게 기능하는 사람(the fully functioning person)

로저스가 말하는 훌륭한 삶이란 고정된 상태가 아니므로 흔히 이야기 하는 덕행, 만족, 해탈, 또는 행복의 상태가 아니다. 즉, 훌륭한 삶이란 존재하는 상태가 아니라 과정이며, 목적이 아니라 방향을 뜻한다고 하였다. 훌륭한 삶 즉 완전하게 기능하는 사람(the fully functioning person)의 과정이 공통적으로 갖는 다섯가지를 다음과 같이 제시하였다(이인정 외, 2004).

첫째, 체험(경험)에 대해 개방적(openness to experience)이다. 자신의 체험에 완전히 개방적일 수 있으면 모든 자극은 방어기제에 의해 왜곡되지 않은 채 신경체계를 통해 자유롭게 전해진다. 체험에 개방적인 사람은 그 자극이 형상이나 색, 소리의 형태로 감각신경에 미치는 영향이든 혹은 과거의 기억이든 공포, 기쁨 또는 혐오의 본능적 지각이든 분명히 의식한다. 자신의 감정을 민감하게 인식하고 억압하지 않으므로 체험에 완전하게 개방적인 사람은 그 자신을 들을 수 있으며, 자기의 내면에서 무엇이 일어나고 있는지 체험할 수 있다. 그는 공포, 실망, 고통의 느낌에 개방적이며 또한 용기, 애정, 경외의 느낌에도 개방적이다. 느낀 대로 주관적으로 살 만큼 자유롭게 또한 이 느낌을 깨닫는 데 자유롭다.

둘째, 매 순간 충실(existential)하게 산다. 완전하게 기능하는 사람은 실존적인 삶(existential living)을 산다. 실존적인 삶이란 인간이 존재의 매 순간을 충분히 만끽하며 사는 것을 뜻한다. 현재의 자기나 미래의 자기는 그 순간으로부터 나오며 사전에 예측될 수 없다. 실존적 삶에서 개인의 자기(self)와 성격은 경험으로부터 나타난다. 이는 스스로 유기체적 경험의 지속적인 과정의 참여자이며 관찰자가 되는 것을 의미한다.

셋째, 자신을 신뢰(organismic trusting)한다. 이는 실존적 상황에서 가장 만족스러운 행동에 도달하는 방법이다. 완전하게 기능하는 사람은 자기의 유기체적 체험을 그가 해야 할 것과 하지 말아야 할 것을 결정하는 기준으로 삼는다. 자기 체험에 완전히 개방적인 사람은 그의 행동이 참조해야 하는 모든 가능한 정보, 즉 사회적 요구사항, 자신의 콤플렉스 및 갈등을 야기시키는 욕구, 유사한 상황에 대한 기억, 그 상황의 독특성에 대한 지각 등의 정보를 입수할 것이다. 그 결과 현재 상황에서 욕구를 최대로 만족시키는 행동이 나온다.

넷째, 자유로움(freedom)이다. 그는 자기의 느낌과 반응에 따라 충실히 산다. 사람이 심리적으로 건강할수록 선택이나 행동에 자유로움을 체험한다고 로저스는 확신하였다. 건강한 사람은 억제나 금지 없이 생각과 행동의 과정의 대안들 사이에서 자유롭게 선택할 수 있다. 뿐만 아니라 완전하게 기능을 발휘하는 사람은 일시적 생각이나 주변환경, 과거 사건들에 의해 미래를 결정하는 것이 아니라 자기자신이 미래를 결정한다.

다섯째, 창조성(creativity)을 가진다. 모든 체험에 대해 개방적이고 유기체로서 자신을 신뢰하며, 결정이나 행동에 자유로운 사람은 자기 실존의 모든 영역에서 독창적 사고력과 창조적 삶으로 스스로를 표현한다. 창의적이고 자발적인 사람은 사회문화적 구속에 동조하거나 수동적으로 적응하지 않는다.

보충자료

로저스의 책 'On Becoming a Person'(1961) 자신에 대해 기술한 14가지

① 나는 사람들과의 관계에서 내가 아닌 방식으로 행동하는 것이 결국에 도움이 되지 않는다는 것을 발견해왔다.

② 나는 나 자신을 수용적으로 경청하고 나 자신일 수 있을 때 보다 효율적임을 발견한다. 신기한 역설은 내가 있는 그대로의 나를 수용할 때 내가 변화한다는 것이다.

③ 나는 다른 사람을 이해하려고 나 자신을 개방했을 때 그것이 큰 가치가 있음을 발견해 왔다.

④ 나는 내가 충분히 개방적일 때 타인이 나에게 자신의 감정 및 사적인 지각 세계를 털어놓는다는 것을 목격해왔다.

⑤ 나는 다른 사람을 수용할 수 있는 능력이 매우 보상적임을 발견해왔다.

⑥ 나는 나와 타인의 현실에 보다 개방적일수록 서둘러 일을 해결하려는 욕심이 줄어든다는 것을 발견한다.

⑦ 나는 나의 경험을 신뢰할 수 있다.

⑧ 타인의 평가는 나를 위한 지침이 아니다.

⑨ 경험은 나에게 최고의 권위이다.

⑩ 나는 경험에서 질서를 발견하며, 나는 그것을 즐긴다.

⑪ 외부에서 일어나는 일들은 내게 우호적이다.

⑫ 가장 인간적인 것이 가장 일반적이다.

⑬ 나는 사람들이 기본적으로 긍정적 경향성을 가진다는 것을 경험을 통해 목격해 왔다.

⑭ 삶은 진행되는 과정이며 아무것도 고정되어 있지 않다.

완전히 기능하는 사람은 일치감을 경험하고, 그로 인해 심리적 성숙을 이룬다. 이러한 사람은 정체된 상태에 머물러 있지 않고 항상 변화하는 과정에 있다. 인간중심 치료에서는 클라이언트로 하여금 치료적 경험을 통해 새로운 형태의 적응을 하도록 돕는다(Rogers, 1959).

6) 내담자중심치료(client-centered therapy)

내담자중심치료(client-centered therapy)는 주의 깊은 경청과 비지시적 원조과정을 통해서 내담자의 자기가치감과 자기이해를 증진시켜 사회적 기능을 향상시키는 심리치료이다. 로저스는 심리치료가 잠재능력을 가지고 있는 개인 내에 이미 존재하는 능력을 방출하는 것이라고 주장하였다. 그는 내담자중심치료에서 효과적인 치료관계에 필수적인 치료자의 세 가지의 태도를 강조했다(이근홍, 2019).

첫째, 일치감(congruence of genuineness)이다. 치료자는 일치성 또는 진실성을 가지고 내담자와 관계하여야 한다. 일치성은 치료자가 진실하다는 의미이며, 내담자와의 관계에서 거짓된 태도를 보여서는 안된다는 것을 말한다. 또한 내담자에게 솔직하게 말하면서 자신의 심리 내부에서 생각하는 것과 외부로 표현하는 것이 일치되어야 한다. 치료자가 자신의 느낌에 솔직하지 못하고 내담자를 싫어하면서 겉으로 좋아하는 것처럼 행동하는 것은 바람직하지 않다. 따라서 치료자는 평상시에 자신의 편견과 왜곡에 대한 끊임없는 반성적 자아성찰이 필요하다.

둘째, 무조건적 긍정적 관심(unconditional positive regard)과 수용이다. 치료자는 무조건적 긍정적 관심과 수용을 바탕으로 내담자와 관계해야한다. 로저스는 인간중심이론에서 모든 사람과의 관계에서 무조건적인 긍정적 관심을 보여야 한다고 하였다. 이를 통해 어떤 결론을 강요하지 않고 감정표현의 기회를 충분히 주는 것이라고 보았다. 이에 근거하여 치료자는 내담자를 온전한 한 명의 인격체로 보고 진실하게 대하면서 수용을 하여야 한다. 이는 내담자의 어떤 조건에 따라서가 아니라 있는 그대로의 모습을 받아들인다는 의미이다. 이러한 관점은 내담자의 문제해결에 중요한 출발점이 된다.

셋째, 공감적 이해(empathic understanding)이다. 치료자는 경청을 바탕으로 내담자와 관계하여야한다. 치료자는 현상학적으로 접근해야 하고 내담자의 주관적 세계 내에 들어가 내담자의 내적 경험을 이해해야한다. 로저스에 의하면 치료자는 내담자의 치료과정에 민감하게 관여해야 하며 그의 경험을 이해한다는 것을 내담자에게 효과적으로 전달할 수 있어야 한다. 물론 이러한 치료자의 특징들은 이상적인 것이다. 비록 치료자들이 항상 완전하게 일치하고 수용적이고 공감할 수는 없다 하더라도 비교적 완전하고 충분하게 기능하는 사람이 될 수 있다면 내담자를 도울 수 있다. 로저스의 말대로 "참으로 다행스럽게도 불완전한 인간도 다른 불완전한 인간에게 치료적인 도움을 줄 수"있는 것이다. 내담자 중심치료에서 변화에 대한 책임은 내담자에게 있다. 즉, 자신의 내적 경험을 회복하고 유기체적 가치부여 과정에 다시 민감해져야 하는 것은 바로 내담자 자신이다. 그렇지만 로저스에 의하면 치료자가 앞의 세 가지 주요 태도조건을 갖추었을 때 내담자가 이를 실천할 수 있다고 한다(손병덕 외, 2022).

7) 로저스 이론의 평가

로저스의 이론은 심리치료와 상담영역에서 상당한 공헌을 하였다. 특히 내담자중심치료는 정서적 장애를 가진 사람들의 치료에 유용한 것으로 평가되어 그동안 폭넓게 적용되어 왔다. 또한 그의 이론에서 인간본성의 긍정적인 측면과 자기개념의 중요성을 강조한 것은 많은 공감을 받고 있다. 이러한 학문적인 많은 업적에도 불구하고 로저스의 이론은 몇가지 측면에서 비판을 받고 있다(이근홍, 2019).

첫째, 내담자의 말을 비판 없이 그대로 받아들이는 단순한 현상학을 취하고 있으며, 내담자에 관한 자료들의 신뢰도와 타당도가 의문시된다. 내담자의 내면적인 경험을 이해하기 위해서 일정 기간 동은 그들의 말을 들었다고 할지라도 진정한 감정과 사고를 적절하게 이해하기가 어렵다.

둘째, 기본적인 인간 본성에 대한 선한 측면을 너무 강조하고 있으며, 인간의 악한 면과 부적응적인 인간에 대한 설명이 부족하다. 만일 인간이 본래부터 선하다면, 인간이 수많은 악한 일들을 행하지 않았을 것이다. 그러나 인간의 행동은 본성에 의해서만 좌우된다고 볼 수 없으며, 다양한 관련 요소들을 통해서 설명되어야 한다.

셋째, 인간의 무의식적 과정에 별다른 관심을 보이지 않고 있다. 그는 무조건적인 긍정적 관심, 공감적 이해, 진실성이 존재한다면 개인도 상징화된 경험들을 인식하게 될 수 있다는 것이다. 그러나 인간의 무의식은 이러한 것으로 인식할 수 없으며, 무의식을 파악하기 위해서는 정신분석학적 해석이 필요하다.

넷째, 인간은 생활에 있어서 적절한 발전을 지향하게 하는 확고한 기제가 있다고 하였지만 이러한 기제에 대한 명백한 증거가 없으며, 학습을 통한 인간행동의 발달을 무시하고 있다. 또한 로저스의 이론의 개념들 중에서 유기체적 경험, 자기개념, 완전한 기능 등은 개념이 모호하고 너무 포괄적이어서 이해하는데 어려움이 있다.

Review

2. 매슬로우의 욕구위계이론

1) 매슬로우(Abraham H. Maslow, 1908~1970) 생애

매슬로우는 자아실현을 강조하였으며 인본주의 심리학의 정신적 지주로서 여겨진다. 매슬로우는 뉴욕시 브룩크린에서 러시아에서 이주한 교육받지 못한 유태인 부모의 일곱 자녀 중 첫째로 출생하였다. 어린 소년으로서 매슬로우는 이웃의 유태인에 대한 편견 및 자신의 신체적 외모에 대한 달갑지 않은 눈초리를 받으며 고립감과 외로움을 느끼면서 성장하였다. 그는 친구들이 없었으며 주로 도서관에서 책을 읽으며 혼자 시간을 보냈다. 매슬로우는 부모의 뜻에 따라 법학을 공부하기 위해 뉴욕시립대학에 입학하였지만 흥미를 느끼지 못하고 학교를 그만두었다. 집을 떠나 매슬로우는 코넬대학으로 갔으며 다시 심리학을 공부하려고 위스콘신 대학으로 이동하였다. 위스콘신에서 그가 사랑했던 베르 와 20세에 결혼하였다. 결혼은 매슬로우에게 소속감과 방향감을 제공하는 전환점이 되었다. 그는 후에"내가 결혼을 하고 위스콘신에서 공부를 시작할 때까지 삶의 의미가 거의 없었다"라고 기술했다. 아이러니컬하게, 인본주의 심리학의 창시자인 매슬로우로 하여금 처음에 심리학에 매력을 느끼게 했던 것은 왓슨(Watson)의 행동주의 심리학이었다. 1930년대 초기에 다른 많은 사람들처럼, 매슬로우는 행동주의가 세상의 모든 문제를 해결해 줄 수 있다고 생각했다. 그는 원숭이를 대상으로 애착 연구로 유명한 할로우(Harry Harlow)와 함께 일하면서 실험심리학으로 훈련을 받았다. 1934년에 위스콘신 대학에서 박사학위를 받은 후, 매슬로우는 뉴욕 시에 있는 브룩크린 대학으로 돌아와 1951년까지 머물렀다.

1930년대 후반과 1940년대 초반에 매슬로우는 나찌의 위협을 피해 미국으로 이주한 호나이(Horney), 프롬(Fromm), 아들러(Adler) 등과 만나 지적 교류할 기회를 가졌다. 이러한 지식인들의 만남, 2차 세계대전의 경험, 그리고 그의 첫 아이 출생등을 통해 매슬로우는 행동주의 관점에서 인본주의 관점으로 탈바꿈하게 되었다. 매슬로우는 첫 아이의 출생을'청천병력'으로 묘사하면서, 신비감과 통제할 수 없는 기분에 휩싸였다. 또한 아이를 가져 본 사람은 누구도 행동주의자가 될 수 없을 것이라고 말했다. 매슬로우는 인간의 가장 높은 이상과 잠재력을 다룰 심리학의 발달에 헌신할 것을 결심하였다. 1951년부터 1969년까지 매슬로우는 브랜다이스 대학에서 가르쳤다. 그는 많은 상을 받았으며 1967년에 미국심리학회 회장으로 선출되었다. 주요 저서로는 〈가능성의 심리학〉, 〈인간의 동기와 성격〉 등이 있다.

2) 매슬로우 인간관

매슬로우의 인간관은 인본주의적 인간관이라 불린다. 원래 인본주의 이론은 심리학의 제1세력인 정신분석이론, 제2세력인 행동주의 이론에 이어'제3세력'의 심리학이라 불리며, 실존주의 철학과 현상학에 기초한다.

실존주의 철학이란 19세기 중엽에 유럽에서 키에르케고르(Kierkegaard), 사르트르(Sartre), 카뮈(Camus) 등의 사상가들이 발전시킨 철학적 사조로서"인간은 관념적으로 규정될 수 있는 존재가 아니라 주관적으로 경험되는 실제이며, 정지된 것이 아니라 되어가는(becoming) 존재라고 본다. 즉 불변성 혹은 결정론적 입장을 거부하고 가변성을 인정한다. 현상학이란 주관적 관찰자의 입장에서 보이는 사물을 이해하려는 접근방법이다. 인간에 대한 관념적으로 정확한 자료를 얻고자 하기보다는 실존적으로 진실한 것을 파악하고자 하며, 즉각적 경험의 내적인 특성을 강조한다. 따라서 개인에게 현실로 보이는 것은 그가 인식하는 모든 것을 포함한 인간의 내적준거체계나 그의 주관적 세계 내에 존재하는 것으로 본다.

매슬로우는 인간이 근본적으로 선하며 존경받을 만하고 그들은 만약 환경조건이 적당하기만 하면 그들의 잠재능력을 실현해 나가려 한다고 보았다. 그는 인간행동의 연구에서 건전하고 창조적인 측면을 기초로 하였으며, 인간행동이 자신의 욕구를 추구하려는 동기에서 나타난다고 보았다. 자아실현은 인간이 자신의 잠재력을 최대한 발휘하여 성격의 성숙을 포함한 자신의 성장과 발전을 기하며, 자기가 원하는 사람이 되도록 하는 것과 관련되어 있다(이근홍, 2019).

매슬로우는 자아실현자들을 연구한 결과, 내적으로 잠재력을 완전히 실현한, 즉 자유롭고 건강하며 두려움 없는 사람이 사회에서 완전히 기능한다는 것을 발견하였다. 성장, 자아실현, 건강에 대한 열망, 정체감과 자율성 추구, 향상을 향한 노력이 보편적인 인간의 성향으로 간주되었다.

매슬로우는 유전이 성격발달에 중요한 역할을 수행하고 있으며, 유전구조속에 잠재적인 재능이나 흥미가 결정지어져 있다고 인정하였다. 그러나 이러한 유전적 토대 위에서 자아실현은 환경에 의해 결정된다고 보았다. 또한 인간은 자신의 잠재력을 발달시키고 완성시킬 수 있는 본능적 욕구를 가지고 태어난다고 보았으며, 인간이 균형을 유지하거나 좌절을 회피하는 것에만 관심이 있기보다는 성장에 더 많은 관심이 있다고 생각했으며, 인간은 항상 무엇인가를 갈망하는 '소망을 가지고 있는 동물'로 묘사하였다. 매슬로우의 인간관 및 기본가정을 정리하면 다음과 같다(이영호 외, 2018).

통합된 전체로서의 개인

인본주의 이론의 가장 중요한 관점 중의 하나는 각 개인은 유일하면서도 통합된 전체로서 연구되어야 한다는 것이다. 그동안 성격이론이 인간의 전인성과 본성이라는 기본적인 측면을 무시하고 각각의 분리된 사건으로 보는 미세한 분석에 치우쳤다는 것이다. 인본주의 이론은 주로 통합된 전체로서의 인간을 무시하고 행동의 나누어진 여러 부분들을 다루는 이론들에 대한 반발로 발전되었다.

동물연구의 부적절성

인간은 동물 이상의 특별한 존재이므로 인간의 행동과 동물의 행동 사이에는 근본적인 차이가 있다. 그러므로 동물연구를 인간에게 그대로 적용하는 것은 부적절하다. 매슬로우는 행동주의 이론이 개인을 비인간화 하고 있으며, 조건반응에 의해 좌우되는 기계 이상으로 보지 않는다고 믿었다. 인간만이 가지고 있는 가치관, 이상, 사랑, 용기, 사고, 창조성 등을 무시하기 때문에 인간행동을 이해하는 데는 부적절하다. 인간행동에 관한 연구는 인간을 대상으로 하여 이론화해야 함을 주장하였다.

인간 본성의 선함

인본주의 이론은 인간의 본성이 본질적으로 선하여 존경받을 만하다고 보았다. 그러므로 사람이 악하고 파괴적이며 폭력인 요소들을 갖게 된 것은 좋지 못한 환경의 영향에 의해 발생한 것으로 보고 있다. 인본주의 이론은 인간의 본성에 대해 인도주의적이며 낙관적인 태도를 보이고 있다(schultz et al, 1994).

인간의 잠재적 창조성

인간의 창조성은 인본주의의 가장 핵심적 요소이다. 매슬로우에 의하면 창조성은 인간이 태어날 때부터 잠재적으로 가지게 되는 인간 본성의 공통적 특징이라는 것이다. 이러한 창조성은 문명화가 이루어지면서 대부분의 사람들로부터 사라지고 있지만, 사물을 새롭고 순수하게 직접적으로 보는 극소수의 사람들에 의해 나타난다. 창조성은 누구에게나 잠재해 있는 것으로 이것을 갖기 위한 특별한 자질이나 능력이 요구되지 않는다. 창조성은 보편적인 인간의 기능이면서 여러 가지 형태의 자기표현을 가진다.

심리학적 건강에 대한 강조

인본주의 이론은 심리학적으로 건강한 사람을 주요한 연구대상으로 삼고 있다. 매슬로우는 신경증 환자를 대상으로 한 프로이트의 연구를 비롯한 인간행동에 대한 기존의 연구들이 인간을 이해하는데 있어서 편파적이고 이해력이 부족한 것으로 보았다. 심리학적으로 건강하지 못한 사람을 연구대상으로 할 경우에 이러한 연구는 인간 본성의 부정적인 면을 강조할 수 있다. 그러므로 인간행동을 이해하기 위해서는 심리학적으로 건강한 사람을 대상으로 인간의 강점, 장점, 잠재능력 등과 같은 긍정적이고 건설적인 측면이 연구되어야 한다(이근홍, 2019).

3) 주요 개념

(1) 내적본성

매슬로우는 인간의 내적본성에 대한 몇가지 기본적 가정을 제시하였다(Maslow, 1970). 내적본성의 일부는 인간에게 보편적이지만 일부는 개인마다 고유하며, 생물학적으로 결정된 인간의 내적본성은 기본적 욕구, 정서, 능력 등으로 이루어진다. 그리고 내적본성은 악하지 않고 선하거나 중립적이므로 감추지 않고 장려하는 것이 좋다. 또 내적본성에 따라 인생을 살게 되면 건강하고, 풍요하며, 행복한 삶을 살 수 있다. 이러한 중요한 속성이 부인되거나 억제되면 병이 된다. 또한 내적본성은 미묘하고 섬세하며 약하므로 습관, 문화적 기대, 그릇된 태도 등에 의해 쉽게 압도 된다. 그러나 비록 약할지라도 정상인은 물론 병리적인 사람조차 내적본성이 완전히 사라지지 않는다. 매슬로에 의하면 내적본성을 드러내고, 촉진하며, 충족하는 경험은 성취감과 자기의 성장발달을 가져오며 건강한 자존심과 자신감을 낳는다.

(2) 욕구의 두 가지 형태

욕구는 대부분 어떤 목적을 위해 좋은 것, 필요한 것, 필수적인 것으로 인간행동의 동기로 보았다. 매슬로우는 욕구가 세 가지 특성을 가지고 있다고 주장했다.

첫째, 그 욕구 충족이 실패했을 때 상대적으로 역기능적이거나 혼란상태가 유발된다.

둘째, 욕구를 충족시켜 회복됨으로써 역기능을 치유할 수 있다.

셋째, 자유로운 상태에서 하나의 기본적인 욕구의 충족은 다른 욕구의 충족으로 옮아간다.

매슬로우는 다른 이론의 욕구 개념과 구별하기 위해 욕구를 두 가지 형태로 구별하였다.

제 1형태 : 기본적 욕구 혹은 결핍성 욕구(deficiency needs)

기본적 욕구는 음식, 물, 쾌적한 온도, 신체의 안전, 애정, 존경 등의 욕구로, 매슬로우의 욕구단계 중 생리적 욕구, 안전의 욕구, 소속과 애정의 욕구, 자기존중의 욕구가 해당한다. 기본적인 욕구의 특징은 다음과 같다.

〈표 2-4-1〉 기본적인 욕구 특징

객관적 특징	주관적 특징
• 결핍되면 병이 생긴다. • 충족되어 있으면 병이 예방된다. • 충족시키면 병이 회복된다. • 자유롭게 선택할 수 있는 상황이라면 충족이 결핍된 사람은 우선적으로 그것을 충족하려고 한다. • 건전한 사람에게는 결핍성의 욕구가 기능적으로 존재하지 않는다.	• 의식적 또는 무의식적 바람이다. • 부족감 혹은 결핍감으로 느끼게 된다.

매슬로우는 신경증이 결핍성 질환이라고 보았다(Maslow, 1968). 즉 기본적 욕구의 만족이 결핍되는데서 신경증이 생긴다는 것이다. 대부분의 신경증은 안전, 소속과 동일시, 친밀한 애정관계, 존경과 위신에 대한 욕구가 충족되지 못한 것과 관련이 있다.

제 2형태 : 성장욕구(meta needs) 혹은 자기실현욕구(self-actualization needs)

성장욕구는 자기실현의 욕구로 잠재능력, 기능, 정의, 재능을 발휘하려는 욕구이다. 매슬로우는 결핍성의 욕구를 저변으로 하여 자기실현 욕구를 정점으로 하는 체계를 가정하였다. 성장의 욕구도 결핍성 욕구와 같이 선천적인 것이라고 보았으며 심리적 건강을 유지하고 완전한 성장을 이루려면 성장욕구를 만족시켜야 한다. 성장욕구가 충족되지 않았을 때 그 사람은 소외, 고민, 냉담, 냉소 등과 같은 상태가 되어서 병적인 상태가 될 수 있다.

(3) 인간의 두 가지 동기와 경향

제1형태, 제2형태의 욕구는 매슬로우가 제시한 두 가지 동기(혹은 경향)와 연결된다.

인간의 두 가지 동기

〈표 2-4-2〉 두 가지 동기

결핍동기	성장동기(메타동기)
• 인간이 생활하면서 필요하지만 갖추지 못 어떤 결핍되어 있는 부분을 만회하려는 동기이다. • 생리적 욕구, 안전욕구, 소속과 애정 욕구, 자기존중 욕구에 작용한다.	• 잠재력을 실현하려는 선천적 충동과 연관된 성장 경향에 대한 동기이다. • 자기실현의 욕구에만 작용한다.

인간의 두가지 경향

〈표 2-4-3〉 두 가지 경향

생존적 경향	실현적 경향
• 생존을 유지시키려는 경향이다. • 충족되지 않을 경우 신경증이 유발된다. • 생리적 욕구, 안전욕구, 소속과 애정 욕구, 자기존중 욕구에 포함된다.	• 잠재능력, 재능을 발휘하려는 경향이다. • 생존적 경향이 충족되었을 때 발현된다. • 자기실현 욕구만 포함된다.

4) 욕구위계이론(hierarchy of needs theory)

매슬로우에 의하면 인간은 삶에 의미와 만족을 주는 일련의 선천적 욕구에 의해 동기화된다. 인간에게는 여러 가지 욕구가 있으며, 욕구의 중요성과 강도에 따라 위계적으로 구성되어 있어서, 하위 욕구를 일단 충족시키면 유기체는 다음의 상위 욕구를 추구하게 된다. 다음 욕구가 출현하기 전에 하위 욕구가 100% 충족되어야 하는 것은 아니다. 사실상 대부분의 사람들은 기본적 욕구를 일부는 충족시키고 일부는 충족시키기 못한다. 욕구의 위계에서 상위 욕구일수록 충족 비율이 상대적으로 낮다. 이러한 욕구의 위계구조는 절대적인 것은 아니지만, 보편적으로 대부분의 인간이 하위단계의 욕구가 어느 정도 충족되고 난 후에 상위단계의 욕구를 충족시키기 위한 노력을 한다고 보고 있다(Maslow, 1970).

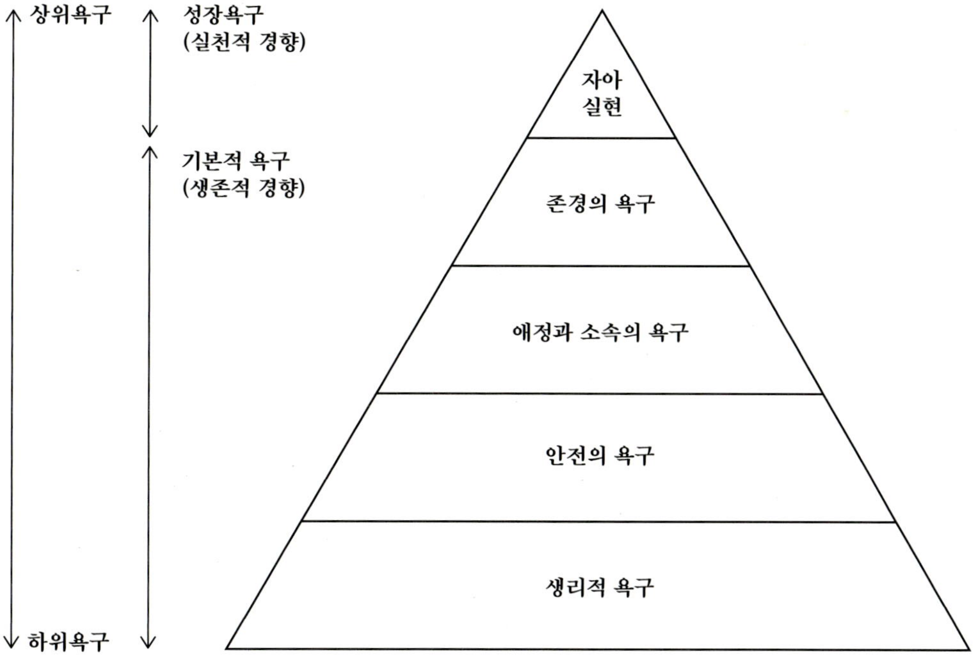

출처: 생각의마을(2019), 재구성
그림 2-4-1 매슬로우의 욕구위계구조

(1) 생리적 욕구(physiological needs)

생리적 욕구(physiological needs)는 유기체의 생물학적 유지에 직접적으로 관련되어 있다. 그렇기 때문에 인간의 모든 욕구 중에서 가장 기본적이면서도 강력하고 분명한 욕구라고 볼 수 있다. 여기에는 음식, 물, 산소, 수면, 성, 휴식, 건강, 배설, 건강 등이 포함된다.

생리적 욕구는 인간행동을 이해하는데 매우 중요하다. 이것은 인간의 욕망을 지배하고 있으며, 만일 이것이 제대로 충족되지 못하면 사회의 가치나 도덕이 지켜지기 어려울 수 있다. 인간이 생리적 욕구에만 머물러 있게 된다면 더 높은 수준의 목표를 추구하기가 힘들다. 생리적 욕구는 기본적인 생존에 어려움이 있는 사람들에게는 가장 중요한 삶의 동기가 되지만, 대부분의 사람들의 생활에서는 최소한의 역할을 수행하고 있다(Schultz et al, 1994).

(2) 안전의 욕구(safety needs)

안전의 욕구(safety needs)는 생리적 욕구가 충족이 되고 나면 안전에 대한 욕구를 생각하게 된다. 이 욕구는 개인이 환경 내에서 안전, 안정성, 공포와 불안, 확실성, 정돈, 질서, 고통회피, 보호, 예측성 등을 알맞게 보장받기 위한 동기에서 나타난다. 개인이 전쟁, 범죄, 홍수 지진, 폭동, 사회해체 등과 같은 인간 자신에게 실제적 위기에 직면했을 때도 나타난다. 안전의 욕구는 상대적 무력감과 어른에 대한 의존 때문에 유아와 아동들에게서 가장 많이 나타나는 보편적인 욕구이다. 유·아동은 위협과 공포에 즉각적이고 눈에 띄게 반응하기 때문이다. 성인은 위험한 상황에 어느 정도로 반응을 억제하는 것을 학습해 왔다.

안전의 욕구는 아동의 생활에 중요한 요소로서, 그들은 어느 정도 엄격한 가정에서 이러한 욕구를 만족시킬 수 있다. 그러나 아동이 가정환경 내에서 불안, 불신을 느끼게 되면, 안전을 제공 받을 수 있는 생활의 다른 영역을 찾게 되는 것이다. 부부싸움, 이혼, 부모의 사망, 별거 등은 아동의 환경을 불안정하게 하고, 예측을 불허하며, 불완전하게 만들기 때문에 그들의 안정감을 해치게 된다. 매슬로우는 조직과 질서가 전혀 없는 완전한 허용과 자유는 아이의 안전 욕구를 위협하기 때문에, 아이로 하여금 근심과 불안전을 일으킨다고 생각했다. 물론 아이에게 자유가 주어져야 하지만 그들이 대처할 정도의 제한이나 제약이 있어야 한다고 보았다.

안전의 욕구는 성인이 되어서까지도 커다란 영향력을 갖게 되며, 이것은 부분적으로 의식를 해결할 수 있는 직업, 보험, 저축, 철학, 종교 등과 관련 되어 있다. 특히 종교와 철학은 개인이 자신의 세계를 구축하는 것을 돕고 거기에 소속된 사람들 전체를 의미 있는 하나로 만들어 안전감을 느끼게 한다(이영호 외, 2018).

(3) 소속과 사랑의 욕구(belonging and love needs)

소속과 사랑의 욕구(belonging and love needs)는 생리적 욕구와 안전의 욕구가 충족되었을 때 개인에게 나타나는 욕구이다. 개인은 다른 사람과의 친밀한관계, 특별한 친구관계, 남들과의 애정, 가족 내에서의 위치, 준거집단 등을 갈망하며, 집단의식이 개인의 주요한 목표가 된다. 소속에 대한 욕구는 산업화·도시화에 따른 사회적 이동성의 증가로 인하여 점점 충족되기 어렵다. 그러므로 소속의 욕구를 충족시키기 위해서는 개인이 조직, 단체, 집단 등에 가입하여 활동하는 것이 필요하다. 사랑에 대한 욕구는 사랑을 받는 것 뿐만 아니라 주는 것을 포함한다. 여기에서 사랑이란 각각의 개인에 대한 깊은 이해와 수용을 바탕으로 상호 간의 건전한 신뢰관계와 존중을 포함하는 개념이다. 매슬로우는 사랑과 성을 동일시 하지 않았으며, 다만 성이 사랑의 욕구를 표현하는 하나의 방법이라고 하였다. 개인은 사랑을 받고 포용되는 것을 통하여 가치가 있다는 느낌을 갖게 되지만, 사랑을 받지 못하게 되면 공허감, 무가치함, 적대감 등을 갖게 되며 부적응, 신경증, 정신병 등의 원인이 되기도 한다(Schultz et al, 1994).

(4) 자존감·존경의 욕구(selfesteem needs)

자존감의 욕구(selfesteem needs)는 소속과 사랑의 욕구가 충족된 이후에 개인에게 나타나는 욕구이다. 매슬로우는 자존감의 욕구를 두 가지 형태로 얘기했다. 즉, 다른 사람이 소중하게 대해 주기 때문에 갖게 되는 자존감과 스스로 자기를 높게 생각하는 자존감이 그것이다. 다른 사람이 소중하게 대해 주기 때문에 생기는 자존감은 일차적이다. 상식적으로 생각해도 다른 사람이 귀하게 여겨 주지 않는 한 우리들은 자기 자신을 중요한 인물이라고 느끼기 어렵다. 외부적으로 얻어지는 이러한 자존감은 명성·존경·지위·평판·위신 그리고 사회적인 성공 등에 기초를 두며, 다른 사람들이 나를 어떻게 생각하며 나에게 어떻게 반응하는가에 따라서 모든 특징이 나타난다. 다른 사람들이 우리를 귀중하게 여기도록 하는 데에는 여러 가지 방법이 있다. 어떤 종류의 차를 가지고 있고, 어떤 주택가에 살고 있으며, 어떤 종류의 옷을 입는가 하는 등에 의해서 우리의 부가 중요한 지위를 나타내기도 하며, 때로는 존경받을 만한 유능한 행동을 함으로써 표현되기도 하는 것이다.

우리가 내적으로 스스로 자기를 높게 생각하는 자존감을 느낄 때, 우리는 자신에 대한 자신감과 안전감을 가지는 것이다. 자기존중은 능력, 신뢰감, 적합성, 성취, 독립, 자유 등을 포함하는 것이다. 즉 우리들 자신은 가치 있는 존재이며 어떠한 상황에서도 적절한 존재라고 생각한다. 이러한 자존감을 느끼지 못할 때는 열등감에 사로잡혀 용기를 잃고 생에 대해 낭패감을 맛보게 되는 것이다. 순수한 자존감을 가지기 위해서 우리는 자신을 잘 알아야 하며 자신이 지니고 있는 장점과 약점들을 객관적으로 평가할 수 있어야 한다. 우리들은 누구이며 무엇 때문에 존재하는가를 알지 못한다면 스스로를 존중할 수가 없다(이혜성 역, 1982).

(5) 자아실현의 욕구(selfactualization needs)

자아실현의 욕구(selfactualization needs)는 최대한의 능력 개발이며 최대한의 사용이며 잠재능력과 소질의 충분한 발휘라고 정의내릴 수 있다. 우리는 태어날 때부터 지니고 있는 잠재 능력에 의해 스스로를 성숙시키지 않으면 안된다. 낮은 수준의 욕구가 충족되었다 하더라도 자아실현의 욕구를 충족시킬 수 있는 기회를 포착하지 못한다면 우리는 좌절감과 불만을 느끼게 될 것이다. 이렇게 되면 우리는 자신을 평화롭게 지킬 수도 없거니와 심리적으로 건강하다고 말할 수도 없다. 자아실현은 다양한 형태로 나타날 수 있다. 이것은 누구든지 직업이나 관심 분야와는 관계없이 자신의 잠재력을 충분히 발휘하며 성격발달의 정점에 도달할 수 있는 가능성이 있기 때문이다. 즉, 자아실현은 예술가나 시인뿐만 아니라 운동선수, 교사, 노동자 등 각자가 맡은 바에 최선을 다함으로써 추구할 수 있다(이혜성 역 1982).

⊙ **자아실현을 위한 조건(Schultz & Schultz, 1994)**

- 사회나 타인, 자기 자신에 의해서 부과된 강요로 부터 자유로워야 한다.
- 생리적 욕구나 안전의 욕구와 같은 낮은 단계의 욕구에 의해서 정신적으로 혼란해져서는 안된다.
- 자신의 이미지와 다른 사람들과의 관계에 대해 확신이 있어야 하며, 사랑을 주거나 받아야 한다.
- 자신의 강점과 약점, 미덕과 악덕 등에 대해 실제적인 지식을 소유해야 한다.

자아실현은 자신에게 충족감을 주기도 하지만, 책임감과 미지의 것에 대한 두려움도 일으키게 된다. 이것은 개인 각자가 자신의 위치에서 최선을 다하는 것이기에 형태와 정도에 개인차가 나타날 수 있다.

자아실현은 많은 사람들이 달성하고자 하는 목표이지만 이것을 달성하는 사람은 거의 없다. 그 이유로는 그들이 자신의 능력을 의심하고 두려워하여 자아실현의 기회가 소멸되며, 사회적 환경이 자아실현을 억누르기도 하기 때문이다. 또한 안전의 욕구로의 귀착하려는 이유 때문이기도 하다. 즉 인간발달 과정에서 위험을 무릅쓰고 실수도 하면서 자신의 잠재력을 최대한 발휘하겠다는 지속적인 의지가 요구되지만 두려움이나 걱정 때문에 안전의 욕구로 되돌아가려는 경향을 띠게 된다는 것이다(이근홍, 2019).

5) 욕구의 특성

매슬로우가 제안한 욕구위계에서 살펴본 것처럼 하위에 있는 욕구는 보다 생존에 필요하고 상위에 있는 욕구는 성장에 필요함을 알 수 있다. 아래는 이러한 욕구의 특성이다(노안영 외, 2011).

- 욕구위계에서 하위에 있는 욕구가 더 강하고 우선적이다. 즉 하위에 있는 욕구일수록 강도와 힘이 세고, 우선 순위가 높다. 상위에 있는 욕구일수록 반대로 강도

와 힘이 약하고, 우선 순위가 낮다.

- 욕구위계에서 상위의 욕구는 인생의 나중에 나타난다. 즉 생리적 욕구와 안전의 욕구는 유년기에, 소속과 존중의 욕구는 청년기에 나타나며 자아실현 욕구는 인생의 중반에 접어들기 전까지는 나타나지 않는다.
- 욕구위계에서 상위의 욕구는 생존을 위해 덜 필요하지만, 그러한 욕구는 생존과 성장에 기여한다. 상위의 욕구가 충족되었을 때 갖게 되는 성취감은 보다 건강한 삶을 만들 수 있으며 생명도 연장할 수 있고 생물학적인 효율성도 증가시킬 수 있기 때문에, 상위의 욕구를 성장욕구(growth or being needs)라고 한다.
- 욕구위계에서 상위의 욕구 만족은 생리적·심리적으로 생산적이고 유용하다. 왜냐하면 그것은 보다 심오한 행복감과 마음의 평화, 그리고 인생의 내적인 성취감을 제공하기 때문이다.
- 욕구위계에서 상위의 욕구 만족은 하위의 욕구 만족보다 더 좋은 외적(사회적, 경제적, 정치적)환경을 요구한다. 예를 들면, 표현과 기회의 자유는 개인의 안전보다는 자아실현에 필요한 것이다.
- 어떤 욕구는 위계의 다음 욕구가 중요하게 되기 이전에 충분히 만족될 필요가 없다. 매슬로우는 욕구위계에서 위로 올라갈수록 각 욕구의 만족 비율이 낮아진다고 보았다. 예를 들면 생리적 욕구에서 85%의 만족감을 갖는 사람은 안전의 욕구에서는 70%, 사랑과 소속감의 욕구에서는 50%, 자아존중에서는 40% 만족감을, 그리고 자아실현의 욕구에서는 10% 만족감을 얻게 된다는 것이다.

6) 자아실현인의 특성

매슬로우는 자아실현을 하는 사람은 평범한 사람들에 비해 그들을 움직이는 어떤 힘이 질적으로나 양적으로 다르다는 사실을 인식하였다. 이에 그는 자아실현에 대해 나름의 정의를 내린 후 그 정의에 맞는 사람들의 공통적 특성을 발견하고자 하였다. 주위의 친구, 지인, 이웃과 특히 다양한 역사적 인물 중 가장 적합한 사람들을 연구하였다. 그 결과 자아실현자는 존재가치에 의해 동기화 되는데, 성장동기로서 존재가치가 경험을 확장하고 삶을 풍부하게 하는 것으로 밝혀졌다. 또 하나의 공통적인 특성은 연령인데 자아실현자는 중년 이상이라고 보았다. 젊은이들은 정체감이나 자율감이 강력하지 못하고, 아직 충분히 지속적인 사랑의 관계를 갖지 못하며, 자신이 헌신하고자 하는 사명을 발견하지 못하고, 자기의 가치관이나, 인내심, 용기와 지혜를 아직 충분히 발달시키기 못한다고 간주하였다(이인정 외, 2004). 자아실현을 한 사람들은 현실을 보다 정확이 지각하며, 자신과 타인 그리고 자연을 더 잘 수용하고, 자신과 타인의 단점을 인식하지만 지나치게 죄책감을 갖거나 불안해하지 않는 특성을 가진다. 반면, 자아실현을 이루지 못한 사람들은 스스로에게 집착하고 열등감을 가지며 사회의 규칙에 대해 지나치게 거부하거나 무비판적으로 수용하는 등의 특성을 지닌다.

매슬로우는 자아실현자의 특징을 다음과 같이 정리하였다(Maslow, 1970).

(1) 현실의 효과적인 지각(more efficient perception of reality)

자아실현자는 현실에 대해 효과적인 지각을 하며 편안해 한다. 성격의 위장, 허위, 부정직한 측면을 간파하며, 일반적으로 사람으로 정확하고 효과적으로 판단하는 능력이 있다. 또한 자기실현자는 일반적, 추상적, 규범적인 것과 새로운, 구체적인, 독특한 것을 쉽게 구분한다. 따라서 대부분의 사람들이 신뢰하는 인간이 만든 개념, 기대, 신념, 고정관념을 따르지 않는다. 즉, 그들은 세계를 자기들이 원하거나 필요한 방식으로 보는 것이 아니라 있는 그대로 본다. 선입관 없이 그대로 볼 수 있다.

(2) 본성, 타인, 그리고 자신에 대한 일반적인 수용

자아실현자들은 불평이나 불만 없이 자신의 본성과 다른 사람들을 수용한다. 즉, 자신의 약점과, 결함 그리고 장점을 포함하여 자기 자신을 수용하므로 자신의 본성을 있는 그대로 받아들인다. 자신의 본성에 대해 수용하므로 자아실현자들은 자신을 왜곡하거나 변조할 필요가 없다. 자신은 물론 그들이 알고 있는 사람들의 결점 및 모든 인류 전체의 결함에 대해서도 관대하다.

(3) 솔직성, 자발성, 자연스러움(spontaneity)

자아실현자는 행동에 꾸밈이 없고 자신의 정서를 숨기지 않고 내적생활, 사고, 충동에도 꾸밈이 없다. 그들의 행동은 순박하고 자연스럽다. 사람들에 대하여 신중하고 사려가 깊으며, 솔직한 감정표현이 다른 사람들의 감정을 상하게 하면 그 감정을 잠정적으로 억제한다. 자아실현자는 고의로 전통에 거스르거나 반항하지 않으며, 의도적으로 사회규칙이나 규범을 업신여기지 않는다. 단지 사회규칙이나 규범, 전통을 따르는 것이 그들이 중요하다고 생각되는 것에 방해가 될 때에는 그 규칙을 무시하는데 주저하지 않는다. 즉 상대적으로 자율적이고 개인적인 윤리강령을 가질 뿐이다.

(4) 자기 이외의 문제에 중점적인 태도(problem centering)

자아실현자는 일반적으로 자기 자신보다 외부의 문제들에 크게 관심을 갖고 책임감을 가지고 있다. 자기중심적이지 않고 문제중심적인 것이다. 자신과 직접적으로 관계가 없더라도 인류애를 가지고 일하면서 큰 기쁨과 흥분을 경험한다. 그들은 금전, 명예 또는 권력을 위하여 일을 하지 않고 성장욕구를 만족시키고, 자기의 능력에 도전할 뿐만 아니라 능력을 개발하며 잠재력을 가장 높은 수준으로 성장할 수 있도록 하기 위해서 일을 한다.

(5) 사적인 생활과 독립의 요구(need for privacy)

자아실현자는 자신에게 해롭거나 불편해하지 않으면서 혼자일 수 있다. 보통 사람들보다 훨씬 고독과 프라이버시를 원한다. 고독을 경험하지만 압도되지 않으면서 개인사생활을 즐긴다. 자율적이고 독립적이기 때문에 자신만의 시간을 충분히 즐길 수 있으며, 다른 사람의 애정과 지지를 요구하거나 매달리지 않는다.

(6) 자율적 기능(autonomous function)

자아실현자는 프라이버시와 독립의 욕구로 인해 사회적, 물리적 환경으로부터 비교적 독립 되어 있으며, 자율적으로 기능하는 능력을 가지고 있다. 그들은 결핍동기가 아닌 성장 동기의 영향을 받기 때문에 만족을 위해 실제 세계, 다른사람, 문화, 목적을 위한 수단, 부차적 만족에 의존하지 않고 오히려 자신의 발전과 성장을 위해 자신의 잠재력과 잠재된 자원에 의존한다. 모든 활동에 있어서 자율적이고 실수를 두려워하지 않는다.

(7) 계속적인 신선한 감상력(freshness)

자아실현자는 자연, 어린아이 등과 같은 삶의 기본적인 것들에 대해 기쁨, 환희를 느끼며 새롭게 받아들이고 순진무구하게 감사하는 놀라운 능력이 있다. 아무리 반복되는 경험에서도 즐거움과 경외와 놀라움 같은 신선한 감각을 경험한다. 삶의 경험들을 싫증내거나 지루해 하지 않으며, 당연한 것으로 여기지 않고 계속적인 감동을 느낀다.

(8) 신비로운 혹은'절정'경험들(peak experience)

자아실현인은 종교적 경험과 유사한 강렬하고 저항할 수 없는 황홀한 기쁨을 경험하는 경우가 있다. 즉 절정경험이라는 신비한 경험을 하는 것이다. 이는 눈앞에 끝없는 수평선이 펼쳐지는 느낌, 강력하면서도 동시에 스스로 어쩔 수 없는 느낌, 환희와 경이와 경외의 느낌 같은 것이다. 보통 사람 보다 훨씬 더 자주 절정경험을 하게 되며, 최고의 심리적 건강상태라고 말할 수 있다.

(9) 사회적 관심(social interest)

자아실현의 사람들은 모든 인간에 대해 강하게 이입된 감정과 애정을 느끼며 동시에 인본주의를 지지한다. 인류를 돕고자 하는 욕망은 물론 인간에 대한 깊은 동일시, 공감, 애정을 갖는다. 즉, 그들은 전 인류를 사랑하며, 모든 사람들에게 형제애를 느끼고 있다.

(10) 깊은 대인관계(deep interpersonal)

자아실현자는 보통 사람들보다 더 깊이 있는 인간관계를 맺는다. 소수의 사람들과 그런 깊은 유대를 맺는다. 그들은 다른 사람들이 가능하다고 여기는 것보다 더 밀착되고, 더 사랑하며, 우정을 나누며, 보다 완전히 동일시 할 수 있다. 그들은 다른 사람들에게 느끼는 사랑은 결핍사랑이 아닌 존재사랑이며, 그들은 사랑에 대해 두려워하거나 질투하지 않는다. 그들의 사랑은 자기의 성장에 관심을 갖는 만큼 다른 사람의 성장·발달에도 관심을 갖는 이타적인 사랑이다.

(11) 민주적 성격 구조(democratic)

자아실현자는 민주적인 성격특성을 가진다. 사회계층, 교육 수준, 종교, 문화 인종 피부색, 정치이념 등과 관계없이 모든 사람을 관대하게 다루고 수용한다. 이러한 차이들은 그들에게 문제가 되지 않으며, 그들의 행동은 관용 이상으로 깊은 데가 있다. 자아실현인은 다른 사람을 대할 때 우월한 태도를 보이지 않으며, 자기에게 무엇인가 가르침을 줄 수 있는 사람들에게 귀를 기울이고 배울 준비가 잘 되어 있다.

(12) 수단과 목적, 선과 악의 구별

자아실현자는 수단과 목적을 분명하게 구분하며, 목적을 수단보다 훨씬 더 중요시한다. 그들은 실제 생활에서 옳고 그른 것을 확실하게 구분한다. 윤리적이고, 분명한 도덕기준을 가지며, 선과 악, 옳은 것과 그른 것을 구별할 수 있다.

(13) 적대감 없는 유머감각(philosophical humor)

자아실현자는 유머감각이 있다. 그러나 그 유머감각은 일반적으로 생각하는 유머가 아니다. 건강하지 못한 사람은 타인에게 상처를 입히는 적의에 찬 유머, 타인이나 다른 집단의 열등감에 편승하는 우월감 섞인 유머, 음탕한 유머 등을 한다. 자아실현자들은 철학적 유머감각으로 인류 전체를 놀림감으로 삼지 않으며, 무엇인가 강조하고자 하는 교훈이 담겨 있는 경우가 많고 폭소를 자아내기 보다는 이해의 미소와 생각이 깊은 종류의 유머이다. 이러한 유머들은 보통사람들이 이해하는 데에 어려움이 있다.

(14) 창조성(creativeness)

자아실현자의 창조성은 때묻지 않은 어린아이의 순진무구하고 광범위한 창조성에 가깝다. 예술가나 과학자가 아니더라도 독창적이며 발명의 재능을 지니고 있고 현실적이다. 창조성은 심리적으로 매우 건강하다는 하나의 표현이며 태도이다. 대부분의 사람들은 문화의 영향을 받아서 이 창조성을 상실하게 된다.

(15) 문화의 동화에의 저항(resistance to enculturation)

자아실현자는 문화적응에 저항하고 특정문화를 초월한다. 자기충족적이고 자율적이므로 어떤 방식으로 생각하고 행동하라는 사회적 압력에 저항한다. 따라서 스스로 방향을 정하고 문화로부터 내적으로 이탈하여 초연함을 유지한다. 그러나 공연히 문화에 반항하는 것은 아니며, 개인적으로 대단히 중요한 문제에 대해서만 사회규칙이나 규범에 도전한다.

7) 매슬로우 이론의 평가

매슬로우의 이론은 인본주의 이론의 기틀을 마련하는데 크게 공헌했다. 그는 정신역동이론이나 행동주의 이론과는 달리 인간 본성에 대한 낙관적인 태도를 보였으며, 동물연구의 부적절성을 지적하였고, 인간의 전인성과 잠재적 창조성을 강조하여 인간행동 연구의 새로운 장을 형성하였다. 이러한 학문적인 공헌에도 불구하고 매슬로우의 이론은 몇 가지 측면에서 비판을 받고 있다.

첫째, 매슬로우의 이론은 연구방법에서 비판을 받고 있다. 자아실현에 관한 정보를 수집하는 방법에서 자료를 이끌어 내기 위한 표본이 모집단에 비해 너무 적기 때문에 일반화하기에 어려움이 있으며, 실험자료의 해석과 전기적 자료의 분석의 방법을 명시하지 않았다는 것이다. 또한 그의 이론은 관찰하거나 검증될 수 없는 부분이 많고, 과학적인 방법론이 취약하다는 것이다.

둘째, 매슬로우의 이론이 사용되고 있는 성장욕구, 메타병리, 절정경험, 자아실현 등과 같은 개념들은 명료성이 부족하고 모호한 점이 많다는 것이다. 또한 자아실현의 욕구가 학습된 것이 아니라 선천적인 것으로 보기에는 어려움이 있다(Schultz et al, 1994).

셋째, 매슬로우의 이론은 건전하고 창조적인 인간을 너무 강조한 나머지 인간행동에서 내적인 측면과 환경에 의한 영향을 무시하고 있다. 또한 인간욕구의 우선순위가 사람에 따라 다양성을 보일 수 있기 때문에 욕구의 단계가 순서적으로 일어난다고 볼 수는 없다.

Review

제3부

사회환경의 이해

제3부 사회환경의 이해

제1장 생태체계이론과 사회체계이론

Preview

환경 속의 인간 | 상호교류 | 상호의존 | 호혜적 관계 | 물리적 환경 | 사회적 환경 | 적합성 | 적응성 | 유능성 | 스트레스 | 대처 | 거주환경 | 적소 | 생태학적 환경체계 | 사회체계(AGIL) | 경계 | 공유영역 | 개방체계 | 폐쇄체계 | 대상체계 | 상위체계 | 하위체계 | 엔트로피 | 역엔트로피 | 시너지 | 균형 | 항상성 | 안정 | 다중종결성 | 동등종결성 | 투입 | 전환 | 산출 | 환류

제1장

생태체계이론과 사회체계이론

생태체계이론과 사회체계이론을 통해 인간과 환경 그리고 둘 사이의 관계를 이해하고자 한다. 생태체계이론에서는 인간과 환경에 이중 초점을 두고 인간행동은 개인이 환경과 상호작용한 결과이며 둘 사이의 유기적 관계를 설명하고자 한다. 환경 속의 인간 관점에서 인간의 행동이 이해되어야 한다고 보았으며 개인의 문제는 그 개인의 전체적인 생활공간 안에서 이해되어야 한다고 보았다. 인간은 환경과 상호작용하고 상호호혜적 관계를 맺을 수 있는 능력이 있기 때문에 변화된 생활경험을 통해 긍정적 변화를 가져올 수 있다고 보는 관점이다. 사회체계이론 역시 인간과 환경 간의 관계에 초점을 두고 사회를 하나의 체계로 간주하여 사회적 환경 속에서 하부체계들이 개인과 어떻게 상호작용하고 기능하는지 설명하고자 한다. 인간행동은 사회체계의 성장과 변화에 따른 결과로 이해되고 개인의 문제는 그 개인을 둘러싸고 있는 사회체계와의 역기능적 상호작용에 있다고 보았다. 생태체계이론과 사회체계이론 모두 인간과 환경 간의 상호작용에 관심을 두고 있으나 생태체계이론은 환경과 상호작용하는 개인의 능력에 초점을 두고 사회체계이론은 성장하고 변화하는 환경의 능력을 강조한다. 이 장에서는 생태체계이론과 사회체계이론을 통해 환경 속의 인간에 대해 이해하고 인간의 행동에 영향을 미치는 환경에 대해 보다 관심을 가지고자 한다.

1. 생태체계이론

1) 생태체계이론의 기본 관점

생태체계이론의 핵심 관점은 환경 속의 인간이다. 특정 문화와 역사적 맥락 안에서 인간과 환경은 지속적으로 상호영향을 미치고 있다. 그러므로 인간과 환경을 하나의 체계로 볼 필요가 있다(Germain et al., 2008). 생태체계이론은 이러한 관점을 토대로 브론펜브레너(Bronfenbrenner)가 체계화한 이론으로 그에 따르면 한 개인의 발달은 인간이 전 생애과정에서 어떻게 환경에 상호적응했는가를 보여주는 결과이다.

브론펜브레너는 인간행동에 대한 대부분의 초기 연구가 단방향으로 이루어졌다고 보고 비판하였다(Bronfenbrenner, 1974). 그는 이전의 실험실 연구 대부분이 낯선 환경 속에서 한 개인이 낯선 사람 또는 자극에 대해 어떠한 영향을 받는지를 연구했을 뿐 제3의 요인에 대한 가능성은 보지 않았다고 보고 이러한 특징은 실제로 경험하는 개인의 환경적 특징과는 거리가 멀다고 주장했다. 브론펜브레너는 개인을 둘러싼 환경의 여러 측면이 개인과 상호작용하여 발달에 영향을 미친다고 보았다.

이에 브론펜브레너는 인간행동에 영향을 미치는 환경에 대해 관심을 갖고 환경을 보다 체계적으로 구조화하였다(Bronfenbrenner, 1977). 생태학적 환경체계를 통해 체계가 유기적으로 인간의 행동에 영향을 미친다는 것을 보였고 인간행동을 설명할 때 인간과 환경에 이중 초점을 두고 인간과 환경 간의 순환적 인과론을 강조하였다. 따라서 인간행동에 있어 누가 원인인가를 규명하기보다 인간과 환경의 상호작용에 어떠한 문제가 있는가를 규명하고자 하였다. 즉 생태체계이론은 인간과 환경 간의 긴밀한 상호교류와 상호의존 관계를 강조한 관점이다.

생태체계이론은 환경 속의 인간이라는 관점에서 개인과 환경 간의 상호작용을 중시하였다. 여기서 환경 속의 인간이라는 것은 인간과 환경 간의 관계가 어느 한쪽의 일방적인 방향으로 이어지는 것이 아니라 상호 호혜적 관계를 이루고 있다는 것을 의미한다. 따라서 인간과 환경을 하나의 단일 체계로 이해하고 둘 사이의 유기적 관계를 설명하고자 하는 것이다.

생태체계이론의 인간행동에 대한 기본 전제는 환경 속의 인간 관점에서 인간의 행동이 이해되어야 한다는 것이다. 인간은 물리적 환경과 사회적 환경을 자율적으로 활용할 수 있으며 환경 속에서 기능할 수 있는 능력이 있다고 보았다. 생태체계이론은 이러한 인간에 대한 낙관론적 관점을 토대로 다음의 몇 가지 기본 가정을 따르고 있다(Greene et al., 1991).

첫째, 환경과 상호작용하고 타인과 관계 맺는 인간은 능력은 타고나는 것이다. 이러한 인간이 보다 효과적인 사회적 관계를 형성하기 위해서는 오랜 기간에 걸친 학습과 사회화가 필요하다.

둘째, 인간과 환경은 서로 상호영향을 미치는 단일체계를 형성하고 호혜적인 관계를 맺는다. 따라서 인간은 환경적 요구에 적응하기도 하고 자신의 요구에 맞게 환경을 변화시킬 수 있다.

셋째, 인간은 목적지향적이고 권능을 추구한다. 물리적 환경과 사회적 환경에 대해 이해한 개인이 환경에 대해 갖는 주관적 의미가 발달의 비결이다.

넷째, 개인의 성격은 인간과 환경 간에 지속되어 온 거래(transaction) 결과이다.

다섯째, 개인의 문제는 전체적인 생활공간 안에서 이해되어야 한다. 사회복지사는 클라이언트의 어떠한 생활공간에라도 개입할 준비가 되어 있어야 하며 변화된 생활경험으로부터 개인의 긍정적 변화를 가져올 수 있다.

2) 생태체계이론의 주요 개념

(1) 적합성

생태체계이론에서 인간의 행동은 인간과 환경의 상호 이익을 찾는 과정에서 나타난다고 보았다. 개인의 적응적 욕구와 환경자원 간의 상호 이익을 달성할 수 있는 균형상태를 적합성(goodness of fit)이라 한다. 이러한 인간과 환경 간의 조화는 인간과 환경이 모두 기능하여 상호교류가 적응적이며 모두에게 유익한 효과를 가져왔음을 의미한다.

인간과 환경 간의 상호교류는 적응적이기도 하고 부적응적이기도 하다. 어느 한쪽의 희생으로 다른 한쪽의 발달이 이루어졌을 때 균형이 깨지고 갈등이 유발되며 결국 모두의 발달을 저해하는 결과를 가져오게 되는데 이를 부적합성이라 한다. 이 경우 인간은 환경을 변화시키거나 보다 조화를 이루기 위해 노력하는 호혜적인 과정을 따르게 된다(Greene et al., 1991).

(2) 적응성

적응성(adaptation)은 인간이 효과적으로 기능하기 위해 주어진 환경에 맞추어 조절하는 능력을 의미하며 인간은 환경에 대한 적응 수준을 유지하거나 높이기 위해 변화하는 환경에 느리지만 지속적으로 적응한다. 생태체계이론에서는 적응상의 문제를 병리적으로 보지 않는다. 부적응은 개인의 욕구와 환경자원이 일치하지 못하는 것뿐이지 인간은 자신의 욕구에 맞추어 환경의 변화를 위한 행동을 하거나 스스로 환경변화에 적응한다.

인간은 이러한 적응과정에서 환경에 영향을 받고 환경도 인간에 의해 영향을 받는다. 그러므로 적응은 양방향의 과정이며 인간과 환경의 동시적 영향력에 의해 이루어지는 인지적이고 감각적-지각적이며 행동적인 과정이다(Meyer, 1983).

(3) 유능성

유능성(compectence)은 인간이 환경과 효과적으로 상호작용할 수 있는 능력을 의미한다. 인간발달에 필수적인 요소로 인간이 환경과 성공적인 상호작용을 경험함으로써 형성되며 전 생애에 걸쳐 확대될 수 있는 능력이다(White, 1959). 이러한 유능성을 통해 인간은 환경과의 상호작용 과정에서 자신의 판단을 신뢰하고 효과적으로 환경자원을 활용할 수 있게 된다.

(4) 상호교류

인간과 환경은 하나의 체계로 묶여 있고 한 개인과 환경은 체계 속에서 서로에게 영향을 주고받게 되는데 이러한 상호관계를 상호교류(transaction)라 한다(Lazarus et al., 1984). 상호교류는 시간에 따른 사건의 경과 과정에서 발생하는 관계를 의미하며 개인과 환경이 서로 영향을 미치는 역동적인 관계이다. 인간과 환경 간의 상호교류에는 긍정적인 교환이 일어날 수 있고 부정적인 교환이 일어날 수 있다.

(5) 스트레스와 대처

개인과 환경 사이의 상호교류에서 불균형이 나타나면 스트레스(stress)가 유발된다(Germain et al., 2008). 스트레스는 개인의 욕구를 환경자원으로 충족시킬 수 없을 때 나타나는 심리적·생리적·사회적 현상이다. 스트레스로 인해 불안, 분노, 우울, 두려움, 무기력감 등의 감정이 나타나거나 사회적 관계에서 위축이나 자신감의 상실 등이 야기된다.

과도한 스트레스는 개인에게 심각한 문제상황으로 나타나기도 하지만 적절한 스트레스 혹은 유능성 있는 개인에 대한 스트레스의 경우 인간의 성장과 발달을 돕는 동력이 되기도 한다. 즉 스트레스가 반드시 문제가 되는 것은 아니다. 상호교류에서 나타나는 불균형 문제는 개개인에 따라 스트레스로 경험하기도 하고 도전으로 경험하기도 한다.

스트레스로 인해 발생 되는 개인의 욕구를 해결하기 위해 고안된 행동을 대처(coping)라 한다. 인간은 스트레스에 대처하기 위해 다양한 내적 자원과 외적 자원을 활용한다. 내적 자원에는 자기존중감, 문제해결능력 등이 있고 외적 자원에는 가족, 지역사회, 사회적 관계망 등이 있다(Greene et al., 1991). 이를 활용해 스트레스에 대처한 결과가 성공적이라면 개인의 삶의 질은 높아지고 보다 향상된 자원을 획득하게 되어 적응성이 높아진다.

(7) 거주환경과 적소

거주환경(habitat)은 개인의 물리적·사회적 환경을 의미한다. 주택, 위생상태, 시골 등과 같은 물리적 환경과 가정생활, 이웃, 직장생활 등과 같은 사회적 환경은 개인에게 매우 주요한 영향을 미치게 된다.

한편 적소(niche)는 특정 집단이 사회 내에서 차지하는 사회적 지위 또는 직접적 환경을 의미하는 것으로 지역사회의 구성원들은 누구나 독특한 적소를 가지고 있으며 적소를 차지하기 위해 경쟁한다(구혜영, 2010). 개인의 사회경제적지위가 거주환경을 선택하는 데 영향을 미치는 것처럼 지역사회의 구성원들은 본래의 적소에 적응하지 못하면 다른 적소로 이동하게 된다.

3) 생태학적 환경의 체계

브론펜브레너는 인간의 환경은 중첩된 구조의 배열이며 가장 가깝고 직접적인 영향을 미치는 환경부터 광범위하고 간접적인 영향을 미치는 환경에 이르기까지 인간은 복합적으로 상호작용하는 체계 속에 둘러싸여 있다고 보았다. 인간이 이러한 체계와의 상호작용을 통해 발달한다고 주장한 브론펜브레너는 생태학적 환경체계를 다음과 같이 다섯 가지로 구분하였다(Bronfenbrenner, 1977).

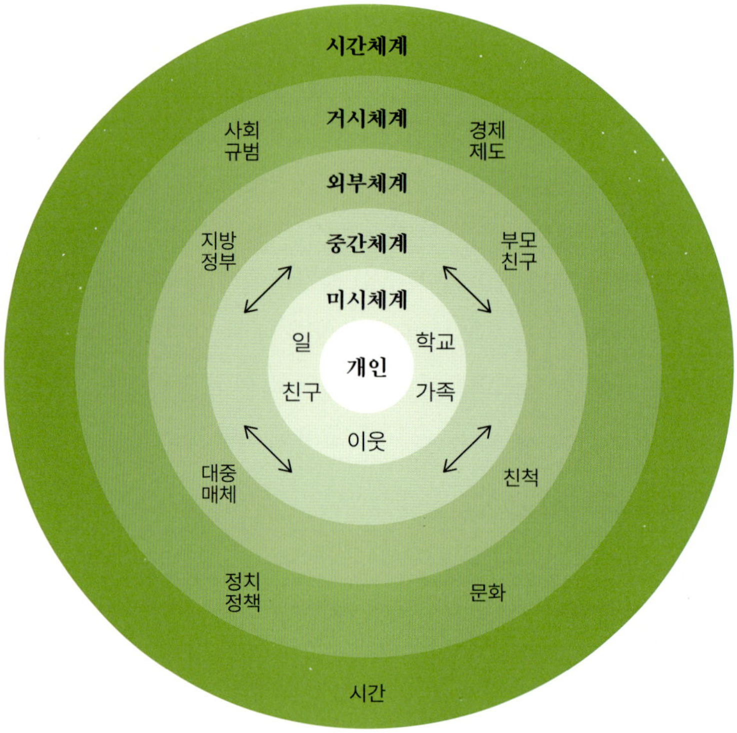

그림 3-1-1 브론펜브레너의 생태학적 환경체계

(1) 미시체계

미시체계(microsystem)는 개인에게 가장 인접한 수준의 환경이며 가족, 이웃, 친구, 동료 등과 같이 익숙하고 친밀한 사회적 관계망으로 구성된다. 개인은 미시체계와 직접적이고 구체적인 면대면 상호작용을 이어가고 아동기에 가장 큰 영향을 주고받는다. 또한 개인의 미시체계는 끊임없이 변화하고 개인의 성장과 함께 점차 상호작용이 약화된다.

(2) 중간체계

중간체계(mesosystem)는 개인이 속한 두 가지 이상의 미시체계가 연결되어 나타나는 환경이며 부모와 교사, 친구와 형제자매 간의 상호작용과 같이 미시체계 간의 상호작용으로 구성된다. 따라서 개인이 새로운 환경으로 이동할 때마다 중간체계가 새롭게 형성되거나 변화한다.

개인은 다양한 미시체계에서 각기 다른 역할을 수행하게 되는데 미시체계 간의 관계의 질과 연결성은 풍부한 중간체계를 구성하고 상호 연결되어 서로에게 기능하고 개인의 발달에 긍정적인 영향을 미치게 된다.

(3) 외부체계

외부체계(exosystem)는 개인과 직접 상호작용하지 않지만 간접적으로 영향을 미치는 환경이며 공공기관, 대중매체, 부모의 직장 등과 같이 지역사회 수준에서 기능하고 있는 주요 기관으로 구성된다. 개인이 직접 속한 체계는 아니지만 개인이 속한 미시체계의 미시체계이다. 외부체계는 간접적이지만 개인, 미시체계, 중간체계에 이르기까지 영향력을 미치기 때문에 개인의 생활에 주요한 요소라 할 수 있다.

(4) 거시체계

거시체계(macrosystem)는 개인의 특정 환경을 지칭하는 것이 아니라 이미 확립된 보다 광범위한 사회적 맥락으로 국가, 이념, 제도, 정치, 경제, 법, 문화 등과 같이 개인의 삶에 직접적으로 개입하지 않지만 궁극적으로 영향력을 행사하는 환경이다. 이는 명백한 형태를 가진 것도 있지만 일정한 형태가 없는 것도 있으며 역사적·사회적·문화적 힘에 의해 형성되고 수정된다.

거시체계는 다른 체계에 포괄적인 영향을 미치고 비록 간접적이지만 인간의 행동발달에 영향력을 발휘하고 시간적 차이만 있을 뿐 개인의 삶에 전체적이면서 강력하고 지속적인 영향을 미친다. 또한 개인이 성장함에 따라 개인의 삶에서 더욱 중요한 요인이 된다.

(5) 시간체계

시간체계(chronosystem)는 생태학적 환경체계가 고정되어 있는 것이 아니라 시간이 흐름에 따라 변화한다는 것을 강조하기 위해 브렌펜브레너가 추가한 체계이다. 개인 삶의 전환과 역사적 사건을 포함해 개인의 행동발달에 영향을 미치는 환경의 변화로 구성된다.

시간체계는 개인의 일생에 걸쳐 일어나는 환경의 변화로 구성되며 시간에 따라 끊임없이 변화하는 환경과 인간 간의 상호작용을 의미한다. 보다 생애발달적이고 역동적이며 종단적인 관점에서 한 개인이 일생 동안 끊임없이 변화하는 환경과 어떻게 상호작용하는지 바라본다.

4) 생태체계이론에 대한 평가

생태체계이론은 복합적으로 상호작용하는 체계 속의 인간이 환경과 어떻게 교류하는지 인간과 환경 간의 상호작용에 대한 폭넓은 이해를 다루었고 이를 위해 인간의 행동발달에 영향을 미치는 환경을 체계적으로 구조화하였다. 생태체계이론에서는 인간의 발달을 여러 수준의 주변 환경에 의해 영향을 받는 복잡한 관계 체계로 간주하여 전체론적 접근 방식을 제공하였다(Hayes et al., 2017). 이를 통해 사회복지실천에 있어 문제를 사정할 때 개인으로부터 얻을 수 있는 정보에만 의존하던 기존 이론에 비해 보다 넓은 관점에서 다양하고 객관적인 정보를 얻을 수 있게 하였다. 이러한 유용성에도 불구하고 생태체계이론은 다음과 같은 몇 가지 비판을 받고 있다(Leventhal et al., 2000).

첫째, 인간과 환경 간의 상호작용에 초점을 두고 인간의 행동발달을 설명하고 있으나 구체적이고 세부적인 방법론에 대한 논의가 부족하다. 인간을 둘러싼 복잡한 환경체계를 체계적으로 분석하였으나 그 체계를 통해 어느 정도로 인간의 행동발달을 형성할 수 있는지 측정하기에는 한계가 있다는 것이다. 생태체계이론에서는 인간과 환경 간의 상호작용을 조사하는 연구가 제한적으로 나타나 그 효과를 경험적으로 증명하기 어렵고 환경에 의해 인간의 행동이 영향을 받는다고는 할 수 있으나 어떠한 변화를 직접적으로 유발하는지 경험적으로 확인하는 것은 어렵다.

둘째, 인간의 행동발달에 영향을 미치는 것으로 기대되는 인간의 내적 요인에 대해서는 거의 논의하지 않았다는 비판이 따른다. 인간의 행동이 환경에 의해 영향을 받지만 생태계의 영향 없이도 개인의 행동은 변화할 수 있다. 예를 들어 빈곤에 시달리는 지역에서 자라나는 모든 아이들이 부정적으로 성장할 것이라는 기대는 사실과 다르다. 즉 생태체계이론을 적용하는 개인에 대해 지나치게 광범위한 가정을 하는 것은 주의해야 할 것이다.

보충자료

인간의 삶은 환경과 상호작용하는 것이지 환경이 결정하는 것은 아니다.
- 페니실린(Penicillin)을 발견한 알렉산더 플레밍

알렉산더 플레밍의 연구실은 열악하고 협소한 연구실이었다. 그곳에서 항균 연구에 몰두했던 플레밍은 샘플을 배양하던 세균 배양 용기의 뚜껑을 제대로 닫지 않은 채로 휴가를 떠나게 되고 연구실로 되돌아온 플레밍은 뜻밖의 발견을 하게 된다.

세균 배양 용기에 있던 포도상구균 대부분이 죽고 그 자리에 푸른곰팡이(페니실리움)가 피어있었다. 이것이 페니실린의 시초가 되었다.

사람들은 열악한 환경에서도 페니실린을 만들어 낸 플레밍을 향해 연구 환경이 좋았다면 더 엄청난 것을 발견했을 것이라 칭찬했다.

이들에게 플레밍은 "연구실의 환경과 연구하는 것은 전혀 상관이 없다. 오히려 열악한 환경 덕분에 페니실린을 발명할 수 있었다"고 전했다.

우리가 사는 환경은 우리가 만들어 가는 것이다. 내가 바뀔 때 인생도 바뀐다.
- 앤드류 매튜스 -

Review

2. 사회체계이론

1) 사회체계이론의 기본 관점

사회체계이론은 체계이론에 기초하여 인간과 환경 간의 관계에 접근하였다. 체계이론은 전체를 구성하고 있는 부분들 간의 상호의존적 관계를 통해 인간의 행동을 이해하고자 하였다(Bertalanffy, 1968). 이러한 맥락에서 사회체계이론은 사회를 하나의 체계로 간주하여 사회적 환경 속의 인간행동을 이해하고자 하였다.

사회체계이론에서는 가족, 집단, 조직, 지역사회, 문화 등의 인간 결사체를 하나의 체계로 보고 체계를 구성하고 있는 하부체계들이 개인과 어떻게 상호작용하고 기능하는지 살펴보았다. 사회와 사회환경이 무엇인지 정의하고 사회체계의 기능에 대해 설명하였다. 또한 사회체계이론에 따르면 인간은 사회적 환경으로부터 유기적 영향을 주고받는 존재로 인간의 행동은 사회체계의 성장과 변화에 따른 결과로 이해된다. 즉 사회체계이론에서는 문제의 원인을 개인에게서 찾지 않고 인간을 둘러싸고 있는 사회체계와의 역기능적 상호작용에 있다고 보았다.

인간을 환경에 일방적으로 영향을 받는 수동적 존재로 보지 않고 인간과 환경과의 역동적인 상호작용에 관심을 두었다는 점에서 생태체계이론과 닮아있으나 생태체계이론은 환경과 상호작용하는 개인의 능력에 초점을 두었고 사회체계이론은 변화하는 환경의 능력을 강조하였다.

사회체계이론 역시 환경 속의 인간이라는 관점에서 인간행동을 이해하고자 하였으며 인간을 개인의 욕구에 맞춰 행동을 수정할 수 있는 능력을 갖춘 신체적·심리적·사회적 부분에서 통합된 하나의 전체 체계로 보았다. 사회체계이론은 이러한 체계적 인간관을 토대로 다음의 몇 가지 기본 가정을 따르고 있다(Greene et al., 1991).

첫째, 사회체계는 이미 확립되었거나 임의로 규정된 체계의 정체성에 맞는 성원으로 구성되며 부분이 모여 하나의 집합체를 구성한다. 이러한 사회체계는 부분과는 구별되는 독자적인 기능을 하는 전체성을 지닌다.

둘째, 사회체계는 구성단위의 단순한 집합이 아니라 유기적인 집합체로 체계를 구성하는 성원은 상호영향을 주고받는 상호관련성을 지닌다. 따라서 사회체계 내의 한 성원에게 나타난 변화는 전체의 특성에 변화를 가져오게 된다.

셋째, 사회체계는 전체로서의 공동목적을 가지고 있으며 체계를 유지하는 방향으로 고유한 목적을 추구한다. 즉 사회체계는 적응적이고 목표 지향적이다.

넷째, 사회체계의 경계 밖에는 상위체계인 환경이 있으며 사회체계는 외부환경과 수직적인 상호작용을 통해 변화에 적응하고 유지하고 발전한다. 이러한 환경에 대한 적응성은 체계의 유능성이나 내적 구성에 영향을 미친다.

다섯째, 모든 체계에는 여러 하위체계가 존재하며 긴밀하게 상호작용한다. 사회체계 역시 상호의존 관계에 있는 성원들 간에 그리고 사회체계들 간에 역동적인 상호작용이 나타난다.

2) 사회체계의 기능

파슨즈(Parsons)의 경우 사회체계는 수단-목적 차원과 외부-내부 차원을 중심으로 구조적으로 분화된다고 보았다. 이 두 가지 축을 기준으로 사회체계가 직면하는 문제를 네 가지로 구분하고 각 문제를 해결하는 사회체계의 기능을 적응, 목표달성, 통합, 형태유지 기능으로 나누었다. 그리고 사회체계가 안정 상태를 유지하기 위해서는 이 네 가지 기능적 요건을 충족해야 한다고 주장하였다(Parsons, 1961).

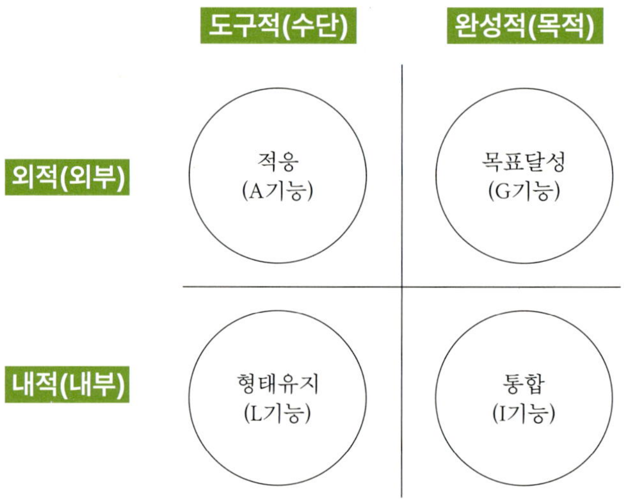

그림 3-1-2 파슨즈의 AGIL 도식

(1) 적응 기능

사회체계는 과업 산출을 달성하기 위해 상위체계를 조정한다. 목적 달성에 유리하기 위한 수단으로 상위체계를 변화시키는 것이 사회체계의 적응 기능이다. 이는 외적이면서 도구적인 사회체계 문제를 해결하는 기능이다. 예를 들어 경제 제도는 사회체계의 존속을 위해 환경으로부터 얻은 자원을 분배하는 적응 기능을 하는 부분이다.

(2) 목표달성 기능

사회체계는 상위체계의 욕구를 충족시키기 위해 과업 목적을 달성할 수 있는 능력을 갖추어야 한다. 상위체계의 기대에 부합한 과업 목적을 달성하기 위해 기회를 모색하고 진전하는 것이 사회체계의 목표달성 기능이다. 경제성장과 물가안정 목표를 달성하고자 정책을 수립하고 재정정책을 통해 시장에 대해 개입하는 정부는 목표달성 기능을 하는 사회체계 부분의 예이다.

(3) 통합 기능

사회체계는 체계 내 구성원의 욕구를 충족시키기 위해 체계의 유지·존속이라는 목적을 달성할 수 있는 능력을 갖추어야 한다. 체계의 유지·존속이라는 구성원의 기대에 부응하기 위해서 부분을 조정하고 효과적인 관계를 획득하는 것이 사회체계의 통합 기능이다. 예를 들어 법을 통해 사회를 통합하는 기능을 수행한다.

(4) 형태유지 기능

사회체계는 끊임없이 변화하는 상위체계하에서 평형을 유지해야 한다. 목적 달성과 통합을 성취하기 위한 수단으로 사회체계 자체의 기본적인 틀과 체계 내 구성원 간의 구조적 특성을 유지하는 것이 사회체계의 형태유지 기능이다. 이는 내적이면서 도구적인 사회체계 문제를 해결하는 기능이다. 예를 들어 종교를 통해 부분 간에 야기되는 긴장을 처리할 수 있는 능력을 갖추게 된다.

3) 사회체계이론의 주요 개념

(1) 경계와 공유영역

경계(boundary)는 체계를 외부환경과 구분 짓는 일종의 테두리이다(Dale et al., 2005). 사회체계의 경계는 사회적 구조로 행정구역, 인종 등과 같은 객관적 기준이나 낙인 등과 같은 인위적 규정을 통한 성원의 행동으로 드러난다. 사회체계의 경계는 체계의 정체성을 규정하고 유지하는 기능을 갖고 있으며 경계를 통해서 외부환경과의 교환이 이루어진다. 이때 경계의 개방성과 침투성의 정도에 따라 환경과의 내적·외적 교환이 통제된다.

한편 공유영역((interface)은 개인 간 혹은 체계 간의 상호작용이 나타나는 지점으로 서로 다른 체계 간의 교류가 일어나는 공유된 경계이다(Barker, 1999). 경계가 사회체계의 정체성을 유지하기 위해 필요하다면 공유영역은 사회체계 간의 공통된 이익이나 관심을 추구하기 위해 필요하다.

(2) 개방체계와 폐쇄체계

사회체계는 크게 개방체계와 폐쇄체계로 나누어 볼 수 있다(Dale et al., 2005). 개방체계(opened system)는 외부환경과 역동적으로 상호작용하는 체계를 의미하며 개방체계에서는 투입과 산출이 자유롭게 일어난다. 반투과적인 경계를 특징으로 하고 있어 필요에 따라 에너지, 정보, 자원 등을 다른 체계와 상호교류하며 이러한 개방체계의 속성으로는 항상성, 안정상태, 역엔트로피, 시너지 등을 들 수 있다. 개방체계는 외부환경과 수직적 상호작용을 하는 체계로 수직적 상호작용이란 체계 간의 경계를 넘어 상위체계와 상호작용하는 것을 의미한다.

반면에 폐쇄체계(closed system)는 다른 체계와 상호작용하지 않는 고립된 체계를 의미하며 폐쇄체계에서는 투입과 산출이 이루어지지 않는다. 환경의 변화에 영향을 주고받는 것을 고려하지 않고 체계 내의 구조와 기능에 관심을 두고 있어 에너지, 정보, 자원 등에 대한 다른 체계와의 상호교류가 나타나지 않는다. 현실적으로 완전한 폐쇄체계란 존재하지 않지만 결과적으로 균형, 엔트로피 등의 속성이 나타난다. 폐쇄체계는 체계 내에서의 수평적 상호작용만을 하는 체계로 수평적 상호작용이란 체계 내 하위체계 간의 상호작용을 의미한다.

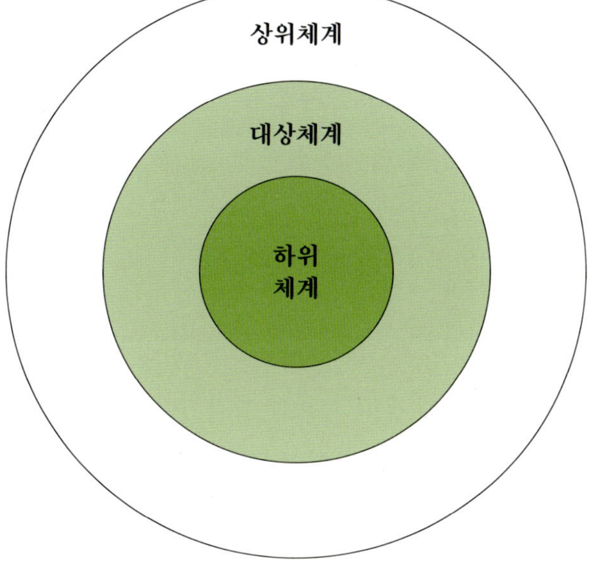

그림 3-1-3 사회체계의 위계질서

(3) 대상체계, 상위체계, 하위체계

사회체계에는 체계를 둘러싼 상위체계와 체계 속의 하위체계가 존재하며 이들 사이에는 위계질서가 존재한다(Anderson et al., 1990). 사회체계의 위계를 살펴보면 분석 대상이 되는 체계인 대상체계(subject system)가 있고 그 대상체계의 외부에 있으면서 대상체계와 상호작용하는 보다 큰 체계인 상위체계(supra system)가 있으며 대상체계의 내부에 있으면서 구성단위들 간에 상호작용하는 보다 작은 체계인 하위체계(sub system)가 있다.

이와 같은 상호작용을 통해 사회체계가 유지되고 모든 체계에는 상위체계와 하위체계의 속성이 공존하여 나타나게 된다. 체계가 전체성과 부분성을 동시에 갖게 되는 이러한 특성을 홀론(holon)이라고 하며 사회체계는 전체인 동시에 부분이 되는 것이다.

(4) 엔트로피, 역엔트로피, 시너지

엔트로피, 역엔트로피, 시너지는 사회체계의 부분들 간에 발생하는 에너지의 흐름과 관련된 개념으로 다음과 같이 정의할 수 있다(Anderson et al., 1990).

엔트로피(entropy)는 사회체계의 부분들 간 상호작용이 결여되어 체계 내의 유용한 에너지가 감소하는 상태를 의미한다. 서로 간의 갈등이 심해져 이혼 위기에 처한 부부와 같이 체계의 질서가 무너지고 조직이 와해되어 소멸해 가는 과정을 말한다. 엔트로피는 폐쇄체계의 주된 속성으로 폐쇄적인 체계에서는 투입과 산출이 일어나지 않기 때문에 새로운 에너지가 유입되지 못하고 불필요한 에너지가 외부로 유출되지 못해 결과적으로 체계의 효과적인 기능이 상실되는 것이다.

반면에 역엔트로피(negentropy)는 사회체계의 부분들 간 역동적인 상호작용으로 체계 내의 유용하지 않은 에너지가 감소하는 상태를 의미한다. 이혼 위기에 처한 부부가 상담을 통해 관계를 회복하는 것과 같이 체계의 무질서와 혼란이 질서와 안정으로 전환해 가는 과정을 말한다. 역엔트로피는 개방체계의 주된 속성으로 개방적인 체계에서는 투입과 산출이 일어나 외부로부터 필요한 에너지가 유입되어 결과적으로 체계의 기능을 회복하는 것이다.

한편 시너지(synergy)는 사회체계의 부분들 간 상호작용이 촉진되어 체계 내의 유용한 에너지가 증가하는 상태를 의미한다. 상담을 통해 부부 관계를 회복한 이후 가족이 보다 화목해지고 자녀와의 관계 또한 더욱 성숙해지는 것과 같이 체계에 긍정적인 변화를 가져오는 것을 말한다. 시너지 또한 개방체계의 속성으로 한 번 생성된 에너지가 소멸되지 않고 부분들 간 상호작용을 증가시켜 계속해서 새로운 에너지를 생성하게 되어 결과적으로 체계의 발전을 도모하게 되는 것이다.

(5) 균형, 항상성, 안정상태

사회체계는 변화를 추구하면서도 체계를 유지하려는 속성을 동시에 가지고 있다. 이러한 역동적 균형을 보이는 사회체계의 특성을 나타내는 개념으로 균형, 항상성, 안정상태 등이 있다(Compton et al., 1989).

균형(equilibrium)은 새로운 에너지의 투입 없이 체계를 유지하려는 사회체계의 특성으로 폐쇄체계의 속성 가운데 하나이다. 외부환경과의 상호교류나 체계의 구조변화 없이 고정된 평형상태에서 부분들 간의 수평적 상호작용만으로 현상을 유지한다. 하지만 지나친 균형은 체계의 성장과 발달을 저해하거나 오히려 불안정을 유발할 수 있다.

항상성(homeostasis)은 변화에 저항하여 균형을 회복하려는 사회체계의 특성으로 개방체계의 속성 가운데 하나이다. 외부환경과의 지속적인 상호교류로 변화의 상태에 놓여 있는 체계가 큰 변화 없이 안정적이지만 역동적인 균형을 이룬다. 체계의 구조가 크게 달라지지 않는 일정 범위 내에서의 변화로 안정을 주는 동시에 무질서와 혼란으로부터 체계를 보호한다. 항상성은 체계를 일관성 있게 유지해준다.

안정상태(steady state)는 기존 체계의 구조를 변화시켜 새로운 균형을 형성하려는 사회체계의 특성으로 개방체계의 속성 가운데 하나이다. 외부환경과의 지속적인 상호교류뿐 아니라 의도적인 노력을 통해 상황의 변화에 맞는 새로운 구조를 형성한다. 외부자극을 받아들이고 환경과 성숙한 관계를 유지하기 위해 체계가 역동적으로 그 기능을 수행하여 에너지를 계속적으로 사용함으로써 체계의 목표와 정체성을 유지한다.

(6) 다중종결성과 동등종결성

사회체계의 어느 한 부분이 변화하면 부분들 간의 상호작용으로 나머지 다른 부분들도 변화하게 된다는 호혜성(reciprocity)의 원리에 따라 원인과 결과를 쌍방향의 교류과정으로 해석하는 순환적 인과성의 관점을 반영한 개념이 다중종결성과 동등종결성이다(최옥채 외, 2021).

다중종결성(multifinality)은 사회체계 부분들 간의 상호작용 성격에 따라 비슷한 조건과 수단이라도 다른 결과를 초래할 수 있다는 개념으로 예를 들어 같은 교실에서 같은 수업을 같은 기간 들었어도 학업성취도에 있어 개인차가 있다는 것이다.

동등종결성(equifinality)은 사회체계 부분들 간의 상호작용 성격에 따라 서로 다른 조건과 수단을 활용하더라도 비슷한 결과를 초래할 수 있다는 개념으로 예를 들어 수험생 A는 과외, 수험생 B는 독학, 수험생 C는 인터넷강의로 입시 준비를 하더라도 같은 대학의 같은 과에 입학할 수 있다는 것이다.

(7) 투입, 전환, 산출 그리고 환류

사회체계가 유지되고 성장하고 발달하기 위해서는 외부환경과 상호교류해야 하며 다른 체계로부터 유입된 에너지, 정보, 자원을 체계 내에서 전환하여 산출되는 교환과정을 거친다(Dale et al., 2005).

투입(input)이란 외부환경으로부터 에너지, 정보, 자원 등이 사회체계 내부로 유입되는 것을 의미하며 과업 관련 투입과 유지 관련 투입으로 구성된다. 과업 관련 투입은 사회체계가 관심을 두는 지각된 욕구나 문제 혹은 기회가 투입되는 것을 의미하고 유지 관련 투입은 욕구 충족이나 문제해결 혹은 기회 모색을 위해 필요한 자원이 투입되는 것을 말한다.

전환(conversion operation)이란 사회체계가 기능을 수행하기 위해 투입된 에너지, 정보, 자원 등을 적절히 변형시키고 재조직화하는 과정을 의미하며 체계의 구조와 상호작용을 통해 투입을 산출로 연결한다. 구조는 투입-산출 과정에서 나타나는 순서를 의미하며 상호작용은 적극적으로 외부환경에 반응한 실제 행동으로 체계 내에서 일어나는 수평적 상호작용과 체계 간에 일어나는 수직적 상호작용이 있다.

산출(output)이란 체계 내에서 변형된 에너지, 정보, 자원 등을 환경으로 내보내는 것을 의미하며 전환 과정의 결과물로 과업 산출, 유지 산출, 소모로 구성된다. 과업 산출은 과업 관련 투입이 처리된 결과로 예를 들어 투입된 클라이언트의 문제가 종결된 것을 들 수 있고 유지 산출은 유지 관련 투입이 처리된 결과로 예를 들어 문제해결을 위해 투입된 담당 사회복지사의 역량이 증진된 것을 들 수 있다. 소모는 과업 산출과 유지 산출이라는 결과물을 방출하는 데 있어 투입된 자원을 비효과적이고 비효율적으로 또는 부적절하게 사용하는 것을 의미하며 예를 들어 투입된 담당 사회복지사의 번아웃을 들 수 있다.

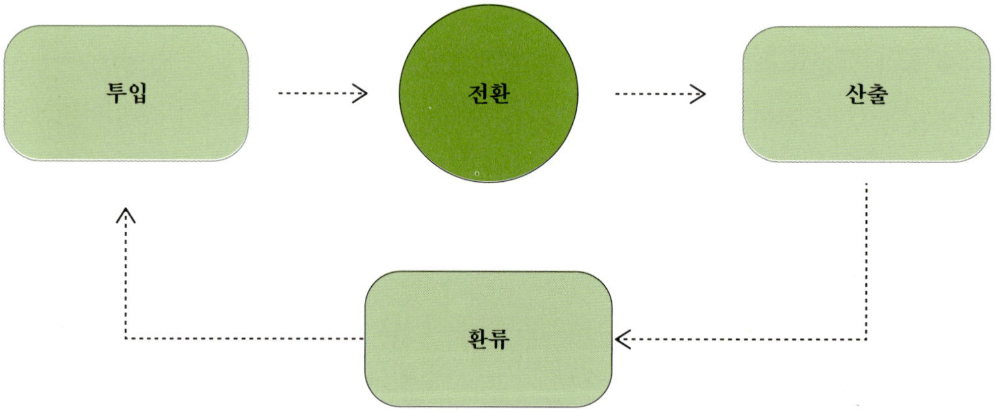

그림 3-1-4 사회체계의 투입-전환-산출과 환류 과정

한편 환류(feedback)는 투입의 또 다른 형태로 투입-전환-산출 과정에서 낳은 결과물에 기초해 사회체계의 작동을 판단하고 수정하는 과정이다. 이전과 같은 방식을 지속하여야 할지 수정하여야 할지 판단해 정보를 다시 사회체계 내에 투입하는 일종의 적응기제로 환류를 통해 사회체계의 목표달성을 위한 효과적인 조정이 가능하다. 이러한 환류는 정적 환류와 부적 환류로 구성된다. 정적 환류란 사회체계가 목표달성을 위해 적합한 방식을 취하고 있으며 앞으로도 그와 같은 행동이 더욱 요청된다는 의미를 전달하는 것이고 부적 환류란 사회체계가 목표달성에 적합하지 않은 방식을 취하고 있으며 앞으로 그와 같은 행동은 수정해야 한다는 의미를 전달하는 것이다.

4) 사회체계이론에 대한 평가

사회체계이론은 문제가 되는 현상에 대한 총체적 시각을 바탕으로 개인과 사회적 환경 간의 상호작용을 이해하는 데 중추적 역할을 하였다(Kearney, 1986). 인간행동을 이해함에 있어 개인의 행동에 초점을 두는 것에서 벗어나 사회체계의 성원 간에 나타나는 역동적 상호작용에 초점을 두고 환경적인 맥락에서 폭넓게 이해하고자 하였다. 인간과 사회적 환경 간의 관계를 이해할 수 있는 개념적 틀을 제시하여 다양한 체계에 적용하여 여러 각도에서 개입이 가능하도록 하였으며 사정 도구로서도 유용하다. 그럼에도 불구하고 사회체계이론은 몇 가지 비판을 받고 있다(Lilienfeld, 1978).

첫째, 사회체계이론은 추상적이고 모호하다는 비판을 받고 있다. 구체적으로 왜 그러한 체계의 연결이 존재하는지, 왜 그러한 상호작용이 일어나는지, 어떠한 영향을 주고받는지에 대한 설명이 부족하기 때문에 실증적으로 증명하기 어려운 부분이 많다.

둘째, 이러한 추상성에 의해 지나치게 일반화된 이론이기 때문에 보편성을 띄고 있어 특수한 상황에 적용하기 어렵다. 개인과 환경 간의 보다 심층적인 상호작용을 이해하는 데 부족한 측면이 있다.

셋째, 사회체계 간의 상호교류를 중시하면서도 체계 간의 고유영역에 대해서는 충분한 설명을 하지 않아 상황을 파악하고 해석하는 방식을 제각기 달리 할 수 있다는 한계가 있다.

보충자료

환경과 상호작용하는 인간
- 야생아 지니

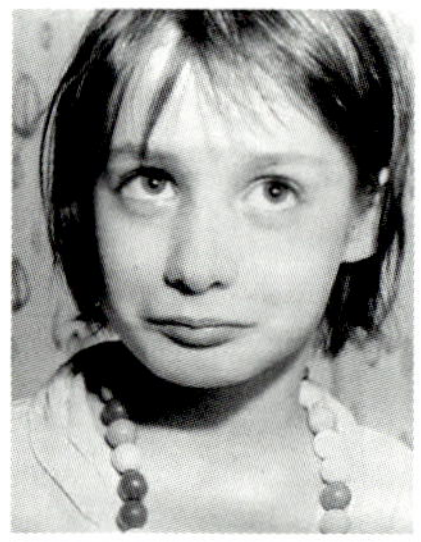

야생아로 유명한 흔히 지니(Genie)라는 가명으로 알려져 있는 와일리(Wiley)는 미국 최악의 아동학대 사례의 주인공이다. 1970년 로스앤젤레스의 복지관에서 한 사회복지사의 신고로 세상에 알려진 지니는 발견 당시 13살의 나이임에도 키는 137cm, 체중은 27kg에 불과했다. 그녀의 이름 지니는 신원을 보호하기 위해 주어진 이름이었다.

그녀의 아버지는 지니가 정상적인 사회의 일원으로 성장할 기회를 주지 않았다. 생후 20개월 때부터 본격적인 학대가 시작되었는데 방에 가둬두고 유아용 변기에 묶어 방치하거나 침대에 뚜껑을 씌워 나오지 못하게 했다. 음식도 오트밀 이유식만 먹게 하거나 소리와 언어 사용을 극도로 억제해 소리를 낼 때마다 몽둥이로 폭력을 가했다. 그녀의 어머니 역시 가정폭력에 시달리다 1970년 지니가 13살 되던 해에 집을 나왔다. 시각장애가 있었던 어머니는 시각장애인 지원금을 신청하러 인근 복지관에 지니와 함께 방문하였고 이때 한 사회복지사가 여느 아이들과 달리 말을 듣지도 않고 하지도 않고 난동을 부리는 지니를 보고 경찰에 신고하였다.

오랜 감금의 결과로 지니는 지적장애를 갖게 되었고 '그만', '하지마' 등의 극히 일부 단어를 제외하고는 말하지 못했다. 몸을 가누지 못해 똑바로 서지도 걷지도 못했고 공격적이었다. 그녀의 아버지는 아동학대 혐의로 법원 출석 직전에 자택에서 권총으로 자살했고 극히 희귀한 케이스를 눈여겨본 학자들의 연구와 테스트, 교육의 대상이 된 지니는 세간의 관심이 사라지면서 여러 위탁가정을 전전하게 되었다.

일부 위탁가정에서 다시 학대에 가까운 대우를 받으며 70년대 초반에 이루어졌던 여러 기능의 발달이 다시 퇴화된 지니는 1978년 이후 증인보호 프로그램의 도움을 받으며 언론에 알려지지 않은 시설들에서 여생을 보내게 되었다. 가디언에 따르면 지금도 그녀는 국가 보호를 받고 있다고 한다. 하지만 당국의 거부로 그녀가 어떻게 살고 있는지는 알 수 없다고 한다.

그녀가 말하는 법을 배웠을까?, 세상과 소통하고 싶어할까?, 행복할까?

Review

Review

제3부 사회환경의 이해

제2장 사회체계의 이해

Preview

가족 | 집단 | 조직 | 지역사회 | 문화 | 한부모가족 | 노인가족 | 재혼가족 | 독신가족 | 조손가족 | 다문화가족 | 일차집단 | 이차집단 | 자연집단 | 형성집단 | 개방집단 | 폐쇄집단 | 지지집단 | 교육집단 | 성장집단 | 치료집단 | 사회화집단 | 자조집단 | 파슨즈 | 가우스 | 에치오니 | 이트지온 | 홀랜드 | 공공조직 | 영리조직 | 사회봉사조직 | 상조조직 | 비공식조직 | 역동성 | 변화성 | 서비스 요구성 | 변화능력 | 다양성 | 생산 | 분배 | 소비 | 사회화 | 사회통제 | 사회통합 | 상부상조 | 보편성 | 사회성 | 공유성 | 학습성 | 체계성 | 축적성 | 상징성 | 역동성 | 욕구충족 | 사회존속 | 지리적 지역사회 | 기능적 지역사회

사회체계의 이해

사회체계이론은 생물학자 버틀란피(Bertalanffy)가 제시한 일반체계이론의 관점을적용하였으며, 1960년대부터 주목받게 되었다. 이는 광범위한 의미를 포괄하며 개인, 집단, 조직, 지역사회, 문화간의 관계를 강조하면서 인간과 환경간의 이해를 필요로 하는 현장에 다양하게 적용할 수 있는 다양한 사회체계간의 상호작용을 강조한다. 이는 개인, 가족, 소집단, 조직, 지역사회 간의 관계와 연결을 구체화하도록 도와주며 각기 다른 사회체계 속에서 유사점과 차이점을 발견하고, 사회복지사들이 사정된 클라이언트의 상황을 유지하고 있는 체계와 도움을 주는 체계이다. 그 속에서 개인적인 어려움과 공적인 문제들을 고려하는데 유용하게 쓰인다(Norlon, 1997). 또한 인간은 사회체계와 분리되어 존재할 수 없으며, 개인과 환경체계의 지속적인 상호작용을 통해 발달해 간다. 환경 속의 인간을 강조하기 시작한 심리사회적 이론의 발달 이후 인간행동에 대한 관심은 인간과 환경의 상호작용에 초점을 두고 사회복지의 실천적 접근이 이루어졌다. 그래서 이 장에서는 생태체계 관점을 바탕으로 주요한 사회체계 이론의 관점인 가족과 집단, 조직, 지역사회, 문화 등에 대해 살펴보고자 한다.

1. 가족

사회의 가장 기본적이고 일차적인 집단인 가족은 인간의 생리적·정서적·경제적 욕구 등을 해결해 주는 친밀하고 다양한 기능을 수행한다. 오늘날의 가족은 핵가족에서 소가족화로 변화되어 가고 있으며 가족의 유형 및 구조도 전통시대의 확대가족에서 한부모가족, 노인가족, 독신가족, 조손가족, 다문화가족, 공동체 가족 등의 다양한 형태의 모습으로 변모하고 있다. 이러한 가족의 변화는 집단, 조직, 지역사회, 문화에 영향을 미칠 수 있다. 따라서 사회복지사가 다양한 문제와 상황에 처해 있는 클라이언트를 효과적으로 지원하기 위해서는 한 개인에게 있어 가장 일차적이고 직접적인 환경체계인 가족을 이해하는 것이 무엇보다 중요하다.

1) 가족의 개념

가족에 대한 개념은 문화와 시대, 학자의 관점 및 이론적 특성에 따라 다양하게 정의되고 있다. 머독(murdock)에 의하면 '가족은 공동의 거주, 경제적 협동, 생식의 특징을 갖는 집단으로 사회적으로 인정받은 성관계를 유지하고 최소한의 성인 남녀와 한 명 이상의 자녀로 이루어진다'고 정의를 하고 있다(김혜경, 2008). 저메인(Germain, 1991)은 '혈연이나 법적결혼을 통해 함께 생활하면서 경제적인 부분과 자녀양육을 공유하는 사람들의 집단'이라고 가족을 정의하고 있다.

가족은 인간의 성장과 발달에 가장 친밀하고 영향력 있는 사회환경이며 성격발달에 가장 큰 일차적인 영향력을 지닌다. 이는 사회의 기본적인 단위이면서 개인과 사회 사이의 완충지대로 가족구성원의 정신적인 방어를 해주며 개인의 건강 신념과 가치를 형성하는데 기초적인 영향을 주기도 한다. 그래서 가족을 인간의 행동과 발달에 영향을 미치는 사회환경 가운데 가장 기본적이며 일차적인 환경이라 한다. 또한 가족은 모든 사회에서 공통적으로 발견되고 있는 보편적 사회제도로서, 개인들이 태어나서 죽을 때까지 친밀하고 지속적인 상호작용을 제공하고 사회와 중재하는 역할도 하며, 보호와 애정, 경제적 부양, 자녀의 양육과 사회화, 종족보존, 교육 등 다양한 기능을 수행한다. 따라서 인간은 누구나 가족의 사랑과 보호를 받으며 성장하고, 가족을 통하여 사회생활에 적응할 수 있는 능력을 배양한다.

2) 가족의 특성과 기능

(1) 가족의 특성 및 유형

현대사회는 전통사회와 달리 가족의 구조가 핵가족에서 소가족화로 이동하고 있다. 지금까지 자녀를 낳아 기르는 것이 가정생활의 핵심이었다면 그 기간은 가족의 삶의 일부분에 지나지 않게 되었다. 현대사회는 결혼을 포기하는 젊은 세대의 증가와 고령화의 증가로 인해 1인 가구가 증가하고, 자녀를 출산하지 않는 무자녀 가족등의 다양한 가족이 출현하고 있다. 이러한 가족의 구조는 한부모가족, 노인가족, 재혼가족, 독신가족, 조손가족, 다문화가족 등으로 구성되어 있다. 따라서 가족의 유형과 특성을 살펴보면 다음 〈표 3-2-1〉과 같다.

〈표 3-2-1〉 가족의 유형과 특성

가족의 유형	가족의 특성
한부모가족	이혼, 별거, 사망, 유기, 가출 등으로 인하여 부모 중 한사람과 18세 미만의 자녀로 구성된 가족으로 현재 약153만 가구로 전체가구 중에서 7.1%를 차지한다
노인가족	65세이상 노인이 자녀나 친척과 동거하지 않고 독신 또는 부부가 함께 독립적인 가구형태를 이루고 생활하고 있는 가족을 말한다. 최근 노인 부양의식이 약화 되고, 노인 자신의 독립적인 생활욕구로 인해 증가하는 추세를 보인다
재혼가족	이혼 전 혼인관계에서 생긴 최소 한명의 자녀와 함께 사는 재혼한 부부로 구성되며, 이혼의 증가로 인해 재혼가족도 증가하고 있는 추세를 보인다
독신가족	성인이 된 남녀가 혼인을 하지 않고 혼자 사는 가족을 말한다
조손가족	최근 가족해체의 증가로 파생되는, 새로운 가족의 형태로, 아동이 부모로부터 양육받지 못하고 조부모와 함께 살면서 양육을 받는 가족을 의미한다. 조손가족은 여러 가지 어려움(경제적 문제, 조부모의 건강문제, 손자녀의 정서 불안정, 사회부적응, 교육의 불평등)을 경험하고 있다
다문화가족	한 가족 내에 다양한 문화가 공존하고 있는 가족을 의미한다. 다문화가족이 지속적으로 증가하면서 새로운 가족형태로 부각되고 있다

(2) 가족의 기능과 역기능

가족이 전체사회의 존속과 유지에 기여하는 기능적 측면을 강조하는 반면, 사회변화에 따라 가족은 전통적으로 수행해 오던 기능들이 다른 제도에 흡수 또는 병합되어 온 것은 사실이다. 그럼에도 불구하고 가족이 그 중요성을 잃지 않고 확고한 사회제도로 남아 있는 것은 다음과 같은 기능들을 여전히 수행하고 있기 때문이다.

가족의 기능

첫째, 가족은 친밀한 관계의 근원을 제공한다. 사회가 발달하고 복잡해질수록 사람들은 가족 내에서 애정과 친밀함을 발견하려고 노력한다.

둘째, 가족은 경제적인 협조의 기능을 수행한다. 경제적 기능으로 직장에서 주로 경제활동이 이루어지지만 소득이나 소비의 단위로서의 가족의 기능과 협동하여 경제적 안정을 유지하도록 하는 기능을 의미한다. 가족은 소비단위가 아닌 생산단위로 예를 들어 아내의 자녀양육 및 가사노동, 남편의 집안일 돕는 것, 자녀들의 가족 구성원 돌보기, 청소하기 등은 모두 생산적인 활동이다.

셋째, 가족은 자녀출산 및 양육의 기능을 가지고 사회화를 시키며, 아동에게 자신을 보호하고 타인과 관계 맺는 방법을 가르치며, 사회에 적응할 수 있는 기술을 습득시킨다.

넷째, 가족은 사회적 지위와 역할을 부여한다. 결혼을 통한 가족의 형성은 결혼 당사자에게 성인으로서의 지위와 더불어 남편, 아내, 사위, 며느리 등의 새로운 지위와 역할을 부여한다. 가족 및 사회에서의 지위와 그에 따른 역할수행을 통해 가족구성원은 개인적 및 사회적 정체감을 형성하고 사회에 적응해 나간다.

다섯째, 가족은 정서적 지지의 기능을 수행한다. 가족은 전통적으로 정서적인 안식처로서 기능을 해 왔으며 현대사회에서 경쟁과 스트레스 요인이 더 많아지면 가족의 정서적 지지는 매우 중요하다고 할 수 있다. 가족구성원 간의 의사소통 문제나 단절이 일어나고 소외를 경험하는 등의 문제가 증가하는 것은 가족의 정서적 지지나 기능을 충분히 하지 못하고 있다는 것을 말한다.

가족의 역기능

첫째, 가족 내 폭력을 유발한다. 가족 내 폭력은 가족구성원의 한 사람이 다른 구성원들을 향해 가하는 폭력으로서, 배우자 학대 및 자녀에 대한 폭력, 부모에 대한 폭력 등을 포함한다. 가족 내 긴장과 갈등이 발생할 경우 다른 집단에 비해 더 큰 흥분과 감정이 유발될 가능성이 많다.

둘째, 여성을 예속한다. 마르크스(K. Marx)와 엥겔스(F. Engels)는 결혼은 인류 역사상 최초의 계급 적대감을 보여 주는 제도라고 하였다. 가족 내 남편과 아내의 관계를 지배와 피지배의 관계로 보았다. 여성의 자녀출산과 양육, 남편의 사회참여도 사회가 변화함에 따라 계속 변화할 것이며, 이미 현대사회에서는 남녀 간의 평등관계가 강하게 나타나고 있음을 알 수 있다.

셋째, 계층체계를 영속화한다. 상류층과 중산층 가족의 자녀들은 노동자 계급의 자녀들보다 고학력을 가지고, 좋은 직업을 얻어 좀 더 많은 수입을 받고, 쾌적한 분위기에 살면서 건강한 삶을 유지하고 있다는 것이다.

3) 가족이 인간행동에 미치는 영향

가족은 친밀한 대인관계 경험의 토대를 제공해 주는 사회환경으로서 개인의 행동과 성격 형성에 많은 영향을 미친다. 특히 영·유아기의 자녀양육 방식, 모자관계의 질, 형제와의 관계 등은 이후의 인간행동 발달의 기초를 제공해 주기 때문에 매우 중요하다고 할 수 있다. 이후에도 가족이 개인의 행동에 많은 영향을 미치는 것은 사실이다. 가족체계는 가족 구성원의 사회화와 사회통제라는 과업을 이행하는 과정에서 개인의 성격 형성과 발달에, 다른 어떤 사회환경보다도 강한 영향을 미친다. 이는 부모의 민주적 양육태도와 조화로운 부부관계와 같은 건강한 가족문화는 자녀에게 바람직한 사회화 모델을 제시하는 반면 부모의 이혼이나 지속적인 가족갈등 등의 부정적 가족문화는 자녀의 미래 행동규범의 선택에 부정적인 영향을 미치게 된다. 즉 가족 내에서 일어나는 반복적 상호작용 유형이 각 개인의 성격과 행동을 결정하는 요인이 된다.

4) 가족과 사회복지실천

가족은 사회복지실천에서 다양한 차원으로 이해하고 접근해야 하는 단위이다. 인간의 행동과 발달에 영향을 미치는 가장 기본적인 단위인 일차적인 환경으로서 가족은 부부, 부모 자녀, 형제 관계로 이루어져 있다. 이 관계 속에서 서로 영향을 주고받으면서 상호 연계된 체계이다. 이러한 체계를 유지하기 위해 자기 조정능력을 갖추고 있으며 순기능을 하지만 때로는 역기능을 한다. 급변하는 사회 속에서 다양한 변화를 경험하게 되는 가족을 사회복지 측면에서 바라볼 때 가족의 내적, 외적문제를 해결하기 위해 체계 안에서 이들의 문제를 바라보는 노력이 필요하다. 이러한 노력은 구체적으로 가족치료에서 찾아볼 수 있다.

가족복지 서비스의 치료적인 접근으로 발전되었던 가족치료는 점차 전반적인 가족문제를 해결하기 위한 접근방법으로 사용되고 있다. 가족치료의 주된 노력은 발생하는 문제를 한 개인의 문제로 바라보지 않고 그가 속한 가족시스템의 문제로 인식하며 가족구성원들 간의 상호작용 맥락에서 그 문제를 해결하여 접근하는 방식이다. 이러한 가족구성원의 문제를 가족체계로서의 문제로 살피는 사회복지 실천이 요청된다. 더불어 사회복지사는 클라이언트의 다양한 문제들에 대해 적극적으로 대처해야 하며 가족개입을 할 경우 가족의 상황에 대해 체계적인 관점으로 이해를 해야 한다. 이와 함께 다양한 가족서비스들을 실시해야 하며, 사회복지서비스를 통해 가족과의 관계를 고려하고, 가족의 정의와 기능이 변화한다는 사실을 토대로 사회복지의 가치를 실현할 수 있는 가족개입들을 확인하고 실천해야 할 것이다.

2. 집단

사회환경과 상호작용하는 인간은 집단에 소속되고자 하는 욕구가 있으며 전 생애 동안 많은 집단에 소속되며 살아가게 된다. 따라서 집단 내에서 경험하는 위치와 역할, 집단 구성원들과의 상호작용 등이 인간의 발달에 영향을 미친다. 또한 인간을 둘러싼 다양한 체계 가운데 가족 다음으로 개인의 성장과 발달에 영향을 미치는 것은 집단이다. 집단은 사회적 관계에 의해 서로 연결되는 둘 이상의 개인이라고 정의할 수 있다(Forsyth, 2009). 개인이 경험하는 집단의 유형과 그 집단 속에서 수행하는 과업과 역할은 그의 성격형성, 인간관계 그리고 생활과업 수행에 직접적 혹은 간접적으로 영향을 미친다. 따라서 개인이 경험하는 다양한 집단은 가족 다음으로 가장 친숙하고 직접적이며 상호작용이 활발한 환경체계라고 할 수 있다.

1) 집단의 개념

집단은 사회적 관계에 의해 서로 연결되어 있는 둘 이상의 개인이라고 정의할 수 있다. 적어도 두 사람 이상이 모여 상호작용과 교류를 통하여 공동목적 및 관심을 공유하고 집단규범과 문화를 형성하며 구성원 간 응집력을 발달시키는 것으로 정의된다. 또한 집단은 서로 같은 집단에 소속하고 있는 집단의식과 공동의 목적이나 관심사가 있으며, 이들 목적을 성취함에 있어 상호의존적인 특성과 의사소통, 인지 및 반응을 통한 상호작용, 단일한 행동을 할 수 있는 2인 혹은 3인 이상의 사회적 집합체라고 할 수 있다. 따라서 인간의 성격은 한 개인이 집단에 소속되어 고유의 지위, 권리, 역할을 부여받고 타인과 상호작용을 함으로써 형성된다. 이는 집단 성원간의 관계를 통하여 지속적으로 성장하고 변화하며 수정된다. 또한 이러한 집단은 구성원들의 의사소통, 집단의 목적과 규범, 구성원의 역할과 정서적 유대 등 다양한 요소들에 의해 영향을 받는다(김종옥 외, 1993: 이근홍, 2019). 인간은 집단경험을 통해 다른 사람과 협력하고 타협하며 자신의 욕구를 통제할 수 있는 능력을 습득하게 되는데, 그 과정에서 성격이 발달되기도 한다.

2) 집단의 특성과 유형

(1) 집단의 특성

집단은 일정한 목적을 가지고 움직이는 체계이므로 내적으로 구성원들을 통제하기 위한 독특한 규범과 문화를 발전시킬 뿐만아니라 외적으로는 환경체계의 영향을 받는다. 이러한 집단의 특성은 다음과 같다.

① 집단은 일정한 구성을 가지며 집단의 크기는 구성원 상호 간의 상호작용으로 인해 제한을 받는다.

② 집단은 공통된 목적이 존재한다. 집단에는 구성원들이 함께 공유하고, 실제로 달성할 수 있는 목적이 있어야 한다,

③ 집단은 정체성을 가진다. 모든 구성원은 전체로서의 집단에 대한 정체성을 갖게 된다.

④ 집단의 상호작용은 일차적으로 정서적 맥락에서 이루어진다. 집단 내 상호작용은 구성원들의 내적 혹은 자연적인 상태를 기반으로 한다.

⑤ 집단은 개인의 행동에 영향을 미친다. 모든 구성원들에게 사회통제의 기능뿐 아니라 중요한 사회화의 기능을 수행한다.

⑥ 집단은 한 개인이 가족 이외의 다양한 집단에 참여하는 것으로 일정한 관심과 흥미에 기초하여 자발적으로 결정된다.

(2) 집단의 유형

일차집단과 이차집단

일차집단은 혈연이나 지연을 바탕으로 자연발생적으로 이루어지는 집단이다. 여기에는 가족, 친구, 또래 등이 속하며 이차집단은 정서적 결속이 약하고 특별한 목적 성취를 위해 상호작용하는 집단을 의미한다. 이것은 개인 자체보다는 집단 내에서 수행하는 개인의 기능과 역할을 중시한다.

자연집단과 형성집단

자연집단은 자연적으로 발생하는 사건이나 대인관계상의 매력 또는 상호 인지된 욕

구에 기반을 둔 자연발생적인 집단이다. 형성집단은 외부의 영향이나 개입을 통해 모인 집단으로 전형적으로 특정 목적을 가지고 만들어진다.

개방집단과 폐쇄집단

개방집단은 집단이 진행되는 동안 언제나 새로운 구성원의 가입과 탈퇴가 자유로우며, 구성원이 바뀌면서 새로운 생각과 신념, 가치관이 유입될 수 있는 장점이 있다. 폐쇄집단은 집단성원들이 동시에 가입하여 집단이 구성된 뒤부터는 새로운 성원의 유입 없이 처음부터 끝까지 일정한 수를 유지하며 운영되는 집단이다.

지지집단, 교육집단, 성장집단

지지집단은 성원들이 스트레스를 주는 생활상의 사건에 잘 대처하고 효과적으로 적응할 수 있도록 원조하는 데 목적을 둔다. 지지집단의 예로는 이혼한 부부의 자녀집단, 암 환자와 그 가족으로 구성되어 질병의 방향과 대처방법을 의논하는 집단, 정신장애인 집단, 양육의 어려움을 호소하는 부모집단 등이 있다. 교육집단은 집단성원들의 지식이나 정보 또는 기술의 향상에 목적을 둔다. 이는 학습에 대한 공통의 관심사를 가진 사람들로 구성된다. 성장집단은 집단성원들의 자기감정에 대한 자각 증진, 대인관계 의사소통의 향상, 생활양식의 변화 등을 목표로 성장과 훈련에 초점을 두는 훈련집단이다.

치료집단과 사회화집단

치료집단은 개방된 의사소통이 요구되며 개인의 치료목적에 대한 성취를 중요시한다. 성원들의 행동변화, 개인적인 문제의 개선 또는 상실된 기능의 회복을 원조하는 것이 치료집단의 목적이다. 사회화집단은, 사회적 관계에 어려움을 가지고 있는 사람을 중심으로 사회생활에서 필요한 사회기술을 학습하고 배우는데 목적을 두고 있다.

자조집단

자조집단은 공통관심사나 비슷한 문제(정서적·신체적·행동적 문제)등을 가진 사람들로 모인 집단이다. 이렇게 비슷한 문제로 고통을 겪는 사람들에 의해 이루어지며 공통적인 문제나 생활상의 어려움을 공유하는 사람들을 중심으로 운영되는 것이 특징이다.

3) 집단이 인간행동에 미치는 영향

인간이 성장 발달과정에서 얻게 되는 집단경험, 특히 청소년기 이전의 집단경험은 성격형성과 발달에 많은 영향을 미친다. 집단은 학습행동이나 성격형성에 필요한 기본 토대를 제공해 주기도 하며, 개인이 집단에 참여하여 타인과 지속적인 의사소통과 상호작용을 하는 과정에서 타인의 행동이나 성격 특성을 모방하기도 한다. 그리고 개인은 집단내에서의 지위에 따르는 역할을 수행하고, 집단규범에 순응하는 과정에서 기존의 성격유형이나 행동유형을 다른 유형으로 대치하기도 한다. 이와같이 집단은 구성원에게 대인관계의 장을 제공하고, 집단과 개인의 목적을 달성할 수 있도록 지지하고 자극함으로써 그들의 성장과 변화를 촉진하며, 다양한 심리사회적 욕구를 충족할 수 있는 기회를 제공한다.

4) 집단과 사회복지실천

집단은 사회복지를 실천하는 대상이 될 뿐만 아니라 지지체계로 존재하기도 한다. 사회복지사는 심리적, 정서적인 위로와 배려, 또는 경제적으로 도움을 주거나 필요시 좋은 의논상대로서 문제를 함께 평가하고 조언해 주는 역할을 하기도 한다. 사회속에서 집단은 개인의 사회적 관계를 증진 시키고, 다양한 욕구를 충족시키며 문제를 해결하는 하나의 사회적 체계로 역할을 한다. 집단은 구성원들의 행동을 일정한 방식으로 취하도록 함으로써 사회통제 기능을 수행하며, 이를 통해 집단 내외부에서 발생하는 구성원들의 갈등이 조절된다. 그래서 집단사회복지실천은 집단이 개인에게 미치는 영향을 중요시하며, 개인 또는 집단의 목표달성을 위해 집단과정을 활용한다.

집단사회복지실천은 사회복지의 전문적인 지식, 예절, 기술, 가치, 윤리에 근거를 두고 집단 내의 개별 구성원, 전체로서의 집단, 그리고 집단이 속한 환경의 변화와 사회적 기능의 증진을 도모하는 사회복지실천의 한 방법이다. 이로 인한 집단의 개입은 사회복지실천 현장에서 널리 활용되고 있다. 따라서 사회복지사는 집단과정과 역동에 대한 정확한 이해를 바탕으로 집단과 그 구성원들을 원조하는 데 필요한 실천적 지식과 기술을 갖추어야 한다.

Review

3. 조직

인간에게 조직은, 매우 중요하면서도 복잡하게 관련되어 있다. 조직이란 일정한 구조를 가지고 특정한 목적을 달성하기 위해 의도적으로 설립한 사회체계이다. 조직은 업무분담 및 권력 통제가 필요하며, 적절한 지도력과 책임성이 부여되어야 한다. 인간은 조직을 이용하여 자신의 사회적 욕구나 야망을 실현하고 각 개인은 여러 유형의 조직과 관계하면서 자신에게 부여된 임무를 수행한다. 따라서 사회적 단위로서의 조직을 이해하는 것은 사회복지 실천에서 효율성을 높이기 위한 필수사항이다.

1) 조직의 개념

인간은 사회적 존재로서 인간 생활에서 결코 분리해서 생각할 수 없는 것이 사회 내에 존재하는 여러 가지 공적·사적 조직이다. 인간은 조직을 떠나서 생활할 수 없는 존재이며 조직 또한 개인이 없이 존재할 수 없다. 넓은 의미로 조직이란, 우연히 만난 두 사람 이상의 집합체를 의미한다. 좁게는 부부나 교회 모임도 조직이라 할 수 있으며 축구팀이나 정당 또는 기업은 물론이고 나아가서는 정부도 하나의 거대한 조직이라 할 수 있다.

조직의 정의는 연구자의 연구나 관점에 따라 달라지기도 하고 집단과 구분하기도 쉽지 않지만, 일반적인 학자들의 정의는 다음과 같다(신종우 외, 2010).

① 파슨즈(Parsons): 조직은 특정한 목표를 추구하기 위한 사회적 단위 또는 집단이다.

② 가우스(Gaus): 조직은 기능과 책임의 배분을 위한 합의된 목적 수행을 위한 인원의 배치다.

③ 에치오니(Etzioni): 조직은 특정한 목적을 추구하기 위한 사회적 단위 또는 집단이다.

④ 이트지온(Etzion): 조직은 일정한 환경하에서 특정 목표를 추구하기 위해 구조화된 사회적 단위이다.

⑤ 홀랜드(Holland): 사회복지실천의 시각에서 사회복지서비스 조직은 소비자들에게 직접 서비스를 전달하며 서비스 제공자와 받는 사람 간 인간관계를 중요한 과정으로 간주하고, 서비스를 받는 자들의 복지향상에 조직의 정당성을 부여한다. 이와 같은 조

직의 의미에는 사회복지사가 지켜야 할 가치관과 활동목적 및 전문성을 반영하고 있다. 이러한 정의들을 종합해 보면 조직이란 2명 이상이 모인 집합체로서 특정 용도의 목적을 달성하기 위해 인위적으로 구성된다. 또한, 목적을 위해 업무를 조직적으로 수행하고, 조직 내의 구성원은 각자의 역할과 지위가 주어지는 사회적 단위 활동을 하는 사회체계라고 할 수 있다.

2) 조직의 특성과 유형

조직은 일정한 형태를 가지고 있으며 특정한 목적을 달성하기 위해 설립된 집합체로서, 체계적인 업무수행을 위해 구성원들의 통제와 지도력을 바탕으로 분업을 통해 각자의 책임을 수행한다.

(1) 조직의 특성

조직은 단순히 사람들의 집단을 의미하는 것이 아니라, 사람들 간의 상호관계가 이루어진다는 점에서 상호작용의 체계(system of interactions)로 이해하여야 한다. 조직에 있어 어떤 조직인가 아닌가를 구별하기 위해, 그 모임이 다음과 같은 특성을 가지고 있느냐 아니냐의 여부를 살펴 볼 수 있다(이희세 외, 2015).

공동의 목표

모든 조직은 그 자체의 목표를 가지고 있으며 그 목표에 따라 조직 내의 질서를 유지하며 조직 구성원들을 그 목표하에 결집시키고 통제하고 관리한다. 조직의 목표를 상실한다면 조직으로서 생존할 수는 없다.

체계화된 구조

조직은 체계(system)로서의 특성을 갖는다. 여기에서 체계란, 각 부분이 그 체계 내에 포함되는 다른 모든 부분과 상호의존적으로 관련되어 있으므로 전체로서 다루어져야 한다는 것을 의미한다. 조직의 협동체계는 단순히 그 구성요소의 집합만을 의미하는 것이 아니다. 전체는 부분을 종합한 것 이상이며 또 부분에 고유하지 않은 특성이 체계로부터 생겨날 수 있다. 이런 점에서 조직은 사회적 창조물, 즉 사람들에 의해 창조되어 살아 움직이는 것으로 볼 수 있다.

인간에 의해 창조된 집단

인간 없는 집단은 조직이 될 수 없다. 이는 인간 없는 사회란 있을 수 없다라는것과 동일하다. 사회(society)란 본래 인간(socio)의 어원에서 나온 것이다. 건물, 공장, 사무실, 회사는 조직이 아니라 조직의 목표달성을 위해 이용된 하나의 자원일 뿐이다. 또한, 조직을 구성하는 인간은 끊임없이 바뀌지만, 조직은 계속성을 갖고 존속한다는 개념도 매우 중요하다.

조직의 경계

조직은 환경과 끊임없이 자원을 주고받는데 이때 조직 자체의 경계가 있어야 다른 조직이나 환경과 구별이 이루어진다.

환경과의 교류

환경이란 조직 외부에 존재하는 모든 영향력이라 할 수 있는데, 조직은 이러한 환경으로부터 직·간접적 영향을 받게 되어 있다. 이는 환경과 지속적 교류를 해야만 생존할 수 있는 것이다.

(2) 조직의 유형

조직의 유형화는, 여러 가지 조직들을 유사성과 차이성에 따라 분류하는 것을 의미한다. 그 분류하는 유형은 학자들마다 다른 견해를 가지고 있다. 파슨스(Parsons)는 각 조직을 사회의 유지 발전에 어떤 공헌을 하느냐에 따라 생산조직(기업 등), 정치조직(정당, 국회 등), 통합조직(군대), 잠재적 형태유지 조직(교회, 학교 등)으로 구분하였다. 한편, 블라우와 스코트(Blau & Scott, 1962)는 조직의 활동으로부터 누가 가장 이익을 얻느냐에 따라 조직의 유형을 다음과 같이 분류하였다.

공공조직

공공조직은, 중앙정부나 지방정부의 업무를 수행하기 위한 조직을 말한다. 이들 조직의 수혜자는 모든 국민이 된다. 공공조직은 상·하 관계가 분명하며 조직 간 그리고 구성원 간의 위계가 존재한다. 이러한 조직과 관계하는 사람이 바로 사회복지실천의 클라이언트이며, 공공조직은 사회복지사와 매우 밀접한 조직이다. 그리고 정부의 사회복지 업무 담당자는 사회복지실천 현장을 감독하는 업무를 수행한다.

영리조직

영리조직은, 최소 투자로 최대 생산을 강조하기 때문에 조직 안에서 휴머니즘을 기대하기 어려울 뿐만 아니라, 조직 성원 간 과열 경쟁이 나타난다. 조직 성원은 기업주의 인사관리 원칙에 따라 채용된 피고용자들이다. 따라서, 조직 성원은 기업주가 원하는 최대 산출을 위해 뛰어야 하고, 자신의 활동 내용에 대해 기업주로부터 철저히 평가를 받는다. 이러한 조직의 수혜자는 조직의 소유주가 주된 수익자가 된다. 영리조직도 기업의 사회공헌 중요성이 두드러지면서 사회복지사업에 인적, 물적 자원을 제공하는 중요한 원천이 된다. 그러므로 일차적인 수혜자가 기업가이지만 현재는 중요한 사회복지 수혜자로서의 기능도 수행하고 있어서 사회복지 실천과도 매우 밀접한 관련성을 지닌다.

사회봉사조직

사회봉사조직은, 조직과 관련하는 자들에게 이익 혹은 도움을 주고자 하는 조직으로 이와 직접 관련 있는 고객이 수혜자이다. 여기에는 학교, 병원, 상담기관, 사회사업기관이 여기에 속한다. 이러한 조직은 전문적 지식을 가진 유·무급의 봉사자에 의해 구성된 조직으로서 국민의 포괄적 복지향상을 위해서 활동을 한다. 따라서 사회봉사조직은 사회복지실천 현장에서 사회복지사업을 이끌어 가기도 하고, 사회복지실천 현장과 서로 도움을 주고받고 있다.

상조조직

상조조직은, 조직 구성원이 주요 수익자가 되는 조직으로 정당, 노동조합, 전문단체, 종교의 종파 등을 들 수 있다. 이들 조직은 정부의 불합리한 정책에 대응하여 사회전반에 걸친 변화를 주도하는 성격을 지닌다. 상조조직은 시대의 흐름을 반영하고 자발적 참여를 강조하나 실제로는 성원의 원리를 지키기 때문에 조직성원에 대한 강력한 통제 규칙을 가지고 있다. 이 조직은 전문가가 참여하는 조직인으로 사회복지실천 현장에서도 이들과 연대하여 효과성을 극대화 할 수 있는 사업이 많을 수 있다. 그러므로 이들 조직의 전문가와 연대하는 활동도 때로는 매우 중요하다.

비공식조직

비공식조직은, 특별히 정한 규정이 없으므로 자율성을 바탕으로 조직구성원들의 욕구를 반영하여 만들어진 조직이다. 정해진 역할과 책임은 없지만, 상황에 대해 신속하게 대처할 수 있는 강점이 있다. 이 조직의 특성은 규모가 작고 결속력이 약하므로 쉽게 만들어지고 소멸하는 특징을 지닌다. 비록 일정한 규정에 따라 운영되는 조직은 아니지만, 사회복지실천 현장에서는 이 조직을 중요한 인적 자원으로 활용할 수 있다.

3) 조직이 인간행동에 미치는 영향

개인은 조직을 통해서 자신이 바라는 욕구를 충족하고 개인적 목적을 달성하며, 조직은 그 개인들을 통해서 조직목적을 성취한다. 조직과 그 구성원이 공존하고 조화로운 관계 속에서 목적을 추구한다면 양자는 상호간의 발전을 위해 노력하게 될 것이며 적절한 균형을 이룰 수 있다. 그러나 조직이 목적달성을 위해 개인을 희생시킬 수도 있다. 반면 개인이 자신의 목적달성을 위해 조직의 목적을 무시할 수도 있다. 조직은 조직의 목적을 우선시한다는 점에서 이익사회의 특성을 지니지만, 그 목적을 달성하기 위해 구성원 간의 결속과 협력을 중시하는 공동사회의 특성을 동시에 지닌다. 또한, 조직은 권력분배 기능, 적응 기능, 사회변화 기능, 사회결속 기능, 정체성 부여 기능 등의 순기능을 수행한다. 개인은 이러한 구조를 변화시키고자 하는 동기를 증진하고, 복잡한 사회 현실에 적응할 수 있는 더 많은 기회를 가지며, 대인관계에서의 소외를 극복하고 자율성과 자아정체감을 확보할 수 있게 된다.

4) 조직과 사회복지실천

인간의 삶은 어떤 형태로든 조직의 영향을 받는다. 전 생애에 걸쳐 다양한 조직의 원조 속에서 삶을 영위 한다고 해도 과언이 아닐 정도로 개인과 가족, 개인들의 집단은 각양각색의 조직에 속해 일상적인 욕구충족과 생의 주요 사건들을 처리해 나간다. 사회복지실천에서도 조직은 클라이언트에게 중요한 자원이자 환경체계이다. 사회복지사들 역시 어떤 특정한 조직 속의 한 일원으로서 원조가 필요한 클라이언트에게 개입하게 된다. 예를 들면 사회복지관, 병원, 학교, 종교기관 등에 소속되어 일하게 되는 사회복지사들은 소속된 조직의 영향을 많이 받게 되며 또한 이것이 클라이언트에게 서비스를 제공할 때 영향을 준다.

또한, 사회복지사는 클라이언트를 둘러싸고 있는 조직의 영향력에 대해서 정확히 이해하고 변화를 도모할 수 있는 방안을 모색해야 한다. 동시에 사회복지사가 속한 사회복지조직의 영향력과 한계 등에 대해서도 인식하고 행동해야 한다. 그래서 사회복지실천은 조직 속에서 이루어지고 있으며, 조직의 구성원은 조직의 문화에 따라 업무에 대한 태도 및 인식이 형성되거나 변화될 수 있다. 그러므로 사회복지조직에 있는 사회복지사들이 임파워먼트를 향상시킬 수 있는 올바른 문화를 형성하는 것이 무엇보다 사회복지 제도에 부여되는 중요한 과제 중의 하나이다.

Review

4. 지역사회

지역사회의 공동체는 공동의 관심과 이해관계를 전제조건으로 기능적 기준에 의해 형성되며 그 구성원이 공동의 이익을 추구하고 이해관계를 같이 하는 개인이나 집단 조직체를 의미한다. 지역사회는 지리적 의미와 기능적 의미를 함축하고 있으며 일정한 지리적 범위 내 사람들의 집단 또는 공동의 이해관계, 소속감, 문화에 기초하여 활동하는 사람들이 집단으로 구성된 사회적 단위이다. 지역사회는 사회의 중요한 부분이며 그 자체가 하나의 사회로서 가족, 집단, 조직, 문화에 영향을 미치고 그들에게 영향을 받으며 변화하고 발전한다.

1) 지역사회의 개념

지역사회(community)는 일정한 지리적 공간인 생활권 안에서 사회적 상호작용을 통하여 공통된 이해관계, 문화를 형성하여 공통의 경험과 공동생활을 향유하는 일정 지역의 범위이다(강준렬, 1997). 이런 맥락에서 지역사회는 지리적 공간, 생활공간, 지역사회 주민, 조직, 상호작용에 의해 구성된다고 할 수 있다. 이와 같은 구성요소로 다시 지리적 지역사회(geographic community)와 기능적 지역사회(functional community)로 구분할 수 있다. 지리적 지역사회는 지리와 지역을 의미한다. 반면 기능적 지역사회는 이념, 취미, 학연, 지연, 종교 등 공동의 관심과 기능을 함께하는 사람들의 집단을 말한다. 또한, 지역사회의 개념을 구체적으로 이해하기 위해 크게 네 분야의 영역으로 구분해 접근하기도 한다.

첫째, 지역, 지리를 중심으로 하는 지역사회

둘째, 의식과 뜻을 같이하는 각종 공동체

셋째, 각종 기관, 단체, 시설을 하나의 지역사회로 구분하는 방법

넷째, 새로운 커뮤니티로 부상하는 가상공동체 등이 있다(최덕경 외, 2013). 따라서 사회복지실천현장에는 이 네 가지 영역을 지역사회로 구분하여 이들의 욕구나 문제를 해결하기 위해 관심을 가진다.

2) 지역사회의 특성과 기능

지역사회는 사회복지실천의 장으로뿐만 아니라 클라이언트로서 지역사회 고유의 특성과 기능을 지닌다.

(1) 지역사회의 특성

놀린(Norlin et al, 1997)은 제시한 개념을 바탕으로 지역사회의 특성을 다음과 같이 분류하였다.

역동성

지역사회를 구성하고 있는 지리적 공간, 생활공간, 주민, 조직, 상호작용 등이 지역사회가 추구하는 목표를 달성하기 위해 움직인다. 예를 들어, 지역사회 주민은 일정한 지리적 공간 안에서 생활공간을 중심으로 지속적으로 상호작용을 하므로, 모든 지역사회는 구성요소들이 서로 다양한 수준과 방법으로 순환적인 교류를 한다.

변화성

변화가 없는 지역사회는 존재하지 않는다. 역동성을 지역사회 내의 구성요소들이 서로 작용하는 데 초점을 두었다면, 변화성은, 지역사회가 자기 변화를 위해 외부환경과 대처하는 상황에 초점을 두고 있다. 따라서, 지역사회는 처한 형편에 따라 긍정적이거나 또는 부정적인 변화를 가져오게 된다.

서비스 요구성

지역사회는 욕구나 문제를 지니며, 상황에 따라 적절한 서비스를 요구한다. 모든 지역사회는 나름대로 욕구 또는 문제를 가지고 있으므로 적당한 시기에 욕구 및 문제 상황에 걸맞는 도움을 받고자 한다. 예를 들어, 농번기에 일손이 부족한 농촌에서는 젊은 세대나 외국인 노동자를 요구할 수 있으며, 새롭게 형성된 도시에서는 교통, 의료, 교육 등의 다양한 인프라를 요구할 수 있다. 또한, 어떤 지역사회든 현재의 수준보다 향상된 서비스를 제공받기를 원하므로 모든 지역사회에는 도움의 필요성이 잠재하고 있다.

변화능력

지역사회의 형성과 변화 과정을 인간이 주도하기 때문에 인간의 변화능력을 인정한다면 지역사회 역시 스스로 변화할 수 있는 능력을 지니고 있다고 볼 수 있다. 다시 말해, 지역사회 주민이 스스로 변화를 할 수 있는 능력을 가지고 있다면 지역사회도 무궁하게 변화를 할 수 있다.

다양성

지역사회 주민 개개인은 개별성과 독특성을 가진 존재이며 동시에 그들이 처한 상황은 다양하다. 즉, 모든 지역사회는 그 구성요소의 특성이 달라 다양한 유형으로 존재한다. 예를 들어, 지리적 여건에 따라 도시사회와 농촌사회로 구분 할 수 있고, 경제적 상황에 따라 빈곤지역과 부촌지역으로 분류할 수 있다.

시민의 변화를 위한 최적 단위

시민의 변화는 지역사회 단위로 이루어지는 것이 바람직하다. 왜냐하면, 시민을 변화시키는 효과적인 개입은 그 대상의 규모가 지나치게 크거나 작지 않은 적절한 규모가 필요하기 때문이다. 또한, 시민을 변화시키기 위한 개입활동에 역동성과 변화능력을 스스로 갖추고 있는 지역사회를 최적의 단위로 볼 수 있기 때문이다. 그러므로 지역사회는 시민의 변화를 위한 개입활동에 가장 적합한 규모의 공간이다.

(2) 지역사회의 기능

워렌(Warren, 1978)은 지역사회의 네 가지 기능을 생산·분배·소비의 기능, 사회화의 기능, 사회통제의 기능, 사회참여의 기능, 상부상조의 기능으로 설명하였다. 이러한 기능은 지리적으로 같은 사회적 단위와 사회체계에 의해서 수행되며, 상호의존적으로 이루어진다. 그래서 지역사회의 네 가지 기능에 대한 구체적인 내용은 다음과 같다.

생산·분배·소비의 기능

지역주민이 일상생활에 필요한 물자와 서비스를 생산하고 분배하며, 소비하는 과정을 생산·분배·소비의 기능이라고 일컫는다. 지역주민이 요구하는 재화와 서비스를 생산해 주민들에게 적절하게 나누어 주며, 주민은 욕구충족을 위해 재화와 서비스를 소비한다. 이와 같은 기능은 기업, 종교기관, 정부기관, 복지기관 등 다양한 전문기관을 통해서 이루어진다.

사회화기능

사회화란 지역사회 구성원들에게 사회적 가치, 지식, 기술, 행동양식 등을 전달하고 학습시키는 기능을 의미한다. 이 기능은 지역주민이 지역사회에 잘 적응할 수 있도록 하는 것으로, 주민에게 지역사회의 문화와 가치를 내면화시키는 과정이다. 이는 주로 가족이나 학교 등에 의해 수행된다.

사회통제의 기능

사회통제는 지역사회가 주민에게 사회규범에 순응하도록 행동을 규제하는 기능을 의미한다. 이는 지역사회의 가치와 규범적 행동기대에 최소한 순응하도록 하는 것이다. 공식적 사회통제는 경찰, 법원과 같은 지역사회의 사법기관에 의해 수행되며, 비공식적 사회통제는 가족, 학교, 종교기관 등에 의해 수행된다.

사회통합의 기능

사회통합은 지역사회 주민들이 스스로 법을 준수하고, 관습과 문화를 존중하며, 평등한 위치에서 지역사회를 위하여 기꺼이 참여하는 것이다. 지역사회는 지역사회체계가 정상적인 기능을 수행하도록 어느 정도 결속력과 사기를 전제로 하는 사회통합의 기능을 갖는다. 이는 특히 종교활동과 사회봉사의 참여를 통하여 사회발전에 기여할 수 있는 기능이다. 사회통합의 기능은 정치적·사회적·경제적으로 급격한 변화를 경험하고 있는 사회와 시대에 특히 강조되는 경향이 있다.

상부상조의 기능

상부상조의 기능은 생산·분배·소비, 사회화, 사회통제, 사회통합 기능에 의해 욕구를 충족할 수 없거나, 또는 지역주민이 자신들의 욕구를 스스로 충족할 수 없을 때 지역사회의 공식·비공식 지원체계로부터 필요한 서비스를 받는 기능을 말한다. 그래서 상부상조의 기능을 통해 서로 도와가며 생활할 수 있는 분위기를 형성한다. 공식적 지원체계는 보건소, 병원, 사회복지시설과 기관, 각종 협의체, 사회단체 등이 있으며 비공식

지원체계는 가족, 친척, 친구, 종교단체, 자원봉사자 등이 있다.

3) 지역사회가 인간행동에 미치는 영향

지역사회의 기능은 개인의 성격형성과 행동발달에 많은 영향을 미친다. 먼저 개인은 사회화 과정에서 지역사회의 일반지식, 사회가치나 사회적으로 수용 가능한 행동양식을 전수받는 관계에 있으므로, 지역사회의 유산이 성격에 녹아들게 된다. 지역사회는 구성원에게 사회규범에 순응하도록 요구하게 되는데, 이 과정에서 개인은 규범을 내면화시키고 자신의 행동에 통제력을 증진할 수 있게 된다. 그리고 지역사회 성원 간의 협력, 결속, 사회적 지지를 통하여 사회적 소외를 극복하고 이타성이라는 성격특성을 발달시킬 수 있게 된다.

4) 지역사회와 사회복지실천

지역사회는 사회복지실천의 중요한 자원으로서 의미를 가진다. 지역사회는 욕구나 문제를 지닌 집합체이자 사회복지실천을 위한 중요한 자원을 보유하고 있다. 또한, 지역사회는 사회복지실천의 장(場)으로서 중요한 의미가 있다. 사회구성원들은 자기가 속한 지역사회 내에서 활동하고, 공통된 관심으로 집단과 조직을 형성한다. 따라서, 사회복지실천에서 사회복지사가 지역사회를 이해하는 것은 효율적인 자원동원과 사회구성원들을 위한 이해를 위해 필수적인 요소이다. 그러므로 지역사회체계와 사회복지실천의 연관성을 살펴보면 다음과 같다.

첫째, 사회복지사는 지역사회의 조건을 변화시키기 위해 지역사회주민들이 가진 문제점을 서로 논의하게 하여 문제해결을 위해 협의체, 결사체 등을 자발적으로 조직을 형성하도록 조력할 수 있다.

둘째, 사회복지사는 지역사회의 구조와 특성, 사업추진에 방해요소 등을 분석하여 전문적인 지식제공자의 역할을 담당한다. 그리하여 지역사회 문제점을 해소하는 과정에서 체계적인 방법, 지식, 기술을 활용할 수 있도록 지원한다.

셋째, 사회복지사는 주민들의 참여의식을 고취시켜 스스로 추진할 수 있도록 사기를 진작시키고 능력을 격려한다. 또한, 이들의 문제해결 능력을 향상시키고 그들을 훈련하고 교육하는 역할을 담당한다.

넷째, 지역사회가 수용하는 다양한 프로그램을 운영한다. 계획을 수립하고 설정한 목표를 효율적으로 달성하기 위해 인적·물적 자원을 적절히 관리한다. 운영과정에서 행정적인 문제가 발생할 시 능동적으로 대처하는 융통성을 발휘한다.

Review

5. 문화

사회가 존재하는 곳에는 반드시 문화가 있다. 국가나 민족에 따른 문화가 존재하며 또한 동일한 국가 내에서도 각기 다른 문화가 존재한다. 이렇듯이 인간의 삶과 관련된 대부분의 영역들에서는 그들 나름의 행동양식이나 규범을 지니는 문화들이 존재한다. 따라서 인간을 이해하기 위해서는 반드시 그들이 속한 문화에 대한 특성을 이해하여야 한다. 문화는 사회구성원들이 공유하고 있는 생활양식이나 행동양식, 가치 및 규범체계의 총체로서 사회구성원들에게 내면화되어 인간행동에 영향을 미치는 사회체계이다. 한국사회도 결혼이민자, 이주노동자, 난민, 북한 이탈주민, 중도입국 청소년 등이 급증하면서 다문화사회가 되었다. 이는 지구상의 모든 국가의 공통적인 사회현상이 되고 있다. 그러므로 사회복지실천현장의 사회복지사는 클라이언트의 다양한 문화, 종교, 인종 그리고 민족 등의 배경에 대한 이해가 필수적이다.

1) 문화의 개념

문화란 인간이 주어진 자연환경을 변화시키고 적절히 조절하여 만들어낸 생활양식과 그에 따른 모든 결과물이라고 할 수 있다. 그러므로 문화란 인간의 생존에 필수적 요소이며 사회구성원에게 내면화되어 인간행동에 영향을 미치는 사회체계이다(이광규, 1997). 또한, 문화(culture)는 인간행동에 매우 중요한 사회적 환경이다. 그래서 이에 대한 내용을 다음과 같이 세 가지로 나타내었다.

첫째, 생활양식으로서의 문화이다. 문화는 의식주를 포함해 사회생활, 경제생활, 종교생활 등을 어떤 방식으로 행하는지와 관련된 생활양식이며, 이를 행하는 사회구성원들이 공유하고 있는 가치와 규범체계이다.

둘째, 인간에 의해 획득된 모든 능력과 관습의 복합적 총체로서의 문화이다. 여기에는 지식, 신앙, 예술, 도덕, 법률, 관습 및 사회구성원으로서 인간에 의해 획득된 다른 모든 능력이나 습성을 포함한다.

셋째, 문화는 주어진 자연환경에서 적절한 생존방식을 발전시켜 나가는 과정으로 지역주민들이 갖추게 되는 공통적인 행위이며 통합된 사고의 양상이다.

2) 문화의 특성과 기능

문화는 인간에게 자연스럽게 내재화되어 영향을 미치는 중요한 사회체계이다. 그러므로 사회복지사는 문화의 특성과 기능을 이해함으로써 인간행동을 깊이 이해할 수 있다.

(1) 문화의 특성

문화는 인간의 행동방식을 제시하고 구조화하여, 그 행동에 의미를 부여하므로 각 문화의 특성 요인들에 대한 설명은 다음과 같다(이영실 외, 2013 : 최덕경 외, 2013).

보편성

모든 사회에 공통적인 문화형태가 있다. 어떤 나라든 그 사회의 나름의 가치와 규범이 포함된 가족체계, 혼인체계, 종교 등을 형성하고 있다.

사회성

문화는 인간과 다른 동물을 구별하는 기준이 되며 또한 문화는 사회적 동물인 인간에게만 있는 것이다.

공유성

문화는 한 사회구성원들에게 나타나는 행동과 사고방식으로 사회구성원들에게 원활한 사회생활을 가능하도록 한다. 즉, 문화의 공유성으로 인해 사회구성원들의 행동, 사고를 예측하는 것이 가능하다.

학습성

문화는 학습을 통해 후천적으로 획득되며, 사회화를 통해 개인의 일부가 된다. 즉, 문화란 특정한 사회에서 이미 살아온 자들의 삶의 결과물이며 이것이 개인에게 학습됨을 의미한다.

체계성

문화는 그 내용 하나하나가 별개로 떨어져 있는 것이 아니라 하나의 전체 또는 체계를 이룬다. 문화를 구성하는 요소는 독립되어 있는 자체의 의미를 갖는 것이 아니라, 다른 것들과 많이 관련되어 있으며 그 관련 속에서만 의미를 갖는다.

축적성

문화는 한 세대에서 다음 세대로 전승되며, 새로운 지식과 생활방식이 쌓이면서 문화 전승이 이루어진다. 문화는 주로 상징적 수단인 언어와 문화를 통해 세대 간에 전승되며 축적된다.

상징성

문화의 상징성이란 모든 문화는 외형적으로 드러나는 것 외에 그 속에 담고 있는 의미가 따로 있다. 이것이 가능한 이유는 인간은 자유롭게 의미를 창작하고 이를 사물과 행동에 부여하는 능력을 지녔기 때문이다.

역동성

문화는 새로운 기술과 물리적 조건, 시대적 환경에 적합한 방식으로 끊임없이 수정되고 조절되어 간다. 즉, 고정되어 존재하는 것이 아니라 새로운 문화특성이 추가되면서 문화는 변화해간다.

다양성

문화의 다양성이란 개인이나 집단 사이의 문화적 차이를 의미한다. 문화적 차이의 범주는 언어나 의상, 전통, 사회를 형성하는 법, 도덕과 종교에 대한 관념, 인간 간의 상호작용 등을 의미한다.

(2) 문화의 기능

문화의 기능에는 크게 사회화, 욕구충족, 사회통제, 사회존속 등이 있으며 그 내용을 살펴보면 다음과 같다(이영실 외, 2013).

사회화

사회화기능은 개인이 사회에서 어떻게 말하고 행동하며, 세상을 인식할 것인가를 가르쳐 주는 지침이다. 이러한 지침을 통해 개인의 성격을 형성하고 변화시키며, 생활양식을 내면화시켜 개인이 사회에 적응하면서 살아갈 수 있게 한다.

욕구충족

문화는 다양한 생활양식을 통해 의식주와 같은 생리적 욕구와 예술, 전통, 종교 등과 같은 심리적 욕구를 충족시켜준다.

사회통제

사회통제는 법률, 규범, 관습 등으로 개인의 행동에 대한 규제와 사회악의 제거를 통해서 사회통제의 기능을 수행한다. 즉 문화는 사회의 안정과 질서에 악영향을 미치는 문제들을 제거하고 조절하는 기능을 수행한다.

사회존속

문화는 사회를 유지하고 존속시키는 데 있어 반드시 필요한 요소이다. 사회가 계속해서 존재할 수 있는 것은 사회구성원들이 문화를 학습하고 전승하여 새로운 구성원들에게 필요한 생활양식을 전승해 주기 때문이다.

3) 문화가 인간행동에 미치는 영향

문화는 개인이 주변 상황이나 자극을 해석하는 방식을 제공해 주며, 개인의 자아를 풍부하게 해주고 자기실현의 길을 열어 주는 기능을 한다. 문화가 사회통합의 길을 열어 주기도 하지만, 문화적 이질성으로 인한 문화갈등으로 대인관계 상의 긴장이나 갈등의 원인을 제공하고, 특정 계층에 대한 억압과 인간 소외의 원인적 요소가 되기도 한다. 또한 인간은 자연환경뿐 아니라 문화환경 속에서 태어나 그 문화속에 공존하는 사람들과 상호작용하며 문화의 영향을 지대하게 받는다. 이러한 문화는 개인이 습득해야 하는 기존의 적응 양식을 제공해 줄 뿐만 아니라 개인에게 일상생활의 구체적인 행동지침을 제공해 주고, 개인의 행동을 인도하고 제한한다. 그래서 인간은 문화의 산물이며, 인간행동은 문화에 대한 반응이라고 하여 문화에 의해 개인이 어떻게 생각하고, 느끼며, 행동할지가 결정된다고 보았다. 이와같이 문화는 사회구성원의 행동을 제한하기도 하며 인도한다.

4) 문화와 사회복지실천

인간은 사회화 과정에서 문화체계의 영향을 받으며, 특히 문화체계는 인간성격 형성과 밀접한 연관성이 있으므로 사회복지사는 문화에 대해 수용적 태도는 중요하다. 사회복지사의 문화에 대한 이해와 수용 정도에 따라 클라이언트와 그의 환경과 관련된 문화에서 오는 문제점을 사정하고 효과적인 개입을 할 수 있다. 따라서 개인, 가족, 집단, 조직, 지역사회에 영향을 미치는 문화체계와 사회복지실천과의 연관성은 다음과 같다.

첫째, 사회복지실천에서 접촉하게 되는 다양한 클라이언트 대상은 다양한 문화를 지니고 있으며, 이들의 문화는 사회복지사 자신과는 다른 문화일 수 있다. 그러므로 사회복지사는 문화적 다양성을 수용하여 클라이언트 관점에서 그들을 둘러싼 문화체계를 이해하여 클라이언트가 지닌 문제점을 다각적으로 이해한다.

둘째, 사회복지사는 클라이언트의 문화를 조사하고 파악함으로써 그에게 미치는 부정적 문화적 요인을 극복할 수 있는 다양한 서비스를 실시한다. 사회복지사가 문화적 민감성을 갖추는 행위는 사회복지정책의 효율성·효과성을 높일 수 있다.

셋째, 사회복지사는 클라이언트가 지닌 독특한 가족문화를 사회적 맥락 속에서 이해하고 사정함으로써 클라이언트와 그의 가족에게 다양한 문화적 서비스와 프로그램을 제공한다.

넷째, 사회복지실천에서 사회복지사는 문화를 적용함으로써 집단 및 조직 내 사회구성원들이 지닌 문화적 차이를 분석하고 구성원 사이에서 발생한 여러 가지 문화적 마찰과 갈등을 해결하는 데 도움을 줄 수 있다.

다섯째, 사회복지사는 사회복지실천현장에서 지역사회에 영향을 미치는 문화적 요인을 파악하고 사정함으로써 클라이언트가 속한 학교, 병원 등 지역사회와의 다양한 문화 관련 문제를 해결하는데 기여한다.

Review

제4부

생애주기별 인간의 성장과 발달

제4부 생애주기별 인간의 성장과 발달

제1장 태내기와 영유아기

Preview

배란기 | 배아기 | 태아기 | 임신초기·중기·말기 | 철분제 | 엽산 | 풍진 | 모자의 혈액불일치 | 초음파검사 | 양수검사 | 융모막 융모 검사 | 염색체 | 다운 증후군 | 터너 증후군 | 클라인펠터증후군 | 거대남성증후군 | 혈우병 | 생존반사 | 원시반사 | 감각운동기 | 대상영속성 | 안정애착 | 회피애착 | 저항애착 | 혼란애착 | 전조작기 | 집단놀이 | 자아개념 | 성역할 인식

제1장

태내기와 영유아기

인간발달은 수정된 순간부터 사망에 이르기까지 전 생애에 걸쳐서 연속적으로 일어나는 모든 변화의 과정이다. 인간발달에 있어 모든 단계가 중요하나 인간발달의 전통적 접근법에서는 다른 단계에 비해 태내기, 영아기, 유아기를 특히 강조한다(이영미 외, 2023). 그 이유는 이 시기에는 신체, 인지, 언어, 심리·사회성 등이 형성되는 시기이자 성장·성숙·학습의 결정적 시기에 해당하기 때문이다.

그러므로 이 장에서 살펴볼 내용은 다음과 같다. 첫째, 태내기의 발달단계, 태내 발달에 영향을 미치는 요인, 태내진단 및 발달장애 등 태내기 발달특징을 다룬다. 둘째, 영아기와 관련된 발달이론, 신생아기와 영아기의 신체적 발달특성, 언어발달과정, 감각과 운동기관으로 주변을 탐색하며 발달하는 인지적 특성, 애착유형과 형성과정 등 영아기의 발달특징을 살펴본다. 마지막으로 유아기와 관련된 발달이론, 소근육 및 대근육 발달과정, 전조작적 사고 특성과 도덕성 발달, 자기개념 및 성 역할 인식 형성 등 유아기의 발달특징을 이해한다. 이와 같은 발달특징을 토대로 사회복지사가 사회복지실천현장에서 담당해야할 역할에 대해 탐색해보고 수행해야할 과제를 각 단계별로 제시한다.

1. 태내기

1) 태내 발달

(1) 태내 발달단계

인간의 생명체는 정자와 난자가 결합되는 순간부터 시작되어 약 280일 동안 모체(母體)에서 자라난다. 즉, 수정부터 출산까지를 태내기라고 하며, 이 과정은 배란기, 배아기, 태아기로 구분된다(이영실 외, 2013).

배란기(the period of the ovum)

배란기는 태내 발달 첫 번째 단계이다. 동일한 의미를 가진 용어로 발생기, 발아기, 접합체기 등이 있다. 배란기는 정자와 난자가 결합된 시점부터 수정란(접합체)이 자궁벽에 착상하기까지 약 2주간의 시기를 일컫는다. 이 시기에는 수정란의 급속한 세포분열이 이루어진다. 무엇보다 배란기에는 태반, 탯줄, 양막 등을 형성하여 태아를 안전하게 보호한다. 태반은 모체로부터 태아에게 영양분과 산소를 공급하게 하고, 태아의 노폐물도 태반을 통해 배출된다. 탯줄은 두 개의 동맥과 하나의 정맥으로 구성되었으며, 태아를 모체와 연결시켜주는 역할을 담당한다. 양막이란 맑은 액체로 가득 찬 주머니로 외부충격을 막아주고 온도를 일정하게 유지한다.

배아기(the period of the embryo)

배아기는 태내 발달의 두 번째 단계이다. 수정란이 자궁벽에 착상을 완료하면 이를 배아(embryo)라고 한다. 착상 후부터 6주간의 시기로 일반적으로 임신 후 약 2~8주 사이이다. 이 시기의 배아는 자궁벽으로부터 영양분을 공급 받아 태아의 주요 신경계, 신체기관, 피부조직 등 대부분이 형성된다. 기본적인 구조와 조직이 형성되는 시기이므로 모체의 건강상태, 약물 등에 민감하게 영향을 받는다. 즉, 배아기에 결함이 있는 경우에는 시각장애, 구순구개열 등 선천성 장애를 지니고 태어나거나 자연유산이 될 확률이 높다. 이 시기가 끝날 무렵 배아는 인간의 형체를 띠기 시작한다.

태아기(the period of the fetus)

태아기는 태내 발달의 세 번째 단계이다. 일반적으로 임신 3개월부터 출산까지의 시기를 일컫는다. 이 기간에 성장하는 유기체를 태아(fetus)라고 한다. 태내 발달단계에서 가장 긴 시기이다. 태아기에는 신체기관의 분화는 더 이상 일어나지 않고, 여러 기관이 초보적인 형태에서 벗어나 배아기 동안 형성된 신체 각 기관의 구조가 정교해지고, 기능이 더욱 활발해지는 등 주로 크기와 기능의 변화가 이루어진다.

(2) 임신 분기별 발달

태아의 발달은 개인에 따라 차이가 있을 수 있지만 일반적으로 9개월에 걸치며 이 기간을 3개월씩 구분하여 임신 초기, 임신 중기, 임신 말기로 나누며, 각 분기의 특징은 다음과 같다.

1분기(임신 초기, 임신 1~3개월)

1분기는 가장 중요한 시기로, 태아의 급속한 세포분열이 일어나며 모체의 영양상태, 약물복용에 가장 민감하게 영향을 받기 쉽다. 임신 1개월은 원시적인 형태의 심장과 소화기관이 발달하며, 두뇌와 신경계의 구조, 팔과 다리가 될 부분도 나타난다. 임신 2개월은 태아가 인간의 모습을 갖추기 시작한다. 눈, 코, 입을 비롯한 얼굴 전체 모습이 드러난다. 임신 3개월은 팔, 다리, 손, 발이 발달한다. 손톱과 모낭, 눈꺼풀이 나타나며, 연골도 뼈로 대체되기 시작한다.

2분기(임신 중기, 임신 4~6개월)

2분기에서는 산모는 태아의 움직임을 느낄 수 있다. 임신 4개월은 생식기가 외부로 드러나기 시작하며, 태반이 거의 완성된다. 불완전하지만 뇌가 발달하여 외부 자극에 대한 쾌감, 불쾌감, 불안, 초조 등의 기본적인 감정을 느끼기도 한다. 임신 5개월은 머리카락, 눈썹, 손톱, 발톱, 땀샘이 발달하며, 솜털이 돋아난다. 빨기, 삼키기, 딸꾹질 등의 반응이 나타난다. 또한 손발과 전신운동이 활발해진다. 임신 6개월은 눈 기능이 발달해 빛에 반응하며, 심장박동이 뚜렷해진다. 신장이 형성되어 양수로 소변을 내보내며 가끔 양수를 마시고 뱉기도 한다. 또한 태지의 분비가 이루어지며, 양수의 양이 늘어나는 시기이다.

3분기(임신 말기, 임신 7~9개월)

3분기는 태아발달이 완성되고 이 시기의 태아는 대부분이 머리를 아래로 향하여 분만의 위치를 잡는다. 임신 7개월은 근육, 신경계, 순환계 조직이 거의 완성되어 스스로 체온을 조절하고 호흡할 수 있어 조산하더라도 생존할 수 있다. 임신 8개월은 시각과 청각이 거의 완성되어 자극에 적극적으로 반응한다. 근육이 발달해 몸 전체가 단단해지고 피하지방이 붙기 시작한다. 임신 9개월은 감각기관이 발달해 자극에 적극적으로 반응하는 힘이 생기는데 가끔 태아는 웃고 있거나 배고프거나 불편할 때 울 수 있다.

2) 태내 발달에 영향을 미치는 요인

(1) 임신부의 연령

이상적인 자궁환경을 갖춘 연령은 18~35세까지이다. 35세 이상인 고령 임신과 17세 미만인 청소년 임신, 특히 40세 이상의 경우에는 유산 및 염색체 장애를 가질 확률이 매우 높다고 하였다. 10대 임산부의 경우 임신에 적합한 신체적, 정신적 발달이 미숙한 상태이기 때문에 태아의 결함 및 사망률이 높은 편이다(Alam, 2000). 35세 이상 산모는 고위험 산모군에 포함되어 저체중 출산, 임부의 전자간증, 임신성당뇨, 제왕절개 시행 등이 증가한다. 40세 이상 산모의 경우 임신 중독증, 임신성 당뇨, 전치태반 및 산후 출혈이 많고 제왕절개 빈도가 높으며 다운증후군의 태아를 출산할 가능성이 크다(Ogawa et al., 2017).

(2) 임신부의 영양 상태

임산부의 영양 상태는 태아의 다양한 기관의 성숙과 두뇌 발달 등 전반적인 태아의 성장에 결정적인 역할을 한다. 영양결핍은 임신 초기에는 유산이나 태아의 결함률을 높이며, 임신 말기에는 뇌가 빠르게 성장할 때 적절한 영양이 공급되지 않으면 뇌가 충분히 자라지 못하며, 태아의 중추신경계 발달에 손상을 가져올 수 있다(Bukatko et al., 2001). 따라서 임신기간에는 임신 전에 비해 추가적인 열량공급이 필요하다. 개인에 따라 다소간 차이가 있겠으나, 평균적으로 대략 하루 300kcal 정도의 열량, 즉 임신 전보다 약 15~30% 정도를 더 섭취해야한다. 임신기간 중 필요한 추가 열량은 임신기간에 따라 차이가 있는데 임신 전반부보다 후반부에 더 많은 추가 열량이 필요하다.

정상적인 임신부는 12.5kg 정도의 임신 중 체중증가를 보이며 임신 8주에서 20주까지는 주당 300g 정도, 20주 이후는 주당 450g 정도의 체중 증가가 바람직하다. 임신 중 체중관리에 대한 내용은 〈표4-1-1〉과 같다(질병관리청, 2022).

〈표 4-1-1〉 임신 중 체중관리

	임신 전 신체비만지수(kg/m²)	임신 중 체중증가 권고(kg)
저체중	〈 18.5	12.5~18
정상 체중	18.5~24.9	11.5~16
과체중	25~29.9	7~11.5
비만	30	5~9

출처: 질병관리청(2022)

임신부에게는 엽산, 철분 등의 영양 공급이 매우 중요하다. 임신 전과 임신초기에 엽산 복용을 권장한다. 엽산이란 비타민 B의 일종으로 태아 신경관 결손을 예방한다. 임신이 가능한 연령의 여성은 매일 0.4mg이상의 엽산을 섭취하도록 권장한다. 또한 임신 중기부터 태아는 모체로부터 철분을 흡수해 자신의 혈액을 만들기 시작한다. 따라서 이 시기 충분한 철분 공급은 매우 중요하다. 하루에 적어도 성분철 기준으로 대략 27mg의 철분제의 섭취를 권장하고 있다. 철분 부족은 빈혈과 임신중독증을 초래한다. 이외에도 임신 중 영양결핍은 조산, 유산, 미숙아·저체중아 출산, 신생아 사망, 성장과정에서의 질병과 연관된다(손병덕 외, 2022).

(3) 임신부의 질병

임신 기간 동안에 풍진이나 당뇨병, 후천성 면역 결핍증(AIDS) 등에 걸리면 유산이나 조산을 하거나 또는 신체적 결함, 저체중인 아기를 출산할 가능성이 높다. 임신초기의 풍진은 수막염, 폐렴, 간염, 빈혈, 지능 자애, 각종 기형 등을 유발하는 선천성 풍진 증후군을 초래한다. 특히 임신 4개월 이전이 위험하다(손병덕 외, 2022).

당뇨병은 임신성 당뇨병과 현성 당뇨병이 있다. 임신성 당뇨병은 임신 과정 중 생리적 변화 때문에 임신 기간 안에 당뇨병을 처음 진단받게 되는 것을 뜻하며, 임신 전부터 당뇨병이 있었던 경우는 현성 당뇨병이라 부른다. 두 당뇨병은 산모나 태아 모두에게 위험하다. 태아는 거대아가 될 확률이 높고, 자궁 내 사망률이 높아지며 신생아호흡곤란증후군 등도 생길 수 있다. 또한 조기 분만을 해야 하기도 하며, 이 외에도 자연유산, 34~36주 이후 원인불명의 사산, 태아 기형의 위험성도 2~3배 높다.

후천성 면역 결핍증(AIDS)는 모체로부터 감염되는데, 감염된 태아는 비정상적으로 작은 얼굴과 두개골을 갖게 되며, 임신 초기에 감염됐을 경우 더 심각한 문제를 초래한다. 임산부가 매독이나 임질 같은 성병에 걸린다면 여러 형태로의 합병증을 유발해 태아와 산모의 건강을 위협할 수 있다.

(4) 모자의 혈액불일치

RH+의 남성과 RH-의 여성이 RH+의 자녀를 임신하게 될 때 둘째 아이부터 치명적인 위험이 발생한다. RH+의 남성과 RH-의 여성이 RH+의 자녀를 임신하게 될 때 혈액상반현상이 나타나는데, 첫 아이일 때는 태반으로 인해 혈액상반현상이 나타나지 않으나 분만 과정에서 피가 섞이게 되면 모체혈액은 RH+인자에 대항하기 위해 항체를 형성한다(Berk, 2011). 그 결과 둘째 아이는 혈액상반현상이 나타나 적혈구가 파괴되고 산소호흡이 어려워져 태아가 유산되거나 사산된다. 출생하여도 빈혈, 청각장애, 뇌성마비, 지적장애 등을 동반한다. 그러나 임신직후부터 로감주사를 주기적으로 맞음으로써 예방이 가능하다.

(5) 임신부의 정서상태

임신부의 정서는 태아의 발육 지연이나 조산에 영향을 미친다. 임신부가 분노, 불안, 공포 등과 같은 스트레스는 태반 내의 혈액량을 감소시키며, 그로 말미암아 태아는 적절한 영양과 산소를 공급받지 못하는 결과를 가져온다. 임산부의 정신건강에 영향을 미치는 요인 중 가장 영향력 있는 요인은 경제적 상황이다. 사회경제적 수준이 낮을수록 우울, 스트레스가 높은 경향이 있다(김다솜, 2022). 그 외에 임신에 대한 임신부의 태도, 기존 자녀 수, 남편과의 관계, 임신부의 정서적 성숙 정도 등에 영향을 받는다.

(6) 약물복용

약물은 태반을 통해 태아에게 전달되므로 임신부는 약을 복용할 때 주의를 기울여야 한다. 특히 마약중독은 저체중아 출산, 조산, 경련 등의 증상을 초래하며 임산부가 약물

중독 상태라면 신생아도 이미 중독된 경우가 많다. 미국에서의 코카인 복용량이 증가함에 따라 임신 여성이 코카인을 복용할 경우 공통적으로 발견된 사실은 체중, 신장 및 머리 크기가 작아질 수 있다는 점이었다. 또한 태내에서 코카인에 노출된 경험이 정보처리 능력을 손상시킨다는 연구결과도 갈수록 더욱 많이 발표되고 있다.

(7) 흡연과 음주

임신부에 흡수된 니코틴은 태아에게 산소와 영양을 공급하는 태반의 혈관을 수축시키며, 일산화탄소는 혈중 산소를 운반하는 역할을 하는 헤모글로빈과 결합해 저산소 상태를 악화시키게된다. 임신부가 흡연을 할 경우 유산, 조산, 저체중아, 태아기형, 사산, 전치태반, 유아돌연사, 영유아기의 성장지연과 호흡곤란 등의 문제를 일으켜 후손에까지 악영향을 줄 수 있다. 또한 임신부의 간접흡연으로 유산 위험이 1.5배 증가되고, 조산, 선천성기형, 신생아의 체중 감소 유발, 태아 및 신생아의 성장 발달 지연, 출생아 지능 저하 등이 유발된다.

알코올은 태반을 자유롭게 통과하여 태아의 순환계통과 뇌로 들어가 해를 끼친다(이영호 외, 2018). 태아는 알코올 해독에 필요한 효소가 없어 태아에게 흡수된 알코올이 그대로 누적되면서 체내 알코올 농도가 높아져 뇌에 큰 영향을 미친다. 임신 중 알코올을 많이 섭취한 임산부의 태아는 특이한 얼굴과 작은 몸, 선천적인 심장질환, 관절상의 결함, 정신능력 저하 등의 양상을 보인다.

(8) 기타요인

수은, 납, 방사선 노출 등도 태아에게 치명적인 영향을 미친다. 많은 양의 수은에 노출 될 경우 뇌 손상을 입어, 출생 후 신체 기형이나 지적 장애, 언어 장애를 보이는 것으로 나타났다. 임신부가 다량의 납에 노출되면 조산, 저체중아의 출산, 두뇌 손상과 다양한 신체적 결함의 발생 확률을 높이다. 방사선을 쬐일 경우, 태아가 죽거나 기형아가 되거나 특정한 종류의 암에 걸릴 가능성이 높은 것으로 보고 있다.

3) 태내 진단

태내발달이 정상적으로 이루어지기지를 검사하는 방법에는 임신부 혈액검사, 초음파검사, 양수 천자검사, 융모막 융모 채취검사가 있다(이영호 외, 2018). 임신부 혈액검사를 제외한 다른 진단은 정기적으로 시행할 경우 오히려 태아에게 해가 될 수도 있으므로 주의해야한다.

(1) 초음파검사

가장 일반적인 태내 진단 방법이다. 임신 14주 후부터 검사가 가능하며 임신부의 복부에 초음파를 통하게 함으로써 자궁 내부의 자신을 찍어 태아를 볼 수 있게 한다. 정확한 임신기간, 쌍생아 출산 가능성, 탯줄이나 태반의 위치, 자궁 내 이상이나 태아의 사망 여부를 알 수 있다.

(2) 양수 천자검사(양수검사)

임신부의 복부에 주사 바늘을 삽입하여 양수를 채취해 분석함으로써 태아의 유전 질환 여부를 검사하는 방법이다. 다운 증후군을 포함하여 200여 종의 유전적 결함을 판별할 수 있으며, 태아의 성별도 확인할 수 있다. 충분한 양의 양수를 얻을 수 있을 때까지 기다려야 하므로 보통 수정 후 16주 정도 되었을 때 시행한다. 35세 이상의 임신부는 염색체 이상이 급격히 증가하므로 양수검사를 받는 것이 좋다.

(3) 융모막 융모 채취검사(융모검사, 융모 생체 표본검사)

양수검사만큼 정확하지는 않지만 임신 9~11주 혹은 10~12주에 양수검사의 대안으로 실시하는 융모막 융모 채취검사를 통해서도 유전적 결함에 대해 진단할 수 있다. 자궁을 통해 삽입한 관을 이용해 태반의 일부인 융모막의 융모를 채취하여 분석함으로써 유전 질환 가능성을 검사하는 방법이다. 양수검사에 비해 일찍 결과를 알 수 있다는 장점이 있으나 양수검사보다 유산을 유발할 위험이 높거나 결과가 확실하지 않은 경우가 많으므로 염색체 이상이 의심되거나 35세 이상 임신부에게만 제한적으로 실시된다.

4) 태아기의 발달장애

(1) 염색체

정자와 난자가 결합하는 순간 정자로부터 23개의 염색체, 난자로부터 23개의 염색체가 각각 방출되어 새로운 46개의 염색체 배합이 형성된다. 인간의 모든 유전적 잠재성은 이 46개의 염색체에 의해 결정된다. 23쌍의 염색체 중 22쌍은 성 결정에 관여하지 않는 보통의 염색체인 상염색체(autosome)이며, 23번째 쌍이 성염색체(sex chromosome)이다. 정상적인 여성의 성염색체는 XX이고, 정상적인 남성의 성염색체는 XY이다. 이 염색체 속에 유전의 기본 단위인 유전인자(gene)가 들어 있다. 그리고 이 유전인자는 DNA라고 하는 화학물질로 구성되어 있는데, DNA는 부모의 어떤 특성이 자손에게 전해질 것인가를 결정하고 또한 일생을 통한 성장과 발달을 관리한다. 유전인자는 광범위한 인간의 특징에 대한 특수한 정보를 담고 있다. 즉 인간의 발달 한계, 신체적 성숙, 운동능력, 지적 능력, 사회성, 기질 등 대다수의 중요한 특징은 여러 유전인자의 결합에 의해 결정된다.

(2) 유전적 결함으로 인한 태아기 발달장애

유전인자와 염색체 이상은 태아의 발달에 치명적인 영향을 미친다. 정상적인 염색체의 총수는 23개의 쌍 총 46개인데, 필요한 염색체가 없거나 필요 이상의 염색체가 존재하는 것은 태아에게 치명적 영향을 미친다. 또한 유전인자 이상으로 인해 발달장애를 가지고 태어나기도 한다.

다운 증후군(Down syndrome)

23쌍의 염색체 중 21번째 염색체가 하나 더 있어 총 염색체 수가 46개가 아니라 47개이다. 일명 몽고증이라고도 불린다. 외관상 머리가 작고, 둥근 얼굴, 평평한 두개골, 눈 아래쪽의 피부주름, 납작한 코, 내밀은 혀, 짧은 손발 등을 특징으로 하며, 운동신경이 지체되고 지체장애(지능지수 40~60)가 있으며 질병에 대한 저항력이 약하다. 성격은 밝고 다정하며 쾌활하고 사교성 또한 좋은 편이다. 나이가 많은 부모에게서 출생할 확률이 높다.

터너 증후군(Tuner syndrome)

여성의 성염색체 쌍XX에 X염색체가 하나밖에 없는 증후군으로 전체 염색체가 45개이다. 외견상 여성이지만 여성 호르몬 부족으로 생식기관이 발달하지 않아 2차 성징이 나타나지 않으며, 난소가 기능을 제대로 못하여 생식능력이 없다.

클라인펠터 증후군(Klinefelter syndrome)

남성으로서 X염색체를 더 많이 가지고 있어 성염색체 XY 대신 XXY, XXXY, XXXY형으로 나타난다. 남성의 특성이 약하고 사춘기에 가슴과 엉덩이가 커지는 등 여성적인 2차 성징이 출현한다. 정소 발달이 불완전하고 고환이 미성숙하여 정자 생산이 불가능하며, 따라서 생식이 불가능하다. 이러한 결함들은 여분의 X염색체가 많을수록 더욱 현저하다.

거대남성 증후군(Supermale syndrome)

남성으로서 성염색체 쌍XY에 Y염색체를 더 많이 가져 XYY, XYYY, XYYY형을 나타낸다. 일명 초웅증후군이라고 일컫는다. 평균보다 키가 크고, 특히 치아가 큰 것이 특징이며, 지능이 낮은 경향이 있다.

혈우병(Hemophilia)

혈액이 혈관 밖으로 나와 일정 기간이 경과한 후에도 응고되지 않고 계속 출현하는 증상이다. 남성과 여성 모두 혈우병의 유전인자를 갖고 있지만 여성에게는 발병하지 않고 남성에게서만 발병한다. 성염색체인 X염색체의 이상(X염색체의 열성 유전자에 기인)으로 발생한다.

페닐케톤요증(Phenylketonuria, PKU)

필수아미노산의 일종인 페닐알라닌이라는 단백질을 분해해 주는 효소의 결핍으로 페닐알라닌이 분해되지 못하고 그 독성이 신경조직에 축적되어 결과적으로 지적 장애를 유발하는 장애이다. 페닐알라닌은 뇌에서 세포를 손상시켜 과민성, 활동과다, 경련성 발작, 심각한 지적 장애 등을 일으킨다. 또 다른 특징으로는 금발, 백안, 치아 사이가 많이 벌어져 있다.

갈락토세미아(Galactosemia)

우유 속에 있는 당분을 소화시키는 효소가 결핍되어 발생한다. 황달, 구토, 백내장, 영양실조 등의 결과를 초래한다.

테이삭스병(Tay-Sachs disease)

뇌세포의 지방을 분해하는 효소의 결핍으로 중추신경계가 붕괴되어 경련성 발작을 일으키고, 심한 경우 실명, 청각, 상실이나 지적 장애를 유발하는 장애이다. 출생 시에는 정상으로 보이지만 6개월부터 발달지체 현상을 보이고 대개 초등학교 입학 전에 사망한다. 흑내장성 가족성 치매(amaurotic family idiocy)라고도 불린다.

적혈구성 빈혈(Sickle cell anemia)

일반적으로 적혈구는 원반 모양이만 적혈구성 빈혈의 경우 그 모양이 낫과 비슷하다. 적혈구 속의 비정상적인 헤모글로빈이 적혈구 모양을 변형시킨 것이다. 이 모양의 적혈구는 정상 적혈구보다 수명이 짧기 때문에 적혈구의 수가 부족해져 빈혈의 원인이 되며 신체로 산소를 운반하지 못하기 때문에 목숨을 잃게 된다.

5) 태내기의 사회복지실천

태내기 단계에서 사회복지전문가들이 원조해야할 부분은 신체적 측면, 심리적 측면, 사회적 측면 등에서 살펴봐야한다(김선희 외, 2012).

첫째, 신체적 측면으로 임산부의 건강과 선천적 장애 발생 예방에 초점을 두어야한다. 임산부의 연령이 너무 많거나 적은 것, 부모의 유전으로 혹은 흡연, 음주, 약물복용 등으로 태아의 건강이 우려되는 것 등을 고려하여 의료진, 건강관리센터 등 인적 자원체계를 연결시키거나 필요시 임산부의 여러 신체적 문제에 대한 교육과 상담을 실시한다. 또한 선천성장애아를 출산한 경우 관련 사회복지기관과 서비스에 대한 정보를 제공하고, 조기 혹은 적기에 치료받을 수 있도록 원조해야한다.

둘째, 심리적 측면에서 원치 않은 임신에 대한 부정적인 반응, 임신 기간 중에 발생하는 스트레스, 불안 등의 정서적 변화, 임신과 출산에 대한 지식의 결여, 부모로서의 역할 변화 등 교육과 상담을 위한 개입이 필요하다. 특히 출산 후 호르몬의 변화와 환경적 변화로 경험할 수 있는 산후우울증에 대해 적극 지원할 필요가 있다. 산후우울증에 대한 정보를 산모뿐만 아니라 배우자, 그 외 가족들과 함께 공유함으로써 안정적인 가족체계를 형성할 수 있도록 기여한다.

셋째, 사회적 측면에서 경제적 어려움으로 임신 기간 중 영양공급이 어렵고 의료적 보살핌을 받지 못한 것, 물리적 환경이 열악한 것, 직장생활을 하는 임산부의 과도한 업무와 임신·출산 휴가 이용이 용이하지 못한 것 등에 대한 어려움을 겪을 수 있다. 이에 대해 사회복지전문가는 직접적인 재정이나 영양공급을 위한 현물 등을 제공받을 수 있는 사회복지서비스를 연결해주고, 직장생활을 영위하면서 안정적인 임신기간을 보낼 수 있도록 적절한 방법에 대한 정보를 제공한다.

넷째, 태아기와 직접 관련이 없지만 난임 혹은 불임 부부, 원치 않는 임신을 한 여성을 도울 필요가 있다. 우선 임신을 원하되 임신이 어려운 부부들은 임신 과정에서 재정지출이 막대하고 심리적 압박 등으로 여러 가지 어려움을 겪는다. 그러므로 사회복지사는 정확한 의학적 진단을 받게 하고 인공수정, 시험관 아기, 입양 등에 대한 정보를 제공할 수 있어야한다. 반면 원치 않는 임신을 한 여성을 도울 때도 낙태과정, 유산, 여성의 선택권 등에 대해 충분히 설명해야하고 클라이언트가 낙태를 선택했을 경우에도 낙태가 가능한 의료기관, 건강관리 등에 대한 상담을 지원해야한다.

2. 영아기

영아기는 출생이후부터 만1세(0~2세)까지를 말하며, 생후 1개월까지를 신생아기라고 일컫는다(엄태완, 2022). 영아기는 제1성장급등기라고 할 만큼 신체적으로 급격한 성장을 경험한다. 또한 감각기관과 운동기관을 통해 인지발달이 이루어지며 울음에서 주변 사람들이 이해할 수 있는 단어까지 사용하는 방식으로 언어발달이 이루어진다. 또한 주 양육자와의 애착형성이 중요한 시기이며 이 때 형성된 애착은 대인관계와 사회성에 지대한 영향을 미친다.

1) 영아기와 발달이론

영아기는 프로이드의 구강기, 에릭슨의 유아기, 피아제의 감각운동기에 해당한다. 프로이드의 구강기는 쾌락의 주요한 원천은 구순(口脣)이며 이 시기에 젖과 이별하는 이유(離乳)의 과정을 거치며 원초아에서 자아가 분화된다고 보았다. 에릭슨은 이 시기에 겪는 심리사회적 위기를 '신뢰감 대 불신감'이라고 보았으며, 이 위기를 잘 극복하면 '희망'이라는 자아특질이 강화된다고 보았다. 피아제는 이 시기에 감각기관과 운동기관을 통해 환경을 직접 탐색하고 경험하면서 인지가 발달한다고 보았고, 인과관계의 인식, 대상영속성 발달, 목적지향적 행동 발달이 이 시기 대표적인 인지발달 특징이라고 제시하였다(이영호 외, 2018).

2) 영아기의 발달특성

(1) 신체발달

신생아기(출생~1개월)

출생 시 신생아의 몸무게는 남아 평균 3.41kg, 여아가 3.29kg이며, 신장은 남아가 평균 50.12cm, 여아가 49.35cm이다. 남아가 여아보다 몸무게와 키가 약간 큰 경향이 있다. 몸무게가 2.5kg이하이면 체중미달로 간주되는데 이것은 9개월의 임신기간을 채우지 못했거나 임산부의 영양부족으로 인해 나타난다.

머리가 차지하는 비율은 매우 크다. 머리가 신장의 1/4정도이다. 머리둘레가 가슴둘레보다 크며, 가슴과 배가 크고, 팔이 다리보다 길다. 두개골에는 6개의 숫구멍이 존재한다. 소천문은 4개월에, 대천문은 6~16개월에, 늦어도 만2세까지는 닫힌다.

출생 이후 환경에 적응할 수 있도록 생태적으로 구비된 여러 가지 특수한 반사운동 능력을 가지고 있다. 신생아의 반사는 특정 자극에 대한 자동적 반응으로, 학습되는 것이 아니며 생후 6개월경이면 대부분 사라진다. 신생아의 반사에는 생존반사와 원시반사의 두 종류가 있다.

생존반사는 적응이나 생존을 위해 꼭 필요한 반사이며 호흡반사, 탐색반사, 빨기반사, 동공반사, 눈깜박반사, 연하반사 등 6가지로 분류되며 특징은 아래의 〈표4-1-2〉와 같다.

〈표 4-1-2〉 생존반사

유형	설명
호흡반사	• 산소를 얻기 위해서 흡입하고 이산화탄소를 방출하기 위해서 내뿜는 반사이다.
탐색반사	• 근원반사 혹은 젖찾기 반사라고도 한다. 어떤 자극이 입술이나 입 근처 볼에 접촉하면 그 자극을 향해 고개를 돌리고 마치 젖꼭지를 기대하는 것처럼 입을 벌리는 반사이다.
빨기반사	• 신생아의 입을 접촉하거나 다른 방법으로 자극하면 입으로 빨려는 반응을 보이는 반사이다.
동공반사	• 신생아 눈의 동공이 밝은 빛이 들어오거나 잠을 잘 때는 좁아지고, 희미한 빛이 들어오거나 깨어 있을 때는 넓어지는 반사이다.
눈깜박반사	• 신생아의 눈을 향해 물체가 빨리 움직이거나 공기가 불어오면 눈을 깜박이는 반사이다.
연하반사	• 음식물을 삼키는 반사이다.

원시반사는 생존을 위해 필요한 것은 아니지만 진화론적 관점에서 중요한 반사이며 아기의 정상성 여부를 판단하는 중요한 반사이다. 원시반사의 유형으로는 모로반사, 바빈스키반사, 손바닥반사, 걷기반사, 수영반사 등 5가지로 구분되며 그 특징은 〈표 4-1-3〉와 같다.

〈표 4-1-3〉 원시반사

유형	설명
모로반사	• 경악반사라고 일컫기도 한다. 갑자기 큰 소리를 듣게 되면 그때마다 자동적으로 팔과 다리를 쫙 벌리고 마치 무엇인가를 껴안으려는 듯 몸쪽으로 팔과 다리를 움츠리는 반사이다. 생후 6개월경 사라진다.
바빈스키반사	• 신생아의 발바닥을 쓰다듬으면 발가락을 쭉 펼치는 반사이며 생후 8~12개월경에 사라진다.
손바닥반사	• 신생아의 손바닥이 어떤 물체에 의해 자극을 받으면 단단하게 쥐고 그 물체를 당기면 강하게 잡는 반사이고 생후 3~4개월이 되면 사라진다.
걷기반사	• 신생아가 그들의 발을 바닥에 대고 똑바로 들어주면 걷는 행동을 보이는 반사이다.
수영반사	• 신생아를 수그린 자세로 물에 놓으면 수영하려는 행동을 보이는 반사이다.

영아기

신체의 크기와 비율에서 일생 중 가장 급격한 신체적 성장이 이루어지는 시기로, 영아기를 '제1성장 급등기'라고도 부른다. 영아기 동안에 신장은 출생 시의 1.5배가 되며 체중은 3배에 이르게 된다.

생후 6~8개월경 치아가 나기 시작해 생후 1년에 6~8개, 2년에서 2년 반 사이에 모두 20개의 유치가 난다. 두뇌발달은 태내에서와 생후 2년간 가장 급격히 이루어지며, 영아기의 적절한 영양섭취는 두뇌의 성장·발달을 촉진시킨다.

운동발달은 신체성장, 뼈와 근육의 성장, 신경계 성숙의 결과로 이루어진다. 영아의 운동은 눈, 머리, 목 등 상체운동에서부터 시작하여 팔, 다리, 등의 하체운동으로 발달하며 또한 신체의 중앙부위에서부터 시작하여 말초로 발달한다. 이러한 영아의 운동발달은 〈표4-1-4〉와 같다.

〈표 4-1-4〉 영아의 운동발달 단계

연령	운동발달
1개월	턱 쳐들기
2개월	엎드린 상태에서 머리 들기
3개월	구르기
6개월	혼자서 앉기
7개월	붙잡고 서기
9개월	붙잡고 걷기
12개월	혼자서 걷기
16개월	손잡고 계단 오르내리기
24개월	혼자서 계단 오르기, 달리기

영아기에 감각발달도 빠르게 진행된다. 영아는 시각이 비교적 덜 발달된 상태에서 태어나므로 한 물체에 시선을 고정하지 못한다. 그러나 생후 1~2주가 지나면 물체에 시선을 고정시킬 수 있게 되고, 6주경에는 움직이는 물체에 따라 시선을 옮길 수 있으며 2~3개월이 되면 색체를 가지고 물체를 구별할 수 있게 된다(조흥식 외, 2010).

출생 직후 높고 강한 소리에만 반응하던 청각은 생후 며칠이 지나면 여러 가지 소리에 반응하게 되고, 사람의 목소리에 더 민감한 반응을 보이게 된다. 3개월이면 음소를 구별하고 4~6개월이면 소리 나는 방향을 알 수 있게 된다.

영아의 촉각은 출생 전부터 이미 발달되어 있는 것으로 보이며, 피부를 통해 주양육자를 친밀하게 접촉하는 것은 영아의 심리정서적 발달에 매우 중요하다.

미각과 후각은 태어나면서 가지고 있는 능력이며 미각은 성장하면서 더욱 발달하지만 후각의 경우 민감도가 증가하지는 않는다. 통각의 경우, 출생 당시에는 둔하지만 생후 며칠 이내에 통각은 민감하게 발달된다. 감각 발달 특징에 대해 아래와 〈표4-1-5〉와 같이 정리하였다.

〈표 4-1-5〉 감각 발달 특징

감각	발달
시각	• 신생아의 감각 중 가장 덜 발달된 것이 시각이다. • 물체에 시선을 고정 시키는 것은 생후 1~2주 이내 발달하나, 색체를 바탕으로 물체를 구별하는 것은 2~3개월경 가능하다. • 다른 사물에 비해 사람의 얼굴을 오랫동안 응시하는 경향이 있다. • 전체보다는 부분을, 정지된 것보다는 움직이는 것을, 흑백보다는 컬러를, 직선보다는 곡선을, 단순한 도형보다는 복잡한 도형을 다른 사물보다는 인간의 얼굴(특히 눈)을 더 선호한다.
청각	• 신생아는 다른 소리보다 사람의 소리에 더 잘 반응한다. • 3개월경 음소를 구별할 수 있다. • 4~5개월경 소리가 나는 방향을 식별한다.
촉각	• 촉각은 출생 전부터 발달한다. • 특히 입 주위, 손바닥, 발바닥이 접촉에 가장 민감하다. • 피부 접촉을 통한 자극은 정상적이 발달(특히 애착형성)에 필수적이다.
미각	• 태어나면서부터 맛을 구별하는 능력을 갖고 있으며, 성장하면서 좀 더 발달한다.
후각	• 냄새를 맡을 수 있는 능력을 갖고 있으며, 성장하면서 냄새에 대한 민감도가 증가하지는 않는다.
통각	• 출생 당시에는 통각에 둔하지만 생후 며칠 이내에 고통에 대한 감각이 발달한다.

(2) 인지발달

영아기에는 언어습득을 포함한 급격한 인지발달을 통해 자신이 원하는 것을 성취하려는 목적을 가지고 행동하는 존재로 성장한다.

감각운동

영아는 선천적으로 타고난 반사행동으로 환경에 적응하며, 점차 경험으로 얻은 적응반응을 반복하게 되고, 그 이후에 반사행동을 통합하여 어느 정도 의도적인 행동을 할 수 있게 된다. 피아제이론에 따르면 영아기 인과관계 도식의 발달 과정 가운데 감각운동기에 해당되며 총 6단계로 나눌 수 있다(Piaget, 1966).

•1단계: 반사 활동기(출생~1개월)

- 신생아기에 해당하며, 타고난 반사 능력을 사용하여 환경과 상호작용하며 적응해 간다. 예를 들어 입에 닿는 것은 무엇이든 빨고, 손에 닿는 것은 잡으며, 소리가 나는 쪽으로 일련의 반사활동을 반복한다.

•2단계: 1차 순환반응(1~4개월)

- 자신의 신체와 신체 간 협응을 위한 행동을 반복한다. 예를 들어 여러 착오를 거쳐 자연스럽게 '잡아당기기'와 '빨기'를 연합하게 되고 '보기'와 '잡기'도 연합하여 대상물을 보고 붙잡을 수 있게 되며 그것을 잡아당겨 입으로 가져온다.

•3단계: 2차 순환반응(4~8개월)

- 최초로 자신의 환경 내에 있는 사물이나 상황에 관심을 가지고 이들을 탐색하는 행동을 보인다. 예를 들어 유모차에 누워 있는 영아가 눈 위에 있는 딸랑이를 손으로 건드려서 나는 소리를 듣고 흥미로우면 손으로 건드리는 행동을 반복하는 것이다.

•4단계: 2차 도식의 협응(8~12개월)

- 목적을 달성하기 위해 의도적으로 수단이 되는 기존의 다른 도식들을 협응시킨다. 예를 들어 영아가 장난감을 잡으려고 베개를 치우는 것이다. 즉, '잡는 것'과 '치우는 것'사이의 협응이다.

•5단계: 3차 순환반응(12~18개월)

- 새로운 행동이 어떤 결과를 가져올 것인가를 알아보기 위해 다양하게 반복적으로 실험해 본다. 예를 들어, 장난감에서 소리가 나게 해보려고 버튼을 눌러도 보고 흔들어도 보고 밀어보기도 한다.

•6단계: 사고의 시작(18~24개월)

- 이 시기에는 대상의 실체가 존재하지 않더라도 스스로 상징을 만들어 생각할 수 있다. 어떤 행동을 하기 전에 먼저 머리로 생각한 후에, 즉 표상적 사고를 한 후에 행동한다. 이런 표상 때문에 관찰한 지 오래된 누군가의 행동을 적절한 상황에 처했을 때 모

방하는 지연모방이나 상징놀이가 가능하다. 예를 들어, 엄마가 하는 행동을 모아 두었다가 일정한 시간이 지난 후에 소꿉놀이를 할 때 엄마의 행동을 재현할 수 있다.

목적지향적 행동

영아는 자신의 행동과 그 행동에서 나타나는 결과를 예측할 수 있게 되면서 자신의 욕구를 충족하기 위해 의도적으로 행동하게 된다. 그리고 새로운 목적을 성취하기 위해 의도적으로 서로 다른 도식들을 협응하거나 익숙한 수단을 사용하기 한다.

대상영속성 발달

영아기에는 대상영속성이 발달한다. 대상영속성이란 어떤 대상이 시야에서 사라지거나 들리지 않아도 그것이 계속 존재한다고 믿는 것을 말한다. 대상영속성 개념이 발달하기 전에는 더 이상 대상이 지각되지 않는 순간부터 그 존재를 즉시 잊어버리지만, 2세 정도가 되면 대상영속성 개념을 지니게 되면서, 어떤 대상이 시야에서 사라져도 계속 존재함을 알게 된다.

만일 장난감을 빼앗아 숨겼을 때 아이가 두리번거리면서 찾는다면 이것은 '어딘가에 있을 거라고 믿기 때문'에 찾으려는 것이므로 대상영속성 개념을 획득한 경우에 해당한다. 그러나 장난감을 빼앗아 숨겨도 그것을 찾으려 하지 않는다면 이는 아직 대상영속성 개념을 획득하지 않아서라고 볼 수 있다.

(3) 언어발달

언어발달은 인지발달과 사회성 발달과 밀접한 연관성이 있다. 영아는 울음, 표정, 몸짓 등 비언어적 행동을 통하여 의사소통하는 시기를 거쳐 생후 12개월 무렵에 다른 사람이 이해할 수 있는 단어를 처음 사용하게 된다. 영아기의 언어발달의 특징은 자기중심적 언어를 사용하고, 부모가 영아에게 성실하게 반응함으로써 언어발달은 촉진된다. 언어발달은 크게 언어 이전의 준비단계와 언어 사용 단계로 구분한다.

언어 이전의 준비단계(출생~12개월)

생후 1개월까지는 분화되지 않은 울음, 즉 반사적인 울음을 나타내고 생후 1개월경부터 영아 울음의 높낮이나 강도, 패턴을 들으면 어떤 상태인지를 알 수 있게 되는데 이를 '분화된 울음'이라고 일컫는다. 이는 보다 정확한 의사전달의 수단으로 사용된다. 또한 생후 2개월부터는 옹알이를 한다. 옹알이는 언어와 유사한 최초의 소리이며, 만족스러운 상태에서 가장 많이 나타나고 언어발달의 기반을 형성하기에 중요하다. 또한 모음 '우'와 비슷한 소리를 내는데 이를 목 울리기(cooing)라 한다(최덕경 외, 2013).

6개월경에는 목 울리기에서 나아가 모음과 자음이 결합된 형태의 '바바바바'나 '나나나나'같은 옹알이(babbling)를 한다. 영아는 주위의 모국어를 들으면서 자기가 들은 소리와 비슷한 소리를 반복해서 모방한다. 영아와 상호작용하는 성인들은 영아가 내는 소리 가운데서 자신들에게 익숙한 소리에는 다르게 반응한다. '음음음음, 마마마마'하던 영아가 어느 순간 '음마'라고 하면 성인은 '엄마'라고 답함으로써 영아의 모국어 발성을 지원한다. 7개월경에는 구어의 많은 소리가 옹알이에 포함된다. 8~10개월경에 옹알이 속에는 모국어의 소리와 억양이 반영되고, 그중에서 첫 단어로 바뀌는 것이 나온다.

언어 사용 단계(생후12~24개월)

영아는 6개월경에 단어의 의미를 이해하기 시작하며, 만1세경에 주변 사람들이 분명하게 이해할 수 있는 단어를 사용하게 된다. 처음으로 말하는 단어들은 대개 엄마나 아빠처럼 자신에게 중요한 사람이거나 친숙한 물건이나 행동과 관련된 명사가 많다. 이 시기에는 주로 한 단어를 사용해서 자신의 생각이나 요구를 표현하므로 '한 단어 문장' 시기라고 한다. 예를 들어 '엄마'라는 한 단어에는 '엄마 안아줘요, 엄마 배고파요'등 다양한 의미가 내포되어있다. 12개월경에 산출하는 단어는 50개 정도로 새로이 배우는 단어 수가 점차 늘다가 18~24개월 사이에는 하루에 1, 2개 단어를 학습할 정도로 그 속도가 급격히 빨라져 '어휘의 폭발'시기라고도 한다. 24개월경에 200개 정도의 단어를 사용하게 되면서, '엄마 우유'처럼 단어를 연결하여 자신의 의사를 표현하기 시작한다(서혜석 외, 2009).

(3) 심리·사회적 발달

영아기의 심리적, 사회적 발달은 영아와 주 양육자와의 관계를 근간으로 발달한다. 출생 후 모든 것이 새로운 영아는 주 양육자의 보살핌과 반응에 따라 정서적 안정감 혹은 불안감을 느끼기도 한다. 다음은 영아기의 애착형성 과정과 유형, 낯가림과 불리불안, 정서 등에 대해 살펴봄으로써 영아의 심리사회적 발달 특성에 대해 살펴보겠다.

애착형성 과정

애착(attachment)이란 영아가 자신을 주로 돌봐 주는 친밀한 사람과 맺는 애정적 유대 관계로, 영아는 애착 대상과 함께 있을 때 기쁨을 느끼고, 불안한 상황에서는 가까이에 있음으로써 위안을 받는다(손병덕 외, 2022). 영아기에 맺는 주 양육자와의 관계는 다른 대인관계에도 밀접한 영향을 미치므로 영아와 양육자의 애착형성은 매우 중요하다. 애착형성은 다음의 네 단계를 거친다(Bowlby, 1973).

• 애착 전 단계(출생~출생 6주)

- 주 양육자인 어머니와의 신체접촉을 통해 냄새와 목소리를 구별하지만, 어머니와 분리되어 낯선 사람과 남겨지더라도 불안을 느끼지 않는다.

• 애착 형성 단계(6주~6/8개월)

- 영아는 친밀한 사람과 낯선 사람에 대해 상이하게 반응한다. 친밀한 대상과 상호작용할 때 더 많이 웃고, 옹알이를 하며, 쉽게 위안을 받는다. 그러나 양육자와의 분리에 저항하지 않는다.

• 분명한 애착 단계(6개월~18/24개월)

- 주 양육자와 분명한 애착을 형성한다. 애착 대상을 가까이하려고 다가가고 양육자와 분리되려는 상황에 놓였을 때 강력하게 저항한다.

• 상호 호혜적 관계의 형성 단계(18개월/24개월 이후)

- 인지와 언어가 발달하여 영아는 양육자가 자신을 떠나는 이유를 이해하게 되고, 다시 돌아올 것임을 예상할 수 있다. 따라서 분리불안에 따른 저항은 감소한다.

애착유형

영아는 친숙한 사람에게 특별한 애착을 발달시켜 나가며, 영아기에 부모에게 애착을 경험하는 것은 후에 친근한 인간관계를 확립할 수 있는 능력의 기초가 된다. 뿐만 아니라 인지, 정서, 성격 발달에도 매우 중요한 영향을 미친다. 아인스워드(Ainsworth, 1979)는 애착 유형을 다음 4가지 유형으로 구분하였다. 애착유형은 안정애착과 불안정애착으로 나누며, 불안정애착은 회피애착, 저항애착, 혼란애착으로 분류한다.

• 안정애착(Secure Attachment)

- 주위 탐색을 위해 어머니와 쉽게 떨어진다. 낯선 사람보다 어머니에게 더 확실한 관심을 보이며 어머니와 함께 놀 때 밀접한 관계를 유지한다. 어머니와 격리되었을 때에도 어떤 방법으로든 능동적으로 위안을 찾고 다시 탐색과정으로 나아간다. 어머니가 돌아오면 반갑게 맞이하고 쉽게 편안해진다.

• 회피애착(Avoidant Attachment)

- 어머니에게 친밀한 반응을 보지 않으며 분리되어도 울지 않는다. 또한 어머니가 돌아와도 무관심하거나 모른 척한다.

• 저항애착(Resistent Attachment)

- 어머니와 분리되기 전부터 불안해한다. 어머니가 돌아와 안아주어도 분노를 표현하고 소리 지르거나 밀어낸다.

• 혼란애착(Disorganized Attachment)

- 불안정한 애착 유형 중 가장 심한 형태이며 회피애착형과 저항애착형이 결합된 형태이다. 어머니와 재결합했을 때 냉담한 표정으로 어머니에게 접근하거나 어머니가 안아줘도 다른 곳을 쳐다본다.

낯가림과 분리불안

영아가 자신을 주로 돌봐 주는 친밀한 사람과 애착을 형성했다는 증거로 나타나는 것이 분리불안과 낯가림으로 다음과 같은 특징을 가진다(Berk, 2011).

분리불안은 애착관계를 형성한 사람과 분리될 때 불안해하는 것이다. 정상적인 애착을 형성한 영아는 주 양육자인 엄마와 분리되면 슬퍼하고 불안해하며 심하게 울음을 터트린다. 분리불안은 대상영속성 개념이 시작되는 생후 9개월경 시작되어 12~15개월 사이 가장 심하고, 그 이후에는 점점 줄어든다. 그러다 24개월이 되면 대상영속성이 확립되면서 얼마 뒤 다시 나타날 거라는 것을 알기 때문에 잠시 떨어지는 것을 용납할 수 있을 정도로 분리불안이 완화된다.

낯가림이란 낯선 사람 대해 불안해하는 것이다. 낯선 사람이 자신에게 접근하거나 주 양육자가 낯선 사람에게 자신을 맡기면 큰 소리로 운다. 대개 생후 6~8개월경 나타나며, 12개월 전후하여 절정에 이르다가 차차 없어진다.

정서발달

영아는 기쁨, 분노, 슬픔 등의 시초적인 정서를 느낄 수 있다. 출생 후 영아의 정서는 기쁨과 고통의 두 가지 정서로만 나뉘다가 점차 성인의 정서와 비슷하게 구체화된다. 이를 정서가 분화된다고 표현한다. 영유아기 동안 대부분의 정서가 분화되는데, 부정적인 정서가 긍정적 정서보다 빨리 발달한다.

3) 영아기의 사회복지실천

영아기에 사회복지사가 관심을 가져야 할 주요 과제는 영아의 감각 및 운동 발달 문제, 언어발달지연 문제, 주 양육자와의 애착형성 등이 있다(김선희 외, 2012).

첫째, 사회복지사는 발달이정표를 이해함으로써 영아의 적절한 발달 혹은 발달지체, 잠정적인 발달상 문제 등을 미리 파악하여 미래에 발생할 어려움을 최소화하거나 예방할 수 있도록 조치를 취해야한다.

둘째, 사회실천현상에서 사회복지사는 영아의 감각활동, 운동발달 등을 면밀히 관찰하여 선천성 질병이나 장애 등을 보이는 영아가 의료진단과 조기치료를 받을 수 있도록 의료기관이나 각종 서비스를 연계해야한다.

셋째, 영아에게 언어는 인지, 정서, 사회성의 문제를 발견할 수 있는 중요한 척도이므로 사회복지전문가는 언어발달이 지체된 영아에게 언어치료기관이나 바우처를 제공받을 수 있도록 도와야한다. 뿐만 아니라 언어치료가 가정과 연계될 수 있도록 부모 교육과 상담을 원조한다.

넷째, 사회복지사는 주 양육자와 영아의 안정적인 애착형성을 위한 부모 교육 프로그램을 제공해야한다. 영아와 양육자 간의 긍정적 관계를 형성하기 위해 양육자가 영아의 필요와 욕구에 적절히 반응할 수 있도록 양육기술을 교육한다. 또한 일·가정 양립이 가능하도록 영아기의 자녀를 양육하는 가정에 양·질의 사회복지서비스 정보를 제공해야한다.

다섯째, 사회복지사는 영아가 이용하는 보육시설의 질적 서비스를 높이기 위하여 관련 프로그램을 개발하고 보육교사의 수준향상과 복지를 지원하기 위한 노력을 기울여야한다.

Review

3. 유아기

만2세에서 만5세까지를 유아기라고 하는데, 학자에 따라 이를 다시 걸음마기와 학령전기로 나누기도 한다. 걸음마기를 1.5~3세, 2~3세, 1.5/2~4세, 3~4세까지, 학령전기를 5~6세까지 등으로 학자마다 상이하게 분류한다(손병덕 외, 2022). 이 책에서는 영아기 이후 초등학교 들어가지 전까지를 유아기로 구분하고 연령으로는 만2~만5세이다. 유아기는 영아기보다 성장속도가 완만하며, 언어와 지능 발달의 결정적 시기이며, 집단놀이가 중요하며, 성 역할 인식 등이 형성된다.

1) 유아기와 발달이론

유아기는 프로이드의 남근기, 에릭슨의 학령전기, 피아제의 전조작기와 타율적 도성, 콜버그의 전인습적 도덕성 단계에 해당된다.

프로이드의 남근기에는 오이디푸스 콤플렉스와 엘렉트라 콤플렉스를 해결하는 과정에서 초자아가 발달한다. 에릭슨의 학령전기에는 '솔선성(주도성) 대 죄의식'의 심리사회적 위기를 겪으며 이 위기를 잘 극복하면 '목적'혹은 '목적의식'이라는 자아특질이 강화된다. 피아제의 전조작기 단계에서 유아들은 직관에 의존하기 때문에 사물에 대한 판단과 추리는 논리적이지 못한 경우가 많다. 또한 이 시기는 주로 부모의 명령과 복종을 특징으로 하는 타율적 도덕성이 특징이다. 콜버그에 따르면 유아기는 아직 사회적 규범이나 기대를 이해하지 못하기 때문에 보상받는 일은 옳은 일, 처벌받는 일은 나쁜 일이라고 생각하는 전인습적 도덕성 단계에 속한다고 하였다.

2) 유아기의 발달특성

(1) 신체발달

영아기에 비해 성장속도가 완만해지긴 하지만, 지속적으로 성장한다. 신체가 전체적으로 균형을 잡아가는 시기로 영아기에 비해 팔다리가 길어지고 머리의 비율이 작아진다. 근육과 골격의 발달은 계속 진행되며, 신경계의 전달능력도 향상된다. 5세가 되면 몸무게는 출생 시의 5배, 키는 2배 정도가 된다. 6세경 뇌의 무게는 성인의 90~95%에

달한다. 유치가 빠지고 보통 6세경부터 유치가 영구치로 바뀐다.

운동발달의 경우 운동기술이 상당히 발달하여 생활에 필요한 기술을 혼자서 할 수 있게 된다. 유아기의 대근육과 소근육 운동기술의 발달 순서는 다음과 같다(손병덕 외, 2022).

만2~3세

달리기, 두 발 뛰기가 가능하다. 장난감 자동차에 앉아 두 발로 밀고 다닌다. 공을 던질 때 두 팔만 사용한다. 간단한 옷을 입고 벗을 수 있으며, 지퍼를 올리고 내릴 수 있으며, 숟가락 사용이 가능하다.

만3~4세

직선 위를 걸으며, 잘 달리고 정지도 잘한다. 두 발이나 한 발로 높이 뛸 수 있으며, 계단을 오를 때는 두 발을 번갈아 사용하지만, 내려올 때는 한쪽 발을 앞세운다. 세발자전거를 탈 수 있으며, 공을 던지고, 받을 때 상체를 약간 활용한다. 큰 단추를 채우고 풀며, 가위를 사용할 수 있으며 블록으로 탑 쌓기가 가능하다. 직선과 원을 따라 그리며, 처음으로 사람 얼굴을 그린다.

만4~5세

곡선이나 평균대 위를 걸으며, 달리면서 방향을 바꿀 수 있다. 두 발을 번갈아 사용하여 계단을 오르내린다. 또한 사다리, 정글짐을 오르내리기도하며 세발자전거를 능숙하게 탄다. 공을 손으로 잡고, 팔꿈치를 활용해 공을 던진다. 선에 맞춰 가위질을 한다.

만5~6세

성인처럼 걷고, 빨리 달릴 수 있다. 높이뛰기, 멀리뛰기, 줄넘기를 한다. 보조바퀴가 있는 두발자전거를 타며, 공 던지기와 잡기에 능숙하다. 신발 끈을 묶으며, 종이를 접고, 글자나 숫자를 따라 쓰며, 그림을 잘 그린다.

(2) 인지발달

유아기는 언어와 지능이 발달하는 결정적 시기이며, 수 개념이 발달하는 시기이다.

전조작기 인지발달 특성이 나타나며, 영속적인 기억이 발달하고 인지발달이 이루어지면서 도덕성도 발달하기 시작한다.

일반적인 인지발달

유아기에는 논리적 사고를 하기 전(前) 단계이므로 논리적 조작이 가능하지 않다. 이 단계에서는 언어능력이 급격히 발달하고 상징적 사고와 상상놀이, 자아중심적 사고, 직관적 사고와 집중화 경향, 사고의 비가역성, 물활론적 사고, 꿈의 실재론, 인공론적 사고, 전환적 추론 등의 특징들이 나타난다.

언어발달로 인해 보이지 않는 것을 기억하는 표상이 가능해지며 상징적 사고가 가능해진다. 상징적 사고가 가능해지면서 소꿉놀이, 병원놀이, 학교놀이 등과 같은 상상놀이를 한다. 또한 유아기는 자기중심적 사고를 하는 특징이 있다. 따라서 다른 사람의 관점이나 생각을 이해하는 데 어려움이 있다.

유아기의 대표적인 인지적 특징은 직관적 사고와 중심화 경향을 가지는 것이다. 직관적 사고는 어떤 사물을 볼 때 대상이나 상태가 갖는 여러 속성 중에서 가장 두드러진 지각적 속성에 의해 판단하는 것이다. 판단이 직관에 의존하기 때문에 전체와 부분 간 관계를 정확히 파악할 수 없고 보존 개념을 어렴풋이 이해하기 시작하긴 하지만 불완전하다. 중심화 경향(집중성)은 두 가지 이상의 차원을 동시에 고려하지 못하고 한 가지 차원에서만 주의를 집중하는 중심화(집중화) 경향이 특징이다.

유아기에는 역방향으로 생각하는 것, 즉 비가역적 사고에 어려움이 있다. 즉, 사고가 진행되어 온 과정을 거꾸로 되밟아 사고하지 못한다. 그 외에도 물환론적 사고, 인공론적 사고, 전환론적 추론, 꿈이 실제라고 생각하는 경향 등이 있다.

기억발달

유아기에는 성인과 달리 사물이나 사건을 정서적·주관적으로 파악한다. 그래서 사물을 인상이나 생김새에 따라 파악하는 특성이 있다. 예를 들어, 초목이 흔들리는 것을 춤춘다고 하거나, 걸상다리가 부러진 것을 보고 아플 것이라고 느끼는 것이다.

3~4세가 되면 기억능력이 발달하게 되며, 6세 이후가 되어야 효과적인 기억을 할 수 있다. 즉, 영속적 기억은 3~4세경부터 발달하여 6세경에 이루어진다. 정서적인 것, 구체적인 것을 잘 기억하며, 부분이 아니라 전체적으로 기억한다. 그래서 춤을 추다가 중

간에 틀리거나 다음 장면이 생각나지 않을 때는 처음부터 다시 시작하면 가능하다.

유아의 기억은 연령이 높아지면서 증가하고 기억의 흔적이 점점 확대되고 분화하며 지속시간도 길어진다.

도덕성 발달

유아기의 도덕성은 피아제의 타율적 도덕성 단계, 콜버그의 도덕성 단계, 프로이드의 초자아 발달에 해당된다. 피아제의 타율적 도덕성에 따르면, 규칙은 절대적 권위가 있는 누군가가 정한 것이며 변경 가능하지 않고 무조건 지켜야 하는 것이라고 생각한다. 그렇지 않을 경우 처벌이 따른다고 판단한다. 또한 행위의 의도나 정황보다는 결과에 비중을 두고 옳고 그름을 판단한다.

콜버그의 전인습성 도덕성 단계에서는 사회적 규범이나 규칙을 아직 잘 이해하지 못하는 유아들은 행위의 결과가 처벌인가 보상인가에 따라 그 행위의 옳고 그름을 판단하는 경향이 있다. 즉, 처벌받는 행동은 나쁜 것이고 보상받는 행동은 옳은 것이라고 생각한다. 따라서 이 시기 유아들이 규칙을 지키는 이유는 벌을 피하기 위해서이거나 보상을 받기 위해서인 경우가 많다.

프로이드는 이 시기에 오이디푸스 콤플렉스와 엘렉트라 콤플렉스를 해결하는 과정에서 동성 부모를 동일시하면서 초자아 혹은 양심이 발달하게 된다고 보았다. 즉, 부모의 도덕적 기준이 내면화된다고 본다. 따라서 잘못된 행동을 할 때마다 느끼는 죄의식을 피하기 위해 내면화된 도덕적 기준을 따르면서 도덕성이 발달한다.

(3) 언어발달

유아기는 언어발달이 폭발적으로 이루어지는 결정적 시기이다. 유아기에는 두 단어 이상으로 의미 있는 문장을 형성하며 언어발달 속도가 매우 빠르다. 언어를 사용해 상징적 표현이 가능하다. 5~6세경까지 성인이 사용하는 기본적인 형식의 언어를 구사한다. 그러나 유아가 습득한 특정 문법적 규칙을 모든 경우에 일관되게 적용하여 오류를 범하기도 한다. 예를 들어, '엄마가', '내가'에 사용하는 주격조사 '-가'를 '선생님이가', '이불이가'처럼 적절하지 않은 주어에도 확정해서 사용하는 것을 볼 수 있다.

단어획득 속도가 급격히 빨라지며 유아 초기에 사용하는 단어의 수가 200~300개 정도이던 것이 5세경에는 2,500개 정도로 증가한다. 유아는 새로운 단어를 습득할 때

성인들이 제공하는 사회적 단서, 직접적인 정보, 맥락적인 단서 등 다양한 정보를 활용하는 것으로 보인다(Berk, 2011).

문장의 길이도 3~4세경에는 3~4개의 단어로 문장을 구사하였으나 점차적으로 늘어나 6~7개 단어로 문장을 구사하게 된다. 또한 문법도 발달하여 문장구조에 대한 분명한 감각을 보인다. 특히 만3세경에는 부정문에 대한 개념이 생겨, '싫어'와 같이 부정적인 문장을 많이 사용한다. 유아기에는 단어의 획득이나 문법의 숙달로 영아기에 비해 의사소통이 용이하나 아직까지 사고의 자기중심성 때문에 사회화된 언어로 발달하지 못하는 특성을 가졌다(이종복 외, 2014).

(4) 심리·사회적 발달

정서발달

유아기에는 정서 분화가 두드러진다. 유아기 정서체계는 외부 자극에 대한 반응이 강하게 나타난다. 따라서 감정의 지속기간이 짧고, 매우 변하기 쉽고, 강렬하고 폭발적으로 표출되며, 여러 감정의 표출이 번갈아 가며 나타난다.

만4~5세 유아는 자신의 감정을 말로 표현하는 능력이 급속도로 증가할 뿐만 아니라 다른 사람의 정서를 이해하고 그에 적절히 반응하는 능력도 상당히 발달한다. 또한 일이 자신이 뜻하는 대로 되지 않거나 하기 싫은 일을 해야 되거나 하면 분노를 떼쓰기나 반항, 공격적 행동으로 표출하며 감정을 억제하는 데 어려움을 겪는다.

유아기에는 현실을 꿈이나 상상만으로 완전히 구별하지 못하기 때문에, 실제 일어나지 않은 일에 대해서도 상상만으로도 두려움을 느낄 수 있다.

집단놀이와 자기중심성 완화

유아기는 유치원 입학 등으로 생활환경이 확대되며 좀 더 복잡하고 더 다양한 사회적 영향을 받게 되는 시기이다. 또래집단과의 상호작용을 통해 사회기술을 본격적으로 습득하고 사물에 대한 호기심이 증가한다. 유아기의 사회성 발달에 놀이가 중요한 역할을 담당한다.

특히, 상상놀이보다는 좀 더 구조화되고 현실지향적인 집단 놀이에 흥미를 가진다. 집단놀이 과정을 통해 자신을 표현하고 타인이 자신에게 어떻게 반응하는지 이해하게 되며, 역할관계의 상호성을 획득한다. 개인이 특정한 역할을 하게 되면 타인은 그에 따른 행동을 기대하게 된다는 것을 알게 되면서 자기중심성이 완화된다. 그러나 자기중심성이 여전히 남아있고 사회적 관점(타인 혹은 외부의 관점)을 수용하는 능력이 약하기 때문에 대인관계에서 발생하는 갈등을 객관적으로 해결하지는 못한다.

자아개념의 형성

유아기에는 대인관계가 활발해지면서 이를 통해 자아개념을 획득하기 시작한다. 이 시기 유아는 자신에게 중요한 타인의 반응에 따라 긍정적 혹은 부정적 자아개념(self concept)과 자아존중감(self-esteem)을 형성한다. 유아는 자신의 능력을 실제보다 더 높게 평가하는 경향이 있어 자아 존중감이 높은 편인데, 이는 유아가 새로운 기술이나 능력을 익히기 위해 적극적으로 나서는 데 도움이 된다.

성 역할 인식

유아는 전체적인 자아개념에 자신의 성을 연결시키며 성에 따르는 사회적 기대를 의식한다. 자신의 성역할에 대한 인식이 생겨 여아는 여자에 맞는 행동과 사회적 관계에, 남아는 남자에 맞는 행동과 사회적 관계에 관심을 가지고 동성의 친구들과 어울린다. 이 시기에 인식하는 성역할은 성 역할 기준에 영향을 미치기 때문에 아동발달에 매우 중요하다. 유아기에 발달하는 성 역할 인식은 성 항상성, 성 안정성, 성 역할 고정관념의 심화, 성 유형 행동의 발달 등이 있으며 특징은 아래의 〈표4-1-6〉와 같다.

〈표 4-1-6〉 성 역할 인식

개념	특징
성 항상성	• 사람의 행동이나 겉모습이 달라지더라도 성은 변하지 않는다.
성 안정성	• 남아는 자라서 남자어른이 되고 여아는 자라서 여자어른이 된다.
성 역할 고정관념의 심화	• 성 역할 고정관념이 3~4세경 약하게 나타나다가 5~6세경 가장 심해지고 초등학교 2학년 경부터 감소하기 시작한다.

개념	특징
성 유형 행동의 발달 (성 유형화)	• 자신의 성에 적합한 행동을 빠르게 습득하고 자신의 성에 적합 한 대상을 선호한다. • 그래서 관습적인 성 역할 안에서 벗어나는 것을 잘못된 일로 여기며, 또한 자신이 비난받거나 처벌 받을 것이라고 생각한다. • 예) 남아는 인형을 자기고 노는 것보다는 로봇을 가지고 노는 것을 선호하고, 여아는 칼을 가지고 노는 것보다는 인형 옷 입히기 놀이를 선호하는 것, 그래서 남아가 인형을 가지고 놀면 친구들이 놀리고 자신도 창피함을 느끼게 되는 것이다.

3) 유아기와 사회복지실천

유아기의 사회복지실천을 위해 사회복지전문가는 신체적 발달, 인지적 발달, 심리사회적 발달에 관심을 가져야한다(이영호 외, 2018).

첫째, 신체적 발달에서는 영양불균형 상태에 이르거나 질병에 걸리면 신장발달과 운동발달 등이 지연된다. 이로 인해 또래집단과의 상호작용에 어려움이 발생할 수 있으므로 사회복지사는 유아의 가정환경이 빈곤에 처해있지는 않은지, 부모가 영양에 대한 지식이 부족하지는 않은지를 확인할 필요가 있다. 또한 소근육과 대근육의 발달이 연령에 따라 성장하고 있는지 파악해야하며, 운동발달지연과 또 다른 신체 및 지적 장애와 연관성을 조기에 발견하여 치료받을 수 있도록 개입해야한다.

또한 유아기에 근육과 운동 기능이 상당히 발달되어 있는 것은 사실이나 안전사고를 당할 위험 또한 매우 높아진다. 따라서 사회복지실천현장에서는 놀이시설과 기타의 생활공간에서 일어날 수 있는 유아 안전사고를 미연에 방지할 수 있도록 철저한 안전점검을 실시하여야 한다.

둘째, 인지적 발달에서는 주의력결핍과잉행동장애(ADHD) 등의 문제에 관심을 가져야한다. 사회복지사는 학교에 입학하기 이전에 유아의 과잉활동을 억제하고 주의집중시간을 늘려가면서 공격성을 줄여나갈 수 있도록 유아에게 전문적인 치료기관을 연계해주고 부모 교육과 상담을 실시하여 적절한 자원과 정보를 제공해 주어야한다. 즉, 치료에서 부모의 역할이 중요하기 때문에 행동수정 및 양육방식에 대한 부모교육과 함께 부모에 대한 지지적 상담이 필요하다.

셋째, 사회적 발달을 위해 부모를 대상으로 놀이지도와 훈육방법 지도가 필요하다. 유아는 놀이를 통해 자아개념, 자아존중감, 사회성, 성 역할 인식 등 다양한 발달이 이루지기 때문에 유아기의 놀이는 굉장히 중요한 것이다. 또한 적절한 훈육을 통해서 부정적인 감정을 사회적으로 용인하는 기준 내에서 분출하는 법을 배우고 자기를 통제하는 방법을 습득함으로써 사회 속에 인간으로 성장하게 된다. 그러므로 부모는 건전한 놀이방법과 훈육지도법에 대해 학습할 필요가 있으며 사회복지전문가는 유아기 자녀를 둔 부모를 대상으로 이에 대해 체계적으로 교육을 지원할 필요가 있다.

넷째, 심리·사회적 발달을 위해 사회복지사의 아동학대에 대한 철저한 인식이 중요하다. 최근 아동학대의 문제가 유아들을 대상으로 이루어지고 있다. 학대에는 정서적 학대, 신체적 학대, 유기, 방임 등이 있다. 정서적 학대는 유아의 인격·감정·기분을 무시 혹은 모욕하는 것이며, 신체적 학대는 부모를 포함한 성인이 우발적 사고가 아닌 상황에서 신체적 손상을 입히는 행위이다. 성적인 학대는 신체 및 도구에 의해 아동의 성적인 신체부위가 강제적으로 손상당했거나 강제적으로 접촉하도록 요구하는 행위이다. 유기는 부모나 양육자가 보호를 거부하여, 보호하지 못하는 상태로 내다버리는 행위이다. 방임은 유아기에 필요한 영양, 교육, 의료적 처치를 소홀하거나 방치하는 행위이다. 사회복지사는 유아를 학대 혹은 방임하는 가족에 대해 필요한 서비스를 제공하고, 필요한 경우 아동복지 전문기관에 의뢰하여 적절한 조치를 받을 수 있도록 개입해야한다.

Review

제4부 생애주기별 인간의 성장과 발달

제2장 아동기와 청소년기

Preview

아동기 개념 | 신체발달 | 인지발달 | 언어발달 | 자아개념 | 구체적 조작기 | 청소년기 개념 | 2차 성징 | 호르몬 | 사춘기 | 이성교제 | 또래친구 | 학교생활 | 자아정체감 유형 | 발달특성 | 신체적 변화 | 성적성숙

아동기와 청소년기

본 장에서는 아동기 및 청소년기에 나타나는 주요한 발달적 변화 및 특성을 살펴보고자 한다. 먼저 아동기에 미치는 주요한 사회환경들과 학교환경, 또래 및 친구환경, 대중매체 등이 아동의 삶과 발달에 미치는 영향을 알아보고자 한다. 아울러 사회복지실천 과제로는 아동기가 공식적인 학교교육을 통해 사회가 요구하는 기본적 기술을 습득하는 발달단계로서 중요한 시기인 만큼, 학교와 관련된 실천과제를 제시한다. 또한, 청소년기는 아동기가 끝나는 13세 전후에 시작이 되며 성인으로서의 역할과 책임을 수행할 수 있는 24세까지로 연령적 구분을 하고 있다. 급격한 사회적 변화와 발달과업의 변화로 청소년기는 이로 인해 정체감과 문화에 많은 혼란을 겪게 되며 이에 대한 사회복지적 개입은 매우 중요하다고 볼 수 있다.

1. 아동기

1) 아동기 발달이론

아동기는 대략 아동이 일반적으로 유치원에 들어가는 연령인 만 6세부터 ~ 초등학교를 졸업하는 12세 정도까지의 시기이다. 영유아기보다는 완만하지만 꾸준하게 진행되는 신체 성장을 바탕으로 다양한 운동기술 능력을 보다 효과적으로 사용하게 된다. 일상생활에서의 여러 가지 과제를 해결할 수 있는 인지적 능력이 발달하며, 사회의 일원으로 살아가는데 필요한 읽기와 쓰기 등 다양한 지식과 기술을 익힌다. 생활의 장이 가정에서 학교로 확대되는 시기이며, 또래 친구들과 함께 많은 시간을 보내면서 정서 및 사회적 발달에 영향을 받는다.

아동기는 프로이트의 잠재기(잠복기) 시기에 해당하며, 성격 형성에 영향을 미치는 특별한 발달적 사건은 발생하지 않는다고 보고 있다. 에릭슨의 발달단계 중 학령기(근면성 대 열등감)에 해당되는 시기로서 자아의 성장이 가장 확실해지며 근면성을 성취하는 시기이다. 이 시기를 잘 극복하면 자아특질로 유능성이 강화된다고 보았다. 또한 콜버그의 도덕성 발달수준 중 인습적 수준에 해당하고, 피아제의 구체적 조작기에 해당한다. 즉, 구체적 현실과 연결되어 있어서 이 시기의 아동들은 직접적으로 그리고 개인적으로 경험한 사물에 대해서만 추론할 수 있을 뿐 가설적인 명제 혹은 사실과 반대되는 명제를 추론하는 것은 어려운 특징을 가진다. 따라서 아동의 인지는 '지금-여기'에 얽매이게 된다.

2) 아동기 발달특성

(1) 신체발달

신체적 성장과 발달은 비교적 완만한 편이지만 꾸준히 성장은 계속된다. 유아기에 비해 운동기능도 더욱 강화되고 정교하게 발달한다. 아동기에는 거의 모든 운동기능을 수행할 수 있게 되는데, 이러한 운동기술의 습득으로 아동은 큰 기쁨과 성취감을 맛보게 된다.

신체성장

아동기는 영아기의 급속한 신체발달이나 청소년기의 성장급등과 비교할 때 신체적 성장과 발달이 비교적 완만하게 진행되기는 하지만 꾸준한 성장이 이루어지고 전체적인 신체의 체계가 안정되는 시기다. 아동기 말에는 신장과 체중이 급격히 증가한다.

〈표 4-2-1〉 신체적 성장

나이	신장(cm)		체중(kg)	
	남자	여자	남자	여자
7	122.1	120.8	24.2	23.4
8	127.9	126.7	27.5	26.6
9	133.4	132.6	31.3	30.2
10	138.8	139.1	35.5	34.3
11	144.7	145.8	40.2	39.1
12	151.4	151.7	45.4	43.7
13	158.6	155.9	50.9	47.7
14	165.0	158.3	56.0	50.5
15	169.2	159.5	60.1	52.6
16	171.4	160.0	63.1	53.7
17	172.6	160.2	65.0	54.1
18	173.6	160.6	66.7	54.0

출처: 질병관리본부(2017).

우리나라 아동의 신장은 만 6세 이후 1년에 평균 6cm정도씩 증가하여 만 11~12세경에는 남아 평균 138.8~151.4cm, 여아 평균 139.1~151.7cm정도로 자란다. 체중은 1년 평균 3kg 정도씩 증가하여 만 10~12세경에는 남아 평균 40.2kg, 여아 평균 39.1~43.7kg 정도로 자란다(질병관리본부, 2017). 출생 이후 남아에 비해 여아가 늘 신장도 더 작고 체중도 덜 나가는데 아동기 말인 만 10~12세경에는 여아가 남아보다 신장이 더 크다. 이는 급격한 신체 성장이 일어나는 사춘기 남아보다 여아에게 2년 정도 빨리 시작되기 때문이다(Berk, 2011). 하체의 성장이 빨라 유아기에 비해 다리가 길어 보인다. 뼈와 근육의 성장이 균형 있게 이루어지는 것이 일반적이지만, 뼈의 성장이 근육의 성장을 초월하는 경우가 있다. 이때 근육 성장기 골통 또는 성장통을 경험하게 된다. 성장기 아동 중에서 10~20% 정도가 성장통을 경험하는데 이로 인해 아동은 밤잠을 설치고 보행시에 통증을 느끼는 경우가 많다(김동배 외, 2005). 아동기 동안 가장 눈에 띄는 신체적 변화 중의 하나는 젖니가 빠지는 것이다. 젖니가 빠지는 것은 아동기에 발생하는 하나의 통과의 례이다. 6세경에 젖니가 빠지기 시작하여 아동기 동안에는 1년에 약 4개 정도씩 영구치로 대치되고, 13세 경이 되면 거의 모든 젖니가 영구치로 대치되는데, 남아보다는 여아에게서 조금 먼저 일어난다(Berk, 2011).

운동발달

아동기에는 신체 성장과 함께 근력의 증가로 운동기능을 조정하는 능력도 발달한다. 유아기에 비해 신체적으로 훨씬 더 유연하고, 균형을 잘 잡으며, 민첩하고, 힘이 있다. 따라서 유아기에는 잘 수행하지 못했던 전력질주나 앞, 뒤, 옆으로 빨리 움직이기, 줄넘기, 장애물 넘기, 높이 뛰어오르기 등의 대근육 운동기능을 습득한다. 아동기에는 신체 성장과 함께 효율적인 정보처리 능력도 발달하여, 유아기보다 운동 수행 능력이 좋아진다. 필요한 정보에만 선택적으로 반응하는 능력도 발달하기 때문에 아동기에는 던져주는 공을 방망이로 쳐 내야 하는 야구도 할 수 있다.

소근육 운동기능도 아동기 동안에 크게 증가하여, 손과 손가락 근육의 정교한 통제가 필요한 활동을 다양하게 할 수 있다. 복잡한 종이접기나 바느질, 모형비행기 조립을 할 수 있으며 다양한 악기를 연주할 수 있다. 유아기에 비해 훨씬 빨리 안정되게 글씨를 쓸 수 있고, 그림 실력도 훨씬 더 발전한다(Berk, 2011).

유아기에 나타난 운동발달에 있어서의 성차는 여전하고, 사춘기가 다가오면 더욱 커진다. 여아는 쓰기나 수공예와 같이 소근육을 사용하는 활동과 균형성과 민첩성이 중요한 발 번갈아 뛰기나 체조, 댄스 등에서 우세하고, 남아들은 던지기, 차기 등 다른 모든 대근육 운동 활동에서 우세하다(Thomas et al., 1985). 운동 발달에서의 이러한 성차에는 유전적 요인보다 부모들의 기대나 운동 활동에 참여하는 기회에 있어서의 차이 등 사회적 환경의 영향이 큰 것으로 보인다. 아동기의 신체적 활동은 신체적 건강뿐만 아니라 아동의 자아개념과 다른 사람들과의 관계 형성에 필수적인 인지능력과 사회적 기술의 증진에도 영향을 미치므로 아동이 즐겁게 참여할 수 있는 체육활동을 제공하는 것이 필요하다.

(2) 인지발달

인간의 생각하고 이해하는 능력이 어떻게 발달하는지를 설명하는 이론은 많이 있다. 인지란 정보를 받아들이고, 처리하고, 저장하고, 회상하는 능력을 말한다. 간단히 말해서, 인지란 배우고 생각하는 능력이다. 피아제는 인간이 유아기에서 성인기로 성장하는 과정에서 다양한 단계를 거치면서 생각하고 배우는 능력을 갖춘다고 하였다. 인간은 인지능력 또는 사고능력을 발달시키기 위해 반드시 거쳐야 하는 단계가 있는데, 피아제는 이에 관심을 갖고 자신의 아이가 성장하고 발달하는 것을 유심히 관찰하며 이론을 완성하였다.

아동기에 해당하는 만7~11세의 인지 발달단계를 피아제는 구체적 조작기(concrete operational stage)라고 한다. 전조작기에 비하면 아동의 사고는 훨씬 융통성 있고 논리적이며 구조화되어, 자기중심적 사고나 중심화 현상, 비가역적 사고 때문에 어려움을 겪던 보존이나 유목화, 서열화 과제를 능숙하게 해낸다. 그러나 구체적 조작기에는 자신이 경험할 수 있는 구체적인 상황이나 사물, 사건 등 직접적으로 지각할 수 있는 정보에 대해서만 논리적 조작을 할 수 있고, 추상적이고 가설적인 상황에서의 문제해결에는 여전히 어려움을 느낀다(Shaffer, 1996).

구체적 조작기

아동기는 유아기에 비해 인지능력이 비약적 발달을 한다. 유아기의 직관적 사고나 자기중심적 사고와 같은 전조작적 사고의 특성이 남아 있지만, 7~8세경에 이르면 이전 단계와는 전혀 다른 형태의 사고가 나타난다. 피아제는 아동기를 인지발달단계에서 구체적조작기(concrete operational period, 대략 7세부터 12세까지)라고 하였으며, 이 시기 동안에 체계적인 논리적 사고가 발달하게 된다고 보았다. 피아제에 의하면 조작은 내면화된 행동체계를 의미한다. 구체적 조작기에는 보존개념, 분류개념, 조합개념 등이 점차로 발달한다.

먼저 보존개념이다. 구체적 조작기에 해당하는 아동들은 전조작기의 유아들과 달리 보존성의 원칙을 깨닫게 된다. 예를 들어, 높이가 높고 폭이 좁은 컵의 물을 높이가 낮고 폭이 넓은 컵에 옮겼을 때 양은 같지만 물의 높이가 낮아진다. 이때 구체적 조작기의 아동은 물 담는 용기의 모양은 변했지만 양은 같다는 개념, 즉 보존이 된다는 것을 깨닫게 되는데, 이것은 가역성(reversibility)의 개념이 획득되었기 때문이다.

가역성이라는 논리적 조작 외에도 동일성(identity)과 보상성(compensation)은 보존개념 획득을 보여주는 사고 특성이다. 위의 사례에서 가역성이란 짧고 넓은 컵의 물을 길고 좁은 컵에 다시 쏟아 부으면 원래의 양으로 되돌아갈 수 있다는 응답을 말하며, 동일성이란 외부에서 물이 더 이상 첨가되거나 제거되지 않았으므로 똑같다는 응답을 뜻하며, 보상성이란 어떤 컵의 밑이 좁은데 비해 다른 컵은 밑이 넓어서 두 컵에서 물의 양이 달라 보일 뿐 그렇지 않다는 응답을 말한다(조복희, 2008).

다음으로 아동기에는 분류개념이 형성된다. 분류개념이 형성되면 대상이나 사물들이 공통적으로 지니고 있는 차원에 따라 물체를 분류하고 통합하는 능력과 위계적 방식으로 하위집단을 나열하여 하나의 새로운 집단으로 분류할 수 있는 능력이 생기게 된다. 따라서 아동기에는 사물이 위계적 관계를 맺고 있으므로 조화를 이룬다는 사실을 인식하고, 사물들 사이에 어떤 관계규칙이 있음을 인식함으로써 사물의 분류가 가능해진다.

마지막으로 조합개념이 형성되어 수를 조작하는 능력을 가지게 된다. 이는 일정한 수의 사물이 있으면 그것을 펼치든 모으든 또는 형태를 바꾸든지 간에 그 수는 같다는 것을 이해할 수 있는 능력을 의미한다(엄태완, 2022).

도덕성 발달

피아제에 의하면 아동기 초기인 만7~10세까지는 타율적 도덕성과 자율적 도덕성이 함께 나타나다가, 10세경에 올바른 행동에 대한 규칙을 내면화하면서 자율적 도덕성 단계에 도달한다(정옥분, 2009). 아동기에 들어서 자기중심성이 감소하고 조망수용 능력이 발달하면서 도덕적 문제를 바라볼 때 다른 사람의 관점은 물론 보다 다양한 정보를 고려할 수 있게 된다. 사회적 관계의 확대로 또래와의 상호작용이 증가함에 따라 도덕적 판단을 하는데 있어 보다 융통성을 발휘하는 자율적 도덕성이 발달한다. 규칙은 사람 사이의 약속에 의해 만들어진 것으로 변경될 수 있다고 생각하기 때문에 도덕적 판단을 할 때 행위자의 의도와 그 행동이 일어난 상황을 고려해야 한다고 생각한다. 따라서 아픈 사람을 태운 구급차가 빨간 신호등에 멈추지 않고 주위를 살피며 지나갔다고 해서 운전기사가 잘못했다고 생각하지 않는다. 또한 자신의 경험을 통해 규칙을 어겼을 때 반드시 벌이 뒤따르는 것이 아님을 알기 때문에 내재적 정의를 믿지 않게 된다(손병덕 외, 2022).

콜버그에 의하면 다른 사람의 입장과 생각을 이해할 수 있는 만 10~13세의 아동은 인습적 수준의 도덕성 단계에 해당한다. 다른 사람의 인정을 받거나 사회질서를 유지하기 위해 규칙을 지켜야 한다고 생각한다(정옥분, 2009).

(3) 언어발달

이 시기에는 글씨를 바르게 쓰고, 자신의 생각을 글로 표현하는 능력이 점차 발달한다. 기억력이나 주의력이 향상됨에 따라 사용하는 어휘 수, 언어적 표현력이 증가한다. 아동들은 유머나 농담을 즐기며, 지나칠 만큼 말이 많아진다. 창의적인 언어표현을 사용하며, 사실에 근거한 질문을 많이 한다. 이야기 꾸미기, 동극, 인형극 등을 좋아하고, 성공적으로 읽고 쓰기를 학습한다.

자기중심성에 벗어나 자기의 입장과 타인의 입장 간의 차이를 이해하고 타인에게 자신의 의사를 효과적으로 전달할 수 있는 의사소통의 기술이 발달한다. 지능이 높을수록 어휘 수가 많고, 여자가 남자보다 조숙하며, 어른들과 접촉이 많은 아이가 언어능력이 높다. 나이별로 보면 7세경에는 어휘수가 약 3,000개 정도로 늘어나 표현도 좀 더 정교해진다. 8세에는 언어활동이 급속히 발달하여 9세가 되면 긴 이야기도 읽을 수 있고 하나의 주제로 길게 대화를 나눌 수 있다. 글에 대한 이해력도 현저하게 증가하며, 이후에는 점차 추상적인 개념을 이해하면서 독해력이 발달한다. 그리고 언어가 완전한 도구가 되어 미묘하고 섬세한 정서를 표현한다(구혜영, 2010).

언어발달에 영향을 미치는 주요한 요인으로는 지능, 성별, 형제자매수, 부모의 사회경제적 지위 등이 있다. 지능이 높은 아동일수록 언어발달이 빠른 편이며, 여아가 남아보다 언어발달이 빠르다는 것이다. 또한 형제자매가 적은 가정의 아동이 많은 가정의 아동에 비해 언어발달이 빠르며, 부모의 사회경제적 지위가 높을수록 언어발달이 빨리 이루어진다는 것이다. 따라서 아동이 정상적으로 언어발달을 이룰 수 있도록 적절한 교육적 환경속에서의 체계적인 교육이 필요하다(이근홍, 2019).

(4) 심리·사회적 발달

학교와 사회적 발달

아동의 인지발달과 심리사회적인 발달에 가장 큰 영향을 주는 장은 학교이다. 학교의 가장 중요한 역할이 사회화인데, 사회화란 개인 자신이 속한 사회의 가치, 역할, 행동을 습득하여 그 사회의 구성원이 되어가는 과정으로써, 일생동안 계속되지만 대부분 아동기에 이루어지는 것이다.

또한 학교에서는 사회적 규범을 학습하게 되는데, 학교는 가정과 직장 사이의 전환적 기관의 역할을 하면서 아동에게 사회생활의 규범을 학습하는 경험을 제공한다. 수업과 지도, 상과 벌에 의한 사회적 강화, 사회적 비교 등 학교에서는 아동의 사회적 발달을 도모하고 모든 학생을 획일적인 기준을 적용하는 학교 운영과정을 통해 공평성을 습득한다. 사회적 강화는 아동의 행동을 바르게 형성하고 발달시키기 위해 칭찬, 비난, 특권, 처벌과 같은 강화를 사용하며 아동의 능력과 성취도를 비교하여 동일한 사회적 지위를 가진 아동의 사회적 지위를 차별화한다. 그리고 학교를 통해 특수성을 배우게 되는데, 가정 내에서 부모와 지속적으로 관계 맺는 것과 달리 교사와 학생의 관계는 일시적이라 할 수 있다. 뿐만 아니라 자신의 일을 처리하고 그 책임을 받아들이는 것을 통해 아동은 자주성을 획득한다. 그리고 성취감도 배울 수 있게 되는데, 탁월성의 기준에 도달하기 위한 노력과 그 결과로 획득된다고 볼 수 있다. 이러한 것들이 아동이 학교생활을 통해 얻게 되는 가장 중요한 규범이라 할 수 있다.

저학년일수록 교사의 영향을 많이 받으며 고학년이 될수록 친구의 영향을 많이 받는다. 교사는 아동의 사회화 과정에 많은 영향을 미치고, 교사의 행동이나 지도방법에 의해서 아동은 사회적으로 바람직한 행동과 관련된 규범을 학습하게 되며, 자신의 사회적 지위에 따른 사회적 정체감을 형성한다. 교사의 태도 못지 않게 아동이 교사의 태도를 어떻게 받아들이는가는 매우 중요하다(구혜영, 2010).

자아개념의 발달

자아개념은 나는 누구이며, 무엇인가를 깨닫는 것을 의미하며, 이러한 자아개념은 자신이 독특하고 타인과 구별되는 분리된 실체라고 인식하는 데에서 발달하기 시작한다. 이전 단계에서 형성된 자율성과 자아존중감을 기초로 하여 자아개념이 형성된다. 자아존중감은 개인이 자신에 대해 긍정적인 가치를 부여하는 것으로 유아의 자존심은 자기 스스로 무엇인가를 할 수 있다는 자율성과 성취감에 의하여 형성된다. 유아기 자아존중감의 발달 역시 부모의 양육태도에 주로 영향을 받기 때문에 부모는 유아 스스로 무엇인가를 할 수 있는 기회를 적절히 허용하여 그 결과와 상관없이 격려와 칭찬을 해줄 필요가 있다. 아동이 어떤 일을 수행했을 때 부모와 교사 및 친구들에게서 칭찬, 수용, 격려를 받게 되면 높은 수준의 자아존중감이 형성될 수 있다.

아동기의 자아개념에서 아동기 초기에는 아동 자신의 신체적 특성, 소유물, 활동 능력과 관련시켜 자신을 규정하지만 아동기 후기에는 심리적 특성이나 다른 사람과의 관계 등을 중심으로 자신을 묘사하게 된다(Montenmayor et al., 1977). 즉, 연령이 증가할수록 자기이해가 증가하고 더욱 다양해지게 된다.

특히 아동기에는 학교에서의 성공이나 실패 경험이 자아개념 형성에 중요한 영향을 미친다. 학교에서의 성공과 그에 따른 긍정적 평가는 긍정적 자아상과 연결되지만 학교에서의 실패와 그에 따른 교사, 부모 그리고 친구의 부정적 평가는 부정적 자아개념을 형성하는데 결정적인 역할을 한다. 이처럼 아동의 자아개념은 아동의 능력과 관련되어 있으며, 성공적인 과제수행은 아동의 자아개념을 상승시키고 새로운 과제에 도전할 가능성을 증가시킨다.

이처럼 아동기의 자아개념과 자아존중감의 발달에는 부모와 교사 및 친구에 의한 평가가 매우 중요한 역할을 한다. 따라서 개별 아동에 맞는 현실적 학습목표를 설정하고 아동의 현재 능력 수준보다 약간 높은 수준의 과제를 부과하며, 아동이 과제수행을 통해 성공감을 경험할 수 있도록 지원해야 할 것이다. 또한 부모는 아동에 대한 세심한 주의와 관심을 가지고 사회적 기준을 제시하며, 분명한 행동의 한계를 설정하고 지나친 처벌을 삼가며, 학교에서의 성공을 부당하게 요구하지 않고 아동의 의견을 존중하며 조화로운 부부관계를 유지하여야 한다(장수한 외, 2018).

3) 아동기 사회복지실천

아동기의 가장 중요한 것은 학교에서의 체험이다. 따라서 학교의 자연환경과, 시설, 교사와 학생의 만남, 각종 교과수업과 특별활동 등을 아름답고 쾌적하게, 그리고 유의미하게 꾸며주는 것은 교육만의 책임과 과제는 아니다. 그것은 사회복지의 차원에서나 국가의 인적자원을 개발하는 차원에서 책임지고 투자해야 하는 매우 중요한 과제이다. 하비거스트(Havighust, 1972)는 다음과 같이 아동기 발달과제를 제시하고 있다.

- 자주하는 놀이에 필요한 신체적 기능의 학습이다.
- 성장하는 유기체로서의 자기 자신을 향한 총체적인 태도 확립이다.
- 동년배 아이들과의 어울리기 학습이다.
- 적절한 남성과 여성의 역할 학습이다.
- 읽기, 쓰기, 셈하기의 기본적 기술 발달이다.

- 일상생활에 필요한 기본 개념의 발달이다.
- 양심, 도덕, 그리고 가치기준의 발달이다.
- 개인적 독립의 성취이다.
- 사회집단과 도덕을 향한 태도 발달이다.

이와 같은 과제를 수행하기 위해서 사회복지사는 신체적, 심리적 그리고 사회적 측면에서 다음과 같은 문제에 관심을 가지고 개입해야 할 것이다(이영호 외, 2018).

먼저, 신체적 측면에서는 성장에 필수적인 영양공급과 비만관리이다. 장애 및 특수교육에 있어 조기치료 및 조기교육기관 그리고 특수교육기관들에 전문훈련을 받은 사회복지사와 기타의 전문가들이 배치되어 전문서비스를 제공할 수 있어야 한다. 또 아동학대, 즉 신체적 학대, 신체적 방임, 성적 학대와 유기의 문제를 해결하기 위해서는 우선적으로 가정폭력방지법의 관련 조항을 철저히 이행해야 한다.

둘째, 심리적 측면에 있어서 시각장애, 청각장애, 언어장애인 경우 감각기관의 장애를 지닌 아동들을 위한 재활 및 치료 프로그램을 개발하여 실시해야 하고, 생리학적 문제가 없는데도 학습에 어려움을 겪는 경우 사회복지기관에서는 언어, 지각, 운동과 관련된 문제들을 근원적으로 해결해 줄 수 있는 프로그램과 학습장애아와 그 가족에 대한 자아와 심리적 문제해결에 목적을 둔 치료 프로그램을 개발하여 실시해야한다. 정서발달에 문제가 있는 경우 아동의 정서발달을 지원해 줄 수 있는 예술 및 놀이 프로그램을 개발하여 실시해야 할 것이다. 개인상담, 가족치료 프로그램을 실시해야 하고, 열등감이 있는 경우 아동기에 학교에서 잦은 실패경험을 하고 주위로부터 부정적 평가를 받게 되면 부정적 자아개념이 형성되고, 열등감이 강화됨을 인식하고, 이러한 열등감을 극복하고 긍정적인 자기개념을 형성할 수 있도록 개별적인 상담이나 치료 그리고 부모, 교사, 또래 친구들을 대상으로 한 프로그램 등을 다각적으로 실시해야 할 것이다.

또한, 언어를 이해하거나 사용하는 데에서 한 가지 혹은 그 이상의 장애가 있는 학습장애의 경우, 주로 학교에서의 잦은 실패경험과 그에 따른 교사나 부모, 친구들로부터의 부정적인 평가가 부정적인 자기개념과 열등감을 강화시킨다. 따라서 학습장애의 아동에게는 학습장애를 해결해 줄 수 있는 프로그램을 가족에게는 지지와 심리적 문제해결에 목적을 둔 치료 프로그램을 개발하여 실시해야 할 것이다. 이 시기의 아동들에게는 정서적인 발달을 지원할 수 있는 프로그램을 개발, 실시할 필요가 있다. 특히 과도한 신체 움직임, 부주의, 충동성으로 인해 학업성취도와 대인관계에 어려움을 초래하는 주의력결핍 장애에 개입할 수 있는 프로그램을 실시해야 한다.

셋째, 사회적 측면에 있어 반응성 애착장애, 아동학대, 학교공포증에 대해 개입할 수 있어야 한다. 먼저 반응성 애착장애는 5세 이전에 시작되고 병적인 보살핌(아동의 기본적인 감정적, 신체적 욕구의 지속적인 방치 혹은 양육자의 빈번한 교체 등)과 밀접한 관련이 있다. 반응성 애착장애아는 부정적인 정서반응에 의해 사회적 놀이가 저해되어 대인관계에서 안정된 관계를 맺지 못하고, 정서적으로 무관심하다. 따라서 대인관계 및 사회성 발달을 위해 개별 또는 집단 치료를 통해 정서상태 및 능력에 알맞은 놀이를 적극적으로 시도하여 관계가 형성 되도록 해야 한다. 아동학대에 있어서는 아동과 부모 그리고 가족 모두에게 접근할 수 있는 프로그램이 필요하다. 아동은 폭력상황으로부터의 긴급(일시)보호, 위탁양육 프로그램, 입양이나 그룹홈, 상담 및 각종 치료 등이 필요하며, 부모에게는 부모교육, 정신치료, 집단상담(분노조절 프로그램 등) 등이 필요하다.

또한, 가족에게는 사회적, 법적 개입에 따른 가정 내 위기를 잘 대처하도록 하기 위한 위기개입, 가족상담이나 가족치료 프로그램, 가족지원 프로그램 등이 포함되고, 가족지원 프로그램에는 경제적 지원, 가정봉사파견, 가정방문서비스 등이 포함될 수 있다. 학교공포증은 학교와 관련된 심각한 공포 때문에 학교에 가기를 싫어하는 것을 말한다. 초기의 학교공포증은 어머니와 분리되는 것을 두려워하기 때문에 나타나는 분리불안으로 취학 직후나 저학년에서 빈번하게 발생할 수 있고, 후기의 학교공포증은 여러 해 학교에 다닌 경험이 있는 아동들 사이에서 발생한다. 이러한 아동들은 부모-자녀관계가 소원하고 다른 신경증적 행동을 수반하는 경향이 있다.

보충자료

학교 공포증(School phobia) 어떻게 할까?

새 학년이 시작되는 3월이 되면 학교 가기를 거부하는 아이가 있다. 아이가 학교에 가기를 거부하는 것을 흔히 학교 거부증, 학교 기피증, 등교 거부증 이라고들 부르지만 전문용어로는 "학교 공포증(School phobia)"이라고 한다. 학교 공포증은 신입생이 아닌 아동에게 학교에 대한 두려움이 있거나, 집을 떠나 학교로 간다는 사실이 하나의 심한 불안과 공포 같은 두려움으로 발전된 상태를 말한다. 특히 엄마로부터 분리되는 불안은 종종 공포로 까지 이어지며, 이러한 현상은 아동과 부모와의 의존적인 관계가 강할 때 지속적으로 나타난다.

학교 공포증(School phobia) 아동의 신체적 증상은 대개는 아동을 안심시키면 신체적 증상이 나타나지 않지만, 일부에서는 식욕부진, 오심, 구토, 설사, 현기증, 두통, 하지통, 혹은 복통, 심지어 미열과 같은 뚜렷한 신체적 증상이 나타나기도 한다. 학교 공포증의 가장 뚜렷한 특징은 아동이 집에 있게 되면 신체적 증상들이 즉시 사라진다는 것이다.

학교 공포증(School phobia) 있는 아동을 위한 관리의 기본적인 목적은 아동이 계속적으로 학교에 잘 다니도록 돕는 것이다. 학교에 가지 않는 시간이 길어질수록 다시 학교에 다니기가 더 어려워질 수가 있기 때문에,학교 공포증 증상이 심한 아동의 경우에는 수업에 부분적(part-time)으로라도 참석시키거나 학교 상담실이나 학교 보건실에서 시간을 보내도록 한다. 또한, 부모가 아동과 함께 수업에 참석하면서 아동의 상태를 살피는 것도 좋은 방법이며, 아동의 증상이 개선되지 않는다면 전문가의 도움을 받도록 한다.

학교 공포증(School phobia) 예방을 위해서는 영아기와 유아 초기의 적절한 시기부터 독립심을 키워주는 것이 좋다. 예를 들면 부모가 외출할 일이 생겼을 때, 6개월 된 아이를 할머니, 할아버지께 맡기고 간다거나,3세 된 아동을 친척 집에 잠시 맡겨두고 외출을 하는 것들이다. 아이의 놀이 공간도 집에서부터 점차적으로 외부 놀이터 등으로 넓혀주도록 하며, 아이가 스스로 음식을 먹고, 씻고, 옷을 입을 수 있도록 자율성을 주도록 한다.

특히, 입학을 앞둔 아이의 경우 미리 학교에 가서 학교 주변환경 및 운동장도 둘러보고, 친구들과 함께할 교실도 살펴보는 것은 불안을 완화시켜주는 좋은 방법이다.

출처: 대한성장의학회 네이버 블로그

Review

2. 청소년기

1) 청소년기 발달이론

청소년기 혹은 청소년에 대한 통일된 보편적 개념이 존재하지 않는다. 우선 법적으로 UN은 1985년에 청소년을 15세에서 24세까지 연령집단으로 규정한 바가 있으나, 우리나라의 「청소년기본법」은 '9세 이상 24세 이하의 자'(제 3조 제1항)로, 「청소년 보호법」에서는 '19세 미만인 사람'(다만, 만9세가 되는 해의 1월 1일을 맞이한 사람은 제외, 제2조 제1항)을, 그리고 「민법」과 「아동·청소년의 성보호에 관한 법률」에서는 '만 18세까지'(제2조)를 청소년으로 각각 약간씩 상이하게 규정하고 있다. 우리나라의 교육제도상으로는 중학교와 고등학교에 재학 중인 학생을 청소년으로 보기도 하며, 신체적 특성인 제2차 성징의 출현을 기준으로 할 때는 남성과 여성의 차이가 많아 뚜렷하게 구분하기 어려운 면이 있다(손병덕 외, 2022).

청소년기 발달이론을 살펴보면, 프로이트에 의하면 청소년기는 심리성적 발달단계 중에서 마지막 단계인 생식기에 해당하는데 이 시기에 성적 에너지가 강력해지면서 그 동안 억압되었던 성적 감정들이 크게 강화되며, 이성을 향한 성욕 충족을 추구하게 된다. 이성에 대한 성적 욕구는 다른 활동을 통해 승화 되기도 하는데 독서, 운동, 자원봉사 등, 도덕적 규범이 강한 사회의 청소년들이 성욕을 승화시키는 대체활동이 되기도 한다.

에릭슨은 청소년기 발달에 많은 관심을 두었다. 일생에 걸친 성격발달에서 핵심적 위기는 정체감 대 정체감 혼란이다. 이 시기의 청소년은 정체감을 형성하기 위한 노력을 통해 자신에 대한 안정감과 삶의 방향을 제공해 주는 가치체계나 이데올로기를 수용하게 된다. "나는 누구이며 내 인생은 어디로 가고 있는가?", "나는 어떤 사람인가?"와 같은 질문에 대한 해답을 찾기 위하여 정신적으로 방황하고 노력하는 시기이다(신종우 외, 2010). 피아제는 청소년기 인지발달을 형식적 혹은 추상적 조작기에 해당하는 사고가 이루어지기 시작하는 시기로서, 새로운 지식을 습득할 뿐만 아니라 지식을 이해하고 이용하는 방법이 달라진다. 추상적이고 가설적인 가능성에 대해 논리적으로 사고하고 추리를 하는 능력과 연역귀납적인 문제해결능력이 발달한다. 모든 가능성을 체계적으로 검증할 수 있는 종합적 분석이 가능해지며, 확률에 대한 이해를 한다. 즉, 복잡성이 증가하고 가능성에 대해 생각하게 되며 정보처리의 속도와 효율성이 증가한다는 것이다.

2) 청소년기 발달특성

청소년기의 신체적 변화의 특징은 급속한 성장과 생식능력의 획득이다. 사람의 생애에서 가장 빠른 신체적 성장이 일어나는 시기가 출생후 1~2년이지만, 청소년기에 일어나는 성장 또한 다른 단계들에 비해 매우 급속하다.

(1) 신체발달

신체적 성장

청소년기가 되면 신장 및 체중이 급격히 증가하는데, 이 시기를 제2의 성장급등기 혹은 청소년기 성장급등기라고 한다. 이러한 신체적 급등 현상은 여아가 남아보다 2~3년 정도 빠르게 나타나서 여자의 경우 11세경에, 남자의 경우는 13세경에 시작해서 4년 정도 지속되지만 개인적인 차이가 있다(Tanner, 1991). 이 시기에는 신체의 모든 부분들이 극적인 변화를 이루지만 이와 달리 두뇌의 발달은 청소년기 이전에 거의 완성된다.

이 시기에는 급격한 신체구조적인 발달의 영향으로 신체내부기관의 발달도 나타난다. 그 중에서도 가장 특징적인 신체내부기관의 발달은 내분비선의 발달이다. 청소년기에 여드름이 나는 것도 내분비선의 발달로 인하여 지방이 과대해지기 때문이다. 성호르몬의 분비로 인하여 남자 청소년은 어깨가 벌어지고 각진 외모를 가지게 되며, 여자 청소년은 체지방이 증가하고 골반 부위가 발달하며, 허리가 가늘어지고 어깨 폭이 좁고 둥근 체형으로 변화된다(권중돈, 2014).

청소년기는 아동과 달리 급격한 신체 변화를 겪기 때문에 여러 가지 혼란이 일어난다. 청소년은 자신의 용모와 신체에 대해 많은 관심을 가지게 되고, 급격하게 변하는 자신의 신체에 대해 극도로 예민해진다. 또한 청소년기에는 신체변화가 급격하게 일어나기 때문에 신체상이 왜곡되기 쉽다. 즉 얼마나 자신의 신체에 대해 만족하고 있는가를 말하는 것이다. 청소년의 신체상은 자신의 주관적 평가뿐만 아니라 다른 사람들의 반응에 의해서도 크게 영향을 받는다(Henderson et al., 1995).

청소년기의 신체적 성숙은 상당한 개인차가 있다. 청소년기의 조숙과 만숙은 성격 및 사회적 행동에 영향을 미친다. 청소년의 이른 신체적 성장은 교우관계에서 성공할 뿐만 아니라 자신에게도 긍정적 영향을 미친다. 일찍 성숙한 청소년은 운동능력도 뛰어나고 신체적 우월감에 따른 자신감을 바탕으로 리더의 역할을 하기도 한다. 하지만 이른 신체적 성숙은 사회적응에 유리한 면도 있지만 어떤 경우에는 흡연, 음주, 우울증, 섭식장애, 이른 이성교제와 성경험 등의 문제를 보일 수도 있다. 이는 신체적으로는 빠른 성숙을 하였지만 인지적, 사회적 발달은 미흡하여 현재 자신의 행동이 미래에 미칠 영향을 정확하게 인식하지 못함에서 비롯된 것이다(엄태완, 2022).

성적 성숙

청소년기에는 내분비선 자체에 성장이 활발하여 뇌하수체와 성선이 발달한다. 뇌하수체는 다른 내분비선의 활동을 자극하거나 억제하여 여러 호르몬을 분비하게 하여 남성호르몬인 안드로겐과 여성호르몬인 에스트로겐을 분비시켜 여러 가지 신체적, 성적 특징의 변화를 가져온다. 일차성징은 생식을 위해 필요한 기관들을 말하며, 여성의 난소, 나팔관, 자궁 및 질을 비롯하여 남성의 고환, 음경, 음낭, 정낭 및 전립선을 말한다. 사춘기 동안 이러한 기관들은 커지고 성숙해진다. 남성호르몬(androgen)과 여성호르몬(estrogen)의 분비 촉진으로 신체상 이차 성징 변화를 가속화시킨다. 남자 청소년의 경우 고환과 음경이 발달하고, 체모가 생성되며, 사정이 시작되고, 신장이 급속하게 발달하여 성인 체격을 갖추고 목소리도 중후하게 변하는 것이 일반적이다. 여자 청소년의 경우도 자궁과 질, 유방이 발달하고, 체모가 생성되며, 초경과 배란이 일어나면서 성인의 생식 능력을 갖추게 된다.

성적 성숙의 징후로서 여성의 경우에는 초경이 나타나고, 남성의 경우에는 몽정이 나타나게 된다. 몽정은 성애와 관련된 꿈을 꾸다가 자극을 받아 자신도 모르는 사이에 사정을 하는 것이다. 남성의 몽정과 자연적인 음경 발기는 사정에 대한 불안과 자신의 성적 성숙에 대한 기대감을 동시에 갖게 한다. 몽정으로 인하여 남성은 쾌감과 함께 신체적으로 잘못되지는 않았나 하는 근심을 갖게 된다. 음경 발기는 남성의 정력의 표시로서 자랑이 되기도 하지만, 이것을 통제할 수 없는 무능력을 걱정하고 당황하기도 한다. 여성의 초경의 경우 대게 12~13세에 시작되며, 몽정은 평균적으로 13세경에 나타난다. 초경의 경험 시기는 점점 빨라지는 추세이다. 우리나라의 경우에 초등학교 고학년

이면 상당수의 아동이 초경을 시작하며, 심지어 저학년에도 초경을 하는 사례가 나타난다(엄태완, 2022). 성적 성숙으로 사춘기의 여성과 남성은 새로운 변화에 대해 민감하게 반응하게 된다. 여성의 초경은 임신을 가능하게 하여 성인이 되고 있다는 자부심을 갖게 하지만, 성인이 되는 것에 대한 거부감, 불편함, 행동적 제약, 생리통 등 부정적 경험을 하기도 한다. 그러므로 월경에 대한 부정적 태도를 갖지 않게 하기 위해서는 부모나 교사가 초경에 대한 사전 지식과 태도를 준비시키고 건강하게 성숙되는 것에 대한 보람을 이해할 수 있도록 지도해야 한다(이근홍, 2019).

(2) 인지발달

형식적 조작기

피아제의 인지발달이론에 따르면 이 시기의 인지발달은 형식적 조작기에 해당한다. 형식적 조작기란 피아제의 인지발달의 마지막 단계이며, 사물이나 상황을 직접적으로 경험하지 않고 추상적으로 사고하면서 가설을 세우고 확인할 수 있으며, 대략 12세에서 15세경에 발달한다(엄태완, 2022). 이러한 추상적 사고능력의 향상은 사회적·이념적인 문제에 대하여 논리적·진보적으로 추론할 수 있게 한다. 따라서 청소년의 사고와 관심영역은 사회, 정치, 철학, 종교 등으로 확장된다(이옥형, 2002).

피아제의 인지발달이론에 기초하여 청소년기 사고의 질적인 특징은 다음과 같다(Bynes, 1988).

첫째, 청소년기에는 현실 지향적 사고에서 가능성 지향적 사고로의 변화가 일어난다. 아동기와는 달리 청소년은 실제 사건이나 상상의 사건을 가능한 모든 것 중의 일부로 다룬다. 청소년은 여러 가능성들을 추론할 수 있으며, 이러한 가능성을 증명함으로써 실제 세계를 이해하게 된다. 이러한 특성으로 인해 청소년들은 독창적이고 창의적인 발명을 해내기도 하지만 이들은 독특한 사고와 성인들의 고정관념 간의 마찰을 빚기도 한다.

둘째, 청소년기에는 경험 귀납적 문제해결에서 가설·연역적 문제해결로의 발달이 이루어진다. 형식적 조작기가 되면 청소년은 직접 관찰하지 않은 간접적인 대상과 추상적인 사건에 대해서도 연역적인 추론을 할 수 있다. 따라서 청소년기에는 논리적이고 체계적인 사고와 인과적 추론이 가능하다.

셋째, 형식적 조작기의 청소년들은 자신의 믿음, 즉 종교, 정치, 도덕 등에 대하여 논리의 일관성을 검토하게 된다. 그러므로 이들은 어떤 특정한 믿음에 대해 의문을 갖게 되면 다른 모든 믿음에 대해서도 일관되게 의심할 뿐만 아니라 더 심하게 공격하거나 비난하는 경향이 있다.

(3) 심리·사회적 발달

정서발달

청소년기는 다른 연령대보다 급격한 정서 변화를 경험하는 것으로 알려져 있다. 아동기와 비교하여 청소년기에 나타나는 정서적 특징을 몇가지로 요약될 수 있다(조흥식 외, 2010).

첫째, 격렬함과 동요성을 보인다는 점이다. 청소년은 사소한 상황 변화나 주변 사람의 반응에 쉽게 감정이 유발되거나 정서표현을 하곤 한다. 이러한 격동성은 청소년 초기에 더욱 두드러지고, 후기로 갈수록 자신의 감정에 대해 점차 여유를 찾게된다.

둘째, 정서의 자극 대상이 변한다는 점이다. 체벌이나 주사바늘과 같은 신체자극이나 감각적인 것이 유아기의 불쾌 정서를 일으키는 자극 대상이라면, 아동기는 사회적 학습의 과정 속에서 나쁜 성적을 받거나 벌을 받는 등의 자극에 불쾌감을 느끼게 된다. 이에 비해 청소년기는 죽음, 부모의 불화, 교우관계의 실패와 같은 무능력감과 불안정감을 일으키는 대상에 대해 정서 자극을 많이 받는다.

셋째, 청소년기는 성적 성숙의 영향에 힘입어 정서에 성적인 색채를 띠는 경우도 많다. 예컨대, 신체적 성숙과 더불어 성에 대한 관심과 욕구가 증가하지만 이를 수치스럽게 생각해 이성에 반감을 표현하거나 주변 사람에게 과장된 반항을 할 수 있다.

마지막으로 청소년기에는 정서표현이 내면화된다는 특징이 있다. 청소년기의 정서는 의식적으로 억제되는 경우가 많아, 공포심이 불안이나 우울로 나타나거나 우울 감정이 분노표현이나 비행 등의 형태로 나타나기도 한다. 청소년기 후기로 가면서 정서는 초기보다 더욱 강렬해지지만 직접적인 표출은 억제되는 경향을 보인다. 자신이 느끼는 정서에 대한 의식적인 억제작용이 활발하게 일어나고, 이러한 억제로 인해 내면적인 침울함이나 불안정성은 더욱 높아지기도 한다.

⊙ **상상적 관중** : 자신은 무대 위의 주인공으로 만인의 관심과 초점의 대상이라고 인식하고, 다른 사람은 구경꾼으로 생각

⊙ **개인적 우화** : 자신의 감정과 사고는 너무 독특하고 특별한 것이어서 다른 사람들이 이해할 수 없을 것이라고 믿음

⊙ **이상주의, 비판주의** : 성인과 청소년 간 세상을 바라보는 시각의 불일치로 긴장과 스트레스 경험 -세대차

자아정체감 발달

청소년기는 자아인식이 보다 다양해지는 시기이며, 자신을 발견하는 시기이다. 에릭슨은 청소년기를 정체성 대 역할혼미의 시기로 설명하면서 자신이 수행하는 다양한 역할을 검토하고 그것들을 하나의 자기 인식으로 통합하여 자기정체성을 확립해야 함을 강조하였다. 자아정체감 형성을 위해서는 우선 자신의 신체 변화에 대해 그대로 인정하고 받아들이는 것이 필요하다. 신체적 발달과 성적 성숙 자체에 따라 청소년은 고립감, 외로움과 같은 정서적 변화를 경험하게 된다. 또한 이런 변화를 또래에 비해 빨리 경험하는지 혹은 늦게 경험하는지에 따라 청소년은 다양한 심리적 변화를 겪게 된다. 이러한 개인적 차이를 객관적으로 인지하고 수용하는 것이 필요하다. 그러나 무엇보다 청소년기에 가장 주요한 과제는 정체성, 즉 나는 누구인가를 지각하는 것이다(조흥식 외, 2010). 청소년은 자신이 누구인지, 인생에서 무엇을 원하는지, 어떤 사람이 되고 싶은지 알고자 애쓴다. 이러한 질문에 답하는 것은 인생에서 직면하는 중요한 과제이다. 답을 얻지 못하면 사람은 직업의 선택, 결혼과 관련된 다양한 선택사항, 주거지 결정, 여가에 대한 결정 같은 주요한 판단을 내리기가 어렵다. 불행히도 많은 사람은 인생을 대충 살면서 그런 질문에 대해 사려 깊게 대답하지 못한다. 대답을 얻지 못한 사람은 우울증에 빠지고, 불안해지고, 결정력을 갖지 못하고, 성취하지 못하는 경향이 있다.

마르시아(Marcia, 1980)는 자아정체감 유형을 정체감, 유실, 정체감 유예, 정체감 혼란, 정체감 성취 등으로 분류하였다. 정체감 유실은 부모나 사회의 가치관을 자신의 것으로 그대로 선택한 것이다. 위기도 경험하지 않고 쉽게 의사결정을 내리지만 독립적인

의사결정을 하지 못하는 상태이다. 정체감 유예는 현재 정체감 위기의 상태에 있으면서 자아정체감 형성을 위해 다양한 역할, 신념, 행동 등을 실험하고 있으나 의사결정을 못한 상태이다. 대부분 정체감 확립으로 옮겨가지만 그중에서는 정체감 혼미 쪽으로 기울어지는 사람들도 있다. 이 시기는 정체감 확립 또는 정체감 혼란 중 어느 방향으로도 나아갈 수 있는 가능성이 있는 상태이다. 대학시절이 심리사회적 유예기간으로 나타난다. 정체감 혼란은 정체감을 확립하기 위한 노력도 없고, 기존의 가치관에 대한 의문도 제기하지 않는 상태이다. 자신의 어떠한 견해도 확고하게 받아들이지 못하는 상태이다. 자신의 여러 역할을 통합하지 못한다. 정체감 성취는 위기를 성공으로 극복하고, 정치적·개인적 이념 체계를 확립하게 된다.

〈표 4-2-2〉 신체적 성장 마르시아의 자아정체감의 유형 분류

정체감 유실	• 부모나 사회의 가치관을 자신의 것으로 그대로 선택 • 위기도 경험하지 않고 쉽게 의사결정을 내리지만 독립적인 의사결정을 하지 못하는 상태 ➔ 위기경험 없음, 부적응
정체감 유예	• 현재 정체감 위기의 상태에 있으면서 자아정체감 형성을 위해 다양한 역할, 신념, 행동 등을 실험하고 있으나 의사결정을 못한 상태 • 대부분 정체감 확립으로 옮겨가지만 그중에서는 정체감 혼미 쪽으로 기울어지는 사람들도 있음. 이 시기는 정체감 확립 또는 정체감 혼란 중 어느 방향으로도나 나아갈 수 있는 가능성이 있는 상태 • 대학시절 → 심리사회적 유예기간 ➔ 위기가 현재 진행 중, 적응
정체감 혼란	• 정체감을 확립하기 위한 노력도 없고, 기존의 가치관에 대한 의문도 제기하지 않는 상태 • 자신의 어떠한 견해도 확고하게 받아들이지 못하는 상태, 자신의 여러 역할을 통합하지 못함 ➔ 위기경험 없음, 부적응
정체감 성취	• 위기를 성공으로 극복하고 정치적·개인적 이념체계를 확립 ➔ 위기해결, 적응

또래관계

청소년들은 또래집단의 인정을 받고자 하는 욕구가 매우 강하다. 청소년들은 심리적으로 어떤 집단의 성원이 되기를 추구하는 경향이 있으며 자기가 속한 집단에 의하여 자신을 정의하고자 한다. 또한 이 시기 또래집단의 특징은 보다 더 조직적이며 그 구성원들은 이질적이라는 것이다. 아동기도 친구의 존재는 필요하였으나 한 집단의 성원이 된다는 것이 중요한 관심사는 아니었다. 그리고 아동기의 친구들은 동질적이며 흔히 같은 동네, 같은 반 친구들이다. 중·고등학교는 더 이질적인 환경이며 친구들은 다양한 배경을 갖고 있다. 또래집단이 청소년들에게 미치는 영향력은 매우 큰데, 이것은 시기가 되면 집에서 떨어져 밖에서 많은 시간을 보내게 되며 친구들과의 대화가 일상활동이 되기 때문이다. 청소년을 대상으로 한 대규모 조사에 의하면 부모보다도 또래친구들이 청소년 비행의 더 큰 요인으로 나타났다(이인정 외, 2004).

청소년이 특정한 또래집단을 선택하는 것은 사회경제적 계층, 부모로부터 물려받은 가치관, 거주지역과 학교의 성격, 특수한 능력이나 재질, 자신의 성격 등 여러 가지 요인에 의하여 결정된다고 한다. 일단 한 집단에 속하면, 그 집단의 구성원들은 사회적 활동, 공부방식, 이성교제, 취미활동 등 삶의 다양한 측면에서 서로 영향을 미치게 된다.

청소년기 또래집단의 경험은 성인의 집단활동의 전초적 경험이라고 볼 수 있다. 또래집단의 경험을 통해서 청소년들은 집단의 조직을 평가하고 조직 내에서 자신의 위치를 평가하는 기술을 배우게 되다. 이러한 사회적 기술이 후에 사회적 집단 내에서의 기능에 대한 기초가 되는 것이다.

이성관계

청소년기 전기에는 아직도 동성의 친구관계가 중요하다. 그러나 이 시기에 이성관계가 새로운 관심의 대상이 되기 시작한다. 이와 같은 이성관계에 대한 관심의 증가는 성적인 성숙과 사회적 기대의 결과이다. 다시 말해서 청소년 이성교제의 시작은 실질적인 성숙의 정도 이상으로 가족이나 학교, 친구들로부터 오는 사회적 기대의 영향을 받는다.

청소년들은 여러 가지 이성에 관련된 시도를 하지만 이성간에 친밀한 관계는 청소년기 후기에 이르러서야 비로소 성취된다고 볼 수 있다. 청소년 전기에는 이성교제를 하더라도 1대 1 관계보다는 집단으로 사귀는 것을 선호하는 경향이 있다. 이러한 집단을 통한 이성교제는 이성에 대해 이해하고 이성과 사귀는 것을 배우는 단계이다. 이를 통해 성인으로서의 성역할과 성적 행동에 대한 기본적 태도를 형성한다고 볼 수 있다(이인정 외, 2004).

호록스의 이상적인 이성 교제 과정

① **송아지 사랑**(calf love) : 청소년기 초기에 나타나며, 존경과 숭배, 그리고 사랑의 감정이 혼합되어 나타나는 사랑의 형태로서, 자기의 선생님이나 인기배우 또는 가수 등 비교적 연상의 이성을 사모한다. 선생님에 대한 첫사랑 감정이 이 사랑에 속한다.

② **강아지 사랑**(puppy love) : 청소년기 초기에 나타나며, 존경과 숭배, 그리고 사랑의 감정이 혼합되어 나타나는 사랑의 형태로서, 자기의 선생님이나 인기배우 또는 가수 등 비교적 연상의 이성을 사모한다. 선생님에 대한 첫사랑 감정이 이 사랑에 속한다.

③ **연애기**(romantic love) : 보통 청소년 후기에 나타나며, 두 이성이 서로 만나 대화하고, 데이트하며, 때로는 여행도 같이 가면서 한 대상에게만 열중하는 것을 의미하며 만나는 동안에 감정적 유대가 깊어지면 결혼으로 갈 수 있다.

학교환경

청소년기의 학교는 가정과 다르게 교우와 교사와 관계를 형성하고 다양한 분야에서의 학습활동을 통하여 기존의 문화를 계승할 뿐 아니라, 새로운 문화를 창조할 수 있는 지식과 기술을 함양함으로써 성숙한 사회인으로 가능하도록 돕기 위해 의도적으로 조직된 기관이다. 그렇기에 학교는 다양한 기능을 가지고 있다. 이러한 기능은 사회적 위임 사항으로서 교우, 교사 등의 인적 요인과 기관의 위치, 시설과 설비, 교구와 교재 등의 물적 요인 그리고 이들의 상호작용 수준에 따라 학생청소년의 복지에 직간접적 영향을 미친다. 더구나 오늘날 청소년의 생활이 대부분 학교에서 이루어지며, 삶의 질 향상은 물론 생존을 위한 도구로서 교육이 더욱 강조되고 있는 상황을 볼 때, 그 영향력의 정도는 더욱 증대될 것으로 전망된다.

이러한 맥락에서 매우 의미 있는 것은 바로 학교문화다. 일반적으로 개인은 자신이 속한 집단에 따라 그 집단이 공유하는 가치관, 신념, 규범 등에 따른 행동 특성을 보인다. 학교에서 형성된 문화 역시 독특하여 다른 조직과는 구별된다. 학교문화는 크게 학생문화, 수업문화, 교사문화로 구분되고 이들은 상호 밀접한 관련을 갖는다. 이러한 학교문화는 청소년의 특별한 사고와 이념, 감정, 장래포부, 이상 등을 나타내는 수단으로서, 청소년은 학교문화를 통해 독자적 생활과 세계를 체험하게 된다. 또한 그때 자기가 누구인가를 발견하고 자아정체성을 확립하며, 자기 내부에 있는 사상, 감정, 잠재능력을 자유롭게 표현하고, 동시에 그것들을 스스로 창조하기도 한다(권이종 외, 2001).

3) 청소년기 사회복지실천

청소년기의 사회적 욕구는 자아정체감 확립과 성에 대한 올바른 이해 그리고 부모로부터의 독립 등의 가치관 형성과 관련된다(이희세 외, 2015).

청소년기의 사회적 발달과 관련된 대표적 문제는 청소년 비행이다. 이것은 일탈행동 또는 청소년 범죄와 유사한 의미이며, 사회 또는 집단에서 규정하는 규범이나 규칙을 위반하는 일체의 행위이다. 그리고 청소년기의 성적 성숙에는 오는 성문제로서 미혼부모문제, 성폭력문제 등이 있다. 술, 담배 등의 약물 남용, 집단따돌림, 가출, 학업중단 등의 학교 부적응 문제, 인터넷을 통한 음란물 접촉 등 청소년 유해환경 증가 등의 문제에 관심을 가져야 될 것이다.

청소년기는 급격한 신체적 성장과 변화로 인해 신체적 불균형을 경험하고 특히 소녀일 경우 사회에서 암암리에 강요하는 미적 기준으로 인한 식이요법, 약물 복용이 있을 수 있다. 청소년기 중요한 발달과업인 자아정체감 형성을 위해 자아발견, 자아성장, 자기주장 훈련, 인간관계 훈련 등과 같은 청소년의 자아발견과 원만한 대인관계 형성을 지원할 수 있는 집단상담 프로그램을 개발하여 실시할 필요가 있다.

청소년기는 정서적 격동기로 다양한 정신장애를 일으킬 가능성이 높으므로 정신분열증, 불안장애, 공포증, 우울증, 자살, 물질 남용 등이 있을 수 있다. 정신건강과 건전한 정서적 발달을 지원하기 위하여, 개별상담과 스트레스 예방 및 관리 방법, 약물교육 및 치료프로그램, 청소년 가족을 위한 가족치료 프로그램 등의 임상 프로그램을 개발하여 실시하고, 필요에 따라서는 정신병원에 입원을 의뢰하여야 한다. 청소년의 비행을 사전에 예방하기 위하여 청소년 가족상담 및 치료를 실시함과 아울러 인근 학교와 연계하여 활발한 학교사회사업을 실시하여야 할 것이다. 그리고 비행가능성이 높은 가출청소년, 학업 중단 청소년의 지도를 위한 지역사회조직사업, 비행 또는 범죄청소년의 사회복귀를 지원할 수 있는 각종 직업훈련 프로그램이나 대안학교와 같은 교육 프로그램 등을 실시할 필요가 있다.

청소년기에는 가족관계 재조정과 바람직한 이성관계를 가져야 한다. 청소년과 그가족을 대상으로 가족관계 강화 프로그램을 개발하여 실시하고, 가족상담이나 가족치료를 보다 강화해 나가야 할 것이다. 그리고 바람직한 이성관과 정조관의 형성을 지원하고, 원만한 이성관계의 유지를 지도할 수 있는 개인 및 집단상담 프로그램들을 실시하는 것이 바람직할 것이다.

신체변화에 대한 이해를 위한 교육 프로그램, 식이요법지도, 몸매관리 프로그램등을 개발, 실시함으로써 청소년의 건전한 신체발달을 지원할 필요가 있다. 성문제에 대한 올바른 이해와 가치관 형성을 위한 프로그램 실시와 초경 불안, 몽정, 자위행위, 이성으로부터의 성적 요구 등과 같은 성으로 야기되는 심리적 문제를 해결할 수 있는 상담을 수행할 필요가 있다.

미혼부모문제와 성폭력문제에 대한 개입도 필요하다. 미혼부모와의 상담을 통해 출산에 대한 의사결정, 자녀양육 계획, 자신을 버린 이성에 대한 원망과 자책감 등에 대한 상담을 통하여 미혼부모의 심리적 적응과 미래 생활 계획의 수립을 지원하여하며, 필요에 따라 미혼모 전문기관에 의뢰할 수 있어야 할 것이다. 성폭력 피해자와 가족 그리고 가해자를 위한 치료적 접근을 강화할 필요가 있다. 신체 및 심리적 상해를 치료해 주고 보호시설을 알선하며, 지속적 관리를 통해 사회 재적응 과정을 원조하며, 가해자에 대해서도 성폭력의 재발을 방지하고 정상적 사회생활을 할 수 있도록 임상적 개입이 필요하다(이희세 외, 2015).

더 나아가 청소년이 경험하는 급격한 신체 변화와 인지, 심리·정서, 사회적 발달과 제로 대두된 다양한 문제들을 적절하게 대처할 수 있도록 사회복지 서비스를 확대하려는 노력이 요청된다. 현재 사회복지서비스의 생애주기별 돌봄서비스 유형(산모와 신생아 돌봄, 아동돌봄/보육서비스, 장애아동 재활 및 보호, 장애인 활동보조, 노인 돌봄서비스)에 청소년을 위한 서비스는 포함되어 있지 않다. 기존의 초·중등 의무교육과 방과 후 교육 등이 광의의 사회서비스에 포함된다고 할 수 있으나 이러한 서비스로는 청소년의 발달적 과업과 과제를 효과적으로 대처하기 어렵다. 청소년의 사회안전망(CYS-Net, 헬프콜 청소년 전화1388, 청소년 동반자 프로그램, 가출청소년보호·지원/청소년 쉼터 확충, 청소년 비행·폭력 예방 및 선도, 청소년 자립 및 사회복귀 지원, 다문화청소년 지원, 시설 및 보호청소년자립 및 사회복귀 지원)의 강화, 청소년 유해환경 개선 및 보호강화(청소년스스로지킴이 YP 프로그램 보급, 청소년 유해매체 모니터링 강화, 청소년 인터넷 중독 예방 및 치료, 성범죄로부터 청소년보호, 여성·청소년보호중앙점검단 활동강화), 청소년활동 활성화 및 인프라 확충(학교교육정책과 교육복지정책 연계, 다양한 체험활동을 위한 청소년 문화존 활동지원, 청소년수련활동인증제, 청소년 수련시설 인프라 확충, 지역아동센터 및 종합사회복지관 활동 방과 후 지원)등의 적극적인 서비스 개발 및 확충이 필요할 것이다(손병덕 외, 2022).

Review

Review

제4부 생애주기별 인간의 성장과 발달

제3장 청년기와 중년기

청년기 신체발달 | 외모 지상주의 | 생식기능 발달 | 청년기의 건강 | 인지발달 | 지적능력 | 유동성 지능 | 결정성 지능 | 친밀감의 발달 | 자아정체성 | 직업선택 | 직업생활 | 결혼생활 | 자녀 양육 | 신체적 변화 | 갱년기 | 직업전환 | 인생의 전환기 | 상위인지 능력 | 개별화 | 생산성 | 침체감 | 가족생활 | 노부모 부양 | 직업성취 | 여가활동

Preview

청년기와 중년기

청년기(성인 초기)는 만20세를 지나서 성인이 되는 시점으로 가족으로부터 독립을 꿈꾸는 시기이다. 마음으로 꿈꾸는 독립이 현실이 되는 시기인 만큼 정신적·육체적 성숙도 필요한 시기이다. 인생을 그려온 대로 이루기 위해서 준비해야 하는 시기이며 더불어 사랑하는 배우자와 가족을 꾸리게 되는 시기이다. 스스로 사회를 헤쳐 가기 위해서 준비해야 할 지식과 교육, 경험이 절실히 필요할 때이다. 이 장에서는 사회인으로서 꿈이 가득한 청년기와 내가 만든 가정과 사회에서 겪어야 할 갈등과 문제를 어떻게 풀어갈지 살펴보고자 한다.

1. 청년기

1) 신체발달

신체적 건강상태는 청소년기의 2차 성장을 끝내고 최고점에 달하는 시기이다. 청각, 시각, 후각, 촉각 등 모든 감각기능이 최고로 역동적이고 활발하여 육체적으로나 정신적 활동능력이 최고점에 달하게 된다. 비록 남성은 여성과 달리 척추가 30세까지 성장할 수 있기에 성인이 되어서도 키가 자라게 되며 신체적으로 더 건장한 모습이 되는 경우가 있다.

이러한 신체적 건강상태는 35세 이후의 중년 시기까지 계속되지만, 중년 시기가 지나면서 조금씩 쇠퇴하여 간다. 물론, 인간의 신체가 가장 건강하고 활동적인 최고점에 이르고 그 후에는 점차적으로 기능이 쇠퇴하게 될지라도 건강한 상태의 신체능력과 기술 등을 규칙적으로 사용하게 된다면 청년기 이후에도 신체적 기능은 지속되기도 한다 (Specht et al, 1987).

뇌의 크기나 신경계 세포 수는 사춘기 이후 줄기 시작하고, 운동 시 폐활량이 30세까지 최고조가 되지만 중년기가 시작되는 30대 후반부터는 1년에 1%씩 감소 된다. 청년기 때의 외모는 자아개념에 중요한 원인이 되므로 외모 지상주의 사회에서 여성은 외모 가꾸기에 최선을 다하고 있다. 지금의 현대 사회에서 외모의 관심은 여성의 전유물이 아니다. 사회 초년생으로서 면접에 대한 부담은 남성의 외모 가꾸기도 당연시하게 행해지고 있다.

청년기의 신체능력 최고점은 생식 기능과 관련이 높다. 이 시기 남성들의 생식기 문제는 자유로운 상황이고 여성의 생리주기도 잘 이루어져 있기때문에 건강한 신체의 남녀가 교제 혹은 결혼을 하게되면 자녀에 대한 깊은 생각도 하게 되는 시기이다. 이렇게 신체적 건강이 최고점을 달하는 시기인데도 건강 위험의 요소가 가장 많은 시기가 청년기이다. 사회생활의 환경에서 음주, 담배, 술로 스트레스를 해소하게 되는데 언제까지나 건강할 것이라는 젊음에 대한 막연한 인식이 건강을 해치는 요인이 될 수 있다. 청년기 때의 건강 인식이 중년기·노년기 때의 건강을 좌우한다는 것을 알지 못하기 때문이다. 따라서 규칙적인 생활패턴과 균형잡힌 영양섭취로 정신적·육체적으로 건강한 생활습관을 유지하는 것이 중요하다.

2) 인지발달

성인기의 지적·인지발달은 신체발달과 같이 최고의 정점에 도달한다. 성인기 때는 아동기와 청소년기까지 체계적·과학적·연역적 추론이 가능한 인지발달을 넘어 질적으로 다른 방식의 사고를 하는 시기이다. 대부분 25세를 넘으면 인지발달은 하향 곡선을 나타낸다고 하지만, 신체적 인지능력은 쇠퇴할 수 있어도 실생활을 통한 지적능력 혹은 문제해결의 능력은 오히려 증가하기도 한다.

청년기는 양적으로나 질적으로 많은 사고를 할 수 있게 된다. 인지적 기능도 고도로 분화되어 다차원적인 문제를 다룰 만큼 성장하고 여러 가지 정신적이고 물리적인 도전에도 당당히 대처할 능력이 있는 시기이다. 혼과 도널드선(Horn & Donaldson, 1980)은 청년기의 지적능력을 유동성 지능(fluid intelligence)과 결정성 지능(crystallized intelligence)으로 나누어 살펴야 한다고 하였다. 경험과 학습이 아닌 생물학적으로 결정되는 유동성 지능은 지각속도, 공간지각, 추상적 추론 등에 속하며, 학교나 일상생활에서 경험을 통해 습득되는 것이고 결정성 지능은 일반상식, 어휘력, 사회 상황에 대한 반응에서 얻는다고 하였다.

유동성 지능과 결정성 지능의 절정은 다르게 나타나는데, 유동성 지능은 10대 후반인 청소년 시기까지가 절정에 달하고 그 후 감소하기 시작한다. 그러나 결정성 지능은 성인기 때의 교육적 결과로 노년기까지 계속 증가함을 보였다. 지적능력을 고도의 학습효과로 습득한 전문가는 연령이 증가하여도 지능이 발달할 수 있다는 것을 보여준다. 다음 그림은 발달단계별 지능변화가 절정에 달하는 차이를 보여준다.

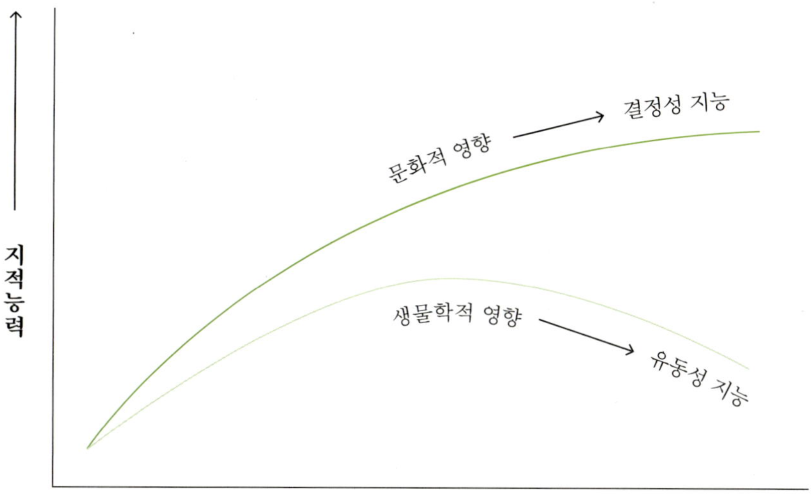

출처 : 최덕경 외(2013)

그림 4-3-1 발달단계별 지능변화

이 시기에는 지식을 키워가면서 아는 지식과 알아야 하는 지식의 관계에 대해 숙지하고 기억하는 능력도 향상하게 된다. 일에 대한 높은 지식을 익히기 위해 대학 전공을 선택하기도 하고 일을 통해서 기술적 지식을 습득하기도 한다. 오랜 시간이 걸려야 되는 전문적 지식은 일을 처리하는 능력에서 초보자들보다 탁월한 능력을 발휘하며, 이러한 지식과 인지능력의 활용성은 청년기때 더욱 왕성하게 표출된다.

3) 심리·사회적 발달

(1) 친밀감의 발달

청년기(성인 초기)에서 중요한 정서적 발달단계로는 타인과의 친밀감을 들 수 있다. 에릭슨은 친밀감(intimacy)을 타인과 정서적으로 친밀한 관계를 맺는 능력이라 하였고 친밀감의 발달은 청년기(성인 초기)에 이룰 수 있다고 하였다. 즉, 친밀감은 먼저 자신의 정체감을 형성하고 타인과의 관계에서 개방적이고 타인을 지지할 줄 알아야 하며, 타인과 조화로운 관계를 형성해야 한다. 이때의 자아 정체감 형성이 무엇보다 중요하며 자신에 대한 확고한 생각과 의견을 능동적으로 의논할 줄 알아야 한다.

이렇게 타인과 친밀한 관계를 맺게 된 사람은 의견조절능력, 욕구조절능력, 자기통제능력 등 자신의 감정을 조절할 수 있으며, 타인의 의견을 존중할 줄 알고 배려할 줄 알게 되어 상호관계형성에 집중할 수 있다. 그러나 청소년 시기에 자신의 정체감을 제대로 형성하지 못한 사람은 자신을 내세우기가 어렵고 자신감이 없어진다. 자신감 부족은 타인과 관계 형성에 어려움을 겪게 되고 고립감으로 타인보다 자신에게만 집중하게 된다. 타인의 입장에 대해 생각할 겨를이 없어지게 된다고 할 수 있다.

성인기의 친밀감 형성은 사회에서 우정으로 동료를 만나고 사랑으로 배우자를 만나게 된다. 배우자 간의 친밀감은 혼인 초기에 상호적응기를 갖게 되지만 자녀 양육의 문제, 배우자 부모님의 기대에 대한 문제 등 부부의 친밀감 형성에 방해가 되기도 한다. 이러한 적응 문제를 서로 의논하고 보완하면서 부부간에 친밀감을 형성해 나갈 때 정서적으로 성숙한 인간관계를 맺게 된다. 친밀감을 형성하는 요소로는 자기개방, 경청, 공감, 타인과의 긍정적 정서가 포함된다.

친밀감 형성에는 남녀 성별 차이가 있는데 남성은 자기개방이 높을수록 친밀감이 높고, 여성은 자기개방과 공감, 자신을 지지해주는 타인에게 친밀감을 형성하게 된다.

(2) 직업

직업선택

청년기의 가장 어렵고 신중한 과제는 직업선택일 것이다. 직업으로 인해 자아실현을 꿈꾸고 경제적 독립과 삶의 형태, 일상생활의 거의 모든 것을 좌우하는 요인이 되기 때문이다. 어릴 때부터 꿈꿔온 삶을 이루면서 사회·경제적 지위를 결정짓게 된다. 이러한 꿈과 현실의 차이를 좁히고 당당히 원하는 직업을 가지기 위해서 청년들의 노력과 준비는 필수여야 한다.

특히 현대 시대는 정보화·산업화·국제화 시대로 직업이 요구하는 기술과 종류는 매우 다양하다. 과거의 남성들은 집안의 일을 물려받기도 하고 친인척의 도움을 받기도 하였고 여성들은 대부분 가정에서 가사 일과 육아 일에 가족을 돌보는 것이 최선의 길이었다. 그러나 현대의 산업화가 초고속으로 진행되는 시대에는 남성과 여성의 일이 딱히 구분되지 않는다. 초고속 시대에 맞는 높은 기술을 필요로 하는 직업이 많아졌기 때문이다. 또한, 시대에 발맞춰 직업의 종류가 사라지기도 하고 기계가 사람의 일을 대신하기도 한다. 현대의 직업은 단순히 생활수단이기보다 정서적·사회적 욕구 충족에 큰 역할을 하는 것이 사실이다. 그리하여 청년기 시기에는 직업을 선택하고 경력을 쌓으며 경쟁의 시대에 지속적인 노력이 필요한 것이다.

이러한 직업의 선택은 짧은 시간에 결정할 수 있는 문제가 아니라 청소년기 후부터 초기 성인기 사이에 오랜 시간에 걸쳐 직업선택이 일어난다고 한다. 다음은 긴스버그(Ginsverg, 1979)가 제안한 직업선택에 대한 발달 3단계에 대한 설명이다.

첫째, 환상적 시기(fantasy period)로 청년기 이전의 아동들이 현실과 무관하게 놀이를 통해 환상적 직업을 생각하며 다양하게 역할을 해보는 시기이다.

둘째, 시험적 시기(tentative period)로 청소년 시기에 직업의 세계가 복잡 다양하다는 것을 알고 처음에는 흥미로운 직업에대한 탐색을 한다. 그러다가 직업에서 요구되는 능력이 필요하다는 것을 인지하여 능력과 가치를 생각하며 직업을 탐색하게 된다.

셋째, 현실적 시기(realistic period)에서는 곧 성인이 되는 청년(성인 초기)들의 현실적 직업탐색의 시기이다. 자신의 특성과 현실에 맞는 직업을 찾아서 직업탐색을 좁혀가는 시기이다. 자신이 잘 할 수 있는 직업과 하고 싶은 직업이 무엇인지 알면서 탐색한 직업에 오랫동안 개입하게 되는 시기이다.

최근에는 직업탐색이 성인기 초에 그치는 것이 아니라 장년기를 넘어서도 직업을 탐색하는 경우가 많다. 청년기 시기 자신이 선택한 직업에 회의를 느끼기도 하고 시대에 따라 두·세 가지 직업을 공유하거나 바꾸는 경우도 많아지고 있기 때문이다.

직업생활

청년기는 직업 생활을 잘하기 위해 직업 역할에 맞는 여러 가지 기술적 훈련을 필요로 한다. 길게는 10년에서 짧게는 몇 주까지 자신이 선택한 직업의 특별한 직무능력을 위해서 기술과 지식을 배워야 하고 직무 수행에서 발생하는 위험요소는 제거하면서 신속한 직무 수행을 위해 대체능력을 키워야 한다. 직업 생활의 대체능력은 자신의 성격, 특성, 대인관계 등과 밀접한 연관이 있다. 규칙적인 회사 생활, 과도한 업무요구, 업무재량과 역할갈등에 의한 스트레스로 직무능력이 과소평가 될 때도 있지만 자신이 선택한 직업에 만족을 느끼고 성공하기 위해서는 점진적인 노력이 필요하다.

또한 청년기에는 직업 생활과 함께 독립, 결혼, 새로운 가족이 생기고 가족 안에서 해야 할 역할도 많아진다. 모든 생활환경이 청년기 때부터는 확연히 달라지게 된다. 처음 겪는 사회 조직 생활에서의 과도한 기대, 새로운 가족에서의 역할 등 직장생활과 가정생활의 불균형으로 육체적, 정신적으로 힘든 시기이다. 일과 가정의 양립은 결혼 초에는 남성과 여성 모두 힘들지만, 시간이 지나면서 가정과 일, 육아의 삼중고로 여성의 업무 과중은 많은 도전을 받을 수 있다. 여성 공무원을 대상으로 한 이규현(2006)의 연구에서 응답자의 92.8% 이상이 가정에서 어머니의 역할과 직장에서 직업 생활 역할 간의 갈등을 느낀다고 응답하였다. 직업 생활과 가정생활의 균형과 안정을 위해서 부부간의 상호 협조와 소통이 필요하다는 것을 알아야 할 것이다.

(3) 결혼생활

청년기에 직업을 갖게 되면 부모로부터 완전한 독립을 꿈꾸게 된다. 1인 가족으로 자유로움을 만끽하기도 하지만 평생의 동반자를 만나 서로 의지하며 가정을 꾸리게 되는 시기가 청년기이다. 결혼은 서로 간의 친밀감에서 사랑, 믿음에 의해 평생 법적 약속을 하는 제도이다. 부부간의 경제적 협력, 배타적 성관계, 자녀출산과 양육, 자녀 사회화, 정서적 안정을 위해 서로가 노력하고 책임을 다해야 하는 중대한 결정사항이므로 결혼 전 준비과정도 중요하다.

결혼생활은 막연히 감정으로만 할 수 있는 것은 아니다. 상대방에게 애정을 가지고 친밀감을 표현하여야 하며 상대의 개인적 특성에 대해 많은 이해도 필요하게 된다. 두 사람이 만나 결혼이라는 제도로 가족이 되었고 서로에게 책임감을 다해야 하므로 어찌 보면 이때부터가 완전한 성인이라 할 수 있다. 현실적 대처를 위한 경제적 능력이 필요하고 사회적 관계를 위한 부부간의 배려와 이해, 힘든 업무에 쌓이는 스트레스를 편안하게 쉴 수 있는 정서적 위로가 되어야 한다. 하여 결혼은 정서적 성숙도가 완성되었을 때 하는 것이 바람직하다. 안정되고 성숙한 결혼을 위해 배우자의 선택은 결혼생활의 가장 중요한 요소이다. 신체적·정신적 건강, 성숙한 성격, 사회적·경제적·문화적 배경을 포함한 성장배경, 건전한 이념과 가치관, 연령, 경제적 능력 등이 배우자 선택의 중요한 고려 사항일 것이다(유안진 외, 1996).

결혼생활의 모습에서는 여성의 사회진출이 많아지기도 했지만, 아직도 전통적 가족생활의 모습은 많이 남아있다. 남편은 가장으로서 가정의 경제적 역할을 책임지고 아내는 남편의 정서적 안정과 자녀 양육을 위한 가사 일을 꾸려야 한다. 이러한 부부의 역할 분담이 확실한 가정생활에서 아내는 직업 생활을 계속해 나가기가 쉽지 않다. 결혼 초에는 직장생활을 하다가도 아이를 출산하고 양육해야 할 때는 직업을 쉬거나 포기해야 하는 시점도 생기기 때문이다. 그렇지만 아내의 직업 생활을 이해하고 격려하는 부부간에는 남편과 아내의 권위는 평등해진다. 부부는 직업, 자녀 양육, 가사 일에 서로의 시간을 같이 배분하여 가정생활을 균형 있게 만들려는 노력을 아끼지 않아야 한다.

평등주의적 결혼생활을 하는 가정에서 남편은 가사 참여도가 매우 높고 교육 정도가 높으며 직업 지향적 성향도 높다. 한국 결혼생활 유형을 보면 아직은 전통적 결혼생활 유형과 평등주의적 결혼생활 유형의 중간 형태에 머물고 있지만, 지금 젊은 가구주의 세대만 보아도 일과 가사의 효율적 분담을 지지하는 평등주의적 결혼생활을 하는 가구가 많아지는 경향을 보인다.

이외에도 결혼생활 만족에 영향을 주는 요인은 많이 있는데 부부간의 상호 소통의 문제가 원활하게 이루어져야 한다. 각자의 가정환경에서 인지한 성격과 배경이 배우자의 환경에도 좋은 관계를 유지해야 하고 서로가 있는 그대로 이해하며 서로 간 성격특성의 차이점을 좁혀나가야 한다. 부부가 꿈꾸는 결혼생활이 현실에서는 사소한 일에도 갈등을 일으키는 일이 많고 갈등의 해소를 합리적 해결로 풀지 못하면 결혼생활은 힘이 들 수밖에 없다. 부부는 배우자의 역할에 만족하며 역할수행에 생각과 기대를 존중하고 서로가 솔직한 대화를 이어나가야 한다. 부부간의 취미나 종교도 결혼생활의 중요한 요인이 되므로 비슷한 취미를 공유할 수 있는지 종교로 갈등은 없겠는지 미리 생각하여 결혼을 결정해야 한다.

현대 사회는 결혼생활에 대한 신중함과 부담스러움으로 독신으로 살아가는 사람도 많아지고 있다. 독신 생활, 동거, 무자녀 결혼생활 등 다양한 결혼생활 형태가 나타나지만, 결혼 적령기를 놓쳐서 결혼을 할 수 없는 경우도 많다고 한다. 시대의 변화가 빠르게 흐르고 사회에서 요구하는 기술력은 높아지기에 청년들의 사회적 독립기간이 길어질 수밖에 없는 현실이다. 하여 결혼생활과 독립을 위한 청년들의 준비와 노력은 알차고 현명해야 한다.

(4) 자녀 양육

결혼생활에서 자녀 출생은 가족의 확대를 의미하고 부부 중심의 가정생활이 자녀 중심의 가정생활로 바뀌게 되는 전환점이다. 부부간의 낭만적 생활에서 자녀에 대한 높은 책임감과 함께 서로에게 의존적이고 동반적인 관계가 됨을 의미한다. 첫 자녀의 출생은 부부에게 기쁨과 만족감을 주지만 자녀를 양육하는 과정에서 가정생활의 다중역할 분담으로 부부는 갈등이 생기게 된다. 신생아를 돌보는 일은 부부의 수면 부족을 유발하고 신체적·정신적 피로감과 고통을 주기도 한다. 신생아 육아에 대한 자신감의 결여와 양육방식에 따른 부부의 갈등은 가정생활의 긴장감을 고조한다.

자녀의 출생과 양육에서 가정생활의 모든 초점이 자녀에게 집중되므로 부부는 서로의 애정표현과 대화, 취미 생활의 공유도 어려워진다. 또한, 경제적인 부담이 훨씬 커지므로 부부의 자녀 양육에 대한 생각이 지나친 걱정이 되고 결혼생활이 늦어지는 이유라 하겠다. 이러한 다양한 이유로 현대에서는 결혼조차 미루거나 결혼이 늦어지며 자녀출산, 결혼연령이 높아지는 추세이다. 그러나 늦어질지언정 결혼생활과 자녀의 출생은 인생의 큰 목적이 되고 힘든 과정을 잘 견딘 부부에게는 더 깊은 애정과 유대감을 느낄 수 있다. 가족이 주는 힘은 삶의 가치와 의미를 깨닫게 되고 개인의 성장과 사회생활을 이끌어가는 원동력이 되어준다.

자녀가 성장하는 과정에서 부부는 자녀들의 역할 모델이 되기도 한다. 영유아기에는 부모의 보호가 늘 필요할 때이고 엄마 아빠의 말투, 행동, 태도 등 부모의 모든 것들을 주시하고 학습하고 인지하기 때문이다. 자녀의 자율성을 위해서 부모는 훈육과 허용으로 엄함과 관용을 적절히 가르쳐야 하고 아동기에는 또래 집단과 어울리고 타인의 생각과 행동을 이해하는 교육이 필요하다. 새로운 세계에 대한 환상을 꿈꾸는 시기의 자녀에게 부모는 많은 경험을 통해서 학습에 도움이 되도록 신경써야 한다. 그러므로 부모의 역할은 자녀의 지적발달과 성격발달에 중요한 영향을 끼치게 된다.

4) 청년기와 사회복지실천

성인이 된 청년기 시기는 부모의 보호와 제약에서 다소 자유로워지는 시기이다. 처음으로 접한 대학 생활과 성인이 된 생활은 자신의 방식대로 생활하게 되거나 무분별한 생활 태도에 젖어 청년기의 중요한 과제인 자기개발과 지적탐구, 취업준비에 소홀히 하는 경향이 있다. 따라서 사회복지기관에서 청년들의 올바른 학업 생활과 취업준비를 위한 훈련 프로그램을 개설하여 불규칙한 생활습관, 인터넷 게임, 술과 담배 등 향락적 여가활동을 자제할 수 있도록 도와야 할 것이다. 이러한 나쁜 습관은 건강을 해치게 되고 과도한 스트레스 또한 정신적·신체적 노화를 가져오게 되어 질병에 무관할 수가 없게 된다. 지역 복지 시설에서도 운동시설을 만들어 청년기의 올바른 건강 생활을 위한 장소와 건강 정보제공을 위해 노력해야 한다.

사회복지 시설은 청년기의 건강과 더불어 진로 탐색에 도움을 주어야 한다. 실질적으로 대기업에 대한 정보는 인터넷이나 광고를 통해 접할 수 있지만, 지역 내 기업에 대한 정보는 대부분 잘 알지 못한다. 기업의 소개뿐 아니라 취업을 위해 자신의 적성, 흥미, 가치관, 기대에 대해 인지하도록 훈련하고 직업에 맞는 전문적 자질을 준비할 수 있게 환경을 마련해야 한다. 지역 내 인재양성은 지역의 경제성장과 지역 시민의 높은 생활 수준으로 이어지는 지름길이 될 것이다.

또한 청년들에게 중요한 과업 중 하나인 결혼의 문제점으로 초혼 연령의 증가와 비혼이 있다. 두 사람의 사랑으로만 이루어지는게 아닌 결혼생활은 두 집안의 결합으로 서로가 적응하기 어려운 과정들이다. 성 역할의 개념이 변화하고 직업으로 인해 가족 간에 떨어져 지내는 경우도 많기에 원 가족의 도움과 이해도 부족하게 된다. 직업의 특성상 교육의 기간이 늘어나고 결혼 시기가 늦어지는 부부의 경우는 가정 내 역할 분담과 사회적 역할로 인한 갈등이 고조되고 문제를 해결해 나가기 쉽지 않은 상황이다(장휘숙, 2006). 이에 사회복지 단체에서의 역할로 성인 남녀가 만나서 결혼에 이르기전까지 결혼생활 적응, 바른 부부역할, 부부간의 성적 친밀감, 올바른 결혼관, 자녀 양육의 올바른 이해에 대한 교육을 사전에 받을 수 있는 프로그램이 필요하다.

사회가 복잡하고 빠르게 흘러가는 지금의 시대에서 젊은 청년들의 성적 문란도 문제가 되는데 이는 원하지 않는 자녀출산으로 이어지기 때문이다. 결혼전 임신으로 미혼모의 증가는 사회적으로 설 자리가 없는 현실이다. 임신으로 인해 준비없이 부모가 된 경우 가정의 불우한 상황과 기운을 고스란히 자녀에게 전달되고 올바른 부모의 보호와 교육을 받지 못하는 자녀는 정신적·육체적 성장을 파괴당하게 된다. 책임지지 못한 영유아의 입양과 죽음은 무질서한 사회의 혼란을 낳게하여 큰 사회 문제가 되기도 한다. 이러한 사회적 문제를 해결하고 가정이 올바른 기능을 하기 위해서 국가나 지역 단체, 기관에서 통합적 가족지원 프로그램이 절실히 필요하고 실업, 가출, 가족 갈등, 가정폭력, 이혼, 자녀 양육 지원확대 등 사회적으로 중요하게 다룰 수 있는 제도적 보완이 필요할 것이다.

Review

Review

2. 중년기

중년기는 40세~64까지의 나이로 '성인 후기''중년기'라고 불린다. 과거에는 인생의 쇠퇴기 혹은 은퇴기라 하여 중년들의 우울한 심리를 반영하는듯 하였으나 현대의 중년기는 100세 시대를 바라보는 시점에서 황금기 혹은 제2의 전성기로 불리며 인생 목표를 다시 설계하는 인생의 성숙한 시기가 중년기이다. 물론 중년기에는 인생을 살면서 뜻하지 않은 사건과 변화를 겪게 되지만, 시대의 변화에 발맞추기 위해 남은 시간을 뜻깊게 보내려는 의지가 선명해야 할 시기여야 한다.

1) 신체발달

중년기에 이르면 신체 내부기능, 생식 기능, 피부 노화, 감각기능 등 노화의 기능이 나타난다. 외형적으로 흰머리가 자라 나오고 실질적인 키에서도 차이가 나타나는데 보통 2~4cm 정도 키가 줄기도 한다. 피부는 탄력이 떨어져 주름이 생기기 시작하며 혈액순환이 잘되지 않아 안색도 나빠진다. 신체적으로 근력 손실이 재생되기 어려워지고 면역력이 현저히 떨어진다. 시력, 체력, 소화 기능까지 '이럴 수가 있을까?'하는 의구심이 들 정도로 신체의 기능은 쇠퇴해 간다.

여성의 생식 기능적 특성이 호르몬의 감소로 폐경기가 진행되고 신체의 변화뿐 아니라 정서적 증상까지 동반되는데 안면홍조, 체온 상승, 식은땀이 민망할 정도로 나기 시작한다. 여성의 호르몬 변화는 갱년기의 골다공증을 유발하고 밤새 수면 부족으로 하루의 힘든 시간을 보내면서 우울증을 앓게 되기도 한다.

남성의 경우에 갱년기 증상이 여성의 경우보다 다소 떨어지지만, 직업에서의 성공과 퇴직, 경제적 압박감, 혈압이나 당뇨 등의 만성질환 등에 의한 심리적 불안에 따라 신체적 변화가 오게 되며 이는 현대 남성의 현실적 환경 스트레스에 기인한다고 볼 수 있다. 과도한 음주, 흡연, 불규칙적 생활습관, 운동 부족 등이 속한다. 그러나, 여성의 경우와 달리 40세 이후 정액과 정자의 양은 감소 되지만 90대의 남성도 건강한 성생활을 유지하면 마음먹기에 따라 아이를 가질 수도 있으며 이는 성생활이 테스토스테론 호르몬 분비를 자극하기 때문이다(Berk, 2007).

중년기의 건강 척도는 인생 후반의 노년기가 어떻게 될지 결정된다. 인생의 황금기에서 크나큰 성취감을 느낄 때, 자칫 건강에 대한 소홀로 모든 것이 힘들게 되면 자신이 노력한 결과는 없어지고 자신과 가족이 불행해지기 시작한다. 체력의 변화, 사회에서 겪는 직업 변화에서 오는 스트레스를 관리하기 위해서는 건강에 대한 주의를 중요하게 생각해야 한다. 나이에 의한 만성질환과 질병의 위험을 줄일 수 있기 때문이다.

2) 인지발달

중년기는 나이가 들어감에 따라 건망증 증세를 보이기도 하고 지능이 다소 저하 된다고 한다. 그러나 지능의 저하가 지능의 쇠퇴는 아니라고 보는 학자가 대부분이다. 이는 인지적 반응 속도가 늦어지는 것이고 생활의 불편함을 초래할 정도는 아니라고 하였다. 성인기 때 언급했듯이 단순 기억력, 정보처리 기술과 작업 속도와 같은 지능은 20대가 지나면서 감소하는 인지 영역으로 유동성 지능(fluid intelligence)이 되겠고, 축적된 지식, 경험, 사회적 관습에 의한 판단력 등 통합된 학습에 의한 지능은 오히려 중년기 시기에 최고조에 달할 수 있다. 이를 결정성 지능(crystallized intelligence)이라 한다.

중년기에는 지적능력보다는 신체변화에 대한 불안, 보수적인 성향, 융통성의 결여로 새로운 학습에 대한 속도는 느려져도 직업 생활에서 오는 연륜, 다양한 역할 처리에 대한 정보분석, 직업의 전문적 지식, 등에 따른 사회 전반적 문제해결의 능력은 오히려 높아지게 된다. 예를 들어, 중요한 발표전에 핵심 부분을 다시 검토하고 서류나 문서를 체계적으로 조직화하여 정보를 빨리 찾을 수 있는 상위인지 능력은 노화 기능에 영향을 미치지 않는다(Berg, 2000).

여기서 상위인지 능력은 역사적 사건과 같은 사실적 지식, 어떻게 수학 문제를 푸는지에 대한 절차적 지식, 자신의 직업에 대한 지식과 같이 오랫동안 인지하고 축적되어 온 경험적 결실을 말한다. 결국, 성인기는 인지능력의 잠재능력은 높으나 신체변화에 따른 수행능력이 떨어지는 시기라 할 수 있다.

중년기가 되어야 획득할 수 있는 지혜는 단순히 책을 통해서 얻어지는 게 아니다. 인생의 과업 속에서 얻어지는 지식의 축적물인 것이다. 축적된 지식으로 다양한 문제와 상황을 해결하는 인지능력은 나이가 들수록 발전되고 사회 조직 속에서 리더의 소양을 보여 줄 수 있는 시기이다.

3) 심리·사회적 발달

(1) 심리발달

중년기는 부부에게 생물학적, 사회적, 직업의 변화, 가족 주기에서도 변화가 일어나는 시기로 인생 후반을 재정비해야 하는 시기이다. 자녀는 독립하여 가정을 떠나게 되고 연로하신 부모님을 모셔야 하는 샌드위치 세대로 또다시 책임감에서 해방될 수 없게 된다. 남성의 경우는 신체적 변화와 직업적으로 은퇴를 앞둔 시기로 삶의 성공 여부에 따라 주어진 환경의 부담은 스트레스로 이어질 수도 있고 아닐 수도 있다. 여성의 경우, 호르몬의 영향에 따른 폐경기와 자녀의 독립이 자칫 우울함과 허전함을 동반한 어려움을 겪게 된다. 이러한 변화와 감정이 자신의 과거를 돌아보게 하고 늙어가는 것에 대한 여러 가지 심리적 위기를 경험하여 중년의 위기가 찾아오게 된다.

여기서 융(Jung, 1960)은 인생의 전환점인 중년기를 매우 중요한 시기라 하였다. 중년기에서는 성인기의 안정과 성인기의 전환점에 대한 위기의식을 동시에 경험한다고 하였으며 외부환경의 관심을 내적, 정신적 차원으로 전환 시켜서 진정한 자기실현을 이루어야 한다고 하였다. 자신의 내면세계인 의식과 무의식을 탐색하여 자기애의 통합과 자기 이미지를 만들어 나갈 때 진정한 자기다움, 즉 '개별화'를 찾게 되고 중년의 위기를 해결할 수 있다고 하였다. 청년기 시절 외부세계에 대한 열정과 과업의 성취 여부에 대한 관심은 중년기의 인생 전환점 시기에 잊고 있던 자아에대한 관심으로 초점이 바뀌게 된다. 이때, 인생의 과거를 되짚어보며 새로운 가능성을 제시하기에 이른다.

에릭슨(Erikson, 1968)은 중년기에 겪는 심리를 '생산성 대 침체'의 시기라 하였으며, '생산성'이란 다음 세대를 지도하고 안내하며 가정생활의 부모 됨과 사회생활의 성취로 자신의 업적을 후손에게 남길 수 있음을 의미한다. 가족, 지역, 사회에 기여할 수 있는 자신의 기술, 지식, 업적 등을 통해 후손에게 생활의 질 향상에 공헌하기를 원한다. 이러한 목표의식은 다양한 방법으로 나타나고 자신의 심리적 성숙을 느끼게 된다. 그러나 심리적으로 성숙하지 못한 성인의 경우에는 자신에게만 탐닉하여 생산성을 발달시키지 못하고 자기 자신만을 보호하기에 이른다. 자기중심적이고 자기 몰두적 성향은 자신과 가족, 사회적 관계의 일이 다 허망하게 느껴지는 '침체'를 느끼게 된다. 부부갈등, 노부모부양, 승진의 탈락 등 무능력한 감정을 느낄 때 중년기의 전환점은 침체상태에 이르게 된다.

중년기 삶은 인생의 터닝 포인트(turning point)가 되는 중요한 시기이기도 하다. 과거 경험에대한 결과가 긍정적이든 부정적이든 새로운 전환점을 건강하게 맞이하기 위해서는 인생의 주요한 기준과 규범을 다시 한번 점검하고 새롭게 세울 수 있는 심리적 안정을 찾는 것이 무엇보다 중요하다.

(2) 사회적 발달

가족생활과 자녀교육

가족생활에서 건강한 가족의 중심이 부부 관계이다. 중년기의 부부는 자녀가 독립하는 시기로 부모의 의무감에서 벗어나 부부간에 많은 시간을 가지게 되어 결혼생활의 만족도가 올라간다. 이 시기의 부부는 서로에게 더 관심을 가지고 인생을 함께해온 노고를 이해하게 될 때 더욱 친밀하고 밀착된 관계가 된다. 남성은 연령이 증가하면서 사회적 관심이 가정에 쏠리게 되고 여성은 오히려 친구나 외부 지인과의 관계를 선호하게 되는데 부부 상호 간 취미 생활과 가족생활 간 균형을 잘 유지하는 것이 중요하다. 부부간 신체변화에도 쇠퇴에 집중하기보다 변화를 서로 잘 이해하며 서로에게 즐거움을 찾는 과정이 필요하다. 가정생활과 사회 관계망을 같이 공유하여 자녀 양육으로 가지지 못한 부부만의 시간을 많이 가지게 되면 서로가 느끼는 동반자의식이 더욱 강화된다.

자녀교육과 훈육에 대해서 부부간 의사소통이 중요하다. 자녀의 신체적 성장과 성적 관심, 자녀의 진학과 진로에 대한 생각이 부부가 서로 일치하지 않을 때 가정에는 갈등이 심화 된다. 우선, 자녀의 발달단계를 이해하고 적절한 교육과 지도를 하되 부부가 같은 규칙으로 자녀교육에 노력해야 한다. 자녀의 나이가 다를 때, 자녀의 성이 다를 때 등 규칙과 훈육은 다르게 진행해야 하며 자녀 스스로 자아 정체감을 확립할 수 있도록 자율적이고 독립적인 행동 양식을 가르쳐야 한다. 또한, 부모는 자녀와 효율적인 의사소통으로 자녀에게 적극적 지원과 지지를 다 하고 부모와 자녀 간 부담이 되는 갈등은 적극적으로 조절해 나가야 한다.

노부모부양

중년기의 부부는 자신도 신체적 변화를 느끼지만, 부모세대의 노화와 질병에 경제적, 심리적 어려움을 겪게 된다. 나이든 부모를 부양해야 한다는 의무감과 자식의 양육 책임감을 동시에 수행해야 하는 중압감이 중년기 부부의 스트레스로 작용하게 된다. 최근 가족 형태의 변화, 자녀세대의 강한 독립성, 노인세대의 증가, 여성의 경제활동 참여 등에 따라 노부모들의 노후를 자녀에게 기대하기가 더욱 어려운 현실이다. 그러나, 노부모를 부양함으로써 자신의 노후생활에 대한 인식을 진지하게 받아들일 수 있는 성숙한 자아가 형성되고, 자녀에게 부모부양의 긍정적 효과가 세대전달로 이어져 나의 노후가 자녀의 보살핌으로 이어질 가능성도 커진다.

직업성취와 전환

중년기는 직업성취에 대한 만족도가 높은 편이다. 직업에 대한 성취 욕구, 지적능력, 대인관계에 대한 기술력 등으로 직업에서 성공을 위해 노력하게 되고 결과적으로 수입과 사회적 지위가 높아 결혼생활의 만족도도 높게 된다. 직업에 대한 남성의 태도는 성인 초기 때보다 중년으로 갈수록 열정적이고 적극적으로 노력하게 되며 이는 자신과 직업에 맞는 부분에 집중하기 때문이다. 남들보다 앞서기 위해 직장동료들과 원만한 대인관계를 유지해야 하고 지적능력과 기술력을 위해 부단한 노력을 아끼지 않는다. 반면, 여성의 직업진출에 대해서는 가정생활에 영향을 미치는 요인이 되지만 남편의 직업에 의존하고 직업이 없는 여성보다 가정에서 발언권과 통제권 등 가정 내에서 큰 힘을 발휘하게 된다(장휘숙, 2006).

중년기의 직업은 은퇴하는 시기이기도 하므로 제2의 인생을 위한 직업탐구와 준비도 미리 가져야 하는 시기이다. 직업전환이 자발적인 경우는 개인의 희망, 성격, 안정적인 가정생활, 새로운 취업 등 여러 가지 요인들이 작용하고 직업전환이 비자발적인 경우엔 개인의 무능력, 사회나 회사의 불황기에 따른 조기 퇴임 등이 있다.

여가활동

중년기의 여가활동은 제2의 인생 전환점을 맞이하는 시점에서 중요한 작용을 하게 된다. 자녀의 독립과 직업의 조기정년, 평균수명은 길어져 여가활동에 대한 시간이 증가하고 중요한 활동으로 자리 잡게 되었다. 중년기의 삶은 안정적이고 경제적 여유가 생기는 시기이므로 부부간 친밀감을 더해주기 위해서라도 서로에게 어떤 취미가 맞는지 여가에 할애하는 시간을 가져야 한다. 하여, 성인 중기에 갖는 여가활동이 인생에서 처음으로 가져보는 취미 활동이 되는 경우도 많다.

앞으로 다가올 은퇴에 대비하여 갖는 여가활동은 은퇴 후 무의미한 삶에 원동력이 되기도 하고 노년기의 생활을 행복감으로 충족시킬 수 있다. 이러한 여가활동을 준비하기 위해서 자신의 적성, 신체적 활동에 도움을 주는 취미를 선택해야 하고 부부가 같이 활동할 수 있는 여가생활을 개발하는 것이 좋다. 건전한 취미 생활과 여가활동을 위해서 사회단체에서 시행하는 정서•문화 교육에 참석하는 것도 필요하겠다.

4) 중년기와 사회복지실천

중년기의 사회 문제는 신체적 변화에 따른 심리적 변화, 직업의 실패, 부부갈등과 이혼 등으로 중년기 위기 문제, 실업, 가족해체 등이 있다.

첫째, 건강은 누구도 예측할 수 없다. 성인기에 열심히 살기 위해 정신없이 노력한 결과로 중년기를 맞이하지만, 어느 날 건강의 위험 신호는 중년기의 생활 만족도를 떨어트리게 한다. 중년기의 신체변화와 기능 저하가 성인병으로 나타나기 시작하고 나쁜 생활습관이 만성질환의 원인이 된다고 알려져 있다. 이에, 사회복지사는 신체활동 중심에서 생활습관의 전반적 보안을 발굴해야 한다. 만성질환 예방을 위한 프로그램을 개발하고 건강교육과 체계적 상담을 실시하여야 한다. 지역 내 체육시설도 마련하여 건강을 위한 생활체육을 고안하고 꾸준히 할 수 있도록 적극적 지원이 필요할 것이다. 만성질환과 병 약한 노부모가 있는 집에는 봉사자의 꾸준한 보살핌이 필요하고 갱년기, 우울증, 부부 불화 등 정신적 상담은 사례별로 맞게 접근할 수 있어야 한다. 부부간 성 문제, 여성의 갱년기로 정서적•신체적 변화, 남성의 성적 문제 등에 필요한 개인상담, 부부 상담, 집단상담 등을 강화하여야 한다.

둘째, 중년기의 실업은 경제적인 어려움으로 가정생활을 위태롭게 하고 가족들 모두에게 위협을 안겨 준다. 회사의 조기 퇴임과 사업실패로 맞이하는 두려움과 자존심 상실은 중년기에서 가장 높으며 새로운 직장을 구할 기회가 거의 없거나 단순노동과 같이 수입이 적은 상황은 중년기의 우울증과 자괴감의 요인이 되기도 한다.

사회복지기관에서는 중년의 재취업을 위한 직업알선과 직업 훈련을 시행해야 한다. 자발적 직업전환을 원하는 성인에게는 직업과 창업 정보 알선, 장•단기 직업 훈련, 고용을 위한 적극적 참여 등의 지원을 해야 하고 비자발적 직업전환으로 인해 장기적 실업자가 되는 경우, 실업자를 위한 쉼터, 가족 상담, 실질적 가정생활에 도움을 줄 수 있는 고용보험 수혜 절차를 같이 의논하여야 한다.

셋째, 중년기는 생리적·신체적 변화, 직업 실패, 부부갈등, 가족해체 등의 원인으로 중년기의 위기를 맞이한다. 사회복지기관에서는 중년기의 위기를 극복할 수 있는 사회교육 프로그램과 여가선용 프로그램 등을 마련하여 갱년기로 힘들어하는 여성들에게 새로운 잠재능력을 발견할 기회를 제공해야 한다. 중년기의 심리적 안정을 위한 운동과 건강관리도 필수로 이루어져야 한다. 심리적·신체적 변화로 과거를 회상하며 우울증에 빠지게 되거나 거의 이루지 못한 일들에대한 후회를 하는 중년기는 자신의 삶을 수정했던 사람들보다 심리적 안정감이 낮고 신체 건강이 나빴다고 한다(Stewart et al., 1999).

중년기가 삶의 전환점이 되는 또 다른 이유는 부부간 사이가 나빠지거나 심하게는 가족해체와 같은 일을 겪기도 한다는 것이다. 그 원인이 자녀 독립, 노부모부양 등 가계지출은 최고로 높아지는데 예상치도 못한 실업과 조기퇴직에 의한 경제적 위기, 자녀교육에 대한 의견 차이, 가족구조의 변화 등에 있다. 이러한 문제는 노동계층의 사람들이 더 심하며 경제적 쇠퇴도 심각한 문제가 되어 사회 문제가 될 수도 있다. 이에, 사회복지사는 경제적·사회적으로 심각한 위기를 맞이하는 가정을 위해 사회안전망으로 건강 상담시설을 체계별로 실시하는 방안과 가족 지지체계를 구축하고 더 큰 문제가 되기 전 미리 예방하거나 문제의 확산을 막기 위해 최선의 도움이 되도록 하여야 할 것이다.

Review

제4부 생애주기별 인간의 성장과 발달

제4장 노년기

Preview

노화 현상 | 자기중심적 | 결정성 지능 | 창의성 | 노년기의 지혜 | 직업생활 은퇴 | 배우자와의 사별 | 노년기 성격변화 | 노년기 가족역할 | 노년기 은퇴과정 | 여가생활 | 자아통합 | 절망 | 죽음의 과정

노년기

생의 마지막 단계인 노년기는 65세 이상으로 신체적 노화 현상과 감각기능의 쇠퇴로 삶의 급격한 변화가 온다. 기억력은 감퇴하고 질병으로 병원을 내 집같이 다니는 모습이 대부분이며 가족구조의 변화로 외로움을 당연시 받아들이고 있다. 하지만 노인의 모습이 모두 연약하고 쇠퇴한 이미지는 아니다. 왜냐하면 현대 사회의 빠른 변화에 적응하기 위해 노인역시도 노력을 하며 교육수준, 사회적 위치, 넉넉한 경제력, 건강상태 등으로 노인의 모습 또한 건장한 청년같은 다양한 모습으로 변화하고 있기 때문이다. 이는 노년의 후기를 75세에서 80세 이상으로 보게 되는 이유이기도 하다.

1. 노년기

1) 신체발달

노년기가 되면 신체적으로 여러 가지 노화 현상이 나타난다. 생물학적 노화란 시간이 지나고 나이가 들어감에 따라 신체구조의 변화, 신체 내부기능의 변화, 감각기능의 변화 등 유기체 전반에 일어나는 쇠퇴적 발달 현상을 뜻한다(Atchly, 2000).

이러한 현상은 인간의 삶에서 지극히 정상적이고 자연스러운 일이지만, 개인의 건강

상태와 유전의 영향으로 노화가 똑같이 나타나는 건 아니다. 그러나 신체 구조적 노화가 시작되면 신체 기능손상과 만성질환의 위험이 커지게 되고 노년기의 만성질환은 다른 질병을 동반하기에 그 위험성은 훨씬 높다.

노년기의 외모 변화를 살펴보면, 멜라닌 세포의 감소로 흰머리가 나기 시작하고, 피부는 처지고 얇아져서 주름이 많이 생긴다. 얼굴, 손, 발 등 어디 할 곳 없이 검은 노인성 반점이 생겨 젊은이와 노인의 피부를 확연히 구분시킨다. '몸 온도가 1°C만 올라도 암이 자라지 못한다'는 말이 있지만, 노인이 되면 온도변화에 적응이 어려워 추위에 약하고 면역체계가 무너지면서 환절기 질환에 많은 어려움이 생긴다. 칼슘 부족, 척추의 디스크 수축에 신장이 줄기도 하고 골밀도가 낮아져 골다공증이 생기기도 한다.

감각기능 변화에서 시력의 감소와 백내장은 중년기에 시작되어 노년기에 표가 날 정도로 나빠져 노인들에게 백내장 수술은 필수가 되어버렸다. 청각의 세포는 굳어져 죽어가는 현상으로 난청이 되어가고, 미각, 손끝의 촉각 등 모든 것이 느려져 행동도 자연히 느려지게 된다. 노인의 치아는 변색 되고 잇몸 질환이 구강질환으로 번져 건강상태까지 위협을 준다. 즉, 치아가 상하여 염증반응이 심해지면 뇌에도 염증을 일으켜 신경세포가 죽게 되고 심지어 기억력 저하를 보이게 된다.

노화에 따른 혈관계의 질환은 고혈압, 동맥경화, 뇌졸중과 심장질환을 일으키는 무서운 결과가 나타난다. 노화에 따른 동맥벽이 두꺼워지고 단단하여 혈액공급이 원활하지 못하기 때문이다. 이 질환은 중년기에도 나타나지만, 심장혈 관계와 호흡기의 노화는 서서히 진행되어 노년기에 확실한 신호를 보여준다.

대표적 노인성 치매인 알츠하이머인 경우는 사람들의 수명연장과 노인 인구의 증가로 비교적 흔한 노인성 질환이 되고 있다. 노인들의 심장혈 관계 질환과 치매 발병은 가족들에게 노부모부양의 최고 걱정과 부담이 되고 있다. 심장혈 관계 질환으로 준비되지 않은 부모의 죽음을 맞이해야 하는 슬픔과 서서히 그리고 오랫동안 앓아야 하는 노인성 치매는 가족들에게 너무 많은 수고와 시간을 빼앗기 때문이다.

2) 인지발달

노년기의 일반적 지능은 다소 떨어지지만, 비교적 안정적인 결정성 지능은 삶을 통해서 터득한 지능으로 오랫동안 유지되는 경우에 속한다. 그중에서 창의성은 개인차가 있지만 60대, 70대를 넘어서도 청년기의 수준과 거의 동일하게 능력을 발휘하거나 중요한 일들을 성공적으로 이루는 경우가 있다. 주위에 살펴보면, 과학, 예술 등의 분야에서 노익장을 과시하는 훌륭한 사람들을 찾아볼 수도 있다. 이러한 일반적 지능의 감퇴나 다른 지능의 유지는 연령 이외에도 교육수준, 직업, 생활경험, 신체 건강상태 등에 따라 영향을 많이 받게 된다.

또한 노인들은 신경조직과 신경원이 퇴화함에 따라 새로운 정보에 대한 반응과 수행이 느리거나 받아들이기 어려워진다. 빠르게 지나가는 정보를 처리할 때의 불안함과 흥분된 감정이 문제를 해결하기가 쉽지 않기 때문이다. 그러나, 시간의 제한 없이 자유로운 환경을 조성하게 되면 정보에 대한 문제 인지를 잘 수용하고 정확한 반응을 보여 문제해결 능력을 잘 보여준다. 이러한 노인들의 학습, 수행능력을 키우기 위해서는 충분한 시간과 노인들에게 흥미로운 과제, 결과에 대한 적극적인 피드백이 필요하다.

노년기의 사고는 나이가 들수록 자기중심적이 된다. 이는 노인들의 사회적 참여가 점점 더 줄어드는데 기인한다. 어린아이가 자라면서 사회적 상호작용을 통해 타인의 입장에 대해 생각하고 이해하면서 자기중심적 사고가 줄어드는 것에 반대의 상황으로 볼 수 있다. 하지만, 노년기의 최고 능력으로 지혜를 들 수 있는데 이는 넓고 깊은 실용적인 지식, 그런 지식을 성찰하고 적용하려는 능력, 타인의 말에 귀 기울여주고, 평가하며 충고해 줄 수 있는 최고의 정서적 성숙을 의미한다.

이러한 지혜는 노년기에 누구나 다 갖게 되는 것은 아니다. 지나온 세월의 역경을 이겨낸 경험이 있거나, 지도자 위치에 있었던 경험의 노인들이 타인을 위한 좋은 충고를 할 수 있도록 지혜로워진다는 것이다. 이들은 좋은 교육, 신체적으로 건강하고 타인과 긍정적 관계를 유지하는 경향이 높았다. 결국 노인의 자기중심적 사고는 신체적 변화도 있지만, 사회적 상호관계에 따라 폐쇄적 사고로 변화될 수 있음을 시사한다.

3) 심리·사회적 발달

(1) 심리·정서의 변화

노년기는 신체적·심리적 변화에 따라 자신의 노화를 어떻게 인식하는가에 대한 개인적 차이를 보인다. 이러한 주관적 인식은 노후 삶의 질을 결정하는 중요한 요인이 되고 성격적 특성에도 변화를 보이게 된다.

노년기의 성격 변화를 살펴보면, ① 우울증의 증가 ② 경직성 증가 ③ 내향성과 수동성의 증가 ④ 조심성 증가 ⑤ 생에대한 회상 증가 ⑥ 의존성 증가 ⑦ 애착심 증가 ⑧ 시간 전망의 변화 ⑨ 성 역할 지각의 변화 ⑩ 유산을 남기려는 경향이 있다(윤진, 1994).

노인들은 신체적 건강 쇠퇴, 정년퇴직, 배우자의 사망 등으로 가족이나 사회에서 자신의 입지가 낮아지고 통제력을 상실한다. 현실을 받아들이기보다 과거로 회상을 즐기고 고독감, 우울감, 좌절감을 느끼게 된다. 점점 더 사회활동은 줄고 위축되어 자신에게 몰두하는 내향성이 증가한다. 또한, 감각기능의 저하로 문제해결의 능력은 수동적이 되고 조심성을 나타낸다. 자신감의 결여로 가족들에게 심리적으로 더 의지하는 경향을 보이면서 과거에 자신에게 소중한 물건 등에 애착심을 보인다. 노인들은 시간의 흐름이 과거보다 더 빠르게 지나가는 것으로 느껴 남은 자녀들에게 유산을 남기려는 모습을 보여주기도 한다. 노인들의 성 역할 지각 변화로 남성은 친밀성, 의존성이 증가하여 집에 있기를 좋아하지만, 여성은 자기주장, 공격성 등이 증가하여 오히려 사회활동 하기를 좋아한다.

(2) 사회적 관계의 변화

부부관계

노년기는 가족관계에서 최고의 관심이 배우자에게 이동한다. 자녀들의 독립과 바쁜 생활로 서로 만나기 어려워지고 주위 친구들의 사망 소식까지 접하게 되면 유일한 배우자만이 정서적으로 의지의 대상이 되기 때문이다. 그러므로 배우자는 인생의 동반자라는 생각이 절실하게 들고 지금 삶의 가장 중요한 사람이 된다. 노년기의 결혼생활 만족도는 중년기보다 더 높게 나타나기도 한다. 이는 노년기 부부의 친밀감이 매우 높고 서로 의지하며 서로에게 소속감이 가장 높기 때문이다.

노년기에서 피할 수 없는 사건이 배우자와의 사별이다. 배우자의 사별은 인생에서 가장 큰 슬픔이자 극심한 상실로 스트레스를 느끼게 하며 우울증, 분노, 의기소침, 불안감, 외로움 등으로 힘든 생활을 하게 된다. 아내와 사별한 남편은 6개월 후 사망할 가능성이 높고 남편이 사망한 경우 아내는 앓고 있던 만성질환이 급속도로 진전된다(Zastrow et al., 2001).

혼자 남은 노인들은 극심한 상실감과 우울증을 극복하기 위해서 사별에 대한 인식을 받아들여야 하고 혼자서의 생활이 가능하다는 것을 배워야 한다. 자신의 삶에 가치를 부여하여 건강을 위해서라도 취미 생활과 사회활동을 유지해야 한다. 남은 가족과 친지, 자매와의 관계 유지는 정서적 안정을 위해 많은 도움을 줄 수 있다.

부모-자녀 관계

전통가족체계에서 자식은 부모를 부양해야 할 의무와 책임감으로 노부모를 모시고 살았지만, 현재의 가족체계는 부부 가족이 보편화 되어 부모 역시 자녀에게 노후를 맡길 생각이 없으며 운동, 취미 생활, 사회활동 등으로 여생을 독립적으로 살아가기를 원한다. 노후에 경제적으로 어렵거나 건강에 문제가 생기면 자식에게 의존하여야 하는데 부모-자식 간 갈등이 수반 되기도 한다. 각자 독립생활에 익숙하다가 병든 노부모를 모신다는 건 공간적, 시간적, 경제적으로 제약이 따르고 모두에게 힘든 시간이 될 수 있다.

부모-자녀 간 적절한 유대관계는 경제적 지원보다 정서적 관계 형성을 유지하는 것이 바람직하며, 일방적인 한쪽 입장을 강요할 수는 없다. 특히 고부간의 갈등은 가족생활에 큰 영향을 주는 요인으로 적절한 관계 유지를 잘 해야 할 것이다. 노년기의 부모-자녀 관계가 잘 유지되기 위해서는 부모는 건강유지와 심리적 안정을 위해 노력하고 손자녀의 양육에 도움을 주며 자녀는 부모에게 정서적 지지와 경제적 도움을 주고 서로에게 애정과 관심을 가져야 할 것이다.

손자녀와의 관계

노년기가 되면 역할 변화 중 하나가 손자녀를 돌보는 조부모의 역할이다. 손자녀의 출생으로 손자녀에게 동화책을 읽어 주거나, 놀이동산에 같이 가서 놀아주기, 손자녀의 먹거리, 입 거리 등 생활 전반을 도와주거나 보호하는 역할을 하게 된다.

조부모는 손자녀에게 많은 경험을 통한 육아 지식, 삶의 지혜, 사랑이 풍부한 사람으로서 손자녀의 인격과 삶에 영향을 미치게 된다.

노년기는 평균수명 연장으로 노부모 역할 또한 길어지고 있으며 손자녀에게 삶의 지혜를 전수하고 보호하는 역할도 길어지고 있다. 이러한 조부모의 역할이 자녀를 양육할 때보다 힘든 경우가 많지만, 노인들은 조부모의 역할에 중요한 삶의 의미를 생각하게 하고 손자녀의 양육에 자부심과 만족감을 느끼기도 한다.

그러나 최근에는 조부모가 손자녀 양육을 도와주는 시간이 줄어드는 경우가 많다. 손자녀의 양육방식 차이로 성인자녀와 갈등을 겪기도 하기 때문이다. 조부모는 손자녀의 양육에 몰입하는 경우보다 잠깐 시간을 내어 손자녀와 즐거운 시간을 보내고, 나머지는 자신의 여가활동에 시간을 보내는 경우가 늘어나고 있다.

친구관계

노년기에 배우자 외에 의지하는 존재로는 가까운 친구를 들 수 있다. 열심히 살아온 인생에서 진정한 친구가 1~2명만 있어도 행복한 삶이라 하듯이 노년기의 친구라는 존재는 삶의 의욕과 사회적 관계에 지지자의 역할이 된다. 노인이 되어 배우자의 이별에 대한 상실감과 외로움을 멀리 있는 가족을 대신하여 친구의 도움을 받는 경우가 많다. 친구의 존재는 공통의 관심을 가지고 대화를 이어갈 수 있으며 취미 활동이 비슷한 경우에는 깊은 친밀감을 형성하게 된다. 이러한 친구 관계에서 노인들은 신분 상실과 역할상실에서 오는 자존감의 상실을 다시 회복할 수 있다. 친구 관계에서 자신의 역할이 가치 있다고 느껴지기 때문이다.

은퇴 생활

대부분의 은퇴는 65세를 기점으로 생각하지만, 현재의 급속한 시대에서는 직업 생활의 은퇴조차도 빨라지고 있다. 노년기는 이미 중년기에서 하기 시작한 은퇴 생활이 노년기의 긴 시간을 어떻게 보내야 할지 새로운 인생 고민을 받아들여야 하는 시기이다. 준비하지 못한 갑작스러운 은퇴는 경제적·사회적·심리적 측면에서 개인의 삶을 피폐하게 하고 자신의 정체감 상실에 많은 스트레스 요인이 되기 때문이다. 개인적으로는 다르게 나타날 수 있지만, 애칠리(Atchley, 1988)는 노년기의 은퇴과정을 다음과 같이 설명하였다.

㉠ 은퇴 이전 시기(preretirement phase)

은퇴를 준비하는 시기로 은퇴 시기를 결정하기도 한다. 은퇴 후 삶의 방향을 예상하기 위해서 배우자, 친구, 지인과 의논을 하고 계획을 세운다. 빠르게는 은퇴하기 15년 전부터 은퇴준비를 하기도 한다.

㉡ 밀월기(honeymoon phase)

은퇴 직후의 시기로 평소 하지 못했던, 하고 싶었던 일들을 부담 없이 즐기는 시기이다. 늦잠자기, 여행가기, 하고 싶었던 취미 생활로 여유를 즐긴다.

㉢ 각성기(disenchantment phase)

은퇴 후의 자유롭고 색다른 기분은 없어지고 현실에서 느끼는 문제점을 느끼는 시기이다. 무료함, 경제적 문제, 상실감 등 삶의 목적이 사라진 것과 같은 두려움으로 불행감을 느낀다.

㉣ 적응기(reorientation phase)

은퇴 후 생활에 적응하는 시기로 직업 생활을 대신할 취미나 새로운 관심거리를 찾아서 활동하게 된다. 현실적 상황에 맞는 생활양식을 확립하고 일상을 회복한다.

노년기는 은퇴의 문제를 위기로 인식하기보다는 인생의 계속적 국면으로 인식해야 한다. 은퇴는 역할상실, 지위 상실, 무능력이라는 부정적 요인이 아닌 인생 주기에 반드시 일어나는 예측 가능한 부분이며 직업이 인생 전반에 일시적 차원이라는 생각을 가져야 한다.

은퇴 후 가장 큰 문제점이 건강과 경제문제이다. 신체적 노화로 건강의 염려는 당연한 일이기에 직업 생활을 하는 동안에도 건강관리에 철저한 준비를 하여 노년기의 건강유지에 힘써야 한다. 은퇴 후 노년기는 새로운 직업이 있어도 수입은 확연히 줄어든다. 수입의 감소에 대비하여 생활비나 가계지출을 줄여가는 습관도 필요하며 소득에 자신을 적응시킬 수 있는 융통성도 가져야 한다. 은퇴에 대한 적응은 자발적으로 은퇴하는 경우, 건강을 유지하는 경우, 경제적 여유가 있는 경우, 배우자 외에 강한 사회적 지원을 지지해주는 존재 등이 성공적 은퇴 적응에 중요한 요인이 된다.

여가생활

노년기의 여가생활은 노인들 생활의 질과 건강에도 영향을 미친다. 취미, 오락, 문화, 건강증진, 교육 등 생활을 활동적이고 적극적으로 임하는 태도가 노인의 다양한 욕구를 충족시키게 된다. 신체적 노화를 절망감으로 생각지 말고 주어진 환경과 여건을 당연시 받아들여 취미 활동이나 여가활동을 통해서 생활의 만족과 자아실현을 느낄 수 있어야 한다. 고독과 소외감을 해소하고 건강을 유지할 수 있는 여가생활은 노인들에게 생활의 만족과 자신의 충족감을 넘어서 사회적으로도 생산적이고 건설적으로 기여할 수 있게 된다. 노인의 여가생활이 TV 시청, 친구·친척의 만남, 종교생활, 운동, 정원 손질과 같은 단순한 여가생활도 있지만, 새롭게 관심 가는 분야에 대한 교육, 각 사회단체에서 도움을 줄 수 있는 고문역할 등 자기개발에 힘쓰는 여가활동과 기관 단체에서의 역할 업무 등은 건강한 노후생활의 원동력이 될 것이다. 그러나 건강의 문제와 경제적 문제 등으로 노인의 여가는 한정적이고 제한적인 경우가 많다는 문제점도 있다.

죽음

㉠ 죽음에 대한 견해

노년기가 되면 누구나 죽음을 맞이해야 하는 일이라고 생각을 한다. 자신의 재산, 자신이 아끼는 물건들을 정리하고 자식에게 남기기를 원한다. 그러나 노년기에서 죽음에 대한 준비가 되어 있다 하더라도 인간의 죽음을 초연하게 받아들이기는 쉽지 않다. 죽음 후의 세계를 알지 못하고 죽음의 공포와 자신의 존재가 사라진다는 두려움이 심리적으로 큰 공포를 느끼는 것은 당연하고 자연스러운 일이다.

에릭슨(Erikson)은 이시기의 발달과제를 '자아통합'과 '절망'으로 설명한다. 노년기에 자신이 살아온 인생을 되돌아보고 지난 일생이 성공적이거나 혹은 과오, 실패, 갈등, 절망적 일지라도 자신의 삶을 후회하지 않고 받아들이는 것을 자아통합이라 하였다. 자아통합을 이룬 성숙한 사람은 삶에서 이룬 성취와 실패를 모두 수용하고 그 삶에 의미가 있었다고 평가하여 과거의 인생과 현재 상황을 모두 통합하고 결과에 만족한다. 하여 앞으로 다가올 죽음에 대한 태도도 삶의 일부분으로 이해하고 두려움 없이 인생의 마무리에 직면할 수 있다.

반면, 자신의 과거와 현재의 인생을 후회하면서 불만족을 느낀 사람은 자아통합과 반대로 절망을 느끼게 된다. 신체적 노쇠, 직업에서의 은퇴, 배우자나 친구의 죽음을 통해 인생의 무력감과 두려움으로 삶이 무의미하다고 느끼게 되며 다가올 죽음을 편안히 받아들이지 못하고 오히려 불안함을 느끼게 된다.

자아통합은 어떤 의미에서 심리학적으로 가장 높은 수준에 이른 결과이고 죽음은 인생의 마지막 발달적 도전이다. 이러한 인생의 큰 의미를 깨닫고 성취하기 위해서는 죽음을 이해하고 받아들이는 것을 배워야 한다.

㉡ 죽음의 과정

인간의 죽음에 대한 이해와 태도는 오랜기간 생물학적·심리적 변화를 거쳐 형성되는데, 죽음이 자연스럽고 당연하게 받아들여지는 시기는 노년기이다. 죽음을 맞이하는 영향력 있는 연구는 큐블러-로스(Kubier-Soss, 1969)에 의해 이루어졌다. 그는 수백명의 죽음을 관찰하면서, 죽음을 인지하고 죽음에 이르는 단계를 다섯 단계로 설명한다.

첫째, 부정(denial)은 죽음에 이르는 첫 단계로서 자신의 죽음이 곧 다가옴을 알았을 때 충격에 휩싸이고 죽음을 부정하게 된다. 자신의 죽음을 인정할 수 없고 부정함으로써 죽음에 대한 두려움을 일시적으로 회피하려고 한다.

둘째, 분노(anger)는 자신의 죽음을 더이상 부정할 수 없고 받아들이지만, 자신의 죽음에 대해 분노를 나타낸다. 열심히 살아온 자신이 왜 죽어야 하는지 원망도 하면서 격분, 원한, 질투의 감정을 경험한다.

셋째, 타협(bargaining)은 죽음을 앞두고 신과 같은 초자연적 절대자에게 간절히 기도를 하며 조금만 더 살게 해달라고 타협을 한다. 해야 할 일이 아직 남았기에 그 일을 마칠 수 있게 해달라고 기도하고 의사 선생님에게조차 부탁과 흥정을 하기에 이른다. 시간이 더 주어진다면 착하게, 다르게 살겠노라 다짐하며 죽음을 연기하고 싶어한다.

넷째, 우울(depression)은 죽음을 피할 수 없음을 알고 받아들이며 우울해하거나 슬퍼하는 과정이다. 죽어가는 시간에서 침묵하게 되고 사람과 만나기를 꺼려하며 많은 시간을 울면서 보내려 한다. 이러한 행동은 주위 가족과 지인들, 혹은 자신의 일생과도 이별을 위한 과정으로 자연스러운 반응이다. 보호자는 환자의 슬픈 표현을 헤아리고 감정을 잘 이해해야 한다.

다섯째, 수용(acceptance)은 자신의 운명을 받아들이고 평온한 마음을 갖게 되는 단계이다. 죽음의 조건을 받아들이는 것이지 극복한 것은 아니다. 감정의 변화나 표현은 거의 없고 그저 담담하게 받아들일 뿐이다.

4) 노년기와 사회복지실천

노년기는 신체기능의 저하로 만성질환을 앓고 있는 노인들이 많다. 만성질환의 경우 오랜 기간 병을 치료해야 하는 어려움과 혼자서는 감당하기 어려운 상황들이 대부분이다. 여기에 노인이 되면 소득이 줄거나 경제적 여건이 매우 어려운 실정에 처하게 된다. 이를 위해서는 사회복지 차원의 지속적인 의료비 지원과 노인 간호와 꾸준한 재활을 할 수 있는 공공기관의 작업치료센터 개설이 필요하다. 노인의 건강증진을 위한 운동 프로그램과 건강상담 등으로 노인들을 케어하는 전문 인력이 필요하다. 노년기는 직업 생활의 은퇴나 배우자와의 사별, 역할 변화와 상실에서 오는 노인 우울증과 소외감에 빠지기 쉽다. 노인들은 심한 우울증으로 식욕이 감퇴하고 불면증, 심한 피로감에 기능장애를 일으키기도 한다. 이를 위해서 사회복지사는 노인들의 여가활동이나 봉사활동을 적극적으로 도와 사회에서 아직도 필요한 역할이 있다는 것을 인지시켜야 하고, 사회 복지시설의 전문적 프로그램으로 체육, 컴퓨터, 취미 생활, 노인대학 등을 개설하여 노인들의 교우관계 확장과 삶의 기쁨을 찾을 수 있게 도와야 한다. 이러한 사회적 교육과 프로그램의 참여가 노인 일자리 창출로 이어질 수 있다면 노년기의 삶에 원동력이 되어 노인 고용 문제를 해결하고 소득을 보완해 줄 수 있게 된다.

의료기술의 발달과 수명연장으로 100세 시대를 넘어서고 있는 현실에 노년기의 건강관리에도 불구하고 노인성 치매 증가는 심각한 문제로 대두되고 있다. 길게 오랫동안 특별한 치료방법도 없이 앓아야 하는 노인성 치매는 노인 자신과 가족들 모두에게 불행과 갈등을 유발하는 요인이 되고 있다. 치매 노인의 대부분이 인지능력 저하와 일상생활 기능 저하로 혼자서는 생활하지 못하기 때문에 보호사의 손길과 간병, 가사 도움이 반드시 필요하다. 국가는 장기요양보호정책으로 치매 노인과 가족들을 보호하고 안정된 가족생활 유지에 관심을 가져야 한다.

또한 노인 자살도 심각한 사회 문제로 대두되고 있는데 주요 원인으로 신체적 질병, 정신적 장애, 우울증, 경제적 어려움, 외로움, 고독, 가정불화 등이 있다. 노인의 자살충동은 자녀와 별거하고 혼자서 외로이 지낼 때 자살의 충동이 심해진다고 한다. 결국, 노인 자살의 위험성은 곳곳에 있으며 이러한 충동을 자주 느끼는 것도 우울증의 증상에서 나타난다. 이러한 노인의 자살을 예방하기 위해서는 노인의 신체적 질병을 치료하고 우울증의 치료 가능성에 대해 국민 모두에게 인식시키며 자살의 접근성을 줄여나가야 한다. 더불어 노인 상담, 노인 교육을 활성화하여 사회 참여 기회를 확대하여 노인의 경제적 지원과 정서적 지원이 동시에 확대되어야 할 것이다.

보충자료

영화 〈인턴〉에서 보여주는 노련한 '인턴'

벤(로버트 드니로)은 40년 회사 생활을 은퇴하고 부인과 사별, 쓸쓸한 노년을 보내는 중이다. 그렇게 공허한 일상을 보내던 어느 날 그는 시니어 인턴 모집 광고를 보고 응모하여 어렵게 인턴으로 채용된다. 회사는 창업 18개월 만에 직원 220명의 성공신화를 이룬 인터넷 의류 판매업체. 창업자이자 CEO인 줄스(앤 헤서웨이 분)는 패기 만만한 30세 여성이다.

젊은 CEO와 늙은 인턴의 만남

시니어 인턴 자체를 좋게 여기지 않는 줄스는 대표실로 출근한 벤을 무시하다시피 한다. 모든 일에 자신 있고 에너지 넘치는 그녀는 아버지뻘인 노인네가 부담되고 못마땅할 뿐이다. 그러나 벤은 아랑곳하지 않고 열심히 컴퓨터를 배우고 젊은이들의 인생 상담도 해주는 등 점차 회사 분위기에 적응해 간다.

옆에서 느끼는 진정성

줄스는 야근하던 중 벤과 자연스럽게 대화를 나누게 되어 지금의 회사가 벤이 임원으로 근무했던 사무실이라는 것을 알게 되고 벤의 페이스북 가입을 도와준다. 이를 계기로 점차 친근하게 지내게 되는 두 사람. 우연한 기회에 벤은 줄스의 로드매니저 역할까지 맡게 된다.

인턴에서 고문 역할?

자동차 안에서 공적, 사적 통화를 듣기 싫어도 듣다 보니 자연스레 벤은 조언자 역할까지 하게 되고 그 조언이 잔소리로 느껴지는 순간, 줄스는 벤을 다른 부서로 보내버린다. '너무 관찰력이 예리하다'라는 이유로...

그러나 벤의 필요성을 절감하고 줄스는 다시 예전의 역할을 맡기게 되고 두 사람은 더 두터운 신뢰를 갖게 된다. 이제 벤은 인턴이라기보다 믿고 의지하는 고문역. 경험만큼 좋은 선생은 없다는 것을 보여준다. 젊은이의 열정과 패기는 노년의 경험과 지혜를 만나서 빛을 발하는 순간이다.

노년의 지혜는 사회에 큰 도움

노년의 재취업은 우리 사회에 꼭 필요한 부분이다. 노년의 지혜를 잘 활용하면 조직이나 사회에 큰 도움이 될 수 있다. 영화에서 벤은 품위 있고 당당하며 친절하고 지혜롭게 경륜을 발휘한다. 시니어의 힘을 보여주는 모범적 모습에서 우리는 많은 의미를 생각하게 되고 여유와 따뜻함을 느끼게 된다.

참고문헌

강기정·김혜숙·박경애·이서영·최덕경(2015). 인간행동과 사회환경. 공동체.

강상경(2018). 인간행동과 사회환경. 학지사.

구혜영(2010). 인간행동과 사회환경. 신정.

권석만(2003). 현대이상심리학. 학지사.

______(2012). 현대 심리치료와 상담이론: 마음의 치유와 성장으로 가는 길. 학지사.

권순종·김병·노희선·류종훈·오정옥·이상주·이은경·이은혜·정정란(2011). 인간행동과 사회환경. 양서원.

권이종·김승호·서창영·심의보·안승열·양병찬·이관춘·임상록·조용하(2001). 평생교육 방법론. 교육과학사.

권중돈(2014). 인간행동과 사회환경 이론과 실천. 학지사.

______(2021). 인간행동과 사회환경. 학지사.

권중돈·김동배(2005). 인간행동이론과 사회복지실천. 학지사.

김다솜(2020). 가구소득에 따른 임부의 정서, 모-태아 애착이 태아발달에 미치는 영향에 관한 종단 연구. 서울대학교 대학원 박사학위논문.

김동섭(2019). 산모 연령 증가가 영아사망에 미치는 영향. 차의과대학교 일반대학원. 의학과. 박사학위논문.

김서영(2010). 프로이트의 환자들. 프로네시스.

김선희·강혜원·나기석·손덕순·임경선·정준구(2012). 인간행동과 사회환경. 신정.

김옥주(1992). 파블로프(I.P. Pavlov)의 조건반사 이론의 형성과정. 의사학, 1(1).

김정택·심혜숙(1991). MBTI 검사(MBTI-GS). 한국심리검사연구소.

김종옥·권중돈(1993). 집단사회사업방법론. 홍익재.

김춘경(2006). 아들러의 아동상담. 이론과 실제. 학지사.

김춘경·이수연·이윤주·정종진·최웅용(2010). 상담의 이론과 실제. 학지사.

김필진(2007). 아들러의 사회적 관심과 상담. 학지사

김혜경(2008). 가족복지론. 공동체.

노안영·강영신(2011). 성격심리학. 학지사.

레드포인트(주). MBTI 4가지 선호지표. 출처 https://e-redpoint.com/index.html

박희숙·강민희(2022). 인간행동과 사회환경. 창지사.

박희숙·박영아(2014). 인간행동과 사회환경. 창지사.

서혜석·송유미·이미영(2009). 인간행동과 사회환경. 청목출판사.

설진화(2016). 사회복지실천기술론. 양서원.

생각의마을(2019). 인간행동과 사회환경. 공동체.

손병덕·성문주·백은령·이은미·최인화·정정호·송현아(2022). 인간행동과 사회환경. 학지사.

송명자(1996). 발달심리학. 학지사.

신종우·윤경원·이우언(2010). 인간행동과 사회환경. 동문사.

엄태완(2022). 인간행동과 사회환경. 공동체.

오창순·신선인·장수미·김수정(2017). 인간행동과 사회환경. 학지사.

유안진·김혜선(1996). 인간발달. 한국방송대학교 출판부.

윤진(1994). 성인·노인 심리학. 중앙적성출판사.
이규현(2006). 여성 공무원의 자녀 보육 실태와 개선방안에 관한 연구, 영남대학교 행정대학원 석사학위 논문.
이근홍(2019). 인간행동과 사회환경. 공동체.
이무석(2006). 30년만의 휴식. 비전과 리더십.
이부영(2001). 분석심리학. 일조각.
이영미·이원주(2023). 인간행동과 사회화경. 공동체.
이영실·나임순·유해중·이재용·정창훈·이은경·이형진·조명희·홍성희(2013). 인간행동과 사회화경. 창지사.
이영호·아영아·송유미·심경순·김태준(2018). 인간행동과 사회환경. 공동체.
이옥형(2002). 아동·청년발달. 집문당.
이인정·최해경(2004). 인간행동과 사회환경. 나남출판.
이종복·전남련(2007). 인간행동과 사회환경. 학현사.
이종복·최경화·김준경·김재열·신후경·김현희(2014). 인간행동과 사화환경. 양서원.
이준우·최희철(2021). 인간행동과 사회환경. 양서원.
이형득(1992). 상담이론. 교육과학사.
이혜성 역(1982). 성장심리학. 이화여자대학교 출판부.
이희세·임은희(2015). 인간행동과 사회환경. 학지사.
장수한·김현주·임 혁·채인숙(2018). 인간행동과 사회환경. 공동체.
장휘숙(2006). 성인심리학. 박영사.
전병재(1993). 사회심리학. 경문사.
정은(2010). 인간행동과 사회환경. 학지사.
정옥분(2009). 아동발달의 이해. 학지사.
조복희(2008). 아동발달. 교육과학사.
조형숙·김태인·박수미·윤선영·배정호(2015). 인간행동과 사회환경. 정민사.
조흥식·김혜래·신은주·우국희·오승환 ·성정환·이지수(2010). 인간행동과 사회환경. 학지사.
질병관리청(2022). 임산부 식이영양.
최덕경·서의정·배은숙·이금옥·박주현·정유란(2013). 인간행동과 사회화경. 양서원.
최옥채·박미은·서미경·전석균(2021). 인간행동과 사회환경. 양서원.
최종오(2010). 인간행동과 사회환경. 홍익출판사.
홍숙기(2003). 성격심리. 박영사.
황종윤(2020). 모자 보건의료서비스 종사자를 위한 고위험 임신 및 합병증 임신 분류. 한국모자보건학회지, 24(2).

Adler, A. (1928). Understanding human Nature. Oneworld Publication.
________(1931). What Life Should Mean to You. Little, Brown.
________(1958). What Life Should Mean to You. Capricorn Books.
________(1964). Social interest. Capricorn.
________(1967). Social Foundations of Thought and Action: A Social Cognitive Theory. Englewood Cliffs, N. J. Prentice-Hall.

Ainsworth, M. D. (1979). Patterns of attachment. Halsted Press.

Alam, N. (2000). Teenage motherhood and infant mortality in Bangladesh: maternal age-dependent effect of parity one. Journal of Biosocial Science, 32(2).

Allport, G. W. (1937). Personality: A psychological interpretation. Holt Rinehart and Winston.

Anderson, R. E. & I. Carter(1990). Human Behavior in the Social Environment: A Social Systems Approach. Aldine Transaction.

Atchley, R. C. (1988). Social forces and again: an introduction to social gerontology (9th ed). CA: Woedsworth.

Bandura, A. (1977). Social Learning Theory. Prentice Hall.

__________(1982). Self-efficacy Mechanism in Human Agency. American Psychologist, 37(2).

Bandura, A. & C. J. Kupers(1964). Transmission of Patterns of Self-reinforcement through Modeling. Journal of Abnormal Psychology, 69(1).

Barker, R. L. (1999). The Social Work Dictionary. NASW Press.

Berg, C. A. (2000). Intellectual development in adulthood. In R. J. Sternberg(Ed), Handbook of intelligence. Cambridge University Press.

Berger, R. L. & R. C. Federico(1982). Human behavior: A social work perspective. Longman.

Berk, L. E. (2007). Development through the Lifespan. Allyn and Bacon.

_________(2011). Infants and children(7th ed.). Allyn and Bacon.

Bertalanffy, L. V. (1968). General System Theory: Foundations, Development, Applications. George Braziller.

Blau, P. & W. Scott(1962). Formal and Informal Organizations, San Francisco, Charles Zastrow, Understanding human behavior and the social environment.

Bynes, J. P. (1988). Formal Operations : A Systematic Reformulation. Developmet Review, 8.

Bowlby, J. (1973). Affectional bonds: Their nature and origin. In R. S. Weiss Loneliness: The experience of emotional and social isolation. Cambridge Press.

Bronfenbrenner, U. (1974). Developmental Research, Public Policy, and the Ecology of Childhood. Child Development, 45(1).

_________________(1977). Toward an Experimental Ecology of Human Development. American Psychologist, 32(7).

_________________(1979). The Ecology of Human Development. Harvard Univ. Press.

Bukatko, D. & W. M. Daehler(2001). Child Development: A thematic approach(9th ed.). Houghton Mifflin Company.

Carver, C. S. & M. F. Scheier(2004). Perspectives on Personality(5th ed). Pearson Education.

Compton, B. R. & B. Galaway(1989). Social Work Process. Brooks Cole.

Corey, G. (2010). Theory and practice of counseling and psychotherapy(4th ed.). Pacieic Grove, Brooks/cole.

Dale, O., R. Smith, J. M. Norlin & W. A. Chess(2005). Human Behavior and the Social Environment: Social Systems Theory. Allyn & Bacon.

Dewald, P. A. (1998). 정신치료의 역동요법. 하나의학사.

Du Boulay, B. (2019). Escape from the Skinner Box: The Case for Contemporary Intelligent Learning Environments. British Journal of Educational Technology, 50(6).

Engler, B. (1991). Personality Theories(3rd ed). W. W. Norton & Company.

Erikson, E. H. (1963). Childhood and society(2nd ed). Norton.

____________(1968). Identity: Youth and Crisis. W. W. Norton & Company.

____________(1982). The Life cycle completed. Norton.

Fergusson, D. M., L. J. Woodward & L. J Horwoodk(1998). Maternal smoking during pregnancy and psychiatric adjustment in late adolescence. Archives of General Psychiatry, 55(8).

Forsyth, D. R. (2009). 집단역학(제4판). 남기덕. 시그마프레스.

Freud, S. (1927). The ego and the id. The Hogarth Press.

________(1943). A general introduction to psycho-analysis. Garden City Publishing Company.

Germain, C. B. (1991). Human Behavior in The Social Environment. Colombia University Press.

Germain, C. B. & A. Gitterman(2008). The Life Model of Social Work Practice: Advances in Theory & Practice. Columbia University Press.

Ginsburg, H. & S. Opper(1979). Piaget's Theory of Intellectual Development. Englewood Cliffs, NJ: Prentice-Hall.

Goldstein, E. G. (1984). Ego Psychology and Social Work Practice. Free Press.

Greene, R. R. & P. H. Ephross(1991). Human Behavior Theory and Social Work Practice. Transaction Pub.

Havighust, R. J. (1972). Developmental tasks and education(3rd ed.). David Mc Kay.

Hayes, N., L. O'Toole & A. M. Halpenny(2017). Introducing Bronfenbrenner: A Guide for Practitioners and Students in Early Years Education. Routledge.

Hayes, S. C., A. Rincover & D. Volosin(1980). Variables Influencing the Acquisition and Maintenance of Aggressive Behavior: Modeling Versus Sensory Reinforcement. Journal of Abnormal Psychology, 89(2).

Henderson, K. A., & M. T. Zivian(1995). The Development of Gender Differences in Adolescent Body Image. Paper Presented at the Meeting of the Society for Research in Child Development.

Hepworth, D. H., R. H. Rooney & J. A. Larsen(1997). Direct social work Practice: Theory and skills. Brooks/ Cole.

Hjelle, L. A. & D. J. Ziegler(1992). Personality Theories: Basic Assumptions, Research, and Applications(3rd ed). McGraw-Hill.

Horn, J. L. & G. Donaldson(1980). Cognitive development Ⅱ: adulthood development of human abilities. O. G. Brim and J. Kagan (eds).

Janchill, M. P. (1969). Systems concepts in casework theory and practice. Social Casework, 15(2).

Jordan, C. & C. Franklin(1995). Clinic Assessment for Social Workers. Lyceum Books.

Jung, C. G. (1960). The structure and dynamics of psyche. collected Works, (8). Pantheon.

Kearney, J. (1986). A Time for Differentiation: The Use of a Systems Approach with Adolescents in

Community-Based Agencies. Journal of Adolescence, 9(3).

Kohlberg, L. (1976). Moral Stages and Moralization: The Cognitive Development Approach in Likona, T.(ED). Moral Development and Behavior: Theory, Research and Social Issues, Holt Rinehart & Winston.

__________(1981). The Philosophy of Moral Development, Haper & Row.

Lazarus, R. S. & S. Folkman(1984). Stress, Appraisal, and Coping. Springer Publishing Company.

Leventhal, T. & J. Brooks-Gunn(2000). The Neighborhoods They Live In: The Effects of Neighborhood Residence on Child and Adolescent Outcomes. Psychological Bulletin, 126(2).

Liebert, R, M. & L. Libert(1998). Strategies & Issues. Briiks/ Cole.

Lilienfeld, R. (1978). The Rise of Systems Theory: An Ideological Analysis. Wiley.

Looft, W. R. (1971). Egocentrism and Social Interaction in Adolescence. Adolescence, 6.

Maslow, A. (1968). Toward psychology of being(2nd ed.). Van Nostrand.

__________(1970). Motivation and Personality(New York:Harper & Row.

Marica, J. (1980). Identity in Adolescence. in J. Adelson(Ed.). Handbook of Adolescent Psychology. John Wiley.

Meyer, C. H. (1983). Clinical Social Work in the Ecosystems Perspective. Columbia University Press.

Montenmayor & Erisen(1977). The Development of Self-conceptions from Childhood to Adolescence Developmental Psychology, 13.

Newman, B. M. & P. R. Newman(1987). Development through life: A psychosocial approach. Dorsey Press.

Norlin, J. M & W. A. Chess(1997). Human Behavior and Social Enviroment: Socail System Theory. Allyn and Bacon.

Nye, R. D. (1981). Three Psychologies: Perspectives from Freud, Skinner, Rogers(2nd ed). Brooks/ Cole Pub Co.

Ogawa, K., K. Y. Uramaya., S. Tanigaki., H. Sago., S. Saito. & N. Morisaki(2017). Association between very advanced maternal age and adverse pregnancy outcomes: a cross sectional Japanese study. BMC pregnancy childbirth, 17(1).

Parsons, T. (1961). Theories of Society: Foundations of Modern Sociological Theory. Free Press of Glencoe.

Pavlov, I. P. (1928). Lectures on conditioned reflexes(Translated by W. H. Gantt). Allen and Unwin.

Payne, M. (2001). Journal of Social Work 1 (2).

Pervin, L. A. (1996). The science of personality. Wiley.

Pervin, L. A., D. Cervone & O. P. John(2005). Personality: Theory and Research(9th ed). Wiley.

Piaget, J. (1966). The moral judgement of the child. Fress Press.

________(1973). The child and reality: Problems of genetic psychology. Grossman Publishers.

Ryckman, R. M. (2004). Theories of personality(8th ed). Thomson Learning Inc.

Rogers, C. R. (1959). Theory of Therapy, Personality, and Interpersonal Relationships, as Developed in the ClientCentered Framework. in S. Koch(Ed.). Psychology; A study of Science, (3).

____________(1961). On Becoming a Person: A Therapist's View of Psychotherapy. Houghton Mifflin co.

____________(1980). A Way of Bein. Houghton Mifflin Co.

Schultz, D. P. & S. E. Schultz(1994). Theories of Personality(5th ed). Books/Cole Publishing Company.

Shaffer, D. R. (1996). Developmental psychology(4th ed.). Pacific Grove:Brooks/Cole Publishing Company.

Shriver, J. M. (2001). Human Behavior and Social Environment. McGraw-Hill.

Skinner, B. F. (1974). About Behaviorism. Alfed A. Knopf.

Specht, R. & G. J. Craig(1987). Human Development: A Social Work Perspective, (2nd ed). Englewood Cliffs. NJ: prentice-hall.

Stewart, A. J. & E. A. Vandewater(1999). If I had it to do over again... Midlife review, midcourse corrections and women's well-being in midlife. Journal of Personality and Social Psychology, 76.

Stig Lundqvist(1998). Nobel Lectures in Physics: Vol 1 (1901~1921). World Scientific Publishing Company.

Tanner, J. M. (1991). Growth Spurt, Adolescent. Garland.

Thomas, J. R., & K. E. French(1985). Gender differences across age in motor performance: A meta-analysis. Psychlolgical Bulletin, 98(2).

Watson, J. B. & R. Rayner(1920). Conditioned emotional reactions. Journal of experimental psychology, 3(1).

White, R. W. (1959). Motivation Reconsidered: The Concept of Competence. Psychological Review, 66(5).

Zastrow, C. H., & K. K. Kirst-Ashman(2001). Understanding Human Behavior and Social Environment. Belmont.